Johann Wolfgang von Goethe

Goethe und die Romantik

Th. Einleitung

Johann Wolfgang von Goethe

Goethe und die Romantik
Th. Einleitung

ISBN/EAN: 9783742816177

Hergestellt in Europa, USA, Kanada, Australien, Japan

Cover: Foto ©Andreas Hilbeck / pixelio.de

Manufactured and distributed by brebook publishing software (www.brebook.com)

Johann Wolfgang von Goethe

Goethe und die Romantik

Goethe und die romantik: th. Einleitung. Goethes briefwechsel .

Johann Wolfgang von Goethe, August Wilhelm ...

Schriften
der
Goethe-Gesellschaft.

Im Auftrage des Vorstandes

herausgegeben

von

Erich Schmidt und Bernhard Suphan.

14. Band.

Weimar.
Verlag der Goethe-Gesellschaft.
1899.

Goethe und die Romantik.

Briefe mit Erläuterungen.

2. Theil.

Herausgegeben

von

Carl Schüddekopf und Oskar Walzel.

Weimar.
Verlag der Goethe-Gesellschaft.
1899.

Die älteren Romantiker bilden eine enggeschlossene Gruppe. Trotz principiellen und persönlichen Gegensätzen sind sie durch enge Bande der Freundschaft und der Gesinnung verkettet. Sie gebrauchen verwandte Formen und geben ihre Ideen einander weiter. Bei Goethe führt einer der Genossen den anderen ein; solange sie sich mit ihm einig wissen, spielt bald der bald jener die Rolle eines Gesandten am Goethischen Hofe; Goethe steht durch ihn mit allen anderen in Verbindung. Erst nach dem Zerfalle der älteren Romantik macht sich individuelle Zu- und Abneigung geltend. An Stelle des abgethanen Verhältnisses von Schule und Meister tritt bei dem Einen Freundschaft, bei dem Andern Entfremdung, ja offene Fehde.

Der Name der jüngeren Romantik ist ein Nothbehelf. Er soll eine Fülle von Gruppen und von ganz isolirten Schriftstellern zusammenhalten. Nichts weniger als eine einheitlich gestaltete Schule, umfaßt die jüngere Romantik Leute, die einander persönlich ferne stehen oder gar sich aufs bitterste bekämpfen. Die innere Verwandtschaft ist stärker als die äußere. Selten nur entwickelt sich dauernde Genossenschaft; wie zwischen dem Kreise der Brüder Grimm und dem Arnims. Dann erinnert die Art der Beziehung zu Goethe an altromantischen Brauch. Im Wesentlichen aber hat jeder jüngere Romantiker ein besonderes, eigenthümlich gewendetes Verhältniß zu Goethe. Der vor=

liegende Band zieht seine Grenzen obendrein sehr weit. Heine, Immermann, Platen, Chamisso gelten dem Laien nicht als Romantiker; nur dem Kenner sind die starken von antischen Elemente ihres Schaffens bewußt. Um so weniger kann eine, diesmal auf noch engeren Raum beschränkte Einführung sich zu einem einheitlichen Gebilde gestalten.[1]) Das Verhältniß dieser Jungromantiker zu Goethe wäre nur durch eine Darstellung deutscher Litteraturgeschichte in der ersten Hälfte des 19. Jahrhunderts völlig klarzustellen. Doch selbst die hier allein wichtige Frage, was die einzelnen Briefschreiber für Goethes Sein und Entwicklung bedeuten, ist einheitlich nicht zu

---

[1]) Die oben 1, VI mitgetheilten Schriften lassen uns bei der Betrachtung der jüngeren Romantik beinahe ganz im Stich. Der Versuch einer zusammenfassenden Behandlung wurde noch nie gemacht; dafür suchen fast alle biographischen Darstellungen der einzelnen Jungromantiker ihre Stellung zu Goethe festzulegen. Hier ist insbesondere auf die Biographen Kleists (Wilbrandt, Brahm, Zolling) hinzuweisen. Für Zacharias Werner ist heranzuziehen: Dünker, Zwei Gelehrte (Leipzig 1873) und Minor, Die Schicksalstragödie in ihren Hauptvertretern (Frankfurt a. M. 1883), zur Charakteristik auch Poppenberg, 3. W., Mystik und Romantik in den „Söhnen des Thals" (Berlin 1893). Zahlreiche Angaben bietet jetzt der 6. Band von Goedekes „Grundriß", in dem besonders Steig die mächtig um Bettina v. Arnim anschwellende Litteratur (S. 81 ff.) aufgezeichnet hat. Im 2. Bande des von Herman Grimm und Steig herausgegebenen Werkes „Achim von Arnim und die ihm nahestanden", wird eine erschöpfende Darlegung von Arnims und Bettinens Verhältniß zu Goethe versprochen, der hier nicht vorgegriffen werden kann. Bietet der I. Band dieses Werkes (Arnim und Brentano. Stuttgart 1894) werthvolles Material für unsere Betrachtung, so hat Steigs Buch „Goethe und die Brüder Grimm" (Berlin 1892) Goethes Antheil an der aufkeimenden deutschen Philologie liebevoll beleuchtet.

beantworten; denn er selbst hat kaum jemals einen gemeinsamen Charakterzug in allen empfunden.

Festzuhalten ist noch ein anderer Gegensatz zwischen jüngerer und älterer Romantik: Die ältere Schule hilft an Goethes Ruhm mitbauen, durch sie wird er kurz vor dem Ende des 18. Jahrhunderts zum ersten deutschen Dichter der Epoche erhoben. Die Jüngeren haben keine Wahl, ihnen steht in Goethe eine anerkannte Großmacht gegenüber, sie müssen mit ihr rechnen. Selbst bei zeitweiliger Gegnerschaft setzen sie sich nicht mit dem vielfach angefeindeten, noch mehr mißverstandenen Goethe von 1790, sondern mit dem von der älteren Romantik zum „Statthalter des poetischen Geistes auf Erden" gestempelten Freunde Schillers auseinander. Das macht: abgesehen von den noch älteren Frauen sind die Briefschreiber des ersten Bandes zwischen 1767 und 1775 geboren, Kleist, Brentano, Arnim, Bettina, Fouqué, Chamisso, die Grimm zwischen 1777 und 1786, Eichendorff, Immermann, Heine, Platen noch später. Nur Zacharias Werner gehört der Generation der älteren Schule an. Die ältere Romantik kann dem Fünfziger Goethe noch freundschaftlich nahetreten; die jüngere verehrt in dem Sechziger allenfalls einen Ehrfurcht erregenden Vater. Obendrein läßt die zunehmende Unzugänglichkeit des mehr und mehr sich Abschließenden nur Wenige intimer herankommen. Werner und Bettina, in geringerem Grade Arnim, stehen ihm menschlich nahe. Doch von ihnen leitet ein rasch abfallender Pfad hinab zu den romantischen Epigonen, um die Goethe sich wenig kümmert. Was war ihm Chamisso, was Eichendorff?

Trotz alledem lehren in Goethes Verhältniß zur jüngeren Romantik Züge seiner Beziehungen zur älteren

Schule wieder. Altdeutsche Dichtung und altdeutsche Kunst, ferner das mit beiden engverbundene religiös-nationale Moment kommt auch diesmal in Betracht. Und der Intendant Goethe bringt Werners „Wanda", Kleists „Zerbrochenen Krug" ebenso auf die Bühne, wie einst den „Jon" und „Alarcos".

I.

Theilnahme an den germanistischen Bemühungen der älteren Romantik bezeugte Goethe mitten aus seiner gräcisirenden Dichterthätigkeit heraus schon zu Ende des 18. Jahrhunderts. W. Schlegels erste Versuche, der deutschen Dichtung des Mittelalters sich zu bemächtigen, finden im Frühjahr 1800 mindestens seinen bibliographischen Beistand. Erst 1802 aber vollzieht sich in Goethes Dichten eine unverkennbare Wendung zu der Art des deutschen Volksliedes, die seiner Sturm- und Drangzeit lieb gewesen war, und der er sich in den Balladen der Musenalmanache für 1798 und 1799 beiläufig genähert hatte. Jetzt entstehen rasch hintereinander die volksliedartigen Gedichte, die, im „Taschenbuch auf das Jahr 1804" veröffentlicht, der Romantik zum entscheidenden Muster modernisirenden volksliedartigen Sanges wurden: Schäfers Klagelied, Trost in Thränen, Bergschloß, Hochzeitlied, der Rattenfänger. Ja, das von der Romantik immer wieder nachgeahmte Gedicht „Schäfers Klagelied" scheint unmittelbar von einem Romantiker angeregt zu sein, und mit ihm wohl die verwandten Dichtungen auch.

Zu Anfang des Jahres 1802 hört Goethe einen Studenten das Volkslied „Müllers Abschied" nach einer Melodie singen, die der Vortragende von Brentano ge-

lernt hatte. Der ihm wohlgefälligen Melodie legt Goethe
alsbald die Worte des „Schäfers" unter, dessen Keime
er jahrelang in sich getragen hatte. Ein ausschlag-
gebender Versuch, zwischen alten Volksliedern und zeit-
genössischem Sange zu vermitteln; noch Heine steht im
Banne dieses Vorgehens, wenn er als Problem seiner
Jugendlyrik feststellt, „wie man aus den alten vorhandenen Volksliederformen neue Formen bilden kann, die
ebenfalls volksthümlich sind, ohne daß man nöthig hat,
die alten Sprachholprigkeiten und Unbeholfenheiten nach-
zuahmen".[1]

Ein verwandter, freilich nicht so klar gedachter, aber
viel umfänglicherer Versuch ist „Des Knaben Wunderhorn". Nichts weniger als eine philologisch-exacte Edition,
soll die Sammlung durch Einschübe, Zusätze und Striche
die alten Volkslieder den Zeitgenossen mundgerecht machen.
Der Blüthen des deutschen Volkssanges soll der Deutsche
sich wieder freuen, nicht ein dem Staube verfallendes
Herbarium angelegt werden. Goethe fühlte sofort die
Verwandtschaft der Bestrebungen. In ausführlicher Besprechung des ihm gewidmeten Werkes hält er jenen
letzten Zweck immer im Auge, möchte das „Büchlein
in jedem Hause, wo frische Menschen wohnen, am
Fenster, unterm Spiegel, oder wo sonst Gesang- und
Kochbücher zu liegen pflegen" finden, „um aufgeschlagen
zu werden in jedem Augenblick der Stimmung oder Un-
stimmung"; darum tritt er unzweideutig für die Eingriffe der Herausgeber ein. Arnim und Brentano aber

---

[1] W. Schlegels germanistische Bemühungen: oben 1, XXXV.
59. 62. 76. Gedichte des Taschenbuchs auf 1804: ebenda S. LV.
„Schäfers Klagelied": Steig, Euphorion 2, 813; vgl. auch Chronik
des Wiener Goethevereins 10, Nr. 4.5.

— X —

freuen sich), daß ihm die „grellsten Verkettungen von Altem und Neuem die liebsten" sind.[1]

So stehen um 1806 Goethe und die Romantik sich näher denn je. Während der Gegensatz zur älteren Schule allmählich schärfer wird, genießen die jüngeren Bewahrer altdeutscher Dichtung seine volle Unterstützung. Durch Arnim lernt Goethe die germanistischen Genossen kennen; im Jahre 1809 tritt er mit den Brüdern Grimm in eine fruchtbare wissenschaftliche Verbindung. Echte Gelehrtenbriefe, die da fortan an Goethes Adresse gehen, selten durch eine persönlichere Note aus dem sachlichen Tone fallend. Damals hat Goethe sich eindringlichst mit dem Nibelungenliede beschäftigt; Verwandtes schloß sich an. In geselliger Unterhaltung wandte sich das Interesse fast ausschließlich der nordischen und überhaupt romantischen Vorzeit zu. Dieses Bemühen zu krönen, versammelte Goethe zum 30. Januar 1810 Gestalten altdeutschen Sanges und Lebens in dem Maskenzug „Die romantische Poesie".[2]

Wiederum kommt es rasch zu einer Umkehr. Den Beifall, den Goethe dem „Wunderhorn" spendet, kann die zielverwandte Unternehmung der „Zeitung für Einsiedler" nicht festhalten. Wohl nennt er sie ein „ungewöhnlich mannigfaltiges, reiches und geistreiches Zeitblatt". Weniger erbaulich klingt, was er am 22. Juni 1808 an Bettine schreibt. Durch eigene Beiträge hat er das „wunderliche" Blatt nicht unterstützt, obwohl es eine neue, von Arnim und Brentano ihm dargebrachte

---

[1] Die Recension: Hempel 29, 384; vgl. oben 1, LVI und unten S. 94. 96. 133; Steig, Arnim u. Brentano S. 157. 235.
[2] 36, 45. „Maskenzug": 16, 215.

Huldigung bedeutete. Als indeß in dem Streite, der sich wegen des „Wunderhorns" zwischen den jüngeren Romantikern und ihren Gegnern entspann, sein Name vielfach genannt wurde, da fürchtete er zu viel gesagt und sich zu weit vorgewagt zu haben und begann sich trotz seinem derben Blocksbergs-Paralipomenon an Voß gegen die altdeutschen Bestrebungen abzuschließen, die ihm zu tumultuarisch betrieben wurden. Ein Brief an Reinhard vom 7. October 1810 bricht, gegen Arnims und seiner Genossen „Rücktendenz nach dem Mittelalter" eifernd, über die „Fratze des Augenblicks", den „Narrenwust dieser letzten Tage", den Stab. Zwar erwachte 1823 nochmals ein neues Interesse am Deutsch-Volksthümlichen, doch nur um rasch zu erlöschen. „Man liest es", sagte er einmal zu Eckermann, „und interessirt sich eine zeitlang dafür, aber bloß um es abzuthun und sodann hinter sich liegen zu lassen". Kühl und unfreundlich spricht er 1828 von der „eigenen wunderlichen Dichtart", „den sehr artigen nonsensikalischen Liedern herumziehender Mädchen und Kinder, an welche der Deutsche in der neueren Zeit durch des Knaben Wunderhorn schon erinnert worden".[1])

Hatten unter dieser Erkaltung seiner Theilnahme Arnim und Brentano, insbesondere aber die Brüder Grimm zu leiden, so wurde sie geradezu verhängnißvoll für Fouqué. Zwar heißt es schon 1813, daß Goethe diesen seinen „Bewunderer" nicht liebe und achte; auch

---

[1]) Einsiedlerzeitung; Goethes Gespräche 2, 234. 8, 308; Unsere Briefe S. 171, vgl. 125 f. 128. 131; Steig, G. u. d. Brüder Grimm S. 23. 59. 82. 84. 201 f. 209; Ders., Arnim u. Brentano S. 238 ff. Werke 14, 305. IV, 21, 394 f.; vgl. S. 388. Nonsensikalische Lieder: Hempel 29, 595. Vgl. auch Harnack, Goethe in der Epoche seiner Vollendung S. 129 ff.

scheint er nie den „Zauberring" gelesen zu haben. Aber „Undine" ist ihm ein „allerliebstes, anmuthiges Büchlein". Gleichwohl macht er Fouqué zum Vorwurf, daß er sich zeitlebens mit altdeutschen Studien befaßt und doch keine „Cultur" daraus gezogen hätte. Ja Goethes bekanntes scharfes Urtheil über Uhlands „schwache und trübselige Gedichte" scheint der Antipathie gegen die an Culturergebnissen arme Verehrung des Altdeutschen zu entstammen[1]).

„Jeder sei auf seine Art ein Grieche, aber er sei's" — das Wort, das Goethe 1818 ausrief, gilt auch hier und deutet auf den Gegensatz, der in Fragen altdeutscher Kunst zwischen ihm und der älteren Schule bestand. Die höhere Cultur des Griechenthums wird beidemal gegen romantisches Mittelalter ausgespielt. Wenn es Boisserée endlich glückt, dem „alten Heiden" einigen Antheil an altdeutscher Kunst abzuschmeicheln, wenn durch ihn die ältere Romantik auf diesem Felde einen zeitweiligen Erfolg erringt, so ist doch die jüngere sich bewußt, daß für ihre eigne Sache

---

[1]) „Bewunderer": Goethe und Einer seiner Bewunderer. Ein Stück Lebensgeschichte von Friedrich Baron de la Motte Fouqué (Berlin 1840); vgl. Gespräche 3, 75. 175. 6, 336. — Uhland: ebenda 4, 296; Goethe unterscheidet zwischen den düster sentimentalen, schwärmerischen Gedichten, die Uhlands Gedichtsammlung eröffnen („Anfangs sind wir fast zu kläglich, Strömen endlos Thränen aus") und den von „vorzüglichem Talente" zeugenden Balladen. Die Befürchtungen, die Goethe später bei Uhlands politischer Thätigkeit für den Dichter hegte (Gespräche 8, 140), waren nur zu wohl begründet. — Wenn Goethe die „Undine" bewundert und noch für das Finale seines Helena=Actes nutzt (Erich Schmidt, Anzeiger der Zeitschr. für deutsches Alterthum 38, 296), so sind ihm die Schriften E. T. A. Hoffmanns, „die krankhaften Werke jenes leidenden Mannes", antipathisch (Hempel 29, 773 ff.)

gekämpft werde, und mit Spannung beobachtet sie den Verlauf von Boisserées Bemühen. Ende August 1809 berichtet als Erster Werner „seinem Helios" von der „höchst merkwürdigen Sammlung der Herren Boisserée und Bertram". Die Brüder Grimm, denen Goethes Art „die Griechen als die einzige und ewige Lebensquelle zu preisen" so wenig behagte wie einem Tieck, bleiben nicht zurück; Wilhelm beobachtet emsig den Eindruck, den Boisserées Sammlung 1815 auf Goethe macht. Triumphirend meldet Creuzer dem Freunde Arnims und Brentanos, Görres, im Juni 1811, daß „Goethe große Geständnisse gethan von seiner Unbekanntschaft mit der altdeutschen Kunst", und daß er „sehr gelehrig" gewesen sei und „bekehrbar". Arnim, Brentano und Bettina bemühen sich, Goethe wiederum mit Dürer zu versöhnen. Ja, Arnim wagt frei und kühn, für den Urheber des sternbaldisirenden Unwesens, für Wackenroder einzutreten [1]).

Boisserée und seine romantischen Genossen überschätzten die Tragweite des Sieges; das mit den nazarenischen Bemühungen enge verbundene religiöse und nationale Moment bildete eine unüberbrückbare Kluft. Einem Protestanten gegenüber konnte Goethe — mit Seitenhieben auf Fr. Schlegel und Adam Müller — „schön und warm" über das neuerwachte religiöse Gefühl reden und es als Nothwendigkeit empfinden. Rechte Freude macht ihm doch nur, wer wie die Brüder Grimm die Alterthumskunde „akatholisch" betreibt. Der Convertit Werner, der bekehrte Katholik Brentano sind ihm verlorene

---

[1]) „Jeder sei...": Werke 49, 1, 156. Boisserée: oben 1, LVIII f.; unsere Briefe unten S. 41. 153. 177 (und Schüddekopfs Anm. zur St.); Steig, G. u. d. Br. Grimm S. 97. 195. 197; Görresbriefe 2, 212; Steig, Arnim u. Brentano S. 293. 299. 365.

Leute, wie früher Fr. Schlegel. Doch selbst ein Nachkomme von Hugenotten wie Fouqué bekommt wegen des „penibel" religiösen Charakters seiner Dichtung Goethes Unwillen zu fühlen und muß hören, wie Goethe, auf Bruchstücke der Marmorbekleidung des Delphischen Tempels weisend, mit deutlicher Bezeichnung sagt: „Das sind nun so meine Reliquien"[1]).

Fouqué ist aber nicht nur christlicher Ritter ohne Furcht und Tadel, er ist auch ein Mitkämpfer der Befreiungskriege, gegen den Goethe einmal im Gespräche seine ganze Bewunderung Napoleonischer Genialität ausspielt. Wie Fouqué sind fast alle Jungromantiker Gegner Napoleons und, wenn nicht eifrige Kämpfer, doch begeisterte Sänger der großen Zeit. Goethes nationales Empfinden sah Deutschlands Heil nur in einem mächtigen Aufschwung der deutschen Cultur; eine revolutionäre Erhebung des Volkes, der mißachteten Masse, konnte nach seiner schon im „Egmont" ausgedrückten Überzeugung gegen einen übermenschlichen Einzelnen nichts ausrichten. Heinrichs v. Kleist blutdürstige Rachedichtung allein hätte

---

[1]) R. M. Meyer, Goethe 2. A. S. 493; Steig, G. u. d. Br. Grimm S. 105f. Gespräche 3, 108. 115. 117. Vgl. oben 1, LVIIIf. Wie schwer es andrerseits einem überzeugten Katholiken wurde, seine Weltanschauung mit aufrichtiger Verehrung Goethes zu vereinigen, bezeugt Eichendorff; immer wieder nimmt er das Problem vor (Gesch. der poet. Litteratur Teutschlands, 3. A. 1, 295. 299. 302. Zur Gesch. des Dramas, 2. A. S. 127. 133. Der deutsche Roman des 18. Jahrhunderts, 2. A. S. 173. 189) und ringt sich endlich zu der Erkenntniß durch: „Goethe ist uns immer wie ein herrlicher Baum erschienen, der mächtig in der Erde wurzelnd, gar nicht in den Himmel wachsen mag, und doch, weil er eben nicht anders kann, mit allen Zweigen und Knospen durstig von dem Lichte trinkt, das durch sein kräftiges Laub zittert".

genügt, diesen wüthendsten Feind Napoleons Goethe zu entfremden. Drei Brüder Grimm, unter ihnen in diplomatischer Sendung Jacob, nahmen freudig am Befreiungskriege Theil; Jacob wenigstens hat Goethe später gegen den Vorwurf undeutscher Gesinnung vertheidigt. Arnim indeß fühlt sich in schroffem Gegensatz; er spottet 1812 über die „Karlsbader Verse" und meldet dem Freunde Brentano, Goethe heiße jetzt im Moniteur der Sänger des Continentalsystems und seine Frau die Frau Abstinentalräthin; schärfer lautet es in einem gleichzeitigen Briefe an Görres: „Was wird die Zukunft von den großen Männern unserer Zeit denken?" Auch diesmal wagt er sich mit seinen Anschauungen unbeirrt an Goethe selbst heran; er schickt ihm 1814 kleine patriotische Stücke, deren Ertrag im Vorjahre dem Landsturm hätte zufallen sollen. Goethe lehnte die Aufführung natürlich ab. Auch Bettinas schöne Begeisterung für die Tyroler Erhebung von 1809 fand bei Goethe keinen Widerhall. Sie möchte Wilhelm Meister von seinen Komödiantinnen hinweg unter die Tyroler senden, dort im Handeln sich zu bewähren; Goethes Standpunkt aber war und blieb: „Wie hätte ich die Waffen ergreifen können ohne Haß! Und wie hätte ich hassen können ohne Jugend!"

Die Jugend selbst erkaltete endlich in ihrem Interesse für den greisen Dichter, der ihre Empfindungen nicht mehr theilen wollte. Ein ernster Mann, durchaus kein Fanatiker, Wilhelm Grimm, beginnt über Goethes ablehnendes Wesen zu scherzen; „Das ist ja recht schön, sagt Göthe, wenn er sonst nichts weiß", berichtet er einmal an Görres. Solche behagliche Scherze spielt die ältere Romantik nie gegen Goethe aus; um diesen Ton je anzuschlagen, hat sie ihn erst zu hoch verehrt, später zu bitter befehdet[1]).

Stärker als irgend ein anderer Gesichtspunct bestimmte die Rücksicht auf das weimarische Theater Goethes Stellung zu den jungen Romantikern. Schiller, der Bearbeiter „Macbeths" und „Egmonts", hatte Goethes Anschauungen vom Bühnenwesen tief beeinflußt und ihn überzeugt, daß litterarische und künstlerische Bedeutung allein einen Bühnenerfolg nicht bedinge. Man griff auf scheinbar längst überwundene Stücke Voltaires zurück, weil sie den Bedürfnissen des Hofs und der Bühne zugleich entsprachen, und vergaß über diese Vorzüge gern ihre künstlerischen Schwächen. Schillers letzte große Dichtungen ließen die Bühne nie aus dem Auge. Und wenn mit seiner halben Zustimmung oder auch mit seinem halben Widerspruche bühnenfremde Stücke der älteren Romantik die weimarische Scene betraten, bestätigte ihr Mißerfolg lediglich die neugewonnene Erkenntniß Goethes. Nach Schillers Ableben wird er ganz und gar ein Fanatiker der Bühnenfähigkeit. Was auf die Bretter nicht taugt, was gar in frevler Mißachtung der lebendigen Bühne ausdrücklich als Buchdrama sich aufspielt, ist für Goethe abgethan. Um der besseren Bühnenmöglichkeit willen ist er jetzt geneigt, den Shakespearischen Originalen längstüberwundene Bearbeitungen Schröders vorzuziehen, und verkündigt: „Es muß mit Gründen, aber laut und kräftig ausgesprochen werden, daß in diesem Falle wie in

---

[1]) Gespräche 3, 91 ff. 7, 253; Steig, G. u. d. Br. Grimm S. 94. 99; Arnim u. Brentano S. 303; Briefwechsel mit einem Kinde 3. A. S. 232; Görresbriefe 2. 354; A. Fischer, Goethe u. Napoleon (Frauenfeld 1899) S. 17 ff; Harnack, G. in der Epoche seiner Vollendung S. 189.

so manchem andern der Leser sich vom Zuschauer und Zuhörer trennen müsse; jeder hat seine Rechte, und keiner darf sie dem andern verkümmern."[1]) Nicht daß diese Überzeugung des Intendanten Goethe dem Dichter Goethe selbst Freude machte! Am 27. Juni 1810 schreibt er an Kirms: „Ob ich aber, da ich so viel andere Dinge vorhabe, mich wieder zu theatralischen Arbeiten, wobey weder Freude noch Genuß, noch Vortheil zu erwarten ist, wenden möchte, glaub' ich schwerlich". Und ausdrücklich fügt er, jedes Mißverständniß auszuschließen, hinzu: „Ich ziehe jetzt den Roman allem andern vor, weil einen dabey alles begünstigt, was beym Theater dem Autor zum Nachtheil gereicht." Das heißt: Der Roman darf und muß als reines Kunstwerk geschaffen werden, das Theaterstück ist den unkünstlerischen Geboten der Bühnenwirkung unterworfen.

Die Werner, Kleist, Arnim, Brentano, Fouqué, Immermann, Platen, Heine, Eichendorff, alle schrieben sie Dramen; und fast alle hatten geringen Respect vor der Bühne. Ganz ungescheut und wie etwas Beiläufiges, Unwesentliches gestand man zu, daß man nicht für die Bühne arbeite. Brentano bekam darum auch schon im Jahre 1802 von Goethe zu hören, daß sein „Ponce de Leon" ebenso wie alle anderen um den Preis der „Propyläen" werbenden Stücke nicht einmal öffentlich besprochen, geschweige denn gekrönt werde, „weil keine der eingesendeten Arbeiten eine Darstellung auf dem Theater zu vertragen schien." Unerbittlich scharf fertigte 1808 Goethe den Dichter der „Penthesilea" ab, weil er auf ein messianisches Zukunftstheater warte. Im October

---

[1]) Hempel 28, 728 (von 1815); vgl. oben 1, LXIII.

1808 schüttet Goethe dem Freunde Zelter vollends sein Herz aus; ein halb Dutzend jüngere poetische Talente bringe ihn zur Verzweiflung; „Werner, Öhlenschläger, Arnim, Brentano und andere arbeiten und treiben's immer fort; aber alles geht durchaus ins Form- und Charakterlose. Kein Mensch will begreifen, daß die höchste und einzige Operation der Natur und Kunst die Gestaltung sey, und in der Gestalt die Specification, damit jedes ein besonderes Bedeutendes werde, sey und bleibe. Es ist keine Kunst sein Talent nach individueller Bequemlichkeit humoristisch walten zu lassen; etwas muß immer daraus entstehen, wie aus dem verschütteten Samen Vulcans ein wunderbarer Schlangenbube entstand."[1]

Mit geringen Veränderungen kehrt dieselbe Anschauung von den romantischen Experimenten in den folgenden Jahren wieder. Klagte er W. v. Humboldt gegenüber im November 1808 über „Anarchie, Formlosigkeit, Mangel an Technik in den neuen Poeten und Autoren", so begegnen sich im October 1812 gleich beleuchtet „Tieck, Arnim und Consorten" mit Oehlenschläger und erfahren den Vorwurf, herrliche Motive aus technischem Ungeschick zu verderben. 1814 buchen die Tag- und Jahreshefte Goethes Absicht, „aus den Schauspielen Fouqués, Arnims und anderer Humoristen einigen Vortheil zu ziehen" und „durch theatermäßige Bearbeitung ihrer oft sehr glücklichen und bis auf einen gewissen Grad günstigen Gegenstände sie bühnengerecht zu machen"; doch auch diesmal ist das Unternehmen undurchführbar, wie „bei den früheren Arbeiten von Tieck und Brentano". Im gleichen Sinne schreibt er den 23. Februar 1814 an Arnim und

---

[1] Unten S. 74. 77. Briefe 20, 192.

macht ihm zum Vorwurf, daß seine und seiner Ge=
nossen Mißachtung der „nothwendigen, unerläßlichen
und so leicht zu beobachtenden Formen" manches Geist=
reiche, Herzerhebende unter das Volk zu bringen ver=
hindere.[1])
Auch an Platen erlebte Goethe eine ähnliche Erfahrung.
Keiner erfaßte die Ursache von Platens Schwächen schärfer
als Goethe. So hoch er seine „Ghaselen" schätzte, so
gern er ihm ein reiches Talent, einen sehr tüchtigen
Charakter zugestand, er wendet doch auf ihn den Spruch
des Apostels an: „Wenn ich mit Menschen= und mit
Engelzungen redete und hätte der Liebe nicht, so wäre ich
ein tönendes Erz oder eine klingende Schelle" und spricht
über seine Schauspiele das treffende Urtheil: „Sie sind
durchaus geistreich und in gewisser Hinsicht vollendet,
allein es fehlt ihnen ein specifisches Gewicht, eine gewisse
Schwere des Gehalts ... Sie gleichen dem Korke, der
auf dem Wasser schwimmend keinen Eindruck macht, sondern
von der Oberfläche sehr leicht getragen wird." Tritt
Platen schon hier zu Schiller in einen unerfreulichen
Gegensatz, so bleibt auch ihm zuletzt der Vorwurf nicht
erspart, die Bühne zu mißachten. „Der „Romantische
Ödipus", sagte Goethe zu Eckermann im Jahre 1831,
„trägt Spuren, daß, besonders was das Technische betrifft,
gerade Platen der Mann war, um die beste deutsche
Tragödie zu schreiben, allein nachdem er in gedachtem
Stück die tragischen Motive parodistisch gebraucht hat,
wie will er jetzt noch in allem Ernst eine Tragödie machen?"
Wieder also ein dramatisches Talent, das seine Begabung
dem lebenden Theater entzieht, und zwar wegen der „un=

---

[1]) Gespräche 10, 48. 3, 45 f. Werke 36, 88. Unten S. 136.

seligen polemischen Richtung", die Goethe ihm wie Heine zum Vorwurf macht¹).

Auch Platens Gegenfüßler Immermann durfte mit seinen Jugendwerken auf Goethes Beifall nicht rechnen; wohl lobt Goethe sein Talent und billigt sein originelles Streben, aber im Ganzen läßt er ihn gewähren und kann sich ihn „nicht recht construiren"; ja, er macht einmal dem eifrigen Befehder der falschen „Wanderjahre" den Vorwurf, sich neue Theorien zu künsteln, um seine eigene Mittelmäßigkeit für bedeutend ausgeben zu können²). Unter allen Romantikern besaß Werner das ausgesprochenste Bühnentalent. Auch durch seine abstrusesten Compositionen leuchtet ein Strahl naiver instinctiver Beherrschung der Scene. Ein alter Theaterpraktiker und scrupelloser Anbeter des äußeren Erfolges, Iffland, erkannte diese Begabung Werners schon aus seinem maßlos ausgedehnten Erstling, aus den „Söhnen des Thals"; er verhalf Werners bedeutendstem Werke „Martin Luther oder die Weihe der Kraft" zu einem ungewöhnlichen Erfolge auf der Berliner Hofbühne. Vor dem Theatermanne Iffland hatte Goethe vollen Respect; sein Wort war für diesen Romantiker die beste Empfehlung, um auf das von Goethe geleitete Theater zu kommen. Ein Genosse der Schlegel und zugleich ein Schützling Ifflands: konnte Goethe Besseres wünschen, blieb ihm noch ein Zweifel, ob er diesem oder den tumultuarischen Talenten der Arnim und Brentano und Kleist die Pforten des weimarischen Musentempels zu öffnen habe?

---

¹) Ghaselen: Hempel 29, 454; Gespräche 4, 325; Eckermann in „Kunst u. Alterthum" 4, 3, 159. Sonstige Urtheile: Gespräche 5, 59. 259. 7, 255. 8, 7.

²) Gespräche 4, 327. 5, 91. 6, 164. 369.

Erst spät erkannte er, daß auch Werner nicht der Berufene sei. Allein der Weg von jener Täuschung zu solcher Erkenntniß des Wahren ist interessant genug, um näher beleuchtet zu werden. Ja, dieser Weg bekommt einen Anschein des Tragischen, wenn auf Goethes Verfahren gegen Kleist gleichzeitig ein Licht fällt.

II.

Zacharias Werner interessirt Goethe und wird von ihm geförbert, Kleist ist ihm antipathisch und wird abgelehnt. Der wollüstige Mystiker überwindet Goethes Abneigung gegen „Blut und Wunden", aber „Penthesilea" erscheint dem Gönner Werners „hochkomisch". Auf der weimarischen Bühne fällt der „Zerbrochene Krug" ganz ab; Werners „Wanda" und „Vierundzwanzigster Februar" dagegen heimsen unbestrittene Erfolge ein. Der schöpferisch begabteste, vielleicht der größte unter den Nachfolgern Schillers aus der ersten Hälfte des 19. Jahrhunderts wird von dem Schicksalsdichter in den Schatten gedrängt.

Im Juli 1804 sendet Werner seine „Söhne des Thals" ein und schlägt in den Begleitworten sofort den kriechend lobrednerischen Ton an, den er fortan Goethe gegenüber festhält. Goethe liest die Dichtung obenhin und muß noch im December 1807 bekennen, sie nicht „studirt" zu haben. 1805 beschäftigen ihn einige an die Jenaische Litteraturzeitung eingeschickte Recensionen Werners; einmal stellt er „hübsche Anlagen und Ansichten" fest. 1806 berichtet Zelter über die Berliner Aufführung des „Martin Luther." Goethe sorgt für eine Besprechung des Stückes, zögert aber noch es gleichfalls aufzunehmen und scherzt gelegentlich über den Untertitel „Weihe der

Kraft." Am 2. December 1807 erblickt Werner endlich
in Jena „das erstemal den universellsten und klarsten
Mann seiner Zeit, den Mann, dessengleichen Niemand,
der ihn sah, jemals wiedersehen wird, den großen, ja
einzigen Goethe". Dieser läßt sich von dem ruhelosen
Wanderer über seine Reiseerlebnisse vorplaudern. Er findet
ihn „interessant und sogar liebenswürdig". Die nächsten
Wochen werden gemeinsam durchlebt. Sorgfältig bucht
Goethes Tagebuch jede zusammen verbrachte Stunde; auch
in seinen Briefen kehrt Werners Name immer wieder.
Heidenthum, Protestantismus, Katholicismus sind Gegenstand ihres Gespräches, Werners mystische Tendenzen werden
von allen Seiten beleuchtet. Goethe, der Urgesunde, der
geschworene Feind alles Perversen, ist sichtlich bemüht,
eine Lehre zu begreifen, der „Kunst, Liebe, Tod jedes
in seiner Art Mittler, beinah Synonyma" sind, „die uns
ins Universum, aus dem wir genommen, für das wir
da sind, wieder mit mütterlichen Händen versenken." Der
Tod ist für Werner „ganz gewiß das Non plus ultra der
Wollust". „Die Verwesung, die uns dem Unendlichen
wiedergibt, indem sie uns mit ihm vereinigt, muß mit
Sehnsucht gewünscht werden" — solche Thesen beschäftigen
damals Goethes Geist. Wir athmen auf, wenn er aus
den Irrwegen dieser romantischen Liebeslehre zur Erkenntniß
von Werners „Cophtacismus" gelangt und die „heimliche
Lüsternheit der Herren" aufdeckt, wenn er endlich klar
feststellt, Werner verwechsle $\overset{\text{'}}{\alpha}\gamma\overset{\text{'}}{\alpha}\pi\eta$ und $\overset{\text{''}}{\varepsilon}\varrho\omega\varsigma$, sinnliche
und geistige Liebe. Goethe hat in seinem Streben nach
Universalität manchen Abweg beschritten; nicht jede der
Naturphilosophie gewidmete Stunde brachte ihm Gewinn.
Hier aber quält er sich monatelang, die Schleier zu zer-
reißen, mit denen Werner seine wahllose Lüsternheit, seine

mit geheuchelten und ungeheuchelten Thränen der Reue und Zerknirschung beständig wechselnden unverhehlten Begierden umwob. Freilich war der weimarische Hof vielleicht noch stärker von Werners Persönlichkeit befangen; da werden immer wieder mit Begeisterung die Räthsel erörtert, die der geschickte Komödiant seinem dankbaren Publicum aufgab. Ferner ließ Goethe sich durch die scheinbare Gelehrigkeit des Mannes bestechen, der sofort Iffland bekennt, wie gründlich Goethes Rathschläge seine dramaturgischen Ansichten umgewandelt hätten. Was fertig nach Weimar mitgebracht worden war, und was dort entsteht, bekommt Goethe vorgelesen. Werners Sonette, die Goethe unter das Beste zählte, was in deutscher Sprache gedichtet worden, geben dem Bewunderer Werners einen neuen Anstoß, in dieser romantischen Form zu dichten. Wetteifernd besingt man in ihr Minna Herzlieb.[1]) Endlich entschließt Goethe sich, Werners „Wanda" aufzuführen. Es hieß nur dem lebhaften Anteil des Hofes entgegenkommen, wenn die Königin der Sarmaten am Geburtstag der Herzogin, „der jedesmal als ein ausgezeichnetes Jahresfest begangen" wurde, am 30. Januar 1808 über die Bretter ging. Zwar macht ihm der Hof- und Leichenstaat der sarmatischen Königin „viele Noth"; „doch geht es ganz lustig dabey her und zuletzt kommt etwas Seltsames zur Erscheinung" — allerdings: nachdem die Heldin

---

[1]) Unten Anm. zu Bf. 1. Werke 19, 147f. 159f. 279. Die Söhne des Thals. J. A. (Berlin 1823) 1, 72. Goethes Tagebücher 3, 303 ff. Briefe 19, 467 f. und Lesarten z. St. W. 35, 246. G's Gespräche 2, 116. Poppenberg, J. Werner. Mystik u. Romantik in den Söhnen des Thals S. 20 f. Goethes Tagebücher 3, 315. Gespräche 2, 200. Sonette: Goethe-Jahrbuch 17, 165, 167; Briefe 20, 45, 10.

sich sapphoartig ins Wasser gestürzt hat, steigt aus dem Meer eine colossale, durch den klaren Morgenhimmel strahlende, von Palmzweigen umwundene Lilie empor, darob alles entsetzt auf die Kniee sinkt. Goethe ist von der Aufführung sehr befriedigt. „Die Recitation des sehr abwechselnden Versmaßes gelang über alle Erwartung. Das Stück wird sich, seinen äußeren Forderungen nach, wohl auf allen Theatern geben lassen. Es verlangt kaum soviel Anstalten als die Jungfrau von Orleans." Schwerer seien die inneren Forderungen zu erfüllen; die Fabel sei plan, die Situationen natürlich und deutlich; aber die Ausführung unendlich zart und an manchen Stellen ins Geheimnißreiche sich verbergend. [1]

Das Stück ist auf allen Theatern aufführbar — da durfte Werner sich wohl vorher das Gebet erlauben, das Kreuz auf Goethes eignem Grund und Boden aufpflanzen und Christi Blut und Wunden poetisch predigen; der alte Heide wundert sich selbst, daß ihm das alles gar nicht zuwider ist. Zwar erzählt die Legende, daß Goethe nach der Aufführung an der gastlichen Tafel Johanna Schopenhauers den Lorbeerkranz eines wilden Schweinskopfes Wernern aufs Haupt setzte. Entscheidender als dieser problematische Scherz ist aber die ausführliche Rechtfertigung und Generalbeichte, die am 7. März 1808 an F. H. Jacobi abging, ein unzweideutiger Beleg, wie fest Werner damals Goethe umstrickt hatte: „Es ist ein vorzügliches Talent. Daß er dem modernen Christenwesen anhängt, ist seinem Geburtsorte, seinem Bildungskreise und seiner Zeit gemäß." Die Philosophen seien Schuld,

---

[1] Briefe 20, 5, 5. 10, 15. 14, 16. Vgl. Morgenblatt N. 32. 36. Schweinskopf: Gespräche 8, 298f.

daß die Deutsche Dichtung diese Richtung nahm. Um Schiller, der sich noch an das Edle gehalten, zu überbieten, mußte man nach dem Heiligen greifen. Goethe gesteht zu, daß aus dem Verkoppeln und Verkuppeln des Heiligen mit dem Schönen oder vielmehr Angenehmen und Reizenden eine „lüsterne Redouten und Halb-Bordell-wirthschaft" entstehe. Allein er begreift, daß ein Mann von Talent nicht allein sein Werk bewundert, sondern auch seine Person geliebt und verehrt haben will. „Der Schauspieler, Musicus, Maler, Dichter, ja der Gelehrte selbst erscheinen mit ihrem wunderlichen, halbideellen, halbsinnlichen Wesen jener ganzen Masse der aus dem Reellen entsprungenen und an das Reelle gebundenen Weltmenschen wie eine Art Narren, wo nicht gar wie Halbverbrecher, wie Menschen die an einer levis notae macula laboriren. Sollen denn also unter dieser desavantagirten Caste nicht auch gescheute Leute entstehen, die begreifen, daß gar kein Weg ist, um aus dieser Verlegenheit zu kommen, als sich zum Braminen, wo nicht gar zum Brama aufzuwerfen?" Iffland, der so viele Narren und Schelmen spielen müsse, wolle auch einmal als protestantischer Heiliger auftreten; drum tragire er Werners Martin Luther. „Ebenso macht mir Werner Spaß, wenn ich sehe, wie er die Weiblein mit leiblich ausgedachten uud artig aufgestutzten Theorien von Liebe, Vereinigung zweyer präbestinirten Hälften, Meisterschaft, Jüngerschaft, verastralisirten Mignons zu berücken weiß; die Männer mit ineinander geschachtelten Mönchs- und Rittergraden, mit nächtlichen Kirchen und Capellen, Särgen, Fallthüren, teuflischen Baffometesköpfen, Geheimnisse mehr versprechenden als verbergenden Vorhängen, so künstlich als listig anzuregen, ihre Neugierde zu hetzen, ihr eignes dunkles

Geheimnißreiches noch mehr zu trüben und zu verwirren, und sie dadurch sämmtlich zu interessiren versteht."
Sicher durchschaut ja Goethe Werners „Cophtacismus." Aber der einst den vielgescholtenen „Großcophta" geschrieben, der in den venezianischen „Epigrammen" jeglichen Schwärmer im dreißigsten Jahre ans Kreuz geschlagen wissen wollte, damit der Betrogene nicht ein Schelm werde: er leistete mit Bewußtsein dem cophtischen Wesen des Schelms Werner Vorschub, „um einen so vorzüglichen Mann zu fördern und die Menschen dabei glücklich zu machen". Seine Tendenz will er nicht ändern. „Er ist ein Sohn der Zeit und muß mit ihr leben und untergehen." Im besten Falle hofft er, Werner werde in Weimar sein sehr schönes Talent concentriren.

Am 28. März nahm Werner Abschied. Goethe läßt sich jetzt von dem wunderlichen Heiligen in geschmacklosester Form als Helios brieflich vergöttern, nimmt nicht nur all das Gesalbader wie „Ewigvater", „Friedensfürst", „Ihr der Welt unschätzbares Leben", „aus Liebe für Helios ein — Heyde werden" ruhig entgegen, sondern sendet diese Zuschrift sofort einer Freundin mit den billigenden Worten: „Dichtern sieht man ja überhaupt wohl nach, wenn sie das Vorrecht sagen zu können was sie fühlen, gegen den Freund, gegen die Geliebte vielleicht übermäßig ausüben." Noch mehr: er sorgt emsig für den Abdruck seiner Dichtungen und schmuggelt eine von Selbstlob strotzende Autorconfession Werners als Arbeit eines Dritten in die Wiener Zeitschrift „Prometheus" ein.[1]

---

[1] Unten S. 3 ff. 8. f. Briefe 20, 51, 3. 52, 7. 53, 10. Prometheus: Anm. zu Bf. 4. Helios: ein Huldigungssonett feiert G. als den Sonnenkoloß, dessen Anblick den müden Wanderer stärkt. Daher der Name, vgl. Anm. zu Bf. 3.

Höher hinauf ging's wohl nicht mehr; der Culminationspunct ist überschritten, Goethe wird allmählich kühler. Die folgenden Briefe Werners halten den angeschlagenen Ton fest und bleiben widerlich, auch wo sie mitten in leeren Lobesphrasen über den „Faust" ein damals immerhin bemerkenswerthes begreifendes Urtheil fällen. Die ausführliche Schilderung von Werners Schweizerreise (er hält sich fast durchaus an die von Goethe beschrittenen Wege), die staunenswerth offenherzigen Mittheilungen aus Paris scheinen Goethe keinen Anlaß zu Antworten gegeben zu haben. Ja, Ende August spricht er schon zu Riemer von Werners „Pfiffigkeit". An seinem Geburtstage vollends sucht er sich über classische und romantische Tragik, sichtlich im Hinblick auf Werner, klar zu werden und beginnt wieder der Antike sich zu nähern. Romantische Poesie ist ihm jetzt Dichtung der jungen Leute, nicht der reifen. „Eine ganz gemeine Unterlage erhält durch romantische Behandlung einen seltsamen wunderbaren Anstrich, wo der Anstrich eben alles ist und die Unterlage nichts." Das geht wohl auf Werner. Eine Peripetie seines Urtheils vollzieht sich; er sieht ein, daß Stücke von der Art der „Wanda" keinen Gewinn bedeuten. Ende October 1808 reiht ein an Zelter gerichteter Brief Werner schon den Arnim, Brentano, Oehlenschläger an und scheint über seine theatralischen Bemühungen den Stab zu brechen. Wie um diese neuerrungene Erkenntniß zu bestätigen, kündet Werners Brief vom 22. November eine neue Stoffwahl an, der die Tragödie „Kunegunde die Heilige" entstammt.[1]

---

[1] Gespräche 2, 213. 216 ff. Briefe 20, 192 (vgl. unten S. 27).

Wir begreifen, daß nach dieser Wandlung Werner bei seinem zweiten Besuch in Weimar Ende 1808 kühlere Aufnahme, nicht nur bei Goethe, fand. Zwar bleibt ihm durch die Vermittlung seines Helios noch eine scharfe Recension des „Attila" erspart. Doch wenn Goethe aus Rücksichten der Gastfreundschaft hier eingreift, so gesteht er schon zu, daß viel Wahres in jener Verurtheilung stecke. Wenige Tage später verdarb Werner es völlig mit Goethe. Die Scene wird von mehreren Berichterstattern übereinstimmend geschildert. Werner liest ein Sonett vor, in dem der Mond mit einer Hostie verglichen wird. Goethe wird furios und grob. Werner, geduldig wie ein Märtyrer, ist wie vernichtet. Ganz Weimar zitterte vor dem Groll Goethes, der viele Jahre später aus irriger Erinnerung erzählte: „Da hatt' ich genug und ließ ihn laufen". [1])

Er ließ ihn noch nicht laufen. An Vermittlern wird es nicht gefehlt haben; Werner war zur Zeit von Goethes Ungnade mit dem Hofe in engster Berührung. Im Februar 1809 ist Goethe versöhnt; aber nicht mehr der Wernern verhätschelnde, im Sinne des Briefes an Jacobi seine abstrusesten Gaukeleien unterstützende, sondern ein energisch erziehender Goethe drängt den Mystagogen aus seiner Lieblingsbahn. Jetzt ist nicht mehr die Rede von einem Sohne seiner Zeit, der mit ihr leben und untergehen muß. Jetzt trägt die Erkenntniß vom 28. August 1808 Früchte, und im Sinne des Briefes an Zelter vom 30. October 1808 zwingt er Werner alle Kraft in die Gestaltung zu legen und das Form- und Charakterlose zu meiden. Der „Vierundzwanzigste Februar", das virtuose

---

[1]) Briefe 20, 271 f. Gespräche 2, 214 ff. 8, 230 ff.

Stimmungsdrama, das Muster und Vorbild der Schicksals=
tragödien, entsteht in den ersten Märztagen 1810; „das
grausenerregendste und schauderhafteste, was es geben muß,
aber das Beste nach Goethes Meinung, was Werner in
seinem Leben gemacht hätte, oder machen würde." So
berichtete Pauline Gotter an Schelling; wir stimmen ihr
durchaus zu und nehmen zugleich die Tragödie von
„Schwarrbach" als vollgiltigen Beweis hin, daß Goethe
nicht mit Unrecht an Werners Bühnenbegabung glaubte.
Aber wie rücksichtslos derb mußte Goethe zugreifen, um
Werner zu solchem Aufschwung zu bringen! Dieselbe
genaueste Berichterstatterin meldet: „Goethe hat ihm die
Aufgabe gegeben und streng eingeschärft, all sein verruchtes
Zeug diesmal wegzulassen, sein ganzes Talent aufzubieten
und etwas ordentliches zustande zu bringen, das ganze
Stück dürfe nur aus drei Personen bestehen. Werner
hat gebeten und gefleht, wenigstens ein Kind, eine Katze,
einen Hund aufs Theater zu bringen, aber durchaus nicht;
endlich hat er doch ohne sein Wissen eine Dohle an=
gebracht."

Goethe war überzeugt, diesmal einen Romantiker ins
antike Fahrwasser gebracht zu haben. Die Wirkung des
Fluches, das Thema des „Vierundzwanzigsten Februar",
war in seinen, durch Schillers Brille blickenden Augen
die „Triebfeder der griechischen Tragödie". Er verlangte
allerdings von Werner auch, die Wirkung des Segens
darzustellen. Ein Beweis immerhin, wie ernst er sich der
Sache annahm, ist die Nachricht, daß er selbst den Plan
dazu machte, „wenn auch bloß zu seinem augenblicklichen
Vergnügen." Werner ließ es beim Fluche bewenden.[1)]

[1)] Gespräche 2, 307 f. 8, 309. Dünzer, Zwei Bekehrte S. 157.
Leichmanns litt. Nachlaß S. 329. Beiläufig erhärtet die obige

Faſt ein volles Jahr ſollte von der Vollendung bis zur erſten Aufführung (ſie fand 1810 am Schickſalstage ſelbſt ſtatt) verſtreichen. Gleich nach der Überſendung des Stückes kommt Werner in einen neuen Conflict mit Helios. Diesmal lag die Schuld an denſelben Hofkreiſen, die beide kurz vorher verſöhnt hatten. Zwar glückte einem Briefe Werners, Goethe wieder umzuſtimmen. Allein dieſer verſchiebt jetzt die Aufführung; er meint, ſie habe „einige Gefahr". Werner ſetzte ſeinen Pilgerſtab weiter. In Coppet tragirte er bei Frau v. Staël mit W. Schlegel ſein Schickſalſtück. Brieflich läßt er den alten unangenehmen Ton weiterklingen, bewußt für Goethe zu empfinden, wie Clärchen für Egmont. Goethe erkennt allmählich, daß Werner zu ungeſchickt ſei, um ihm helfen zu können.[1]) Trotzdem geht er im Februar 1810 endlich an eine liebevolle Inſcenirung des Stückes und erzielt einen durchſchlagenden Erfolg.

Goethe betonte ſpäter, er habe das Stück auf die Bühne gebracht, um „Werners bedeutendes Talent zu begünſtigen". Er war des Erfolges froh und ſtolz, nicht am wenigſten wegen der Darſtellung. Nach der Aufführung erſchien er — eine Seltenheit — auf der Bühne und erklärte: „Nun ſind wir da angekommen, wohin ich euch haben wollte: Natur und Kunſt ſind jetzt auf das engſte mit einander verbunden." Auch die Notiz der Annalen legt das Hauptgewicht auf die „Reinheit und

---

Darſtellung den engen Zuſammenhang zwiſchen Schillers Dramatik und der Schickſalstragödie; augenſcheinlich iſt auch an dem Schickſalsmotiv Goethe und durch ihn Schiller ſtärker betheiligt als Werner, der aus Eignem nur die Form hinzuthut. „Tohlen" im „Vierundzwanzigſten Februar" Vers 221. 687.

[1]) Geſpräche 2, 266.

Sicherheit der Ausführung", neben der das „Schreckliche des Stoffs" verschwand. Wieland gegenüber soll er die Aufnahme des Stücks mit den für Werner wenig günstigen Worten entschuldigt haben: „Man trinkt ja nicht immer Wein, man trinkt auch einmal Branntwein."[1]

In der absteigenden Entwicklung des Verhältnisses bedeutet der Triumph des „Vierundzwanzigsten Februars" nur noch ein letztes retardirendes Moment. Vierzehn Monate später tritt Werner zum Katholicismus über. Den Convertiten drängt es, sofort Goethe Rechenschaft zu geben. Der Brief vom 23. April 1811 ist ein Muster- und Meisterstück der Kunst, mit der Werner auf Goethe, wie auf alle Welt einzuwirken verstand. Welche Sophistik! Nicht nur setzt er alle alten Mittel seines Briefstils in Bewegung: Goethe soll insbesondere überzeugt werden, daß sein treuester Anhänger nicht anders handeln konnte, und daß Goethe ihm verzeihen müsse, wenn anders er sich nicht selbst widersprechen wolle. Eine Stelle der „Wahlverwandtschaften" — heißt es — ist Ursache seines Schrittes. Er will nicht länger „ein Teufel, der verzweifelt" sein. Verse der „Braut von Korinth" und der „Wonne der Wehmuth" sollen Goethes Unwillen mit seinen eignen Waffen bekämpfen. Und zuletzt wird mit Rührung und Thränen auf ihn eingestürmt. Der Adressat bleibt gleichwohl unerschüttert; er hat immer noch so viel Wohlwollen übrig, daß er nicht Werner, sondern der Frau v. Schardt die Schuld beimißt: „Wenn die Männer sich mit den Weibern schleppen . . . , so werden sie so gleichsam abgesponnen wie die Wocken." Der Dichter hat eben bei ihm ausgespielt; seine Production ist fortan

---
[1] Gespräche 2, 300. & 310. Werke 36, 49. 58.

„unerfreulich", und er gesteht, den Verdiensten Werners, den er unzweideutig einen Scheinheiligen nennt, nicht mehr 'gerecht werden zu können. Eine Salve versificirter Invectiven wird gegen Werner entsandt. „Pfaffenhelden, Frauen wohl empfohlen" — so nennt er die Klasse, der Werner fortan eingeordnet wird. Werners Priesterweihe (14. Juni 1814) begrüßt er vollends mit den Versen:

> Niemand soll ins Kloster gehn.
> Als er sei denn wohl versehn
> Mit gehörigem Sünden=Vorrath;
> Damit es ihn so früh als spat
> Nicht mög' am Vergnügen fehlen
> Sich mit Reue durchzuquälen.

Mindestens ebenso bitter klang es schon zum 6. Februar 1814:

> Herr Werner, ein abstrufer Dichter,
> Dazu vom sinnlichsten Gelichter,
> Verläugnete sein schändlich Lieben,
> Die Unzucht, die er stets getrieben.
> Nun sucht er neue Lasterspur,
> Ihn treibt die sündige Natur
> Nach Rom zur babylon'schen Hur',
> Da laicht er denn mit Mönch'n und Nonnen
> Und glaubt er habe viel gewonnen ... [1])

Kurz vorher hatte zwar ein verlorener Brief Werners (18. Januar 1814) Goethe „zum Lachen gebracht" und „in den besten Humor versetzt"; gebessert hatte er nichts. Erst der Tod wirkte versöhnend. Fünf Jahre nach seinem Hinscheiden hielt ihm Goethe eine milde Grabrede, die den trotz allem andauernden inneren Antheil bezeugt; er

---

[1]) Gespräche 3, 20. 8, 312. Werke 36, 175. An Knebel 28. Dec. 1811, an Zauper 7. September 1821. Werke 3, 143. 5, 1, 130 u. 195.

deutet nochmals auf „jenen Complex von Vorzügen, Verirrungen, Thorheiten, Talenten, Mißgriffen und Extravaganzen, Frömmlichkeiten und Verwegenheiten, an denen wir mehrere Jahre, bei redlich menschlicher Theilnahme, bitterlich gelitten".[1])

In Goethes Beziehungen zu Heinrich v. Kleist giebt es keinen Höhepunkt, keine Peripetie. Entschlägt Goethe sich seiner festesten Überzeugungen, um Werner gerecht zu werden, gegen Kleist ist er erzgepanzert.

Die Brust von schönsten Hoffnungen geschwellt, voll höchster Ansprüche an sich und Andere, kommt Kleist im Herbst 1802 aus der Schweiz nach Weimar. Die sonnigsten Tage seines dumpfen und düsteren Erdenlebens liegen hinter ihm. Er tritt vor Schiller, Goethe und Wieland hin. Nur dieser zieht ihn näher an sich heran, ahnt die gewaltige Begabung des Jünglings und prophezeit, er sei geboren, die „große Lücke in unserer dramatischen Literatur auszufüllen, die selbst von Goethe und Schiller noch nicht ausgefüllt worden ist". Zu Schiller und zu Goethe hat Kleist kaum von seinem poetischen Streben gesprochen. Ob sie ahnten, mit welchen Empfindungen er vor ihnen stand? Beide will er überfliegen; und doch bewundert er sie, vor allem Goethe, leidenschaftlich. „Ich werde ihm den Kranz von der Stirne reißen", wird seine Parole.

Etwa fünf Jahre später wurde Goethe mit Dichtungen Kleists bekannt. Kleists Freund Adam Müller vermittelt; er durfte sich durch seine „Vorlesungen über deutsche Wissenschaft und Litteratur" von 1806 als wohl-

---

[1]) Num. z. Bf. 14. Hempel 29, 777.

empfohlen betrachten. Schüler Fr. Schlegels, gönnte Müller den älteren Romantikern gelegentliche Demüthigung durch Goethe, der ihm ein „königlicher Dichter" ist, während Schiller sich in seinen Augen mit der Rolle eines Oberkammerherrn und Ceremonienmeisters begnügen muß.[1]) Wenn Müller Ende Juli 1807 seines Freundes „Amphitryon" und den „Zerbrochenen Krug" an Goethe sendet, heimst er selbst in Goethes liebenswürdigem Antwortschreiben das bessere Lob ein. Im „Amphitryon" scheiden sich nach Goethes Urtheil Antikes und Modernes mehr, als daß sie sich vereinigen; der „Zerbrochene Krug" habe „außerordentliche Verdienste", gehöre jedoch dem „unsichtbaren Theater" an. Goethe hat sich beide Urtheile nicht leicht werden lassen. Immer wieder sucht er sich über „Amphitryon" „als über das seltsamste Zeichen der Zeit" klar zu werden. Im Tagebuch (13. Juli 1807) heißt es in einer beherzigenswerthen und längst beherzigten Analyse: „Der antike Sinn in Behandlung des Amphitryons ging auf Verwirrung der Sinne, auf den Zwiespalt der Sinne mit der Überzeugung . . . Der gegenwärtige, Kleist, geht bey den Hauptpersonen auf die Verwirrung des Gefühls hinaus." Zwei Schemata werden entworfen, die sinnfällig darstellen sollen, wie schief modern das Stück Kleists geprägt sei.[2])

Den „Zerbrochenen Krug" brachte Goethe doch am 2. März 1808 auf die „sichtbare" Bühne, freilich in unmöglicher Inscenirung. Obwohl er dem Stücke die „stationäre Proceßform" zum Vorwurf machte, zerschnitt er es

---

[1]) An Genß 20. Febr. 1803, 6. Febr. 1808.
[2]) Erich Schmidt, Goethejahrbuch 9, 96; Gespräche 2, 174. 9, 140 ff.

doch in drei Acte. Das Publicum war mit gutem Recht erstaunt, beim Aufziehen des Vorhangs immer dieselben Personen in unveränderter Haltung auf der Bühne zu erblicken. Es kam zu unerhörten Scandalscenen. Goethe selbst, der die Aufführung immerhin sorgsam vorbereitet hatte, scheint zuletzt alles Zutrauen verloren zu haben.[1]

Wenige Wochen vor der Aufführung hatte Kleist Beiträge zu seinem und Müllers Journal „Phoebus" erbeten und bemüthig genug in dem ersten Hefte der Zeitschrift ein Fragment seiner „Penthesilea" überreicht. Goethe antwortete ablehnend. Der Begleitbrief Kleists mußte ihn verdrießen und ihm alle Lust rauben; in dem Augenblicke, da der „Zerbrochene Krug" aufgeführt werden sollte, sprach der Hauptbetheiligte gleichgültig von der Bühnenfähigkeit seiner Produkte. Hatte Goethe schon früher wenig Vertrauen auf den „Phoebus" gesetzt, so läßt er ihn jetzt ganz fallen. An Knebel, der zusammen mit seiner Schwester in verächtlichen Urteilen über Kleist und Müller sich nicht genug thun kann, schreibt Goethe Anfang Mai: „Mit den Dresdnern habe ich gleich gebrochen. Denn ob ich gleich Adam Müller sehr schätze und von Kleist kein gemeines Talent ist, so merkte ich doch nur allzu geschwind, daß ihr Phoebus in eine Art von Phébus übergehen würde; und es ist ein probates Sprichwort, das man nur nicht oft genug vor Augen hat: der erste Undank ist besser als der letzte."

Und Werner? fragen wir. Die Zeitschrift, in der Kleists Bestes, wenigstens fragmentarisch, enthalten ist, wird des Schwulstes beschuldigt. Der widerliche Bom-

---

[1] Werke 36, 5. Gespräche 8, 300.

bast Werners, wenigstens des Briefschreibers, wird gleichzeitig mit Dank hingenommen. Kleists stolzes Junkerblut wallte jetzt auf. Hatte ihn schon die scharfe Ablehnung der „Penthesilea" verletzt, so schiebt er nunmehr alle Schuld an dem Mißerfolg des „Zerbrochenen Krugs" auf Goethe und ergießt, unedel genug, seine Galle in spitze Epigramme voll gemeiner Anspielungen auf Goethes häusliche Verhältnisse.[1])

Nach diesem traurigen Ausgang der persönlichen Beziehungen wundert man sich, wie versöhnlich Goethe kurze Zeit später von Kleist spricht. Da wird höchstens von Eigenwilligkeit und Eigensinn geredet. Ein ander Mal tadelt er, als Mitteldeutscher von jeher preußischem Wesen wenig geneigt, an ihm die „nordische Schärfe des Hypochonders"; auch im „Kohlhaas" sei „alles gar zu ungefüg". Es gebe ein Unschönes in der Natur, ein Beängstigendes, mit dem sich die Dichtkunst bei noch so kunstreicher Behandlung weder befassen noch aussöhnen könne. Trotz diesen und anderen Einwänden klingt doch etwas wie Wohlwollen durch die ausführlichste Kritik, die Goethe der Gesammterscheinung Kleists gewidmet hat; ja es heißt da: „Ich habe ein Recht Kleist zu tadeln, weil ich ihn geliebt und gehoben habe." Freilich, Goethes Antipathie gegen Kleists pathologische Natur kommt noch 1827 zur Geltung, wenn er, geärgert durch Immermanns Recension von Kleists Schriften, ins Tagebuch eine Notiz über den „Kleistischen Unfug und alles verwandte Unheil" setzt und hinzufügt: „Wie wohlthätig ist die Erscheinung einer gesunden Natur nach den Gespenstern dieser Kranken."

---

[1]) Zolling 1, LVII. G's Werke 4, 20, 13. 16 59. Wilbrandt 297 ff.

Im gleichen Sinne heißt es ein ander Mal: „Mir erregte dieser Dichter, bei dem reinsten Vorsatz einer aufrichtigen Theilnahme, immer Schauder und Abscheu, wie ein von der Natur schön intentionirter Körper, der von einer unheilbaren Krankheit ergriffen wäre."[1]

III.

Neben Werner und Kleist sei an dieser Stelle nur noch Bettina in stärkere Beleuchtung gerückt. Sie darf es beanspruchen; denn mit keinem Gliede des gesammten romantischen Kreises verbanden Goethe gleich eigenartige Beziehungen. Die Eigenwillige hat sich und ihrer Liebe zu Goethe einen weithin sichtbaren Platz im deutschen Geistesleben geschaffen. Wer kennt den intimen Freundschaftsbund Goethes und Schellings? Wie Wenige wissen, was Tieck oder Werner dem Dichter war! Allein von der Rolle, die das „Kind" sich zuschrieb, hat Jeder gehört. Wird ihr Name genannt, dann tritt er immer in Goethes Geleit auf; und wer den alternden Weimaraner schildern will, darf ihrer nicht vergessen. Denn während allen andern Romantikern das Verhältniß zu Goethe nur eine Episode ihres Daseins bedeutet, ist die behendeste Vorläuferin weiblicher Emancipation und moderner Sociologie, die Biographin ihres Bruders Clemens und ihrer Freundin Caroline v. Günderode, in den Augen einer rasch vergessenden, nur das Wesentliche behaltenden Nachwelt vor Allem die dichterisch frei gestaltende Darstellerin ihrer Beziehungen zu Goethe. Freilich hat in ihrem Bewußtsein

---

[1] Gespräche 2, 293. 346. Goethejahrbuch 9, 96, vgl. Gespräche 6, 164. „Nordische Schärfe": vgl. A. Fischer, Goethe und Napoleon S. 78. Hempel 28, 755.

Goethe immer die erste Stelle eingenommen. Keiner ihrer Genossen aus dem romantischen Lager hat sich ihm so rückhaltlos untergeordnet, keiner seine ganze geistige Existenz so stark, fest und einseitig in Goethe begründet. Enkelin der von dem jungen Goethe bewunderten Sophie v. La Roche, Tochter der „lieben Max", deren Züge und deren traurige Ehe Werthers Lotte zeichnen halfen, der gegenüber Goethe selbst einst Wertherische Anwandlungen fühlte, und die dann, von dem eifersüchtigen Gatten streng bewacht, nur selten, aber „wie eine Erscheinung vom Himmel" ihm gegenübertrat: brachte Bettina dem Ergrauten die Erinnerung an die schönsten, schöpfungsreichsten Jahre seiner Jugend und zugleich den geheimnißvollen Duft eines Hauses mit, dem er einst die blühenden Hoffnungen seiner Frühzeit zugetragen hatte. Auch wer im Alter die Fülle dessen hat, was er in der Jugend sich gewünscht, erblickt mit tiefer Rührung ein lebendiges Erinnerungsbild des Längstentschwundenen, Nieverwirklichten, Nievollbrachten. Bettina gemahnt ihn „an die Zeit, da ich vielleicht so närrisch war wie du, aber gewiß glücklicher und besser als jetzt". Und ihr wiederum trat in Goethe die Erfüllung jugendlich dumpfer Sehnsucht nach dem Ibol entgegen, von dem ihr einst der Mutter „heiße Thränengüsse" erzählt hatten. Ganz lebendig aber war ihr das Bild Goethes aus den Erzählungen seiner Mutter geworden. Nach dem tragischen Selbstmord ihrer Freundin Günderode hatte sie sich Trost suchend der Frau Aja zugewandt. Wie viel sie der Greisin bald geworden war, bezeugt diese selbst: „Dein Andenken geht über Alles und macht mich glücklicher, als es der todte Buchstabe ausdrücken kann ... du bist besser, lieber, größer als die Menschen, die um mich herum grabbeln, denn eigentlich Leben kann man ihr Thun und Lassen nicht nennen". 1807 kommt Bettina nach Weimar, Frau Rath berichtet: „Da hat doch die kleine Brentano ihren Willen gehabt, und Goethe gesehen — ich glaube im gegen gesetzten Falle wäre sie Toll geworden — denn so was ist mir noch nicht vorgekommen — sie wollte als Knabe sich verkleiden, zu Fuß nach Weimar laufen — vorigen Winter hatte ich oft eine rechte Angst über das Mägdchen — dem Himmel sey Dank daß sie endlich auf eine musterhafte Art ihren Willen gehabt hat". Insbesondere ist Bettina — wiederum nach dem Berichte der Frau Rath — über die Erlaubniß Goethe „zuweilen ein plättgen zu schicken zu dörfen entzückt." Wirklich entspinnt sich ein Briefwechsel. „Bettine ist vor Freude außer sich über deinen Brief, Sie brachte mir ihn im Triumpf ... Weimar ist Ihr Himmel — und die Engel (das ganze Haus gehört dazu) seyd Ihr!!!" [1])

Wie Goethe das Mädchen schätzte, erzählen seine Briefe, bestätigt ausdrücklich ein unanfechtbarer Zeuge, W. v. Humboldt. Goethe nennt sie wohl auch im Gespräche mit anderen „ein liebes Kind". Ihrer anstürmenden Begeisterung setzte er väterliches Wohlwollen entgegen; er ist ihr für all die Liebe und zärtliche Fürsorge herzlich dankbar. Sie wirkt erfrischend und belebend auf ihn; auch auf den nach Schillers Tod trockeneren Stil seiner Briefe. Nach dem Ableben der Mutter liefert sie, der Frau Rath so viel von Wolfgangs Jugend erzählt hatte, werth-

---

[1]) Dichtung u. Wahrheit 28, 182; Briefe 2, 165. Cl. Brentano, Ges. Schriften 1, 3. Carriere, Bettina v. Arnim S. 7. Schriften der Goethe-Gesellschaft 4, 310. 322. 326. Steig, Arnim u. Brentano S. 193. Erster Besuch: Briefw. m. einem Kinde 3. A. S. 11 ff. Steig S. 218.

volles Material für das autobigraphische Werk. Ein=
mal spendet er ihr die Worte: „Deine Briefe wandern
mit mir, sie sollen mir .. dein freundliches, liebevolles
Bild vergegenwärtigen. Mehr sage ich nicht, denn eigent=
lich kann man dir nichts geben, weil du dir alles ent=
weder schaffst oder nimmst." Man hat an diese Worte
die Frage geknüpft: „Wem gegenüber seit den Zeiten der
Frau v. Stein gesteht Goethe zu, daß er nichts geben
könne?" Doch besagen die Schlußworte nicht vielmehr,
daß Goethe dem eigenwilligen, phantasievoll schöpferischem
Wesen Bettinens gegenüber sich machtlos und zu gleichem
Aufschwung nicht immer fähig fühlte? Mit dem beschau=
lichen Auge seines Alters beobachtet er das wunderbare
Phänomen.[1])

Trotz alledem genoß auch dieses Glied des roman=
tischen Kreises nicht der dauernden Gunst Goethes. Im
März 1811 verbindet sich Bettina mit Arnim. Bald
darauf trifft das junge Paar in Weimar ein; und sofort
kommt es zum Bruche.

Arnim bedurfte nicht Bettinas, um bei Goethe ein=
geführt zu werden. Bliebe auch das „Wunderhorn" als
Bindeglied aus dem Spiele, so deuten doch allein schon
unsere Briefe auf ein sympathisches, echt menschliches
Verhältniß zu Goethe. Wenn in den Kreisen der jüngeren
Romantik irgendwo Verehrung Goethes von erster Jugend
ab geübt wurde, so war dies bei dem Freundespaar Arnim
und Brentano der Fall. Clemens Brentano ist zwar mit
Goethe nie so vertraut geworden wie seine Schwester.

---

[1]) Gespräche 10, 48. Werke 29, 231, vgl. Steig S. 359. Bfw.
m. e. Kinde 3. 9. XVI. Herman Grimm, Deutsche Rundschau
87, 45.

Mag er auch immer ihr den Weg zu Goethe gewiesen
haben, es blieb ein merkbarer Unterschied in Goethes Em=
pfinden gegenüber dem Sohne und gegenüber der Tochter
der „lieben Max". Gleichwohl zeigt ein Blick in Bren=
tanos und Arnims Briefwechsel, wie ihnen seine Werke
immer wieder zum Mittelpuncte werden, in dem sie sich
selbst und einander wiederfinden. „Ohne diese Dichtungen
wäre der lebendige Keim des besseren Daseins in uns
zerstört, wie in so Vielen. Im Genusse dieser Werke
wurden wir Freunde, in Erkenntniß seiner Vortrefflich=
keit gebildet, mit dem Leben einig, zu allen Unterneh=
mungen muthig, zu einzelnen Versuchen geschickt." Arnim
hält in einer seiner Dichtungen das Bild Goethes fest, wie
es den verehrungsvollen Jünglingen erschien: „Deutsch=
lands Meister, der war heut angekommen und schritt mit
ernstem Blick den Gang herunter, zu eng erschien der
breite Gang, noch einen andern außer ihm zu fassen, fast
hätte ich vergessen ihn zu grüßen, obgleich die andern
alle als Bekannten ihn bewillkommt; so war ich ganz be=
fangen von dem ernsten Blick, dem festen Gang, dem
freundlich schön Vollendeten der Lippen; an diesen Lippen
ist der Meister aller Worte, aller Sprache zu erkennen, so
zierlich sind sie ausgeschnitten, ein jeder Hauch von ihnen
ist ein Flötenton, kein falscher Ton fliegt je von diesen
Lippen in die Welt."[1])

Wenngleich kleine Gegensätze nicht ausblieben — die
„Natürliche Tochter" war auch diesen Romantikern un=
verständlich — Goethe erfreute sich gewiß damals weniger

---

[1]) Cl. Brentanos Frühlingskranz, 2. A. S. 139. Unberück=
sichtigt blieb Holteis Gerede: Goethes Gespräche 8, 230. Bren=
tano, Godwi 2, 431. Arnim, Halle u. Jerusalem III, 2. Vgl.
auch Brentanos Prolog zur „Gründung Prags," Ges. Schriften 6, 5.

gleich überzeugter Anhänger. Und wer trat ihm so frei, so offen, so männlich gegenüber wie Arnim? Man braucht Arnims Briefe an Goethe nicht mit dem Gesalbader Werners zusammenhalten, um den ganz eigenen Ton herauszuhören. Ehrliche Hochschätzung, aber kein überflüssiges Wort äußerlicher Bewunderung! Willige Unterordnung, aber doch das sichere Gefühl, als Mensch zum Menschen zu reden! Die Art des echten freien Edelmanns, der sich Jedem ebenbürtig fühlt und auch den entferntesten Anschein der Schmeichelei meidet. Wunderhübsch plaudert er über Dinge, die ihn und Jeden interessiren, dem nichts Menschliches fremd ist. Am wenigsten spricht er von sich selbst; vom Schriftstellerhandwerk ist selten die Rede. Nicht viel anders klingen Arnims Briefe an Brentano; um nichts mehr spielt er sich Goethe gegenüber auf. Goethes Freude am Gegenständlichen wird befriedigt, ohne daß der Berichterstatter mit seiner Reflexion lästig fiele.

Ganz anders lauten freilich die wenigen knappen conventionellen Billets der Zeit nach 1811. Mit diplomatischer Vorsicht buchen die Tag- und Jahreshefte zu diesem Datum: „Das Ehepaar v. Arnim hielt sich eine Zeit lang bei uns auf; ein altes Vertrauen hatte sich sogleich eingefunden, aber eben durch solche freie unbedingte Mittheilungen erschien erst die Differenz, in die sich ehemalige Übereinstimmung aufgelöst hatte. Wir schieden in Hoffnung einer künftigen glücklichern Annäherung." Im Gegensatz zu den unverfänglichen Andeutungen Goethes meldet die weimarische Scandalchronik von einem Zusammenprall Christianens und Bettinens. Goethe trat entschieden für seine Frau ein; aber liegt in der Notiz der „Annalen" nicht ein verstecktes Zugeständniß eignen Unrechts? Arnims

edle freie Seele bewährt sich wiederum unbeeinträchtigt in den Briefen, die er damals an Riemer richtet. Ohne sich oder Bettinen etwas zu vergeben, im Innersten freilich wenig erbaut über das Gezänk der Frauen, zieht er das Facit seiner Beziehungen zu Goethe: „Für einige Tage der Kränkung habe ich mehrere recht schöne Stunden in meinem Leben gewonnen, — seine Schriften gehören mir wie der ganzen Welt, er mag sie mir gönnen oder nicht."[1])
Goethe ist fortan auf Bettina nicht gut zu sprechen. Die Hoffnung einer künftigen glücklichern Annäherung erfüllte sich nicht. Im Jahre 1824 sehen sie sich wieder, und Bettina selbst hat ausführlich von diesem Zusammensein berichtet. Sie brachte den Entwurf ihres Goethedenkmals nach Weimar. So ergreifend sie zu schildern weiß, so eindringlich sie uns die Abschiedsthränen ihres Meisters zu Gemüthe führt, sie berichtet doch Worte Goethes, deren feindseligen Sinn sie wohl selbst kaum ganz begriffen hat. „Du bist ein arger Schelm", heißt es einmal; und dann: „du bist sehr pfiffig, und es ist besser in gutem Vernehmen mit dir zu sein". Ihren Commentar finden diese nur halb scherzhaften Worte in einem Gespräche Goethes mit Kanzler v. Müller vom nächstfolgenden Jahre; da heißt es viel ernsthafter: „Die Arnim ist übrigens jetzt selten mehr redlich, sondern erzschelmisch. Was sie in früheren Jahren sehr gut gekleidet, die halb-Mignon-, halb-Gurli-Maske, nimmt sie jetzt nur als Gaukelei vor, um ihre List und Schelmerei zu verbergen." Nur als „problematischer Charakter" interessirt ihn Bettina jetzt noch.[2])

[1]) Werke 36, 71 und Hempel 27, 469; unten S. 275 ff.
[2]) Gespräche 10, 124 ff. 5, 141; vgl. 4, 134 f.

Immerhin eine schlechte Empfehlung für die Frau, die wenige Jahre später der Welt ihr Goethebuch schenkte. Doch wer wollte der einst Vielgescholtenen heute das Recht zu solcher That abstreiten?

In den Tagen, die Goethes Tode vorangingen, drängt es sie ihm zu schreiben, in langer Briefconfession seine Liebe wiederzuerwerben. Ergreifend schildert sie dem Kanzler v. Müller die mystischen Stimmungen, die sie vor und nach dem Eintreffen der Todesnachricht beherrschen. Ihr ganzes Goetheerfülltes Wesen ist in höchster Spannung. Sie schreibt fort an ihn; es ist ihre Lust, ihre Seligkeit. Nicht der leiseste Zweifel, Vergebliches zu thun, wandelt sie an. Sie legt die Briefe alle an einem Orte nieder. „Sie werden einst zum Beleg seiner Apotheose in Sittlicher Grazie, in geistiger Liebe und schöner Pietät dienen." Sechs Wochen treibt sie es so weiter; ihr ist es ein höchst glücklicher Zustand, den sie immer bewahren möchte, weil er sie über das Gemeine erhebt. Ende Mai 1832 beginnt sie ein Prachtwerk vorzubereiten, das die Kosten des von ihr geplanten Goethedenkmals aufbringen soll.[1]) 1835 erscheint dann „Goethe's Briefwechsel mit einem Kinde. Seinem Denkmal"; der erste Band mit einem Stiche von Bettinas Goethe-Monument, der zweite mit einem Stiche nach Prellers Zeichnung von Goethe, der dritte mit einem Stiche von Goethes Zimmer im elterlichen Hause zu Frankfurt.

Nicht hier sei nochmals das ganze Problem aufgerollt, das Bettinas Buch der Kritik stellt. Neben den Angriffen, die es ob seiner panegyrischen Form erfuhr, traten als-

---

[1]) Unten S. 280. 282. 284 f. (Ein Brief an Goethe vom 22. März 1832: Bfw. m. e. Kinde S. 518.

balb mehr oder minder scharf ausgesprochene Zweifel an seiner Zuverlässigkeit, die sich rasch zu dem Vorwurfe der Fälschung und des Schwindels verdichteten. Heute wissen wir, daß Bettina zuverlässiger war, als man glaubte; wir wissen aber auch, daß es ihr durchaus nicht um die streng philologische Ausgabe peinlich genau wiedergegebener historischer Documente zu thun war. Man hat Bettinas Verfahren mit der Art verglichen, in der Goethe briefliches Material für seinen „Werther" benutzt hat. Gewiß war auch sie auf ein Kunstwerk bedacht; freilich blieb ihr Buch an künstlerischem Aufbau, fortreißendem Interesse, technisch wohlberechneter Wirkung weit hinter dem Romane Goethes zurück. Ein unverfälschtes Product romantisch=jungdeutscher Formlosigkeit, ein Conglomerat von Briefen, Tagebuchaufzeichnungen und Erzählung wie die Mehrzahl der epischen Prosawerke der dreißiger Jahre, tritt das Buch neben Gutzkows „Wally", neben Mundts „Madonna" allein in rechte Beleuchtung und offenbart menschliche und künstlerische Vorzüge, die es doch mächtig über seine jung=deutsche Umgebung emportragen.

Menschlich und künstlerisch begreiflich sind die Eingriffe, die sie sich dem echten Briefwechsel gegenüber erlaubt hat. Wohlbewußt, daß ein Briefwechsel allein nie ein abgerundetes Bild gebe, benutzt sie gleichzeitige Documente, Briefe, Gedichte und lebendige Erinnerung. Sie beseitigt Störendes und Gleichgiltiges. Um der Reinheit der Composition willen läßt sie Stellen ausfallen, die kein gewöhnlicher Herausgeber sich hätte entgehen lassen; aus gleichem Grunde nennt sie Arnim nicht. Auch Christianens Name ist gelegentlich gestrichen. Örtliches und Zeitliches wird nur im Allgemeinen festgehalten. Dennoch lehrt ein flüchtiger Vergleich der authentischen Briefe mit dem „Briefwechsel", daß umfängliche Stücke unverändert aufgenommen sind. Wir wissen heute schon, daß weitere Erschließung des von Bettina benutzten Materiales sie als noch zuverlässiger bewähren wird. Ein peinlich gewissenhafter Mann, Wilhelm Grimm, ist auf einem irrigen Berichtigungsversuche ihrer Angaben betroffen worden. Oder soll ihr ein Vorwurf erwachsen, wenn sie Goethe öfter zum Du greifen, ihn öfter bitten läßt, das Dictiren seiner Briefe verzeihen zu wollen, als die Wirklichkeit gestattete? Harmonisiren, Vereinheitlichen, Weiterklingenlassen eines von Goethe angeschlagenen Tones: solchen Brauch übt sie. Er überträgt Briefe Bettinas in Verse und ermuntert sie zu neuen Berichten, um auch sie umzudichten: „Schreiben Sie bald daß ich wieder was zu übersetzen habe." Bettina nutzte Gedichte Goethes, die ganz anderen Veranlassungen entkeimten, und ließ ihn auch diese „übersetzen". Eine Reihe seiner Sonette steht mit Bettina in Verbindung; sie nahm andere hinzu, die nicht ihr, sondern Minna Herzlieb galten, und sie hat Gedichte des „Divan" sich auf Kosten Mariannens v. Willemer zugeschrieben.[1])

Einer ihrer objectivsten und vorsichtigsten Kritiker sagt: „Daß sie sich ... bedeutend mehr zueignete, als eine verständige Benutzung ihrer Papiere erlaubte, war von ihrem

---

[1]) Loeper, Briefe Goethes an Sophie v. La Roche S. XXXVI ff. Erich Schmidt, Charakteristiken S. 294; Steig, Arnim u. Brentano 359; Goethe u. d. Br. Grimm 220 ff. 266.; Deutsche Rundschau 72, 270. Fast wörtlich aufgenommen sind unsere Briefe N. 1. 5. 6. 10. 14—18. Bei uns fehlende, aber sonst beglaubigte Briefe: Loeper S. XLV. Über die Sonette zuletzt: Kuno Fischer, Goethe-Schriften B. 4; Schipper, Goethe-Jahrbuch 17, 157; Pniower, Jahresbericht für neuere deutsche Litteraturgeschichte 1896 IV 8c: 36—38.

Standpuncte der künstlerischen Abrundung und des psycho-
logischen Interesses durchaus kein Unrecht." Setzen wir
hinzu: und vom Standpuncte der Frau. Wenn sie vor
die Welt hintrat und zu Goethes Ruhm ihr Innerstes
nackt und bloß der Welt zur Schau bot, was kümmerte
sie da Minna Herzlieb, was Marianne? Was haben diese
für Goethe gewagt? Das kühne Wagniß durfte engen
Herzens nicht unternommen werden; und engherzig sei
es nicht beurtheilt.

Goethes Verkehr mit den Romantikern, obgleich fast
in jedem einzelnen Falle in Entfremdung oder völligem
Zwiespalt endend, umfaßt dennoch in seiner Gesammtheit
eine lange Reihe von Jahren und innerhalb dieser be-
trächtliche Wegstrecken, auf denen er selbst romantisch
fühlt, denkt und gestaltet. Eine Anzahl seiner Schöpfungen
offenbarte sich im Verlauf unserer Erörterung als Wirkung romantischen Umganges. Doch nicht auf vereinzelte
Erscheinungen beschränkt sich der Einfluß, er begleitet vielmehr Goethes Schaffen von den letzten Jahren des 18. Jahrhunderts bis zu seinem Tode. Von zufälligen Anlässen
— einem solchen entstammen die „Musen und Grazien in
der Mark" — sei hier ganz abgesehen. In Stoff und
Form und auf sämmtlichen Gebieten seines künstlerischen
Schaffens sind romantische Tendenzen zu beobachten.[1]

Romantische Formkunst wird durch W. Schlegel der
Ausfeilung von Goethes antikisirender Lyrik im Jahre
1800 dienstbar. Wenig später kommt durch die Romantik ein neuer modern-volksliedartiger Sang in seinem

---

[1] Der geringe zugestandene Raum gestattet nur eine kurze
Skizze, keinen Versuch einer Lösung der schon von Goedeke (Grundriß 1. A. 2, 834) gestellten Aufgabe. „Musen und Grazien"
oben 1, XLIII.

Dichten zur Geltung, der bei altdeutschem Vorbilde nicht stehen bleibt, sondern in leicht verfolgbarer Entwicklung bis zu den Übertragungen neugriechischer Lieder sich weiterleitet. In diesen Zusammenhang gehört der nur mittelbar durch das „Wunderhorn" angeregte Plan eines lyrischen und historischen Volksbuches, das um 1808 im Sinne Goethes deutsche Cultur gegen den siegreichen Westen schützen sollte. Leiht hier die Romantik auch den Stoff, so erringt das Schoßkind ihrer formalen Fertigkeit, das Sonett, zeitweilig Goethes Sympathie; in Sonetten wetteifert er mit Werner, huldigt er auch Bettinen. Die stammverwandte Terzine lernt er einem Schüler W. Schlegels, dem Übersetzer Dantes, Streckfuß, ab. Die Naturphilosophie Schellings bereichert die Lyrik Goethes um die Gedichte „Weltseele" und „Groß ist die Diana der Epheser", während allerdings das geplante „große Naturgedicht" nicht zustande kommt. Romantisch-polemische Lyrik, an sich dem großen Vorbilde der „Xenien" nachgebichtet, findet in den „Zahmen Xenien" und „Invectiven" ihre Fortsetzung; zwar wird die eigene Waffe da gelegentlich gegen die Romantiker gekehrt, doch die gegen Kotzebue, Böttiger, Merkel gewendete Salve ist nur das Echo romantischen gleichgerichteten Grobgeschützes. „Der neue Alcinous" offenbart Goethe als unzweideutigen Mitkämpfer, der sogar den bösen Reim „Merkel: Ferkel" von seinen Genossen übernimmt. Neben diese Expectorationen des Unmuths tritt als erfreulichste Blüthe romantischer Befruchtung trotz allen Gegensatzes romantisch-indischer und Hafisisch-persischer Art der Westöstliche Divan.[1])

---

[1]) Schlegel: oben 1, XXXIV. Volkslied: oben 2, VIII. Steig, G. u. d. Br. Grimm 160 ff., 202 ff. Volksbuch: Morsch, Goethe

— XLIX —

Wie Goethische Epik durch die Anregung der „Achilleis" von den Schlegel gefördert wird, wurde oben aufgezeigt. Vielleicht noch stärker beeinflußt ist die Prosaerzählung des alternden Dichters. Das Muster, das er im „Wilhelm Meister" gab, fand übereifrige Weiterbildung und gestaltete die Theorie des Romanes und der Novelle um. Die Novellen der „Wanderjahre", diese selbst in ihrer losen Technik, die „Novelle" — all das steht unter dem Einfluß romantischer Erzählkunst und Theorie. Die „Wahlverwandtschaften" ferner haben nicht umsonst im romantischen Lager begeisterte Anerkennung gefunden; obwohl ein unverkennbarer Schlag, geführt gegen romantische Emancipation des Weibes und romantische „Ehen à quatre", steht die Dichtung durch die vorgeführten Gestalten, durch ihr Milieu, nicht zuletzt durch ihre Form den Nachfahren des „Wilhelm Meister" näher als dem Urbilde selbst. Ihre ideelle Grundlage ist die Naturphilosophie, besser gesagt die romantische Physik und Chemie.[1])

Am merkwürdigsten erscheint nach den scharfen Verdicten, die Goethe über romantische Dramatik fällte, die Romantik in den Bühnenstücken seines Alters. Am Ende

---
jahrb. 14, 284. Sonette: oben 2, XXIII. Terzine: Minor, Neuhochdeutsche Metrik S. 438. Naturphilosophie: oben 1, LXXXIII. LXXXVI f. Invectiven gegen Kotzebue: 5, 1, 164. 171 ff. 174 ff. 181 f. 193. 197. Antiromantisches u. a.: oben 1, LVIII. LXIV; dann die Gedichte oben Z. Werner: oben 2, XXXII. „Divan": R. M. Meyer, Goethe 2. A. S. 517.

[1]) Achilleis: oben 1, XXXVII. Novellentechnik, zumal die „Novelle": Seuffert, Goethejahrbuch 19, 133 f. 165 f. Wahlverwandtschaften": Hettner=Harnack III, 2, 503 ff.; vgl. Steig, Arnim und Brentano S. 286, G. u. d. Br. Grimm S. 34. 53. 84. 91. 241; Görresbriefe 2, 64 (Savigny „entzückt"); Solger, Nachgel. Schriften 1, 175. Werner: unten S. 62. Hehn, Gedanken über Goethe, 2. A. S. 145.

des Jahrhunderts feiert das von Fr. Schlegel getaufte Festspiel „Paläophron und Neoterpe" den Bund des Alters mit der Jugend, im engern Sinne Goethes mit der Romantik. Alte und neue Zeit reichen sich zu gemeinsamem Schaffen die Hand. Vielleicht versteckt anspielend auf die romantische Philosophie Fichtes und Schellings bedeutet die Dichtung, ebenso wie 1802 das Festspiel „Was wir bringen", eine Verherrlichung der Zukunft und ihrer Vertreter, nähert sich durch ihre antikisirende Form, vor allem durch den Gebrauch des Trimeters, gleich der „Helena" späteren romantischen Versuchen in der Art des „Jon" und bedient sich der Masken, die romantischer Theorie und Praxis lieb waren. Noch stärker in romantisches Fahrwasser kommt Goethe durch die Bewunderung Calderons. Zwar die Tragödie aus der Zeit Karls des Großen, 1807 durch Calderon angeregt, rückte über Bruchstücke nicht hinaus. Allein das „Vorspiel" von 1807, „Epimenides" und insbesondere die in einem romantischen Almanach veröffentlichte „Pandora" — sie alle bemächtigen sich der entweder aus antiken und modernen Elementen gemischten oder wenigstens stark mit lyrischen Elementen versetzten opernhaften Form des romantischen Dramas. Auch für seine Maskenzüge verwerthet Goethe gerne diese Mischform; ganz im Sinne der Romantik sind diese Litteraturrevuen, insbesondere der Maskenzug vom 30. Januar 1810 und der vom 18. December 1818, Poesie der Poesie; jener bringt Gestalten altgermanischer, dieser deutsch-classischer Dichtung auf die Bühne, so wie Tiecks „Octavian" die Romanze als Verkörperung romantischer Kunst in feierlichem Aufzuge auf den Brettern erscheinen läßt.

Alle genannten Versuche sind nur Vorstufen für die formal und inhaltlich romantisch gewendete Faustdichtung. Zur Zeit seiner ersten engen Genossenschaft mit der Romantik, am Ende des 18. Jahrhunderts, schickt Goethe sich an, das Fragment von 1790 auszubauen. Was er fortan hinzuthut, auch im höchsten Greisenalter, da er die Dichtung zum Abschlusse bringt, fügt sich romantischem Brauche. Der Prolog und das Vorspiel mit seinen Scherzen, die die Bühne mit sich selbst treibt, die romantische Walpurgisnacht, ferner „Oberons und Titanias goldene Hochzeit", romantisch aus dem Tone fallend und mit romantisch gedachten Invectiven gegen Nicolai versehen, Geistersang und Osterglocken — alle diese Zusätze, die erst 1808 hervortreten, gehören der romantischen Technik an. Noch tiefer hat sie auf den zweiten Theil gewirkt. Bezeichnet der 3. Act in Form und Inhalt den Höhepunkt aller romantischen Bemühungen, Modernes und Antikes zu verschmelzen, feiert an anderen Stellen selbst das Altdeutsche noch späte Triumphe in Goethes Dichtung, so ist der am Ende seiner irdischen Laufbahn stehende Dichter in dem Schlusse seines Lebenswerks scheinbar zum Nazarener geworden, der katholisch-mystisch die präraphaelitische Malerei des Campo Santo von Pisa in Poesie umsetzt, wie einst die Romantik bildende Kunst in Verse umdichtete. Noch einmal versenkt der Künstler Goethe sich in die wunderbare Märchenwelt der Romantik und bietet, das Ewig-Weibliche zu symbolisiren, die zauberhafte Farbenpracht romantischer Verherrlichung der Jungfrau Maria auf.[1])

---

[1]) „Paläophron": oben 1, XXXV. Masken: W. Schlegel, Berliner Vorlesungen 2, 328. Werke 5, 60. Tragödie aus d. 3. Carls d. Gr. 11, 335. 443. „Pandora" und formal Verwandtes: Harnack, Essais u. Studien S. 115 ff. Maskenzug v. 30. Jan. 1810: oben 2, X. „Faust": Minor, Goethejahrbuch 10, 222; Poppenberg, 3. Werner S. 61 f.

Inhalt.

		Seite
Einleitung	. . . .	V
Goethes Briefwechsel mit:		
I.	F. L. Zacharias Werner	1
II.	Adam H. Müller	67
III.	Heinrich von Kleist	72
IV.	Clemens Brentano	76
V.	Ludwig Achim von Arnim	83
VI.	Bettina von Arnim	159
VII.	Jacob und Wilhelm Grimm	198
VIII.	Friedrich und Caroline de la Motte Fouqué . .	233
IX.	Adelbert von Chamisso	253
X.	Karl Immermann	254
XI.	August Graf von Platen	259
XII.	Heinrich Heine	272
XIII.	Joseph von Eichendorff	274
Anhang:		
I.	Achim und Bettina von Arnim an Riemer . . .	275
II.	Bettina von Arnim und Kanzler von Müller . .	279
Anmerkungen	. . . .	305
Register	. . . .	387

I.
Friedrich Ludwig Zacharias Werner.

1. Werner an Goethe.

Hochwohlgebohrner Herr,
Höchstzuverehrender Herr Würklicher Geheime-Rath,
Gnädiger Herr!

Ein Unbekannter, der Ew. Excellenz zwar als den Meister der deutschen Kunst, aber nicht persönlich zu kennen das Glück hat, wagt es Ihnen beyliegenden dramatischen Versuch als Opfer der Ehrfurcht zu überreichen. Es ist die Frucht eines vielleicht mißlungenen, aber angestrengten und redlichen Strebens, dem Heiligen in unserm Innern den Sieg zu verschaffen über den jetzt Alles verheerenden Egoismus. Die Geschichte des Tempel-Bundes mit der daran geknüpften Tradition seiner Fortpflanzung, bot mir den Stoff, die Absicht einem Orden dem ich verbündet bin, ein dramatisches Lehr-Gedicht zu liefern, bestimmte den Grund-Ton des Ganzen. Diese Idee war nicht rein künstlerisch, aber rein menschlich. Kühn lege ich sie dem Meister dar, der einen Staat zum Orden veredelte; Er der das Unendliche in seiner reinsten Gestaltung so klar erblickte und so mannigfach darstellte, wird den Schüler nicht ganz verwerffen, in dessen Brust es sich, wenn gleich nur trübe und einseitig, spiegelt. — Soviel über Gegenstand und Plan meines Werks. Was Ausführung der Charactere, Correctheit der Diktion betrifft, so wäre es vermessener Frevel, jene gegen den Schöpfer Götzen's und Iphigenie'ens, diese gegen den Bildner Tasso's und Eugenie'ens vertheydigen zu wollen. Nicht stolz genung, um den Beyfall des ersten Künstlers seines Volks und seiner Mitwelt zu buhlen, bin ich belohnt genung, wenn Er nur mein frommes Opfer nicht verschmäht.

Ob Ew. Excellenz mich mit einer Antwort beglücken wollen, muß ich Ihrer Gnade unbedingt anheimstellen, und nur in diesem Falle mir Dero Schreiben, unter meiner unterzeichneten, auch der Direktion der Jenaer Literatur Zeitung bekannten Abdresse erbitten.

Ich füge keine Entschuldigung meiner Kühnheit bey. Der Lorbeer der, einzig und unerreichbar, auf der Spitze des Parnasses grünt, kann ja dem Veilchen im Thale nicht zürnen, wenn es Ihm, dem es sich so gerne näherte, wenigstens seine reinsten Düfte sendet. Vom Thau des Himmels, der aus des Lorbeers Blättern herabträuft, sich nährend, verdankt es Ihm doch Lebens-Krafft, mag auch Sein Schatten es verdunkeln! Ob es sich für ewig verschliessen, ob es noch ferner düften soll? — Darüber erwartet Entscheidung mit den Gesinnungen der tiefsten und unbegränzten Ehrfurcht

Warschau
ben 9ten July
1804.

Ew. Excellenz
ganz unterthänigster Diener
Werner

K. Südpreussischer Kammer Secretair bey der Krieges und Domainen Cammer zu Warschau auf dem Landes Collegien Palais zu erfragen.

2. Goethe an Werner.

[Concept.]

Auf Ihr freundliches, geschwindes nur wenig. Ihren ersten Wunsch zu befriedigen wäre für uns selbst vortheilhaft. Der zweyte läßt sich nicht gewähren; keine Substitution ist räthlich, am wenigsten eine solche; in den dritten stimm ich mit völliger Überzeugung. Danck für die gedruckten Bogen! es gehen Funcken und Flammen daraus hervor. Lust und Neigung zum Gruß.

W. d. 28. Febr. 1808.

Goethe.

3. Werner an Goethe.

Lindenberg den 15ten April 1808.

Hochwohlgebohrner Herr,
Höchstverehrter Herr Geheimer Rath!

Ew. Excellenz und dem durchlauchtigsten Herzoge die Gefühle des Dancks, der Verehrung, der Liebe zu schildern die ich für Sie Beyde empfinde, bin ich schlechter-

dings nicht im Stande; ich habe die Feder zerkaut
und mehr als eine um wenigstens ein Sonett über
diesen Gegenstand zu machen, aber — vergebens! Selbst
zum kleinsten Gedicht ist die ruhige Anschauung des
Gegenstandes nöthig und die Erinnerung an Weimar
und an das was ich dort geschaut und was und wie man
es mir erwiesen, wogt und gährt noch in mir wie ein
Meer schmerzlich süßer Gefühle! Wenn ich wenigstens
nur ein Mahler wäre, und Ew. Excellenz mir mahlen
könnte und den kurzen Abschied an der Treppe und
wie Helios mit dem Strahlenblicke mich beym Schopfe
ergriff und sagte: Bald hätte ich das Nöthigste ver=
gessen! Und dann forteilte und meinem Danke ent=
floh! — Nicht das was er mir in die Hand steckte —
(wiewohl es weit, weit über mein Verdienst und
Würdigkeit) — war der Seegen, aber dies Anfassen
bey dem Haupte war es — ein heydnischer Seegen, eine
Kunstwehhe des Jüngers durch den ersten Meister, die
auch nicht ohne Erfolg bleiben soll und wird! Halten
Ew. Excellenz mir mein Geschwätz zu Gnaden; ich
möchte gern mein ganzes Gefühl ausströmen gegen
Den, dem ich keinen Nahmen geben kann, als die bib=
lischen „Krafft, Rath, Ewigvater, Friedensfürst", gegen
Helios=Apollon dessen Gedächtnisse so wie dem Andenken
an Carolina die Einzige, das letzte Sonett, unter den
anliegend abgeschriebenen, geweyht ist. Ich überlasse
es Ew. Excellenz weiserem Ermessen, ob Psyche porphyrogeneta es, wie ich wohl wünschte, kennen lernen

soll, aber dem Herzoge bitte ich meinen glühendsten Dank für die mehr als fürstliche Belohnung zu schildern und ihn Nahmens meiner zu versichern, daß ich den nächsten Winter ohnausbleiblich nach Weimar kommen würde, nicht um neue Gaben zu empfangen, aber um das Erhaltene einigermaaßen abzuverdienen. Oder kam das letzte Geschenck vielleicht nicht vom Herzog sondern von —?! Ich mag gar nicht über das Röllchen nachdenken, es erfüllt mich mit zu tiefer wehmüthiger Beschämung, es martert mich, so wie überhaupt in der Erinnerung mich Alles martert was und wie Sie es mir erwiesen haben, denn ich sehe zu Ihrer Größe, Macht und Herrlichkeit nicht mit Neid aber mit Zerknirschung! — Ihrer trefflichen Gattin küsse ich die Hände mit tiefer Rührung; was sie ist, habe ich erst in der letzten Abschieds Minute erfahren; sie verdient es die Marthe meines Meisters und Herrn zu seyn. Dem wackern guten und klaren Heyden Riemer Gruß und Handschlag und Ihrem tüchtigen braven August! Gott wenn ich bedenke was Ew. Excellenz und Ihre ganze Hausgenossenschafft mit meiner Narrheit für überschwengliche Gedult gehabt haben! Gott erhalte doch nur Ihr der Welt unschätzbares Leben, damit ich gut machen, damit ich etwas von meiner Schuld abtragen kann, denn ich fühle meine Schuldenlast so sehr, daß ich schon offt im Begriffe war, aus Liebe für Helion ein — Heyde zu werden! — Den durchlauchtigen Damen, dem Erbprinzen, dem ganzen schönen Geschlecht,

Nahmentlich Frau von Schardt, Mad. Schopenbauer, der lieben Herzlieb, Knebels, Frommanns, allen Herren pp werden Ew. Excellenz mich gnädigst empfehlen! — In Leipzig habe ich schlecht Wetter, schlechte Comoedie und einen schönen mir zu Ehren gegebenen Ball (worauf eine besonders niebliche Concertmeisters= tochter) bey dem Regierungs Assessor Ehrhardt gehabt, übrigens aber keinen einzigen Gelehrten und eben so wenig den eleganten Welt.Knecht Ruprecht kennen ge= lernt, der seit geraumer Zeit auf meine christliche Haus= muse seinen Zahn gewezzt hat. Jezt bin ich bey meinen ländlichen Freunden in Lindenberg, acht Meilen von Berlin, wo ich das Fest zuzubringen, dann nach Berlin und nach dem Verkauf meiner Meubles weiter zu gehn gedenke. Ob ich nach Schlesien, oder Heydelberg, oder vielleicht gar nach Paris gehe, werde ich erst in Berlin entscheiden können, da die Beantwortung dieser Fragen weniger vom christlichen Evangelio als von denen (mit ziemlich vielem Heydenthume noch be= hafteten) Mosen und den Propheten abhängt. Auf jeden Fall werde ich nicht ermangeln Ew. Excellenz, Dero Befehle gemäß, von meinen Demarchen zu be= nachrichtigen, von denen immer das Hauptziel das bleibt: mich auf den Winter wieder in Helios Strahlen zu sonnen! —

Noch eine Bitte muß ich, oder eigentlicher eine Frage nur in Betreff der Wanda an Ew. Excellenz wagen. Würde es vielleicht nicht möglich seyn, daß die Wanda von Weimar aus an einige Theater nnd an welche? verschickt würde? Nach Berlin und Prag habe ich sie selbst besorgt. — Geruhen Ew. Excellenz diese vielleicht zu kühne Anfrage zu verzeihen und mir darauf, etwa durch Freund Riemer ein paar Worte Bescheid unter der Abbresse:

„An den Cammer Secretair Werner zu Berlin bey dem Geheimen Rath Kunth, Wilhelmsstraaße Nro 70"

zukommen zu lassen. —

Mit gränzenloser tiefster Verehrung und Innigkeit verharre ich

Ew. Excellenz
tiefgehorsamster Diener
Werner.

N. S. Was die Sonette betrifft, so stelle ich Ew. Excellenz nochmahls ganz gehorsamst anheim, eines oder das andre davon nach Dero Gutdünken an den Prometheus oder ein andres Journal zu verkauffen und aus dem Gelde dafür zunächst den Rätsch für die Abschrifft des Creuzes an der Ostsee zu befriedigen, die ich, bey den mir in Weimar erzeugten Wohlthaten, der dortigen TheaterCasse keineswegeß zumuthen kann noch will. Ob Ew. Excellenz gelegentlich und wenn die Journalisten mich zu sehr mit Füßen treten sollten, von meinen Ihnen über die generelle Tendenz meiner Werke schrifftlich hinterlassenen Ideen, zu meiner Rechtfertigung öffentlichen

Gebrauch machen wollen, muß ich gleichmäſſig Dero Gnade submittiren. Sehr und dringendſt aber muß ich bitten a) um baldige Überſendung meiner Abſchrifft des Attila (es iſt meine einzige Reinſchrifft!) an das Berliner Theater b) daß Carl den beyden Wei=marſchen Poſtämtern meine Abbreſſe, Behufs der Briefe, kund thue! —

[Concept.]
4. Goethe an Werner.

Ihren erfreulichen Brief, mein lieber Werner, er=hielt ich in demſelben Revier, wo ich zuerſt Ihre Bekanntſchaft machte, die mir nachher ſo lieb und werth geworden iſt. Gleich ward an der Stelle, wo Sie das Kreuz gepflanzt hatten, ein Liebesmahl ge=halten, die ſämmtlichen Gedichte der Reihe nach vor=geleſen und des wunderlichen Geſellen in allem Guten gedacht. Tauſend Gegengrüße von Jena und nun auch von Weimar, wo ich |mich wieder befinde, um bald nach Carlsbad abzugehen.

Die Abſchrift des |Attila iſt heute nach Berlin abgegangen. Die Sonette ſollen nach Wien und viel=leicht auch Ihre Autors Confeſſion, wenn ich ſie vor=her noch einmal in meiner Stille überlegt habe. Mich beleidigt die Art von Selbſtlob nicht, welche dieſe Blätter enthalten, und freylich iſt es auch kein Unglück, wenn man das Publicum beleidigt: denn vom Schmeicheln hat man auch keine Frucht.

Können Sie mir Ihre Schriften, ältere und neue, noch zuschicken, daß sie vor dem 10. May hier anlangen; so will ich sie mitnehmen und zwar nicht Ihr Evangelium, aber doch Sie unterwegs predigen. Nach Carlsbad schicken Sie mir kein Paket, wohl aber einen Brief und sagen mir wie es Ihnen in Berlin ergangen.

Ihr Lied wird auch nach der neuen Auflage mit guten Gesinnungen gesungen; doch verändern die schönen Kinder den letzten Vers folgendermaßen.

> Er wußte zu lieben, wir wissen es auch;
> Und wär' er nur treu der verwegene Gauch,
> So blieb' ihm wohl eine getreu.

Weimar den 2. May 1808.   G.

Lassen Sie nur Niemanden merken, daß jener Aufsatz eine Confession von Ihnen ist. Wir wollen es verheimlichen, und als Aufsatz eines Dritten sind diese Blätter höchst bedeutend und ein seltsamer Bissen fürs Publicum.

5. Werner an Goethe.

Heidelberg den 12ten July 1808
Morgens um 4 Uhr.

Hochverehrter Herr Geheimer Rath

Ew. Excellenz unschätzbares mir aus Carlsbad gesandtes Schreiben hat mich mit dem innigsten Danke erfüllt. Ich hätte es dem Drange meines Gemüths nach viel früher beantwortet, aber ich hielt es für Pflicht vor meinem Lebenshort und Meister nicht früher wieder zu erscheinen, als bis ich wieder etwas erlebt hätte. Hier ist meine zeitherige Biographie.

Ich kam gegen Ende Aprills vom Lande nach Berlin und erhielt — ich besoldungsloser Officiant! — schon den Tag nach meiner Ankunft NaturalEinquartirung! Diese unvernünftige Behandlung von Seiten der preußischen Einquartirungs Commission beflügelte meinen Entschluß. Ich verkaufte schleunigst mein Mobiliar, brachte meine Bücher bey einem Freunde unter, gab mein Logis, wiewohl ich die Miethe dafür bis Michael c. bezahlen mußte, auf und verließ Berlin, nachdem ich mich solchergestalt vogelfrey gemacht und mein noch diesen Sommer im Drucke erscheinendes Trauerspiel Attila der Real=Schulbuchhandlung (weil deren jezziger Associé Itzig mein mehrjähriger intimer Freund ist) gegen gleich baare Bezahlung verkauft hatte, am 11ten May d. J. Ein Mühlstein war mir vom Herzen als ich aus der armen unglückseeligen Sandmark in das, eben damahls in vollen Blüthen prangende Dessauische kam, welches allein wie ein glückliches Eiland aus der allgemeinen Sündfluth gerettet scheint. In Dessau lernte ich durch Matthisson (der seitdem mit der Herzogin auf ein Jahr nach der Schweitz in die Gegend von Vevai gereist ist) die Gräflich Walderseesche Familie kennen, welche sich Ew. Excellenz mit der innigsten Verehrung erinnerte. Von Dessau nach Leipzig reiste ich in Gesellschafft des Zerbstischen Sintenis, welcher alte burschiche zelotisch aufgeklärte cholerische Theologus mir viel tragicomischen Kummer gemacht und Veranlassung zu dem sub Nro 1) beyfolgenden Sonette gegeben hat. In Leipzig verbrachte ich die letzte Meßwoche und laß Pandora's Wiederkunft (worin der Epimetheus, des Prometheus Bruder, mein Portrait ist) und die mir von Cotta geschenkte neue Duodez-Ausgabe des Faust. Vergebens suche ich Worte das schmerzlichseelige Gefühl zu bezeichnen das mich von der herzzerreissenden elegischen Vorrede an bis zu dem über der Graußnacht des Todes und der Hölle triumphirenden Empyräum der Schlußscene durchströhmte. Soviel ist gewiß: ein armer dramatischer Dichterteufel wie ich, müßte aus Verzweiflung über die Harmonie, die unerreichbare, dieses göttlichen Weltenalls Faust genannt, des Teufels werden, wenn er nicht, wie ich, das Glück hätte, den Herrn der Heerscharen, (der sich hier selbst portraitirt hat) und dessen Milde und Gnade zu kennen. Nein! Welchem von Helios Riesenwerken auch die Unsterblichkeit den ersten Preis einräumen möge, in Seiner glanzvollsten Eigenthümlichkeit strahlt Er im Faust, und wenn aus einer allgemeinen literarischen Sündfluth auch nur die Scene mit dem Pudel, nur der Ritt Faustens und seines Begleiters am Hochgericht vorbey, übrig bliebe, sie wären hinreichend der Nachwelt das Gestirn erkennen zu lassen, dessen Lichterguß selbst den Orion Shakespear überstrahlt! —

Ich eile weiter! — In Göttingen sah ich Blumenbach und Heyne. Jener dachte mit Entzücken an den Zwiebelmarkt, wo er Ew. Excellenz zulezt sah, so wie ich überhaupt die Freude gehabt habe, überall Feueranbeter und Glaubensgenossen zu finden. In Cassel ist das deutsche Schauspiel und die Oper (die deutsche) aufgehoben, der arme Reichardt entre chien et loup und Johannes von Müller als ein andrer Laurentius zu dem Märtyrerthume verdammt, die Woche zwier auf dem Roste seiner brodirten Staatsuniform in Wilhelmshöhe gebraten zu werden. Von Frankfurth aus machte ich einen Abstecher nach Aschaffenburg, wo der Fürst Primas sich sehr gütig gegen mich nahm und sehr achtungsvoll über Ew. Excellenz äusserte. Dann machte ich, wiewohl bey elendiglichem Wetter und nur im Fluge, die Rheinreise nach Cölln, die es werth ist von Ew. Excellenz gemacht zu werden, wäre es auch nur um sich durch die Wunder der altgothischen Baukunst in Cölln zu überzeugen, daß auch das Christenthum für die Ewigkeit baut. Ich blieb nächstdem noch einige Tage in Frankfurth, wo ich ausser dem guten aber seelisch und leiblich kränklichen Gerning Ew. Excellenz hochehrwürdige Frau Mutter sah bey der man zweiffelhafft bleibt, ob sie der Epilogus der hellenischen, oder der Prologus der romantischen hohen Weiblichkeit ist, aber unmöglich umhin kann ihr ein Ave Maria darzubringen. Seit dem 6ten July bin ich in Heidelberg von wo ich heute über Carlsruhe und Stuttgardt abgehe um wills Gott den August und September in der Schweitz zuzubringen, dann durchs südliche Frankreich nach Paris zu gehn, spätstens aber gegen Ende Decembers nach Weimar auf einige Monathe zurückzukehren, denn ich habe ein unbeschreibliches Heimweh mein treffliches Heliopolis wiederzuschauen und, darff ich kühn genug seyn zu sagen — meinen Helios?! —

Soviel über die Vorzeit und so Gott will Zukunft meiner Reise, die ich nicht ohne eine sonderbare Be= klommenheit und ein mich offt gewaltsam pressendes Gefühl der Einsamkeit mache. Meine ganze Seele sehnt sich nach Ruhe, aber

> ob's hier noch oder dort seyn wird,
> wo bald ich ruhen werde?! —

Alles wie Gott will! — Was meine dramatische Würksamkeit betrifft, so ist sie seit dem May ganz suspendirt. Trostlos und vergebens suche ich nach einem Stoffe herum und mir ist, Gott verzeyh mir's, sogar der Rattenfänger aus Hameln als Stoff zu einer Posse mit Gesang eingefallen. So tief kann Gottes schlechtes Ebenbild, ein mystisch poetischer Pilger sinken! Ew. Excellenz würden mir eine wahre und grosse Barmherzigkeit erweisen, wenn Sie die Güte hätten mir aus Ihrem Reichthum einen speciellen Stoff vorzuschlagen oder lieber anzubefehlen auch mir zu äussern, ob ich vielleicht einen aus den Nibelungen wählen solle und könne, die ich mir angeschafft und mitgenommen habe. Ihren Brief würde ich am besten erhalten, wenn Ew. Excellenz die Gnade hätten, solchen unter Cottas Abdresse nach Tübingen zu senden. Über Ihren Herren Sohn freuen sich alle Menschen. Mens sana in corpore sano, ist das nicht das Ziel? Die Studenten respektiren ihn als ein Muster von Solibität, wiewohl er Niemanden besucht. Ich bilde mir was darauf ein, daß er mir herzlich gut ist. Den alten wackern Voß habe ich besucht; warum begnügt sich der ehrenwerthe Veteran nicht den Honig vom Hymettus zu sammeln, ohne die Bienenschwärme aufzustöbern? Vossens Sohn, der Professor, scheint ein trefflicher Mensch. —

Die beygefügten Sonette sind zum Theil mangel=haft und sollen bloß eine Reisebeschreibung suppliren. Haben Sie die Güte den Willen für die That zu nehmen, mich dem trefflichen Riemer herzlichst zu empfehlen und überzeugt zu bleiben, daß nächst Gott nichts inniger verehrt und liebt als
  Ew. Excellenz
   Ihr gehorsamster Diener und Schüler
    Werner.

6. Werner an Goethe.

   Zürich den 24$^{\underline{ten}}$ September 1808.
Hochwohlgebohrner Herr,
Höchstzuverehrender Herr Geheimer Rath!
 Ew. Excellenz höchstgnädiges Schreiben vom 23$^{\underline{ten}}$ July b. J. habe ich vorgestern, nach Beendigung einer

zweymonathlichen bis nach Genua hinauf größtentheils zu Fuß gemachten Schweizerreise, hier in Zürch vorgefunden, und muß schon im voraus um gnädige Verzeihung bitten, daß ich, um es ohne Volumineusität ausführlich zu beantworten, den Rand meines Briefes so klein als möglich gebrochen habe. Sodann schwöhre ich

1) bey der ewigen Liebe, daß ich keinen Tag meiner Abwesenheit von Ihrem Weimar, vom Heimweh nach demselben, frey gewesen bin, bey allen SchweizerQuellen an Carlsbad gedacht und bey Lesung Ihres Briefes den Franzbrunnen geseegnet habe, der der ewigen Welt des Schönen ihren Obermeister, und mir meinen Helios erhält. Mein Gott, was ist es doch mit aller Sprache und Schrifft für ein jämmerlich Ding, daß man da nicht was aufs Papier setzen kann, was einem ins Angesicht, wie ein seelenvoller Blick, wie der, den Ew. Excellenz mir beym Abschiede zuwarffen, als Sie mich bey dem Haartoupé packten. Verstände ich eine solche Blickschrifft, wie die Stelle ist, wo die heilige Mignon den Wilhelm Meister, wie das zusammenklammernde Ressort eines Federmessers umklammert, Ew. Excellenz sollten die Gluth meiner dankvollen Anbetung erkennen! Und doch — (wenn ich es noch einmahl wagen dürffte, zum letztenmahl!) — eine grundchristliche Mignon, über welche die Schaar der ächten Kirchenväter entzückt und freudig erstaunt seyn würde, schreiben und dennoch der zwar

auch göttlichen Pallas von Velletri den Rang über eine gewisse Amme! einräumen zu können! — Genung! — Haben Ew. Excellenz doch nur die Gnade zu verzeyhen; es ist gewiß zum letztenmahle geschehen! — 2) Bin ich so frey gewesen, beyliegenden Brief an Se. Durchlaucht den Herzog, dem ich mich aufs dankvollste und ehrerbietigste empfehle, zur gnädigen Durchlesung und eventuellen Übergabe beyzufügen. Mein Attila wird nehmlich jezt, wie ich glaube, die Presse verlassen haben, und ich habe daher die Realschulbuchhandlung zu Berlin, als Verlagshandlung, angewiesen, zwei Velin Exemplare an Ew. Excellenz, eines für Sie, eines für den Herzog zu schicken; jenes bitte ich gnädigst und nachsichtsvoll aufzunehmen, dieses Sr. Durchlaucht mit dem Briefe zu überreichen.

3) Meine Reise Tour seit meinem letzten Rapport aus Heidelberg. Von da gieng ich nach Carlsruhe, wo die weisse Frau ab und zu erscheint! Jung hat sie in seinem Buche über die Geistererscheinungen, das viel Aufsehn macht, portraitiren lassen! Dieser ehrliche Jung, ich habe ihn sehr lieb gewonnen, er könnte ein halber oder doch Viertel-Engel seyn, wenn er nicht schwarze Unterkleider trüge und allen Leuten glaubhafft versicherte, alle Engel seyen gleichmässig chaussirt, recht als ob er darüber Briefe — aus dem Bannal hätte! — In Stuttgard nichts Merkwürdiges! Eintritt in die Schweitz; so angenehm, wie der nach einer schwehren Fußtagereise ins Bett! Schaffhausen; eine

Wolluſt im Rheinfall, die mich zwey Tage feſſelte, und die ich nicht umhin konnte, in einer ganz raſenden Dithyrambe auszuſprudeln. Zürich, der See, wie das ewige ſeelige Leben. Die Zürcher, und bey Gelegenheit ihrer eine Generalbemerkung über Schweiz und Schweizer überhaupt: die Natur in der Schweiz iſt mir zu jung, die Menſchen darin ſind mir zu alt, ich kann jener, dieſe werden mir nie nachkommen. Füßli, Uſtery, Hirzel, Geßner, jeder ſchätzbar, bis auf die Aufklärung. Ein aufgeklärter, langnaſiger, alter, langer, hagerer Lohnbedienter, die complettefte vergröberte Copie des guten Friedrich Nicolai, oder auch die verſteinerte eines Mauleſels, deſſen Perſohn mir, wenn ich ein Luſtſpieldichter wäre, einen Theil meiner Reiſeausgaben durch den dramatiſchen Reflecks gutgethan hätte, die nun aber, da ich animal genug war, ſie, auf den Rath von Freunden, auf einer acht! wöchentlichen Reiſe, als einen nicht führen könnenden groben und eigenſinnigen Führer mitzunehmen für 3 fl. ſage drey Reichsgulden täglich, mir zwanzig, für einen tragiſchen Dichter weggeworfene Carolinen, gekoſtet hat. Kloſter Einſiedeln, Wallfahrter — ſehr nieblich, recht zum Ausruhn und ſo allerliebſt bunt, und doch auch würdig! Rigiberg, Capelle der Maria zum Schnee, Sonnenaufgang auf der Spitze oder dem Culm, dampfende Nebel, vergoldete Gletſcher, herrlich! Bekanntſchafft mit dem Cronprinzen von Bayern, (der als Graf Helfenſtein reiſt,) und deſſen Begleitern.

Er, ein guter junger Mensch, mit Sinn und Liebe für Kunst. Die zerstöhrte Goldau, ein schauerliches Denkmahl. Luzern dort eine vornehme Schweizer=Dame, die so klar, kalt und steif als ein Eißzapfen! Vierwaldstättersee, der schreckliche Pilatus der über lang oder kurz Luzern verschütten wird, die Rütlimatte mit ihren heiligen Brunnen, vom Gouvernement an einen verrückten Schweizerbauern verkauft, Tells Capelle, inwendig bekleckst, Stauffachers Haus oder vielmehr Capelle. Ich sah nie solidere, grandiosere Häuser wo ich lieber wohnen möchte, als die Schweizerhäuser mit ihren herrlichen Giebeln und grünen Fensterläden. Gotthard, nicht belohnend genug für die Mühe. Realp, Schlafen mit dem Prinzen von Bayern, nach eingenommenem Fricassee von Murmelthieren, in Capuzinerbetten und Zellen. Gang über die Furca und Grimsel mit dem Prinzen und 14 Persohnen im abscheulichsten Schnee und Regen. Rhone Gletscher, kommt mir in Vergleichung des bachantischen Rheinfalls bey Schafhausen, wie ein Nonnenkloster vor. Haßlithal, herrlicher Reichenbach, schweizer Landmädchen, ausschweifend ohne Temperament, also lasterhafft. Grindelwald, schöner Weg von da nach Lauterbrunn, der Staubbach, göttlich! Das herrlichste Symbol der Liebe, das ich jemahls sah! Unterseen, das schweizerische Volksfest. Eine Frage: sind Pluderhosen und alte Schweizerjakken — Eidgenossen? — Schönes Amphitheater um den Kampfplatz. Die

Schweizer schwangen sich, mit größerer Kaltblütigkeit, als zwey italiänische Maulesel sich auf dem Gotthard einander ausweichen. Frau von St— ein, gegen mich überaus gütiger — Torso! ThunerSee, charmant! LeukerBad, sehr nützlich für einen Patienten, der im 20ften Jahre, am vergeblichen Suchen seiner Wesenhälffte, krank ist. Walliserinnen mit verzehhlichen Kröpfen und allerliebsten runden Hütchen, die — ein seltenes Beyspiel demokratischer Gleichheit — alle Töchter des Landes tragen. Straße über den Simplon, ein ewiges römisches Kunstwerk, allein einer Reise werth! Würde Alles so wiederaufgebaut, was auseinandergesprengt worden ist. Bon! — Domo d'Ossola, herrliches Thal, Klöster und Häuser und Villen, wie Geister, aber nicht wie christliche, wie Schatten Elysiums! Gang von Ugogna nach Mergozza, der schönste meines Lebens! Unter lauter Weinlauben! Unbeschreibliche Empfindungen der Wehmuth, Freude und Sehnsucht bey dem Eintritt in das göttliche einzige Italien.

    Ihr kommt zu spät, ihr ewig jungen Lauben!
    Ach, hätt' ich früher euer Grün geschauet,
    Als noch des Lebens Morgen mir gegrauet! —
    Ich kann nicht leben mehr; ich kann nur glauben! —

So heißt der Anfang eines Gedichts, welches ich, bey der Gelegenheit, unter süßen Thränen machte, und welches, so wie das über den Staubbach, Ew. Excellenz vorzulesen mir vorbehalte. Lago maggiore, isola madre e bella, wie Tugend und Laster, beyde schön, einem Hercules würde die Wahl schwehr werden, ich! — wähle die Tugend! Mayland, Marmordom, nicht so erhaben, aber prächtiger als der göttliche Cöllner. Italiäner und Italiänerinnen gleichen den Pohlen und Pohlinnen, zwar nicht wie ein Ey dem andern, aber wie eine brennende Kirche einem in Stubers Feuerwerk im Wiener Prater brennendem Weißheits=Tempel. Farth über die Bocchetta nach Genua. Wer nicht in Genua war, sah keine Palläste und versteht nicht wie ein Schleyer drappirt werden muß, um brennende Augen nicht zu löschen. Das Meer ist so gütig, sich in meiner Gegenwart mit dem Himmel zu vermählen, welche obscöne Handlung ich in mehreren Sonnetten besinge. Alles das zum mündlichen Vortrage. Ich muß doch noch nothgebrungen ein Blatt anlegen! —

Retour nach Mayland. Theater in Mayland, die schönsten die ich je, in Ansehung der Grösse und Verzierung sah. Was könnte nicht aus dem Theatro della Scala, wenn Helios es beschiene, werden! Aber auch wieder: wie ungerecht ist nicht das Schicksal, das einer Königin Wanda anderthalb Jungfrauen zutheilt, indeß eine gemeine Italiänerin, genannt l'Italiana in Alghieri, mit einer Unzahl von Nicht=Jungfrauen erscheint. Fest des heiligen Nagels in Monza, wobey der ViceKönig in grande parure. Ein Mayländer Ballet, genannt: il Conte de Lenox, worin die schöne Maria Stuart zwar nicht enthauptet

wird, aber, was eben so schlimm ist, den mit weiß=
taffetnen Beinkleidern angethanenen Conte heyrathet.
Abreise von Mayland. ComerSee, Pasqualina Co=
buri, ein freundliches Italiänermädchen, die man nicht
füglich Cor buro heißen könnte. Villa Danzi und
Pliniana. Die Quelle, die Plinius rezensirte, fließt
noch in vollem Leben, und die Rezension — nun, die
ist auch noch gedruckt! — Via mala, gegen die Furca
und den Gemmi, (den ich auch passirt, aber zu er=
wähnen vergessen habe) ein Paradies. Der kleine
Rhein fängt da schon an aus der Art zu schlagen,
und so gehts fort, bis er bey Cölln — Kammer
Sekretär wird. Chur, was eine alte Kirche, einen
schlecht besoldeten jungen Bischoff, schlechtangekleidete
Elegants und rothwangige Mädchens hat. Gang
nach dem Schlunde beym Bade Pfeffers, die einzige
gefährliche Stelle in der Schweitz, von allen, die die
alten Weiber von schweizerischen Reisenden für gefähr=
lich ausschreyen. Ein wahrer Eingang in den Tar=
tarus; der einzige, bey dem ich, wenn Ew. Excellenz
ihn wagten, mich Ihnen in den Weg stellen würde.
Wallenstädtersee, mit zwey contrastirenden Ufern, wo
an dem einen schwehr zu landen ist, etwa so, wie
der moralisch=poetische Tiedge.

Soviel über meine bisherige Tour, deren rhapsodische
Darstellung ich wills Gott mündlich zu ergänzen suchen
werde. Morgen denke ich über Bern, Lausanne, Genf,
(incl. des Chamounixthals, Montauverts etc.) und Lyon

nach Paris zu gehn, wo ich etwa zum letzten October anzukommen und, um Ew. Excellenz Wink zu gehorsamen, statt sechs, wie ich mir Anfangs vorgenommen, nur vier Wochen zu verweilen, dann aber über Frankfurth nach Weimar zu gehn und dort in den ersten Tagen des Decembers einzutreffen gedenke. An das Wiedersehn Ew. Excellenz denke ich mit unbeschreiblichem Entzücken, auch freue ich mich ausserordentlich auf das gute Weimar. Aber man sagt, der zum zweytenmahl dorthin kommt, soll nicht so willkommen mehr seyn! — Nun, wie Gott will! — Alle eure Sorgen werffet auf den Herrn der Heerschaaren, steht in der Bibel — das thu auch ich, indem ich alle meine Weimarschen Angelegenheiten und Nöthen Ew. Excellenz als meinem Herrn und Meister gläubig anheimstelle.

Noch bemerke ich über die Schweizerreise a) daß sie über die Natur, Sprache und Symbolick der Gewässer unerhörte Aufschlüsse verbreitet und eine poetische Hydraulick begründen könnte b) daß sie ungeheuer kostbar ist c) daß die Italiäner den Fremden vielleicht plündern und umbringen können, die Schweizer ihn dagegen ganz kaltblütig mit übertheuerten Rechnungen prellen und zu Tode ennuyiren und daß ich, meines Orts, sowohl den Himmel als die Bewohner des göttlichen Italiens der Schweiz vorziehe.

4) Was den Plan zum neuen Trauerspiele betrifft, so bin ich darüber noch immer im Dunkeln, was mich

umsomehr schmerzt, je mehr mich Ew. Excellenz gnädige Idee auf den 30ten Januar u. f. etwas bey mir zu bestellen entzückt hat. Was sagen Sie zum König Saul? — Aber da ist kein rechtes Frauenzimmer! — Oder vielleicht die Tochter Jephta? — Ausgemacht scheint es mir, daß ich nichts Dramatischeres und effektvolleres schreiben kann, als die Ew. Excellenz bekannte Bearbeitung des Creuzes an der Ostsee. Ich habe es daher gewagt, unter mehreren Sachen die ich von hieraus an das Landes Industrie Comptoir zu Weimar bis zu meiner dortigen Herüberkunft, spedire, auch das Creuz an der Ostsee unter Dero Abbresse besonders ballotirt beyzufügen, und submittire ganz gehorsamst es nochmahls ohne Parenthesen und Unterstreichungen abschreiben zu lassen und zu richten. Mit tiefster Verehrung Ew. Excellenz ganz gehorsamster Diener
Werner.

Ew. Excellenz muß ich tiefgehorsamst um Verzeihung bitten, daß der Brief so enggekrizzelt ist; da die Post im Abgehen war, konnte ich ihn unmöglich noch abschreiben. Wenn Dieselben, wie es mich sehr beglücken würde, mich mit einer Antwort beehren wollten, so müßte ich solche unter der Abbresse bitten: An den p Werner, zu erfragen bey Monsieur Koreff, Docteur en Medicine, logeant place Victoire Nro 10 a Paris, weil ich an diesen Koreff addressirt. Im November würde mich der Brief in Paris treffen und unendlich erfreuen. Vor meiner Abreise nach Weimar werde ich noch so frey seyn, Ew. Excellenz zu schreiben. Dero Frau Gemahlin küsse ich dankbar die Hand und empfehle mich im voraus ihrer gütigen Fürsorge. Dem trefflichen Riemer Gruß und Handschlag. Viel Empfehl. an die Durchlauchtigen, Frau v. Schardt, Mad. Schopenhauer, Frommans, Knebels, Ziegesars, Herrn H. R. Wieland, Müller, Meyer, Fernow etc. Ohne Ew. Excellenz vorläufige Genehmigung fange ich keine neue Tragoedie an, denke aber immer noch, daß wenn Sie das Ihnen bekannte dramatisch bearbeitete Creuz an der Ostsee ohne Parenthesen und Unterstreichungen noch einmal abgeschrieben lesen, Sie die Aufführung mit Änderungen, die ich submittire, billigen werden.

7. Werner an Goethe.

Paris den 22ten November 1808.

Höchstverehrter Herr Geheimer Rath!

Ew. Excellenz mir gnädigst ertheilten Erlaubniß gemäß, erstatte ich Ihnen hiemit meinen fortgesetzten und so Gott will lezten Reise Rapport aus Paris, wo ich seit dem 9ten d. M. bin. Ehe ich aber anfange muß ich

1) unter Anwünschung von tausend Glück und Seegen die Bitte voranschicken, beyfolgendes Sonett, was aus vollem Herzen geschrieben ist, gütigst aufzunehmen, und es mir zu verzeihen, daß ich es mit

heutiger Post dem Cotta zur Einrükkung ins Morgen=
blatt gesandt habe. Sollten Ew. Excellenz das nicht
wünschen, so können Sie es noch bey Cotta contre=
mandiren, aber ich dächte Sie gönnen mir die Freude,
es auch einmahl laut zu sagen, wie ich Sie anbete.

2) Meine Freude muß ich Ew. Excellenz kund thun
darüber, daß das Creutz sich Ihnen liebreich genähert
hat. Ich kann bey dieser Gelegenheit nicht umhin,
denjenigen zu verehren, der es Ihnen verlieh und der,
Deutschlands grössester Lehrmeister, es, selbst für seine
UnterlassungsSünden auf eine so eble Art zu be=
schämen weiß. Möchte dieses Creutz doch bey Ew.
Excellenz eine Fürbitte einlegen für das Creutz an
der Ostsee, von dessen dramatischer Bearbeitung ich
noch immer glaube, daß sie mein gelungenstes, wür=
kungsvollstes Produckt und zur Darstellung qualifizirt
sey. Doch stelle ich das Ew. Excellenz Ermessen un=
bedingt anheim und füge nur noch

3) hinzu daß ich unausbleiblich und spätestens
den 6ten December von Paris ab und auf dem gera=
desten und nächsten Wege, nehmlich über Metz, ohne
mich unterwegens im Mindesten aufzuhalten, nach
meinem lieben Weimar gehen werde. Ich denke so=
nach, wills Gott, den 15ten oder 16ten December in
Weimar einzupassiren. Mein Herz, Sinn und Muth
drängt sich darnach mich an Ew. Excellenz einmahl
wieder satt zu sehn und satt zu hören, und an
Ihrem Feuerauge zu hängen, und wenn ich hinein

blicke, zu vergessen, über dem Einsaugen des reinen Äthers, daß es hier unten Nebel, Frost, amour propre und die drey dramatische Einheiten giebt, kurz alles das Zeug womit die Gletscher und Lumpe ihre Blössen bedecken! Ich kann das Heimweh nicht beschreiben, was ich nach Weimar habe und schwelge ordentlich schon in dem Genuss, hinter dem warmen Ofen dort zu sitzen und wieder einige Zeit unter Ew. Excellenz als Gesell zu arbeiten, denn fleissig will ich Gott gebe diesen Winter so seyn, daß mein vorjähriger Fleiß dagegen Faulheit zu nennen seyn wird. — Aber — werd ich auch zum zweytenmahle willkommen seyn?! — Nun, ich überlasse Alles Gott und Ew. Excellenz und indem ich Dero Frau Gemahlin, als meiner Für= und Seelsorgerin bey= und wehmüthigst die Hände küsse, wage ich es sie ganz gehorsamst zu bitten, ob sie nicht die Güte haben möchte, mir, in der Nähe von Ew. Excellenz Wohnung vom 15ten December c. ab ein monathlich zu bezahlendes Stübchen in einem Bürgerhause besorgen zu lassen, wo ich zu gleicher Zeit Beköstigung und die nöthigste Aufwar= tung haben könnte. Doch würde ich gehorsamst bitten, daß dieses Logis wo möglich nicht im Schwan auch in keinem sonstigen Hôtel, sondern in einem Privat= hause und Alles so wohlfeil als möglich wäre, da meine sehr kostspielige Reise mich auf eine Zeitlang zu bedeutenden Einschränkungen nöthigt, und ich nicht einmahl gesonnen bin, den kleinen Famulus, den ich voriges Jahr in Weimar hatte, vor der Hand wieder zu halten. Verzeihen Ew. Excellenz doch nur gnädigst, daß ich Sie mit diesen Details zu incommodiren wage; da Sie mir Selbst die Erlaubniß dazu ertheilt haben und da ich nur so das Glück erreichen kann, einige Zeit in Ew. Excellenz auf mich schöpferisch würkenden Nähe zuzubringen, so sind mir diese Kleinigkeiten sehr wichtig. Ich denke nehmlich, wenn Gott und Ew. Excellenz mir es erlauben, bis Ostern k. J. auf jeden Fall in meinem guten lieben Weimar zuzubringen und alsdann für den Rest meines Lebens — (denn ich bin des Treibens müde!) — einen Entschluß zu fassen! Könnte ich in Deutschland, in Ew. Excellenz Nähe bleiben und sterben, das möchte ich freylich am liebsten! Vergönnt mir aber mein Schicksal in Deutschland kein dauerndes solides Asyl, dann ist, unter Gottes Beystand, meine Absicht dahin gerichtet, künftigen Herbst nach Rom zu gehn, um unter Italiens ewigen Blüthen und Sternen, im warmen Mutterlande der Kunst und des Glaubens zu sterben; denn der Blick nur, den ich hineinwarff, übertraf alle meine Erwartungen und zeigte mir das mir verlohren gegangene Paradies.! —

Ich habe den Plan einer ächtdeutschen Tragödie auf dem Korn, zu der ich aber erst in der hiesigen kehserlichen Bibliotheck die nöthigen Data sammeln muß und mich also noch nicht darüber auslassen kann. Er ist aus der Geschichte Keyser Heinrichs II und seiner Gemahlin Cunegunde, die beyde nach ihrem Tode heilig gesprochen und in Bamberg begraben sind. Der Kehser hielt seine Gemahlin in einem fälschlichen Verdacht, ein Gottesgericht (Ordalie) sollte über ihre Schuld oder Unschuld entscheiden. Ein junger Ritter vertheydigte diese im Zweykampf, rettete sie indem er den Verleumder Cunegundens erlegte, starb aber selbst an den erhaltenen Wunden. Soweit der nackte Canevas. Heinrichs Kriege gegen Harduin, angemaaßten König von Italien, geben mir, da ihr Schauplatz gerade die von mir bereiste Gegend der Lombardey ist, Veranlassung, das was ich sah, an das Spiel meiner Phantasie (das Reale an das Ideelle) anzuknüpfen. Ich denke übrigens es im ächt altdeutschen Colorite, so populär als möglich, ohne Mystick, Geistererscheinungen pp zu machen und zwar, wills Gott, es bis zum 30sten Januar fertig zu liefern, denn wenn ich z. Bsp. hier und auf dem Wege nach Weimar auch nur den Plan in Ordnung bringe, hierauf circa den 15ten December in Weimar, wohin meine ganze Seele sich sehnt, ankomme, mich mit Ew. Excellenz über meine Ideen verständige, oder vielmehr durch Sie electrisirt werde, so müßte es schlimm seyn, wenn ich nicht bis zum 7ten Januar das Stück fertig machen und es dann, nach dreywöchentlicher Einstudirung, den 30sten Januar gespielt werden könnte, insofern nicht — (was ich Ew. Excellenz submittire —) das Creuz an der Ostsee lieber gespielt werden sollte. —

Verzeihen Ew. Excellenz daß ich soviel von mir spreche. Die Reisebeschreibung behalte ich mir münd= lich vor. Ich bin in Coppet gewesen, länger als ich anfangs willens war. Ueber die höchst merkwürdige Frau von Stael auch mündlich. Sie war sehr gütig gegen mich, und ist, bis auf ihre Entêtements (was Ew. Excellenz gute Engel nennen, die einen peinigen) gescheut, gut und wahrhafft, aber zerrissen von innen und auffen. Ich habe das tieffste Mitleid mit ihr. Hier in Paris habe ich Millin, Suard, Talma und Lacepede gesehn und, zu meiner innigen Freude Ew. Excellenz Nahme mit der Verehrung nennen gehört, die schon Ihr wohlgetroffenes Portrait, die Büste des vaticanischen Jupiters im Antikensaal, Jedem entlockt. Von Damen sehe ich hauptsächlich Mad. Gerardo und die höchstliebenswürdige Recamier. Ich theile meine Zeit hier dergestalt ein, daß ich die Hälffte des Vormittages ausschließlich dem Museum widme und das Übrige den andern Merckwürdigkeiten, Abends denn das Theater und nach demselben entweder Be= such bey Madame Recamier oder — was Gott giebt! Da ich nur vier Wochen hier bleibe so lebe ich mit — Curierpferden um mir, in der Residenz der metho= dischen Tollheit, die letzten Tollhörner abzulaufen und dann für meine übrige Lebenszeit gesetzt gravi= tätisch und solide zu werden. Auch habe ich hiebey den Nebenzweck, um nie wieder hieher zurückkehren zu dürffen, mir Paris so zu verleiden, wie etwa bey den Apothekern die eben engagirten Jungen mittelst Rosinen und Mandeln, nehmlich durch Übersättigung und es ist mir hierin gottlob schon so gelungen, daß ich der Reise in die seelige Ewigkeit nicht freudiger entgegensehen kann, als meiner von heute über 14 Tage wills Gott den 6ten December anzutretenden Rückreise nach Weimar zum — Herren der Heerschaaren. Übrigens sind die Pariser ein sehr gutes Volk und die petites bourgeoises (petit heißt hier nehmlich schön z. Ex. la petite Venus de Medicis) sind fast eben so pikant als die pohlnischen Dejaniren. Auch liebe ich die StockFranzosen eben so sehr als die StockPohlen; beyde excelliren im Sens commun, beyde aber scheinen ihn in dem Augenblicke zu verliehren, wo sie deutsch lernen, weil sie sich dann in eben der Verlegenheit befinden, als ein dünnbeiniger fix und fertiger Mercure von Couston im Garten der Tuillerien, wenn er in den Antikensaal dicht bey dem unvollendeten ungeschlacht göttlichen Torso gestellt werden sollte, daher ich denn Gott nichts sehnlicher bitte, als daß er Frankreich und uns vor Anheroverpflanzung der deutschen Literatur bewahren möge. Was übrigens die deutsche biederzarte ästhetische Weiblichkeit (die ich eine Cartoffelpastete nennen möchte) nach Paris verpflanzt für Resultate giebt, davon stellen uns Helmina von Hastfer (verehelichte Chezy) und Fräulein Winkel schauderhafte Beyspiele dar!

Ich bitte Ew. Excellenz mir nicht zu antworten,

da ich Sie eher zu sehen hoffe, als Ihre Antwort hier ankommen könnte. — Ich bemerke nur noch, daß mich der Apollo von Belvedere, die Pallas und der Laokoon fast zermalmt haben und daß ich diese Heiligen anbete, so wie Raphaels himmlische Jardinière, die Ew. Excellenz zu der Margarethe im Faust gesessen zu haben scheint, so ähnlich ist sie ihr. Was den Apollo insbesondere betrifft, so muß ich Ew. Excellenz Recht geben; diese Reinheit, Freyheit, Kühnheit und vergöttlichte Menschheit ist von der Kunst des Christenthums bis jezt unerreicht geblieben, vielleicht unerreichbar. Nie ist mir der mich je länger je öffter anwandelnde Gedanke, daß ich ein Stümper bin, drückender gewesen, als da ich diesen Apollo, diesen wahrhafften Gott erblickte, und mit hoffnungslosen Thränen auf mein unwiderbringlich verwahrlostes Leben zurücksah. Bey Ew. Excellenz Anblick habe ich zwar ein ganz ähnliches Gefühl, aber Ihr Auge tödtet und macht wieder lebendig, anstatt daß der steinerne Blick dieses, Alles außer seiner Gottheit ganz ignorirenden Drachentödters, sich so verächtlich abwendet, als ob man gar nicht existirte. Daher ist es tröstend für den, den diese kalte göttliche Verachtung gleichsam vernichtet hat, dem Apollo zur Rechten eine Leucothea mit dem kleinen Bacchus auf dem Arme zu schauen*), der nichts als der Hochaltar fehlt, um eine Madonna zu seyn. Canova

---

*) Es ist die von Winkelmann erleuterte aus der Villa Albani.

hat zu der (übrigens sehr mittelmäſſigen) Ausſtellung vier herrliche Stücke: eine Magdalena, die Madame Merc als Agrippina ſitzend, Amor und Pſyche und eine Hebe geliefert. Ein Glück iſt es für mich, daß ich die kürzlich angekommenen Antiken aus der Villa Borghese ſehn kann, ein Unglück, daß ich, wegen der Reparatur des Louvre, die meiſten Gemählde, (da ſie in Haufen übereinander geſtellt ſind) nicht ſehen kann. Doch habe ich faſt alle hier befindliche Raphaels geſehn und mir von Denon eine ErlaubnißCarte zum Eintritt in das, ſonſt dem Publicum verſagte Innere der Gemählde Gallerie verſchafft, die ich faſt täglich beſuche. Man iſt übrigens hier ſehr artig gegen mich, vorzüglich die ſchöne Recamier und Graf Lacepede. Aber doch ſehnt ſich meine ganze Seele nach Weimar. Herzlichen Gruß meinen dortigen Lieben, beſonders Riemern.

Mit tiefſter innigſter Verehrung Ew. Excellenz ganz gehorſamſter Diener

Schüler und Jünger
Werner.

8. **Werner an Goethe.**

Höchſtverehrter Herr Geheimer=Rath!

Ew. Excellenz bitte ich tiefgehorſamſt, mir gnädigſt eine ſchöne und friedliche Stunde anzuberaumen, in der ich das Glück haben könnte, Ihnen mein neues Nachſpiel vorzuleſen, das ich eben jetzt, alſo netto in einer Woche fertig gemacht habe. Vielleicht wäre es heute schon möglich, wo ich bis jetzt noch von allem Engagement frey bin. Ob es gespielt wird, ob nicht, ist mir gleich viel! Ich hab' es bloß für Sie, mein Meister, geschrieben, und wenn ich den Beyfall des flammenden und befruchtenden Helios auch nicht zu verdienen hoffen darff, so darff ich doch treu und bescheidentlich darnach streben. Ich beharre mit ehrlichem Herzen und gleich unbegränzter Ehrfurcht als Liebe

Ew. Excellenz

Weimar treu gehorsamster Diener und Schüler
den 10ten Märtz. Werner.
1809.

9. Werner an Goethe.

Hochwohlgebohrener Herr,

Verehrungswürdigster Herr Geheimer Rath!

Weimar den 25ten Aprill 1809.

Ew. Excellenz werden gnädigst verzeihen, daß ich Hochdieselben schrifftlich anzutreten wage; es bleibt mir nur dieser Weg übrig, da Sie mir weder in Ihrem Hause noch in einem andern Cirkel das langersehnte Glück verstatten, mich Ihnen auch nur auf eine Minute nähern zu dürffen. Ew. Excellenz wissen, daß ich Sie flehentlich gebeten habe: mir, in Betreff der vielen Lügen, die man Ihnen über mich zu hinterbringen wagt, nur das keinem Angeklagten abzusprechende Recht der Vertheidigung nicht zu versagen. Es kann Ihnen nicht entgehen: daß man mir Ihre mir über alles schätzbare Gnade, koste es was es wolle, rauben will, und weil man weiß, daß Ihr grosser Geist auch das Gewebe der feinsten Lügen durchschauen würde, so wählt man geschickterweise die gröbsten, wohl wissend, daß ein grosses Herz gegen plumpe Bosheit, so wenig als der Löwe gegen einen hölzernen Käfich, Waffen hat! —

So zerreissend es auch schon lange für mein Inneres war: mich von dem Manne, den ich verdienterweise über Alles setze, unverdienterweise Allem nachgesetzt zu sehen, so hätte ich doch noch, im gerechten Bewußtseyn meiner Schuldlosigkeit geschwiegen, öffnete nicht eine mir erst vorgestern auf der Redoute mitgetheilte Nachricht, mir gewaltsamerweise den Mund! Man hat mir nehmlich versichert:

Ew. Excellenz hätten mein neues Trauerspiel „der vierundzwanzigste Februar" bereits ausschreiben lassen, hätten hierauf aber in Erfahrung gebracht, daß ich irgendwo gesagt habe: „dieses Stück sey mein schlechtestes, Ew. Excellenz liessen es aber dennoch spielen" und hierauf, in gerechter Indignation über die Niederträchtigkeit dieser Aeusserung, die bereits festgesetzte Aufführung des Stücks, untersagt.

Vorausgesetzt, ich sey einer solchen Niederträchtigkeit gegen meinen erhabenen Wohlthäter fähig — was man nach meinem in Weimar überhaupt und gegen

Ew. Excellenz insbesondere beobachteten notorischen Betragen billigerweise bezweiffeln könnte — so gebe ich nur Ew. Excellenz höherem Ermessen anheim: ob ich, dem Sie Selbst nicht alle Lebensklugheit absprechen, der Dummheit fähig bin, von dem einzigen meiner Schauspiele, welches Ew. Excellenz der hiesigen, auf mein Wohl und Weh bedeutend würkenden, Aufführung für würdig erachten, kurz vor derselben, im Ernste, auf dem Weimarschen mir bekannten glatten Pflaster, laut zu behaupten: mein Stück sey schlecht, und also, wieder mein besser Wissen und Gewissen, in meinen eigenen Beutel zu lügen! Das hiesse sich wohl umsonst dem Teufel ergeben! —

So schwehr es mir hienach auch wird, mich über jene Beschuldigungen noch zu vertheidigen, so könnte doch, da mir die Sache einmahl bekannt geworden, mein Schweigen als sträflicher Troß, oder gar als Eingeständniß der Schuld, gedeutet werden. ich sehe mich also genöthigt, Ew. Excellenz auf mein ehrliches Wort zu betheuren, daß ich nicht und zu Niemanden gesagt habe: „Ew. Excellenz liessen mein obiges Stück spielen, wiewohl es mein schlechtestes sey" und daß der, der es gewagt hat, Hochdenenselben diese Nachricht zu bringen, entweder ein schlechtes Gehör hat, oder ein schlechter Mensch ist. ich erkläre vielmehr, daß ich dieses von Ew. Excellenz gebilligte Trauerspiel, für mein einziges bis jezt gelungenes dramatisches Produkt halte und daß ich dessen balbige Aufführung, aus

Ew. Excellenz bekannten Gründen, um so sehnlicher wünsche, als meine Abreise von hier, wenn gleich durch die öffentlichen Verhältnisse retardirt, doch, sobald es diese erlauben, wegen meiner Privatverhältnisse unausbleiblich im May=Monath vor sich gehen muß. Hinzu tritt noch, daß Hof und Stadt davon sprechen: ein Stück von mir sey schon ausgeschrieben gewesen und hätte sollen, würde aber nicht gegeben werden, durch welches von mir auch nicht veranlaßtes Gerede, verbunden mit der leider auch notorischen Zurückgezogenheit Ew. Excellenz gegen mich, meinem Rufe ein eben so unverdienter, als unersetzlicher Nachtheil entsteht. Doch da das Urtheil des Volks weder Ew. Excellenz noch mich motiviren, oder auf unser gegenseitiges Verhältniß influiren, und da ich, aus Ew. Excellenz mir erwiesenen mir unvergeßlichen Wohlthaten, kein anderes Recht, als das Ihnen ewig dankbar zu seyn, beduziren kann; so soll mich Alles das auch zu nichts weiter als dazu veranlassen, meinen gehorsamsten Wunsch, um baldige Aufführung erwähnten Trauerspiels, Dero erleuchteterm Ermessen lediglich und allein anheimzustellen.

Was ich aber Ew. Excellenz nicht anheimstellen bloß kann, sondern vielmehr ganz gehorsamst bitten muß, ist:

1) Daß Sie mir vorläufig, und bis die Folgezeit, die es allein erweisen kann, es darthut, zu glauben geruhen: daß ich, soviel ich auch in meinem Leben ver=

brochen haben mag, doch in Weimar keine Pflicht verletzt, und gegen Ew. Excellenz die mir obliegenden des tiefsten Dankes, der innigsten Ehrfurcht und Ergebenheit — (Sie haben keinen treueren Anhänger!) — nicht nur nie verletzt, sondern aufs Vollkommenste erfüllt habe, wovon z. Bsp. mein neues unvermeidlicherweise von mir bezogenes Logis, statt ein Beweis dagegen, einer dafür seyn würde, wenn solchen zu führen, meine auf Selbstbewußtseyn begründete — Delikatesse mir erlaubte! —

2) Daß Ew. Excellenz geruhen, plumpen, Ihnen hinter meinem Rücken erzählten, in die Cathegorie meiner Heyrath mit einer ohne mein Zuthun geschiedenen Wäscherin gehörigen, Lügen, keinen Glauben beyzumessen.

3) Daß Ew. Excellenz, wenn Sie weder ein Stück von mir aufführen, noch mir persönlichen Zutritt verstatten, noch mich eines Worts würdigen wollen, mir wenigstens, ehe Sie mich ganz aus der Reihe der für Sie existirenden Wesen ausstreichen, noch einen der belebenden Blicke zu schenken geruhen mögen, für den ich in's Feuer gehen möchte, und der allein — (er soll mich zu keiner neuen Zubringlichkeit veranlassen!) — im Stande seyn würde, mein über Ihre durch nichts verschuldete Ungnade bis in's Tiefste zerrüttetes Innere zu heilen! — Ihrer Frau Gemahlin küsse ich ehrerbietigst die Hände; möge sie meine edle Fürsprecherin bey Ihrem grossen Herzen seyn! —

Der ich die Ehre habe mit unbegränzter Ehrfurcht
und Treue zu verharren

Ew. Excellenz ganz gehorsamster treu
ergebenster Diener
Werner.

10. Goethe an Werner.

Sie erhalten, lieber Werner, hiebey das Original
vom 24. Februar; eine Copie so wie die ausge=
schriebenen Rollen bleiben in meinen Händen. Wir
dürfen uns nicht leugnen, daß die Aufführung des
Stücks einige Gefahr hat. Deswegen lassen Sie mich
damit so lange zaubern, bis ich mit Muth und Über=
zeugung daran gehen kann, und glauben Sie, daß
ich auch hierbey Ihr Bestes im Sinne habe.
Weimar den 28. April 1809.

Goethe.

11. Werner an Goethe.

Tübingen den 22ten August 1809.

Höchstverehrter Herr Geheimer Rath!

Ew. Excellenz ertheilten mir an dem lezten herr=
lichen Abende, wo ich das Glück hatte Sie in Jena
zu sehn, die gnädige Erlaubniß, einmahl wieder an
Sie schreiben zu dürffen. Dies benuzzend erstatte
ich Ihnen jezt, was seit jenem Abende — (er war,
nach manchen trüben Tagen, wieder ein heller Punkt

meines Lebens!) — von Innen und Auſſen mit mir vorgegangen iſt! —

Aber zuvor will ich noch einmahl in Gedanken Ew. Excellenz theure Hände küſſen für jenen mir geſchenkten göttlichen Jenaiſchen Abend; er reihte ſich an jene hellen Decembertage, wo mir Helios belebend und erwärmend aufgieng in Jena, wie ein würdiges Alter an eine freudige Jugend! Nie habe ich die Allmacht und Huld der göttlichen Natur des gebohrenen Meiſters Aller, die zu ihm heraufſchauen, lebhafter, entzückender empfunden, als an eben dieſem Jenaiſchen Abſchieds-Abende, wo die Strahlen, die kürzlich nur noch als Blitze in mein dürres Halmenfeld geſchlagen hatten, mir tröſtend aufgiengen als ein Regenbogen, das Zeichen des alten ewigen Bundes! Ausgelaſſen vor Freude ſpielte ich noch denſelben Abend, ſobald Frommanns ſich zurückgezogen hatten, das Lied: „Die Trommel gerühret, das Pfeiflein geſpielt!" Mein Liebſter, der den Hauffen befiehlt, war ja freundlich mit mir geweſen und ich durfſte den Mann lieben, der die goldene Kette auf ſeiner Bruſt trägt! Begreifen kann ich es nicht; aber mein Gefühl für Ew. Excellenz es iſt, Gott weiß, buchſtäblich das nehmliche wie Clarens für Egmont, die auch nicht ihn beſitzen wollte, ſondern nur angehören dem Herrlichen! Alles was ich zum Lobe Ihrer Gedichte, Ihres künſtleriſchen Würkens höre, es freut mich herzinniglichſt, aber doch nur wie Claren der Holzſchnitt, wo Egmont zu Pferde ab-

gebildet ist, zwischen den Thürmen und Häusern die
kleiner sind als er; meine stille Hauptfreude dabey
ist immer die stolze Empfindung, daß ich dem Manne,
für den Alle die Mützen abreissen, tief in das mich
anlächelnde Sonnenauge geblickt habe, und daß Jene
noch der Schlacht bey Gravelingen bedurfften, um zu
ahnden, was mir Egmonts erster Blick sagte, daß er
der Einzige sey! —

Am Morgen nach dem mythologischen Abende, durch=
flog ich, auf meiner Reise von Jena nach Rudolstadt,
das herrliche Saalthal. Alles tanzte um mich herum,
ich war noch ein Mahl Jüngling! Hätte ich an dem
Morgen ein Schauspiel auf's Papier hauchen können,
es hätte seinen Verfasser überlebt! An diesen Junius=
morgen denke ich noch zurück wie an meine Jugend;
jezt stehen wir am Ende des August und der Herbst
naht, wie das Alter! Überhaupt wird es einem auf
Reisen, (wo die Begegnisse lebhafter colorirt, als wenn
man an Stell und Ort bleibt, hervorspringen) erst
recht klar, daß ein jegliches Jahr das Bild eines gan=
zen Lebens ist, und so mag sich denn auch die Kette
von verschiedenen Leben, bie ein jedes Wesen vielleicht,
vom Stein bis zum Erzengel oder Halbgott herauf
durchläuft, verhalten, wie unsre einzelnen Lebensjahre,
und wir müssen uns im Voraus darauf gefaßt halten,
daß ein Schauspiel, was wir in einem Jahre machen,
erst im künftigen aufgeführt werde! —

Rudolstadt ist so freundlich, so heiter, man nahm

mich dort so gütig auf, daß es mir Mühe kostete, den Ort zu verlassen, und es mir — (was seit einiger Zeit öfters der Fall ist) — recht lebhaft wurde, wie albern mein vages Zigeunerleben, und daß nur in freyer Beschränkung der Frieden ist! Ich gieng über Gotha, wo ich nur einen Tag blieb, über Meinungen, wo ich die Herzogin sah, über Würzburg, wo mich die Furcht vor den Österreichern im Galopp durchjagte, nach Frankfurth, wo mein gnädiger Herr und Wohlthäter, der Fürst Primas, sehr gütig mit mir und sehr achtungsvoll über Ew. Excellenz sprach. Nach wenigen Tagen Aufenthalt machte ich eine Rheinfarth wieder nach dem alten mir so theuren Cölln, und hatte dort, des ungünstigen Wetters ohnerachtet, abermahls herrliche Genüsse. Ew. Excellenz können es Sich nicht vorstellen, welchen Schatz von alten Gemählden der deutschen Schule, größtentheils noch aus der Periode vor Albrecht Dürer, Cölln enthält, und mit welcher Liebe die guten Cöllner diese Hinterlassenschafft des deutschen Genius hegen und pflegen. Die Sammlungen der Herren Boisseret und Bertram sind in dieser Art höchst merkwürdig. Ersterer hat unter andern einen Lukas von Leyden, verschiedene Heilige in den prächtigsten Gewändern, nahmentlich einen Bartholomäus, mit einem göttlichen schwarzgelockten Kopfe, und eine Margaretha, mit dem gefesselten höllischen Drachen darstellend, man möchte gleich des Teufels werden, so furchtbar gräßlich schön sind die brennenden Augen, die feurigen Farben des Unholds! Ferner: eine Anbetung der Weisen, wahrscheinlich von Van Eyken, die an Lebhaftigkeit des Colorits und treuer fleißiger Ausführung der geringsten Details, meisterhafft ist. Ein heiliger Antonius zumahl erinnerte mich recht lebhafft an Ew. Excellenz und mich; er zerquetscht nehmlich einen armen Teufel, den er an der Kette hält, so ruhig bloß mit dem einen Fuße; wie der Herr der Heerscharen mich und meine wenn gleich englische Mystick! — Was aber alle diese Gemählde weit übertrifft, ist eines auf dem Cöllner Rathhause, die Anbetung der Weisen darstellend in der Mitte, und rechts die heilige Ursula mit ihren Jungfrauen, links den heiligen Ritter Gerhon mit seinen Gesellen. Es war sonst ein Altarblatt und ist glücklicherweise noch gerettet. Die Figuren sind zwey Drittel Lebensgröße, es ist also von einem für Gemählde der deutschen Schule seltenem Umfange. Der Mahler ist unbekannt, man weiß nur daß es zwanzig Jahre vor Dürers Zeit gemahlt ist und daß Albrecht Dürer selbst, als er mit Keyser Maximilian in Cölln war, mit bewundernbem Erstaunen vor diesem Gemählde gestanden und ausgerufen hat: Habt ihr hier solche Meister? Ich habe die hauptsächlichsten Raphaelschen Madonnen und Christkinder gesehn, aber nach dem Dreßdner Raphael ist mir an seelenvollem Ausdruck dieses Christkind, diese Madonna mit ihren herrlichen Umgebungen lieber als alle Raphaelischen. Welche Einfalt und Grösse mit soviel Adel und Grazie! Wie ist hier alles Göttliche so rein menschlich intressant! Geschämt habe ich mich bis ins Innerste meines Herzens, ich der das mich erfüllende Göttliche nur fantastisch und nebulistisch pinseln kann! — Wenn Ew. Excellenz übrigens in mein Kunsturtheil gerechten Zweiffel setzen, so fragen Sie den jungen Schlosser in Frankfurth; auch er ist über die Cöllner Gemählde entzückt, und wird mein Urtheil bestättigen. Gewiß Sie würden reinen Genuss finden, wenn Sie einmahl noch Cölln, wo man Sie so tief verehrt, mit Ihrer Gegenwart beglückten! —

Von Cölln aus machte ich eine sehr intressante Fußreise an beyden Rheinufern, sah von den Ruinen von Drachenfels (einem der sieben Berge) die Sonne in einem prächtigen Ungewitter und eben diese allbelebende Sonne von der himmlischen Carthause bey Coblenz, über der geschleiften Vestung Ehrenbreitstein, eben als man unten im Thale Reveille trommelte, emporsteigen und dachte an mein zertrümmertes Leben, an Gott und — an Helios! — Im Schlangenbade traf ich die zarte freundliche Seele, unsern guten Gerning; er arbeitet mit Lust und Liebe an einem Gedichte über die Gebirgsquellen des Taunus, was nächstens erscheinen soll und woraus er mir schöne Stellen vorlas. Ich war dafür gefällig genug, ihm eine Bademuse, die ihn gefesselt hielt wie mich, allein zu überlassen und in einem freywilligen Rückzuge die Freundschafft der Liebe — (was sonst nie mein Fall ist) — vorzuziehen. —

Dann gieng ich über Frankfurth nach Mannheim und dieser Punkt meiner Reise ist so intressant, daß ich Ew. Excellenz bitten muß, ihn ausführlich beschreiben und deshalb ein Extrablatt beyfügen zu dürffen. Ich wollte in Mannheim nur einen Tag seyn, traf aber dort ganz unvermutheter Weise meine alte Bekannte und Quasi Landsmännin, die Dellamatorin und mimische Darstellerin, Madame Hendel, und blieb ihrentwegen, und bloß und ausschließlich in ihrer Gesellschafft, acht volle Tage in Mannheim, ohne auch nur eine Minute Langeweile gehabt zu haben! Ich hatte sie (die Hendel) schon vor vier Jahren, aber immer nur auf Augenblicke, oder auf dem Theater in Berlin gesehen; jezt war sie so gut sich mir ganz (moralischerweise versteht sich) aufzuschliessen und die acht Tage meines Mannheimer Lebens Vorzugsweise mir zu widmen, und ich kann nicht leugnen, sie hat mich eben so gut gekapert, wie sie dem Baggesen, dem Ölenschläger, sogar dem alten Voß in Heydelberg, kurz allen schönen Geistern, die sich mit ihr bis jezt auf nähere oder entferntere Weise in Rapports gesezzt haben, die Köpfe verrückt hat. Nein, Ew. Excellenz müßten diesen weiblichen Proteus, Teufel und Harlekin kennen, um einzugestehn, daß es nichts Amusanteres und Amusableres giebt! Ich hatte noch nichts von ihren mimischen Darstellungen gesehn; sie war daher gefällig genug, mir solche in dem Hause der Mannheimer Sängerin Beck (deren für das Hochtragische mit einem sehr glücklichen Organ begabte älteste Tochter Louise, sie sich als Jüngerin und künftige Reisegesellin associirt hat) in einem DuodezCyklus vorzumachen. Es waren folgende: Isis, Sphynx, Galathea wie Pygmalion sie belebt, den Cyclus der Lebensgeschichte Mariens vom englischen Grusse bis zur Himmelfarth, einmahl nach Raphael, dann nach Dürer, sodann die sterbende Cleopatra, Virginiens Tod, das „Päte, non dolet" der Arria und Cassandra, Trojens Fall weissagend. Ich kann nicht leugnen, die Würkung die sie durch diese Darstellungen — (ohne alle Hülffsmittel theatralischer Illusion, bloß mit Hülffe eines Tritts, auf dem sie resp: stand, saß oder lag, und eines Shawles, den sie gewandt, wie Fauſt seinen Mantel, handhabte) — hervorbrachte, ist unbeschreiblich. Ich bin gewiß überzeugt, daß, wenn dieses Weib fähig wäre, ihr ungeheures mimisches Talent, was sie mit vielem Eiffer und Studium der bildenden Künste vereinigt, gehörig zu ordnen und auf ein bestimmteres Ziel zu lenken, sie unübersehbare, von ihr gewiß selbst noch nicht geahndete Resultate herbeyführen würde! Mich hat sie wenigstens zu einem Gedichte im Morgenblatte begeistert! — Übrigens ist sie, wiewohl schon tief in den Dreyssigen, doch äusserst frisch noch und zur Luft gebaut, Brust und Hüften comme il faut, ihre

Arme wunderschön! Was aber einzig ist, ist ihr Nachahmungstalent. Sie beklamirt ganze Tiraden aus holländischen und französischen Trauerspielen in originali, und wenn sie vollends den Berliner, Leipziger, Wiener oder jüdischen Jargon copirt, so muß man Thränen vergießen für Lachen. Höchst intreſſant ist ihre Jugendgeschichte. Sie ist die Tochter des berühmten Comikers Schüler, eines der wildesten Burschen im heiligen römischen Reich. Schon im zweyten Jahre mußte sie, (wie eine andre Mignon, nur roher und unheiliger) equilibristische Darstellungen machen, und so hat sie denn immerfort Comödie und Tragödie ihre ganze Lebenszeit hindurch, auf und auſſer der Bühne gespielt. Kein Tag ihrer Jugend ist, von ihrer Geburt bis zu ihrem ersten Hochzeitstage inclusive (sie hat diesen Tag bekanntlich, wie ich, dreymahl schon celebrirt) ohne unsäglich viele Prügel verstrichen, die ihr ihr Vater, (der ehemahls Student gewesen war und dem sie die meerschaumne Pfeiffen sogar als Kind hat braun rauchen müſſen) wie das tägliche Brodt verabreicht hat. Lateinische Oden vom Horaz sogar hat sie beklamiren lernen müſſen, unter Engels und des dicken Sanders Leitung, der damahls, ihrer Versicherung nach, der magerste und storchbeinigste aller berlinischen Conrecktoren war, aber schon damahls, zum Aergerniſſ ihrer gothaischen Großmutter, unausſprechlich viel gegeſſen hat. —

Auch nach Worms hat mich die Hendel geschleppt,

wo ich die Ruinen des Reichstagssaals mit ihr habe durchkriechen und jeden lateinischen Grabstein mit ihr habe durchbuchstabiren müssen. Denn Gelehrsamkeit Auskramen ist mit einem gewissen Affichement häuslicher Glückseeligkeit ihre Passion, aber es braucht nur einer Minute Cordialität, um sie so allerliebst albern zu machen, daß sie jene beyden einstubirten albernen Rollen ganz vergißt! — Unter einer dicken Linde bey Worms, worunter Luther geprebigt haben soll, habe ich die beyden ersten Toaste der deutschen Nation, Luthers und Ew. Excellenz Gesundheit, mit ihr trinken müssen. Ich wollte erst Ew. Excellenz dann Luthers Gesundheit, sie aber sagte: Wer zuerst kommt, der mahlt zuerst! und gegen diesen einzig relevanten Grund ließ sich freylich nichts einwenden! Sie hätte nicht übel Lust, diesen Winter nach Hamburg zu gehn und bey der Gelegenheit Weimar (wo sie noch dankbar für die gütige Aufnahme von Ew. Excellenz Frau Gemahlin zurückdenkt) zu besuchen, nur konnte ich aus ihrer diesfälligen Aeusserung gegen mich so viel abnehmen, daß es mit Weimar bey ihr hieß: Vestigia me terrent! Sie consultirte mich darüber, und ob sie wohl, wenn sie noch ein Mahl hinkäme, die ihr damahls verweigerte Erlaubniß zu Spielen, oder zu mimischen Darstellungen wenigstens, würde erhalten können. Ich antwortete ihr: daß ich ihr hierauf die Antwort schuldig bleiben und es ihr gänzlich überlassen müsse, ob sie, bey der wohlbegründeten Strenge der Weimarschen Direction, gegen das Gastrollenspielen fremder Schauspieler, die Reise nach Weimar einstellen, oder allenfalls einen nochmahligen Versuch wagen wolle. —

Übrigens haben die Herren Heydelberger Studenten der Hendel und mir, den letzten Tag meiner Anwesenheit in Mannheim (wo ich der Hendel, die eben den Tag die Medea meisterhafft gespielt hatte, ein kleines Souper in meinem Hotel gab) ein Vivat gebracht. Ew. Excellenz Herr Sohn war jedoch nicht dabey, was mir um so lieber war, als es bey der Gelegenheit etwas tumultuarisch zugieng. Dagegen habe ich mit Ihrem trefflichen August, den ich wie meine Seele liebe und der mir auch ein Bißchen gut ist, ein paar treffliche Stunden auf dem Heydelberger Schlosse gelebt und in Gedanken auf Helios Hausaltare ein dankvolles Opfer gebracht.

Ew. Excellenz gütigen Frau Gemahlin küsse ich ehrerbietig die Hände, auch meinem erlauchten Wohlthäter dem Herzog und der Herzogin Durchl: Die Schopenhauer, Fr. v. Schardt, Riemern und Meyern grüsse ich herzlich. Sollten ein Paar Zeilen von Ihrer Hand mich beglücken, so erbitte ich sie durch Cotta; ich bin schon acht Tage hier in Tübingen und denke Morgen auf einige Wochen nur nach Coppet zu gehn. Dürfte ich auf den Winter wieder ein wenig nach Weimar? — Ja oder nein? —

Ewig mit unbegränzter Ehrfurcht Ew. Excellenz
treuster gehorsamster
Werner.

Ich habe über meine neuen dramatischen Pläne nicht ein Wort geschrieben, weil ich nicht weiß: ob ich es noch wagen darff, Ew. Excellenz nach Ihren diesfälligen strengen Erklärungen damit zu behelligen. Aber wenn ich es wagen, wenn ich noch ein Stück schreiben, allenfalls den Plan Ew. Excellenz mittheilen und nur ein einziges noch in Weimar vielleicht nächsten Winter schon unter Ihrer Leitung spielen sehn könnte? — Ich hoffe es nicht aber ich wäre sehr, sehr glücklich!

12. Goethe an Werner.

[Concept.]   [Jena, 1. October 1809.]

Sie sollen, mein lieber Werner, für Ihren langen und interessanten Brief den schönsten Dank und eine kurze Gegenantwort haben. Ich befinde mich noch in Jena auf dem Platze wo Sie mich verlassen. Der Roman ist indessen gedruckt worden, den ich Ihnen hiermit zur freundlichen Aufnahme empfehlen will.

Es war mir selbst höchst angenehm, daß wir in Frieden und Freude an derselben Stätte wieder geschieden sind, wo wir zuerst mit gutem Muth und Willen uns zusammengefunden hatten. Es kommt nur auf Sie an, daß es immer so bleibe. Sie kennen mich genug, um zu wissen, daß wir immer einmal wieder eine Strecke Wegs mit Lust zusammen fort=

wandern können, wo wir uns auch treffen mögen; nur enthalten Sie sich ja, mir Fußangeln aus der Dornenkrone vor meine Schritte hinzustreuen. Lassen Sie mich den Pfad, den ich mir selbst gebahnt und gelehrt, ruhig hin und wieder spazieren und begleiten mich insofern es die Gelegenheit giebt.

Sollte Sie dieser Brief bey Frau von Stael treffen, so empfehlen Sie mich ihr und auch Herrn Schlegel, an dessen Vorlesungen ich sehr viel Freude gehabt habe.

In einigen Tagen gehe ich nach Weimar, wo ein gewisses Stück: Der 24. Februar, sogleich bey verschlossenen Thüren aufgeführt werden wird. Der Schauspieler Haide hat das 'Ganze auswendig gelernt und wird also im Einzelnen schwerlich aus dem Ton fallen. Er setzt sich vor, Wunder zu thun, woran ich keinen Zweifel habe. Dieser tragische Tell ist ihm ganz angemessen. Finde ich bey der Vorstellung das Stück wie ich mir's denke, lobenswürdig und gut; so soll mir Niemand nichts dagegen sagen, ohne sich Händel auf den Hals zu ziehen, und wenn es der Verfasser selbst wäre.

Von andrem weiß ich nichts zu sagen. Noch ist auf unserm Theater nicht viel geschehen und was die Messe bringen kann, noch im Halbverborgenen. Leben Sie recht wohl, und lenken Sie Ihre Bahn gelegentlich immer einmal wieder auf Weimar zu. Ich würde denselbigen Wunsch auch in Absicht auf Madame Hendel äußern, wenn ich voraussehen könnte, daß sie gewiß zu einem günstigen Augenblick komme. Die Zeiten sind so verschieden, daß in einer Woche unmöglich wird, was sich in der andern leicht machen läßt. Und auf das Zufällige mag ich Niemanden, am wenigsten eine so bedeutende Künstlerin einladen. Leben Sie recht wohl und lassen bald wieder von sich hören.

13. Werner an Goethe.

Coppet den 20ten Oktober 1809.

Verehrungswürdigster Herr Geheimer Rath!

Ew. Excellenz werden gnädigst verzeihn, wenn ich es, wiewohl ich durch keine Antwort auf mein aus Tübingen an Sie erlassenes Schreiben beglückt bin, dennoch, dem Drange meines Herzens folgend, es wage, aufs Neue an Sie zu schreiben, um Ihnen, Dero gnädigen Erlaubniß zufolge, zwey intressante Nachrichten über mich mitzutheilen.

Die erste ist die: daß mein neuestes Trauerspiel, das einzige worauf ich, durch Ew. Excellenz gütiges Urtheil aufgemuntert, einigen Werth setze, nehmlich der 24ste Februar, am 13ten Oktober hier in Coppet, wo ich mich seit Anfang Septembers befinde, auf dem Privattheater der Frau von St— gespielt worden ist. Die mitspielenden Personen waren, ich, der den alten Kunz, A. W. Schlegel der den Sohn Kurt, und ein Fräulein von Zeuner (ehedem Hofdame bey der Königin Mutter in Berlin) welche die Trude spielte.

Die Zuschauer bestanden bloß aus Persohnen, welche Deutsch verstehn, und der Effect des Stücks übertraf alle meine Erwartung. Ich hatte es vor der Aufführung dem Benjamin Constant und Schlegeln vorgelesen, auch der Frau von St— zum Lesen gegeben. Man urtheilte sehr gütig darüber, Constant aber und Frau von St— bemerckten, daß das eigentliche Motiv des Mordes, nehmlich die Nothwendigkeit, in welche Kunz versetzt sey, entweder mit einer ihm unerträglichen Schmach in den Schuldthurm gesteckt zu werden, oder sich selbst das Leben zu nehmen, über dem langen Gespräche der Eltern mit dem Sohne, fast ganz in's Vergessen gerathe, daß es also, wenn der Sohn bereits in die Cammer gegangen, nöthig sey, sowohl jenes Motiv, als die andern, welche den Vater zu der unseeligen Verblendung des Hasses gegen den von ihm unerkannten Sohn anspornen, im Gedächtnisse der Zuschauer wieder neu anzufrischen. Eben so wurde, von obigen beyden, freylich im französischen Sinne urtheilenden, Kunstrichtern bemerckt: daß das kalte Hineinschleichen der Eltern in die Cammer, in der Absicht den Sohn zu bestehlen, und die eben so kalte Ausführung der Frevelthat, einen wiedrigen Eindruck hinterlasse, daß also, um den Character des Vaters, in Rücksicht der Würde und des Pathetischen zu retten, es nöthig sey, die Unthat in einem ihn ergreifenden Delirio begehn zu lassen. Schlegel so wenig als ich fühlten die Nothwendigkeit dieser Veränderungen, da

indessen das Stück vor französisch gebildeten Zuschauern
und zu deren Vergnügen hauptsächlich, (es waren nur
wenige gebohrne Teutsche gegenwärtig) gegeben werden
sollte, so gab ich nach und fügte die in der An=
lage bemerckten Zusätze bey, welche netto 50 Zeilen
oder Verse betragen. An welchen Orten die Zusätze
meinem Ew. Excellenz hinterlassenen Manuskripte ein=
zuschalten sind, habe ich aufs genaueste eben so wie
die Details bemerckt, die ich bey der Darstellung be=
obachten zu müssen geglaubt habe, und da ich Ew. Ex=
cellenz nicht zumuthen kann, Sich Selbst damit zu
incommodiren, die Zusätze mit dem Original zu=
sammenzuhalten, so hoffe ich, daß der wackere Riemer,
dem ich mich herzlichst zu empfehlen bitte, die Güte
haben wird, diese Zusätze Ew. Excellenz im Zusammen=
hange mit dem Originale vorzutragen. Es ist nicht
zu leugnen daß durch diese Zusätze das Stück sowohl
als die Rolle des Vaters an Effeckt gewinnt, ob aber
diese Zusätze sich ganz mit dem Genius des Stücks
und dessen Charackteren vertragen, wage ich nicht zu
entscheiden; im Gegentheil bin ich darüber noch sehr
zweiffelhafft, und wenn ich solche Ew. Excellenz hie=
mit zu übersende wage, so geschieht es bloß, um ge=
legentlich Ihr mir über Alles gehendes Urtheil da=
rüber zu erfahren, da ich diesem Schauspiele gerne
die größtmöglichste Vollendung geben möchte, um doch
wenigstens eines recht gemacht zu haben. Was die
Aufführung des Stückes in C—— betrifft, so habe ich

darüber in der Anlage Einiges erwähnt und bemerke nur, daß Schlegel vortrefflich spielte, daß auch meine Darstellung von Kuntzens Rolle sehr gütig aufgenommen und das Stück mit allgemeinem Enthusiasmus ergriffen wurde. Ich hatte gefürchtet daß man theils in dem Stücke Longueurs, theils es zu graufenhafft finden würde; beydes war jedoch nicht der Fall, man gestand vielmehr ein, daß der Zuschauer in fortwährender Spannung erhalten, das Schauderhafte durch die sanften Morçeaus in die Gränzen des tragischen Pathos beschränkt und das Gehäffige der Catastrophe, durch die Gemüthsverwirrung des Vaters, die ich natürlicherweise auch im Spiel hervorzuheben suchte, sehr gemildert würde. Das fand Frau von St__ besonders durch die anliegenden Zusätze bewürckt; doch weit entfernt davon, es Ew. Excellenz anzusinnen, von selbigen, insoferne das Stück in Weimar gegeben wird, irgend einigen Gebrauch zu machen, so bitte ich Sie vielmehr, diese Zusätze, insoferne sie Dero Beyfall nicht erhalten, nicht nur bey der Aufführung nicht zu abhibiren, sondern auch selbst in meinem Ihnen hinterlassenen Manuskripte soviel wegzulassen und zu verändern, als Ihrer tiefen Kunsteinsicht nur irgend zur Erreichung des theatralischen Effects nöthig scheinen dürfte, denn der Verfasser und sein Werk ist in keinen Händen besser aufgehoben, als in den Ihrigen. Wenn Ew. Excellenz aber mich recht glücklich machen wollen so haben Sie die Gnade meine innigste Bitte

— (es ist vielleicht meine letzte!) — zu erfüllen, und den vier und zwanzigsten Februar, als mein gelungenstes Stück, mit allen Ihnen nur irgend gefälligen Einschränkungen, recht bald in Weimar aufführen zu lassen. Ich werde der Vorstellung nicht beywohnen, denn — und das ist der zweyte Hauptpunckt meines Briefes, ich gehe, so Gott will, den 1ten November von hier über Turin oder Mayland nach Rom und von da nach Neapel. Es zieht mich eine unüberwindliche Sehnsucht nach dem hochgelobten Lande Italia; vielleicht ist es mein Schicksal, das mir winkt, vielleicht will es mich heilen oder mit mir enden? Ich will, ich muß diese Sehnsucht stillen, wäre es auch nur um, von ihr selbst geheilt, nachdem ich das schönste Land der Erde gesehn, entweder dort Hütten zu bauen, oder beruhigt zurückzukehren, meinen Wanderstab zu zerbrechen und in irgend einem Flecke Deutschlands dann still fortzuleben. Es vergeht kein Tag, wo mir nicht aus Ew. Excellenz Pilgers Nachtliede, der Vers schmerzlich einfällt: „Ach, ich bin des Wanderns müde!" Dies soll meine letzte Wanderung seyn und dann, auf eine oder die andre Art zur Ruhe! Das verspreche ich Ew. Excellenz jedoch hoch und theuer, daß ich, so lange ich lebe der Kunst getreu, und Ihre mir ewig theuren auf das Wesen der menschlich reinen Natur begründeten Kunstregeln zu befolgen, beflissen seyn werde. Ich gehe starck mit der Idee um, in Rom oder Neapel ein neues in jenen Gegenden spielendes, ganz aufführbares und unmystisches Trauerspiel zu machen. Was sagen Ew. Excellenz zu Conradin von Schwaben, aus dem Hause Hohenstauffen, das scheint (er wurde doch in Neapel enthauptet!) ein schöner tragischer Stoff? Eben so die Catastrophe Johannens, Königin von Neapel! Auch habe ich daran gedacht, künftig einmahl Günther von Schwarzburg oder die Geschichte der Königin Christina von Schweden und Monaldeschis dramatisch zu bearbeiten. Eben so reizt mich das Verhältniß Mariens Stuarts mit dem Sänger Rizio, die Geschichte wie Mohamed II seine Geliebte Irene, nach der Einnahme Constantinopels, auf Verlangen seines Heers töbtet, dann Rosamunde, Agnes Bernauerin, was weiß ich Alles! Um bey dem ersten und besten Sujet stehn zu bleiben; was würden Ew. Excellenz wohl zu einer Trilogie histo=rischer Trauerspiele sagen, welche die Catastrophen Keyser Friedrichs des Zweyten, seines Sohns Man=freds und Enkels Conradins von Hohenstauffen dra=matisch behandelt darstellte? —

Ich denke, wills Gott, Ende Novembers in Rom anzulangen. Wollten Ew. Excellenz mich mit einem Briefe beglücken, so haben Sie die Güte ihn an Frau von Humboldt in Rom zu addressiren. Ich denke, nach einem Aufenthalte von sechs bis acht Monathen in Italien, nach Deutschland und Weimar zurückzu=kehren. Sterbe ich unterdessen, so seyn Ew. Excellenz versichert, daß Sie keinen treueren Freund und Ver=

ehrer, keinen Sie mit innigerer Seele liebenderen ja anbetendern Menschen gehabt haben, als Ihren

Ihnen bis in den Tod getreuen

Werner.

Noch eine Bitte habe ich, haben Ew. Excellenz die Gnade mich nicht darüber auszulachen, und mir zu erlauben Ihnen — (es ist vielleicht das letzte Mahl!) — mein ganzes Herz auszuschütten! — Ich kann vielleicht auf der Reise nach Italien dort sterben. Wenn das geschehen sollte, (und nur auf den Fall bitte ich es) so haben Sie die Güte für mich, meine Umarbeitung des Creuzes an der Ostsee für's Theater, welche ich dem Cotta in Tübingen in Verwahrung gegeben, und meine Cunegunde, welche ich der Madame Händel (der Schauspielerin und Declamatrice) aus Ursachen die sie Ihnen selbst sagen wird, und welche hier zu erzählen mir der Platz verbietet, hinterlassen habe, beyde in Weimar, mit allen Ihnen selbstbeliebigen Veränderungen aufführen zu lassen. Werden die Stücke ausgepfiffen, so kann es mir, wenn ich tobt bin, nicht schaden, und Ew. Excellenz haben die Entschuldigung vor Sich, daß Sie damit die letzte Bitte eines armen Kerls erfüllen und eine Art Mitleiden üben, welches auch den höchsten der Menschen — (für den ich Sie halte und bis an's Ende halten werde!) — nicht schänden kann! Nicht wahr, Sie erfüllen vielleicht die Bitte, von der ich gern abstehen will, wenn ich leben bleibe und, wie ich hoffe, künftigen Sommer nach Deutschland und Weimar zurückkehre. — Tausend Dank für alle Ihre grosse Güte. Ich habe nie schlecht an Ihnen gehandelt, nie undankbar, auf dies Bekenntniss leb und sterbe ich! Gott seegne Ihre Gemahlin, Sohn, meinen grossen Wohlthäter den Herzog und sein ganzes Haus, auch die gute Schardt und alle lieben guten Weimaraner, für ihre mir unverdienterweise erwiesene Güte. Vielleicht sehe ich Sie doch noch wieder aufs Jahr, nehmlich künftigen Sommer! Empfehlen Sie mich gütigst der Schopenhauer. Schlegel empfiehlt sich Ew. Excellenz achtungsvoll. Sein Werk über die dramatische Literatur macht mir Freude und wunderbar geistreich sind die Bruchstücke des Werks über die deutsche Literatur, die mir Frau von St_ _ vorgelesen hat.

14. Werner an Goethe.

Rom den 23ten April 1811.

Hochverehrter, Innigst und ewiggeliebter

Herr Geheimer Rath!

Mit Zittern ergreife ich die Feder um Ew. Excellenz eine mich zehn Monathe hindurch schwehr drükkende Schuld, die Antwort auf Ihre theuren mir unterm 5ten May v. J. gesandten und von mir Ende Juny erhaltenen Zeilen, abzutragen. Diese lange Unterlassung ist ein so schwehres Vergehen und ein so durch nichts hinlänglich zu entschuldigendes, daß ich schon einmahl in einer schwachen Minute Lust hatte, mich darüber bey Ew. Excellenz durch irgend eine Lüge zu rechtfertigen. Aber nein! Unter allen möglichen Verbrechen die meine Seele belasten ist sie wenigstens von dem der Unwahrheit stets befreyt geblieben, ich will also damit jezt nicht den Anfang machen, zumal bey Ew. Excellenz, der Sie, als das vollkommenste menschliche Ebenbild Gottes des Vaters, zugleich auch der huldvollste und wahrhaffteste Mensch und als solcher ein Freund alles Menschlichen und Ganzen und Positiven und nur Feind der sich mit dem Über- oder Untermenschlichen nichtigerweise brüstenden Halbheit sind. Also Wahrheit ohne Verstellung, Verschönerung, Verheimlichung oder künstliche Vorbereitung, wie sie aus meinem von Gott nicht verstoossenen Gemüthe mir in die Feder fließt. —

Als ich Ew. Excellenz so huldvolles Schreiben mit des trefflichen Knebels so äusserst gütiger Beylage erhielt und daraus nicht nur die Erfüllung meines sehnlichsten Wunsches, die Aufführung des 24ten Februars, sondern, was mir mehr ist als alle Schauspiele und Stücke dieser Welt, die Gewißheit erfuhr: daß Derjenige für den mein Herz, auf eine mir unerforschliche Weise brennt, Derjenige durch den ich Gott und mich, (was im gewissen Sinne Synonima sind) wiedergefunden habe, daß Sie, an Den ich nie ohne dankbare Freudenthränen denken kann, mit denen ich jezt dieses schreibe, Sie, von Dem ich mich schon verstoossen glaubte, daß Sie noch immer mir nicht abhold sind, (oder wenigstens, o Gott! es damals noch nicht waren;) — da wollte ich gleich auf der Stelle Ihnen im Gefühl des vollsten Dankes antworten. Ew. Excellenz hatten aber in fine Ihres Briefes geschrieben: „Lassen Sie mich entweder durch sich selbst oder per tertium wieder von sich hören." Und ich, der ich jeden Ihrer Ausdrücke mit Recht au pied de lettre zu nehmen gewohnt bin, übersetzte mir diese Stelle so: „Lassen Sie mich vor der Hand mit Ihrer Schreiberey in Ruhe!" Das war der erste Grund warum ich meine Antwort auf Ihr Schreiben verschob. Der zweyte war: Ew. Excellenz hatten geschrieben, ich solle „den Entwurff der Farbenlehre geschwind! durchlesen und den Inhalt in ein paar hundert Metaphern verwandeln". Ich wollte also, (wiewohl ich dabey gleich einen Scherz von Ew. Excellenz witterte, bey dem mir, ehrlich zu gestehn, so unheimlich zu Muthe ward, als dem Adler Jupiters, wenn Diospater nach Tische mit ihm Fangeball spielt) ich wollte also, sage ich, erst die Ankunft der Farbenlehre abwarten. Das verzog sich bis tief ins Spätjahr. Endlich kam sie an; da war wieder ein Gereiß darum, das entsetzlich war. Jeder wollte sie lesen und so gieng es mir, wie dem Gichtbrüchigen am Teich zu Bethesda; ich kam nicht dazu. Endlich laß der gute Schlosser mir und den Riepenhausen den Anfang daraus vor, den er uns sehr lehrreich erleuterte, aber ich war derjenige, der von dieser Vorlesung abstand, feſt überzeugt daß es, wenigſtens von meiner Seite, die ſünblichſte Vermeſſenheit wäre, dieſem Werke, in welchem Helios ſich mit göttlicher Ruhe beſpiegelt, nur Nebenſtunden und nicht ein ausſchlieſſendes Studium zu widmen. Ich habe alſo, mit einem feſten Entſchluſſ, dies Studium von Ew. Excellenz Optick, als ein ſolches zu dem mir Ungelehrten ſogar alle Vorbereitung fehlt, für Deutſchland aufgeſpahrt, wo ich Alles finde, was mir zu dieſem Studium in Rom fehlt, und wo ein ein= ziger auf mich gelenkter Strahl aus Ew. Excellenz Augen, zur Befruchtung von tauſend meiner Metaphern hin= reichend iſt. Ob ich aber Ihre ſeelenvollen Augen, (die mich auf eine mir unerklärliche Art beleben, ſo wie ſie mich ein paarmal ſchier getödtet hätten) ob ich dieſe lie= ben, über Alles lieben Augen jemahls wiederzuſehen werde gewürdiget werden? Dubito! ſage ich mit Thrä= nen. Nicht daß ich nicht nach Weimar kommen ſollte. Wenn ich leben bleibe ſo komme ich gewiß Ende dieſes oder Anfangs künftigen Jahres hin. Aber Ew. Excel= lenz werden mich gar nicht mehr ſehn, nicht mehr ſprechen, nicht mehr vorlaſſen wollen. Sie werden von mir gar nichts mehr hören noch wiſſen wollen! War= um, das wiſſen Sie ſchon jezt, indem ich dies ſchreibe:

"Keimt ein Glaube neu
"Wird offt Lieb und Treu
"Wie ein altes Unkraut ausgerauſſt!"

ſo heißt es in dem Gedicht, welches, nächſt Gott und Ew. Excellenz, Niemand ſo gut verſteht als ich! Nicht in mir wird Lieb' und Treue gegen Sie ausgeraufft werden, kein Glaube kann und wird meine Liebe, meine Treue, meine Dankbarkeit gegen Sie ausrauffen, am wenigsten der christliche, den ich, nachdem ich ihm lange heimlich auf den schändlichsten Irrwegen nach= gerannt bin, endlich gefunden und öffentlich bekannt habe. Beydes verdanke ich — o zürnen Sie nicht, Huldvollster! — Ihren Wahlverwandtschafften*). „Nur unter der Bedingung einer völligen Entsagung" heißt es darin „hatte Ottilie sich verziehen, und diese Bedingung war für ihre ganze Lebenszeit unerläß= lich." Diese von Gottes Geist Ihnen in die Feder diktirten, und als ich sie zuerst, vor Ihrer Herrlich= keit erstarrend las, von Gottes Blitz auf der nehm= lichen Stelle, an der ich jezt dieses schreibe, illumi= nirten ewigen Worte, sie sind es und — was auch der deutsche Pöbel über mich lügen mag — sie, diese Worte, (und nicht der Sinnentand, die Phantasterey, die Gaukeley womit man alles Heilige und auch die Kirche, die ewige, heilige überkleistert hat) sind es, die mich katholisch gemacht haben und mich zwingen, es, mag auch über mich ergehen, mag auch dabey von mir zu Grunde gehen was da wolle, es lebenslang und ewiglich zu bleiben! Daß ich für Entsetzlich

---

*) Ich habe ein Sonett über dies mir ewig merkwürdige Buch, so wie ein paar andre beyzufügen gewagt. Haben Ew. Excellenz damit gütige Nachsicht. Ich habe noch eine gute Anzahl anderer aber die verschiebe ich.

Vieles fast Unverzeyhliches Verzeihung nöthig habe, wissen Ew. Excellenz aus meinen aufrichtigen Bekenntnissen, oder vielmehr, im vollen Wortsinne, aus der Generalbeichte die ich Ihnen einst nach dem Mittagessen an Ihrem Tische (wo nur Gott noch zwischen uns Beyden war) abgestattet habe. Diese Verzeihung, daß ich sie nicht erhielt, von Niemanden als von Gott (den ich in gemeinen Lastern schwelgend floh) erhalten konnte, war das Gifft was an meinem Mark zehrte, und als Gegengifft brauchte ich — was? Eine alberne Mystick, ein verrücktes aus platonisch scholastischen (nicht diesem würdigen Nahmen, nur mir gilt mein Hohn!) Fetzen zusammengeflicktes Lumpensysthem, das ich auf nichts als leere Träume begründet, mit dem Nahmen eines Systhems der Liebe! (von der ich eigentlich so wenig verstand) taufte, welches die viel zu guthmüthigen Deutschen viel zu nachsichtig aufnahmen und welches aufs Bitterste selbst zu verhöhnen ich jezt der Erste seyn würde, wenn ich es nicht viel bitterer noch beweinen müßte. Nicht genug ein halber Teufel zu seyn, war ich Einer der elendigsten Gattung, ein alberner, ein heuchelnder, ein dummer! „Nichts Jämmerlichers" heißt es im Faust „kenn ich auf der Welt als einen Teufel der verzweifelt!" Wahr und recht! Aber es steht auch geschrieben

„Trocknet nicht, trocknet nicht,
Thränen der ewigen Liebe!"

und ich müßte den Sänger dieser ewigen Verse schlecht
kennen, um nicht überzeugt zu seyn, daß die nehmliche
Zähre die im gegenwärtigen Moment aus meinem
Auge auf dieses Blatt fällt, wenn Er es liest, in
Seinen himmlischen Augen herrlicher glänzen wird,
als jene Thräne, wodurch er mich, als ich Ihm mein
Innerstes aufschloß, auf ewig zu Seinem Jünger
weihte! Dieses unsers beyderseitigen chemischen Thrä=
nenzusammenhanges bin ich, was auch Ew. Excellenz
unbestechliches Urtheil künftig über mich und unser
Verhältniß beschliessen mag, gewiss! Ihre mir in
Weimar gesprochenen Worte tönen noch immer in
meinen Ohren: „Wer" sprachen Sie „mit mir nicht
gehn kann, oder will, von dem scheide ich!" Diese
Worte, damals für mich soviel als: Gehet hin ihr
Verdammten in das ewige Feuer! sie sind mir noch
immer schrecklich! Unter allen Opfern des Christen=
thums, die ich nehmlich ihm bringe, ist, Gott ist mein
Zeuge, das schwehrste: die Möglichkeit Ew. Excellenz
huldvolles Wohlwollen — (was mir mehr ist als
Sie Sich vorstellen oder beflügelte Worte aussprechen
können) — zu verliehren. Aber ich werde dieses
schwehrste aller Opfer mit blutendem zerrissenem Her=
zen — bringen, wenn es seyn muß! Und Gott, der
Alles herrlich wiedergiebt, was man ihm schmerzhafft
und rein opfert, wird mir Ihr Herz wiedergeben! —

Was sonst über meine litterarische Lage pp zu sagen
ist, steht in meinem Briefe an Herrn p von Knebel.

An Ew. Excellenz schließlich nur noch die Bitte: Glauben Sie keinem Worte, was der deutsche Pöbel — (mit dem Rom reichlicher als jede andre Stadt gemalebeyt ist) — über mich sagt oder schreibt. Man erzählt in Deutschland, ich werde nach Jerusalem wallfahrten. Eine alberne Lüge, Gott ist überall! Man wird auch erzählen und drucken lassen, ich thäte den ganzen Tag nichts als Beten. Freylich thue ich nichts halb, und werde auch, da ich mich ausschließlich dem unmhsthischen reinkatholischen Christenthum widmen will, nicht auf halbem Wege stehn bleiben. Aber die Pinsel begriffen auch Ew. Excellenz in Jena nicht, wie Sie illuminirte Farbenkreisel erfanden. Es wurde gesagt: Sie spielten und Sie schrieben die unsterbliche Optick. Auch ich werde der Poesie nie entsagen, sondern kräfftiger zu ihr zurückkehren.

Ewig Ew. Excellenz treuster verehrendster Diener
Werner.

Ew. Excellenz theurer Gemahlin küsse ich innigst die Hände, und bereue innigst, wie ich ihr manchmal innerlich unrecht gethan habe; ihr schönes Gemüth wußte zu gut daß ich schlecht war und verachtete mich schuldigst, ich werde mich aber künftig ihrer Achtung würdig zu machen bestreben. Dem guten Herrn Rath August, den Gott seegnen möge, sagen Ew. Excellenz doch gütigst, daß ich dick und fett werde und wiewohl ich fast den ganzen Tag studire, doch niemals gottlob zufriedner und glücklicher gewesen bin als jezt. Dem durchl. Herzoge, der Herzogin, Herrn und Frau Erbprinzessin pp meine tiefste Ehrfurcht. Meinem lieben Riemer und allen meinen Theuren herzlichen Gruß, besonders aber Mad. Jagemann, Mad. Schopenhauer. Haben Ew. Excellenz doch die einzige Gnade, der trefflichen Frau von Schardt zu sagen, daß ich sehr gesund bin und mich ihr herzlichst und innigst empfehle.

II.
Adam Heinrich Müller.

1. Müller an Goethe.

Hochwohlgebohrner Herr
Höchstzuehrender Herr Geheimer Rath!

Ew. Excellenz nehme ich mir die Freiheit zwey Werke eines Freundes zu überreichen, die, wenn mich nicht alles trügt, die Billigung des einzigen Richters, den der abwesende Verfasser im Auge gehabt haben kann, erhalten werden. Eigne Arbeiten Ew. Excellenz vorzulegen hätte ich nicht leicht gewagt; desto unbefangener und zuversichtlicher darf ich diese würdigere Sendung mit Ausdrücken der Verehrung Ihres unsterblichen Nahmens begleiten. Möge mir die Kraft werden um durch eigne künftige Werke Ihr Wohlwollen zu gewinnen, die fast einzige Gunst, welche ich vom Schicksal begehre.

Ew. Excellenz
Dresden. 31. Jul. 1807.   gehorsamster
Adam Müller.

2. Goethe an Müller.

Carlsbad, den 28. August 1807.

Indem ich Ihnen, mein werthester Herr Müller, Ihre Vorlesungen zurückschicke, möchte ich diese Hefte gern mit etwas Freundlichem und etwas Bedeutendem begleiten. Das erste wird mir leicht, das zweyte im gegenwärtigen Augenblicke schwer; doch können Sie ja selbst wissen, was ich Ihnen auf beyde Weise zu sagen hätte. Der Schauspieler fühlt nicht lebhafter, daß er eines wohlwollenden Zuschauers bedarf, als wenn er eben abtreten will, der Dichter, wenn das Stück zu Ende geht; und so will ich gern bekennen, daß es mich sehr freut, an Ihnen einen wohlwollend Theilnehmenden zu wissen und zu hinterlassen.

Die Welt thut ihr Möglichstes, uns gegen Lob und Tadel gleichgültig zu machen; aber es gelingt ihr denn doch nicht, und wir kehren, wenn wir günstige und zugleich im Ganzen mit unsern Überzeugungen zusammentreffende Urtheile vernehmen, immer gar zu gern aus unserer Resignation zum Genuß zurück.

Über Amphitryon habe ich Manches mit Herrn von Gentz gesprochen; aber es ist durchaus schwer, genau das rechte Wort zu finden. Nach meiner Einsicht scheiden sich Antikes und Modernes auf diesem Wege mehr als daß sie sich vereinigten. Wenn man die beyden entgegengesetzten Enden eines lebendigen Wesens durch Contorsion zusammenbringt, so giebt das noch keine neue Art von Organisation; es ist allenfalls nur ein wunderliches Symbol, wie die Schlange, die sich in den Schwanz beißt.

Der zerbrochene Krug hat außerordentliche Verdienste, und die ganze Darstellung bringt sich mit gewaltsamer Gegenwart auf. Nur schade daß das Stück auch wieder dem unsichtbaren Theater angehört. Das Talent des Verfassers, so lebendig er auch darzustellen vermag, neigt sich doch mehr gegen das Dialektische hin; wie es sich denn selbst in dieser stationären Prozeßform auf das wunderbarste manifestirt hat. Könnte er mit eben dem Naturell und Geschick eine wirklich dramatische Aufgabe lösen und eine Handlung vor unsern Augen und Sinnen sich entfalten lassen, wie er hier eine vergangene sich nach und nach enthüllen läßt, so würde es für das deutsche Theater ein großes Geschenk seyn. Das Manuscript will ich mit nach Weimar nehmen, in Hoffnung Ihrer Erlaubniß, und sehen ob etwa ein Versuch der Vorstellung zu machen sey. Zum Richter Adam haben wir einen vollkommen passenden Schauspieler, und auf diese Rolle kommt es vorzüglich an. Die andern sind eher zu besetzen.

Mögen Sie mir künftig von sich oder von Andern manchmal etwas mittheilen, so soll es mir immer sehr angenehm seyn. Und nun noch einen Wunsch. Wenn Sie Ihre Betrachtungen, was in der deutschen Literatur geschehen, geschlossen haben, so wünschte ich,

Sie bildeten uns auch eine Geschichte heraus, wie in der deutschen Literatur gedacht und geurtheilt worden. Wir stehen jetzt auf einem Punkte, wo sich das auch mit einer gewissen Freyheit übersehen läßt, und beydes hängt gar genau zusammen, weil doch auch die Hervorbringenden wieder urtheilen, und dieses Urtheil wieder ein Hervorbringen veranlaßt.

Verzeihen Sie, wenn ich in einem Briefe verfahre, wie man es im Gespräch eher thun darf, und füllen Sie die Lücken aus, die zwischen dem, was ich gesagt habe, geblieben sind.

Die Bekanntschaft des Herrn von Haza, der das Gegenwärtige mitzunehmen die Gefälligkeit hat, ist mir sehr angenehm gewesen. Ich wünsche recht wohl zu leben und manchmal von Ihnen zu hören.

G.

3. Müller an Goethe.

Hochwohlgebohrner Herr
Höchstzuehrender Herr Geheimde Rath!

Nicht ohne einige Schüchternheit nähere ich mich Ew. Excellenz und trage Ihnen, wie die Bewunderung eines ganzen Lebens endlich ja auch wohl Zutrauen erzeugen muß, eine Bitte vor, welche Sie, der verschiedenartigsten deutschen Kunstbestrebungen gleich gerechter Beschützer, sicherlich gewähren. Es erscheint mit Anfang des nächsten Jahres in Dresden, ungefähr nach dem Muster der Horen ein Kunstjournal. Die

meisten hiesigen und auch schon einige auswärtige
Kunstfreunde sind dafür bereits entzündet. Den Titel
Phöbus, der vor der Hand nur das Streben nach
Klarheit und Licht, und die einzige Verfolgung aller
mystischen und tyrannischen Kunstautoritäten ankün=
digen soll, vollständig zu rechtfertigen, fehlt uns Ihre
Billigung, ein kleiner Beytrag, oder wenigstens die
Erlaubniß Ihren beschützenden Nahmen am Eingange
hinschreiben zu dürfen. Kleist, tief bewegt durch ihren
Tadel will durch seine beiden Trauerspiele Penthesilea
und Robert Guiscard den einzigen Richter gewin=
nen, auf dessen Urtheil es ihm ankömmt. Er und
Dr. Schubert sind die nächsten Theilnehmer meines
Plans, welcher durch ein gehöriges GeldCapital unter=
stützt, gute Früchte tragen wird für die Kunst. Was
Ew. Excellenz dem Prometheus gethan haben, darf ja
wohl auch der Phöbus hoffen, und so unterwerfen wir
uns in jedem Falle dankbar und ehrfurchtsvoll Ihrer
günstigen wie Ihrer ungünstigen Entscheidung.

       Ew. Excellenz.
Dresden.   unterthänigster
17. Decmbr. 1807.   Adam Müller.

III.
Heinrich von Kleist.

1. Kleist an Goethe.

Hochwohlgebohrner Herr,
Hochzuverehrender Herr Geheimerath

Ew. Excellenz habe ich die Ehre, in der Anlage gehorsamst das 1ᵗᵉ Heft des Phöbus zu überschicken. Es ist auf den „Knieen meines Herzens" daß ich damit vor Ihnen erscheine; mögte das Gefühl, das meine Hände ungewiß macht, den Werth dessen ersetzen, was sie darbringen.

Ich war zu furchtsam, das Trauerspiel, von welchem Ew. Excellenz hier ein Fragment finden werden, dem Publicum im Ganzen vorzulegen. So, wie es hier steht, wird man vielleicht die Prämissen, als möglich, zugeben müssen, und nachher nicht erschrecken, wenn die Folgerung gezogen wird.

Es ist übrigens eben so wenig für die Bühne geschrieben, als jenes frühere Drama: der Zerbrochne

Krug, und ich kann es nur Ew. Excellenz gutem Willen zuschreiben, mich aufzumuntern, wenn dies letztere gleichwohl in Weimar gegeben wird. Unsre übrigen Bühnen sind weder vor noch hinter dem Vorhang so beschaffen, daß ich auf diese Auszeichnung rechnen dürfte, und so sehr ich auch sonst in jedem Sinne gern dem Augenblick angehörte, so muß ich doch in diesem Fall auf die Zukunft hinaussehen, weil die Rücksichten gar zu niederschlagend wären.

Herr Adam Müller und ich, wir wiederholen unsre inständigste Bitte, unser Journal gütigst mit einem Beitrag zu beschenken, damit es ihm nicht ganz an dem Glanze fehle, den sein, ein wenig dreist gewählter, Titel verspricht. Wir glauben nicht erst erwähnen zu dürfen, daß die, bei diesem Werke zum Grunde gelegten Abschätzungsregeln der Aufsätze, in einem Falle keine Anwendung leiden können, der schlechthin für uns unschätzbar sein würde. Gestützt auf Ew. Excellenz gütige Äußerungen hierüber, wagen wir, auf eine Mittheilung zu hoffen, mit der wir schon das 2te Heft dieses Journals ausschmücken könnten. Sollten Umstände, die wir nicht übersehen können, dies unmöglich machen, so werden wir auch eine verzuglose, wenn es sein kann, mit umgehender Post gegebene, Erklärung hierüber als eine Gunstbezeugung aufnehmen, indem diese uns in den Stand setzen würde, wenigstens mit dem Druck der ersten, bis dahin für Sie offenen, Bogen vorzugehen. Der ich mich mit der innigsten Verehrung und Liebe nenne

Ew. Excellenz
gehorsamster

Dreßden. den 24ten Jan. 1808. Heinrich von Kleist.

Pirnsche Vorstadt, Rammsche Gasse, N. 123.

2. Goethe an Kleist.

Ew. Hochwohlgebornen
bin ich sehr dankbar für das übersendete Stück des Phöbus. Die prosaischen Aufsätze, wovon mir einige bekannt waren, haben mir viel Vergnügen gemacht. Mit der Penthesilea kann ich mich noch nicht befreunden. Sie ist aus einem so wunderbaren Geschlecht und bewegt sich in einer so fremden Region daß ich mir Zeit nehmen muß mich in beyde zu finden. Auch erlauben Sie mir zu sagen (denn wenn man nicht aufrichtig seyn sollte, so wäre es besser, man schwiege gar), daß es mich immer betrübt und bekümmert, wenn ich junge Männer von Geist und Talent sehe, die auf ein Theater warten, welches da kommen soll. Ein Jude der auf den Messias, ein Christ der aufs neue Jerusalem, und ein Portugiese der auf den Don Sebastian wartet, machen mir kein größeres Misbehagen. Vor jedem Brettergerüste möchte ich dem wahrhaft theatralischen Genie sagen: hic Rhodus, hic

salta! Auf jedem Jahrmarkt getraue ich mir, auf Bohlen über Fässer geschichtet, mit Calderons Stücken, mutatis mutandis, der gebildeten und ungebildeten Masse das höchste Vergnügen zu machen. Verzeihen Sie mir mein Geradezu: es zeugt von meinem aufrichtigen Wohlwollen. Dergleichen Dinge lassen sich freylich mit freundlichern Tournüren und gefälliger sagen. Ich bin jetzt schon zufrieden, wenn ich nur etwas vom Herzen habe. Nächstens mehr.

Weimar den 1. Februar 1808.

Goethe.

IV.
Clemens Brentano.

1. Brentano an Goethe.

Marburg den 8 September 1801.

Wenn ich gleich von dem geringen Werthe der dramatischen Arbeit, die ich mir die Freiheit nahm bei Gelegenheit der Preisaufgabe in den Propyläen voriges Jahr einzusenden, jezt mehr als damals überzeugt bin, so halte ich es doch für eine Entsagung, die dem geringeren Talente, beßen einzige Tugend das Streben sein kann, nicht erlaubt ist, wenn ich Sie nicht um mein Manusskript bitten dürfte, sollte ich wirklich die schmerzliche Erfahrung machen müßen, daß keine Kritick des Meisters, auch eine Kritick ist. Die Arbeit die ich überschickt habe heist Ponce von Leon, als ich sie nach Weimar schickte, rührte mich die Hofnung sehr, Etwas über mein Talent zu hören, das meinem Arbeiten in dieser ängstlichen kritischen Zeit, Muth oder Ende machen sollte, ich habe nachher oft mit kindischer Bangigkeit die Blätter durchsucht,

in benen ich hoffen konnte, eine Nachricht über das
Schikfal der Kriticken zu erhalten, das war umsonst,
und das mancherlei Gerede, das ich vernahm, wie
keine Kriticken erfolgen würden, da alle Arbeiten zu
sehr unter der Kritick stünden, hat mich ganz nieder=
geschlagen. Die lezte Freude, die mir nun mein
armer Ponce machen kann, will ich mir nun nicht
nehmen laßen, es ist die, ihn aus Ihren Händen zu=
rükzuerhalten, und der Gedanke, eine eigne Arbeit zu
besizzen, der sie vielleicht einige Blicke geschenkt haben.
Aber ich fühle hier, daß selbst die Hoffnung eine
Reliquie ist, indem ich Sie um die Zurüksendung des
Manuskriptes bitte, wenn wirklich keine Kriticken er=
folgen dürften.
Clemens Brentano.
Bei Professor v. Savigny in Marburg.

2. Goethe an Brentano.

Unter denen, vor mehr als Einem Jahr, ein=
geschickten Lustspielen zeichnete sich das hier zurück=
kommende, durch seinen guten Humor und angenehme
Lieder, besonders aus. Eine öffentliche Recension
unterblieb, weil keine der eingesendeten Arbeiten eine
Darstellung auf dem Theater zu vertragen schien, und
da wir die versiegelten Zettel zu eröffnen kein Recht
hatten, warteten wir ab, bis die Stücke zurück ge=
fordert würden, welches nach und nach geschehen ist.
Nach Ihrem Begehren erhalten Sie also auch das

Ihrige, mit Dank für die Unterhaltung die Sie uns
dadurch verschafft haben.

Weimar am 16. Octobr. 1802.

J. W. v. Goethe.

3. Brentano an Goethe.

[Landshut, Februar 1809.]

Bettine, deren Herz ich zu kennen glaube, genießt
in Ihrer fortwährenden Freundschaft einer Genug=
thuung, und einen Trost, die sie früher mit heimlichen
verzehrenden Thränen entbehren mußte, und mein
lieber, muthiger Arnim ist bei viel Mislingen getrost
und dem Guten vertrauend, vor allem durch seine
recht männliche Liebe für Sie, und durch Ihre Güte
und Freundlichkeit, die er erfährt, so oft er sich in
Ihrer Nähe befindet, und so werde ich durch Schwester
und Freund auch Ihrer Güte theilhaftig, die ich per=
sönlich noch nicht, zu verdienen, die Gelegenheit hatte.
Verzeihen Sie diese Zeilen meiner Schüchternheit,
welche Liebe und Verehrung begleitet, und nehmen
Sie meine Bitte nicht übel auf; gewiß weiß ich, daß
Sie das Rechte thun werden, aber es gewährt mir
eine große Beruhigung, Sie um das Erwünschte ge=
beten zu haben.

In einem recht schönen Sommer hatte mich Arnim
in Heidelberg besucht und in wenigen Wochen ordneten
wir lustig, aus meinem Vorrath den ersten Band des
Wunderhorns, den Sie und die Welt und die Kinder

so gütig aufgenommen haben, als er gut gemeint
war, ernstlich sammelte ich nun alles, waß ich noch
auftreiben konnte, um wo möglich einen runden Kreis
so vorüberfliegender deutscher Poesien auffstellen zu
können, je häufiger ich die Lieder erhielt, je unzähliger
ihre Variation aus guter und schlechter Kunst, und
häufig aus Misverstand, hier war wohl das beste zu
erwählen, und somit findet nun mancher, der sich
ärgern will, etwas waß nicht Kunz, oder Klaus,
sondern waß die Nation gesungen. Voß hat eine so
ungeschickte Wuth gegen den armen Einsiedler be=
kommen, der blos sich gegen ihn wehrte, weil er ihn
schon im Mutterleibe verflucht hatte, dadurch nun ist
sein Zorn gegen uns und unsern Verleger, der einer
der trefflichsten und rechtschaffensten Männer ist so
groß, daß er besonders lezterm zu schaden sucht, wo er
nur kann, da dieser nun vorzüglich im Vertrauen auf
Ihre gütige Aufnahme des ersten Bandes das ganze
Werck gedruckt, können Sie dencken, wie sehr leid mir
Vossens truncкене abbokatische Anzeige des Wunder=
horns thun mußte, und wenn er gleich dem verstän=
digen seine ganze Blöße zeigt, indem er die gewiß
kräftig und schönbegeisterten Kirchenlieder auf Sich
zieht, und Uns in seinem parobierten Liede zu Hunden
macht, so hat dies doch durch Arnims Antwort, und
Voßens arglistige Erwiederung, die auf die Vergessen=
heit der Zeitungsleser sich stützend, aller seiner groben
Irrthümer keine Erwähnung thut, ein Vorurtheil

gegen das Buch erregt, das es nicht verdient, denn es ist gewiß voll herrlichen Lebens aller Art, das vielleicht noch nie und nirgend so versammelt war. Vieles darinn ist allerdings ganz gegen meinen Willen, da ich in manchen Ansichten weniger frei und eigenthümlich bin, als Arnim, aber auch dies hat sein Gutes und ist äußerst unbedeutend, denn nur auf diese Weiße wurden diese Lieder, die so sehr dem Leben gehören, dem Leben wieder gegeben. Im Ganzen sind die Ergänzungen schier unwehrt, erwähnt zu werden, so gering sind sie, und die meisten im engsten Character des Lieds, ganz eignes Machwerck aber, wie Voß sagt, das ist eine sehr unwißende Beschuldigung! Aber ich sehe, daß ich nicht thue, waß ich wollte, ich bin so unwillig, daß mir der Wille nicht gehorcht. Ich wollte nehmlich Sie recht sehr bitten, den zwei lezten Bänden, unsres gutgemeinten und uns so lieben Buchs, ihr gerechtes Urtheil öffentlich nicht zu entziehen, das Gegentheil würde dem trefflichen Mann, der es gedruckt, einen schweren Verlust verursachen, und ich könnte mir es nicht verzeihen, ihn verschuldet zu haben. Daß Voß Arnim und mich verläumdet und uns in der Verehrung gegen Sie als niederträchtig darstellen will, weil er selbst nur sich lieben kann, das thut mir nur leid für Ihn, dem die Nation so gern vieles verdancket, und ich würde darum mir die Freiheit nicht erlaubt haben, mich in diesem zeitlichen, richtiger zu sagen, gar zeitschriftlichen Kummer an Sie zu werden, aber es ist nur, um einem Buch voll Gutem und seinem redlichen mir wie wenige Menschen als brav und sinnvoll erfundenen Verleger, wo möglich einen sehr schwehren Schaden zu mindern; und ich bin auch dem eigensinnigen Voß zu gut, als daß ich nicht wünschen sollte, er möge nichts böses stiften. — So wäre denn der Stein vom Herzen, laßen Sie ihn sich nicht zu dem des Anstoßes gegen mich werden, so bin ich schon froh und zufrieden. Gern mögte ich Ihnen nun noch irgend eine Neüigkeit wenigstens er= zählen können, aber es geschieht keine mehr unter der Sonne, Bettine liest dem armen reichen Tieck in München vor, der gar sehr an der Gicht leidet, und so zu sagen ein wenig verdrüßlich bei übermäßig vielen Leiden wird. Er ist sehr für das Wiener Theater eingenommen, das wieder andern Leuten gar nicht ge= fällt; Hier in Landshut, wie in ganz Bayren ist es gar einsam an Geist· und Regsamkeit, von Hundert Studenten sind gemeinlich 10 die ohne Armuthsscheine sind, sie holen sich Kompendien und Wörterbücher auf der Bibliotheck, die Stadt ist mit spitzen kleinen Kieseln gepflastert, und wenn es Glatteiß ist, kann man sich besuchen, denn alsbann wird gestreut, bei jedem Thauwetter wird jeder Student zum Leander, und die Muse zur Hero, der Kirchhof aber ist ohne Mauer, und jährlich einmahl wenigstens ganz unter Waßer, das ist mir recht ein Bild des Unheimathlichen, in Apolda aber ist mehr Industrie nach dem Verlust der Fabricken, als hier im Land. — Savigny, und Weib und Kind ist wohl und gut, und wir denken oft, sehr oft nach Weimar und an Ihre Güte; Neulich las ich hier in einer Gesellschaft einiges aus dem Faust vor, und mir fiel wunderlich auf, daß die meisten um den eigentlichen Zweck fragten, ein alter Mann aber sein großes Vergnügen nur mit der Mil= derung bezeigte, daß Wieland doch beßer referire, waß er bei den alten gelesen. Vergeben Sie meiner Un= befangenheit, und glauben Sie der innigen Verfiche= rung meiner Liebe und Verehrung

ihr ergebenster
Clemens Brentano.

4. Brentano an Goethe.

Herr von Arnim, der so eben mit der zum dritten= male eines Söhnleins genesenen Bettina, deßen Pathe der Ueberbringer Herr Dr Nepomuk Ringseis aus Baiern ist, aufs Land gereißt, übertrug mir, diesen unserer Aller Herzensfreund Ihrer freundlichen Auf= nahme statt Seiner zu empfehlen. Dieser Auftrag nicht allein, auch der treffliche Charakter unsers Freundes, wie das Vertrauen auf Ihr gütiges Ver= zeihen, bewogen mich, diese mir so geliebte Gelegenheit zu gebrauchen, um Euer Exzellenz

meiner innigsten Verehrung zu versichern
Berlin 11 Merz 1815.   Clemens Brentano.

V.

Ludwig Achim von Arnim.

1. Arnim an Goethe.

[Berlin, Februar 1806.]

Ich sollte etwas von mir hören lassen war Ihr liebreicher Auftrag an mich beym leidigen Abschiede. Wenn ich von mir etwas hören wollte, ich würde immer und immer wieder mir erzählen, wie leicht und erwartend ich die sanften Stufen Ihrer Treppe angestiegen, wie befriedigt und schwer ich immer hinabgestiegen auf die wildfremde, winterharte Erde. Ich würde anfangen zu denken in dem sicheren Augenblicke meines Daseins, als ich Ihnen auf den altlandschaftlichen Bergen von Jena zur Stütze diente, und wie ich die schönste Beobachtung der Welt hatte, als ich die schöne Farbenerscheinung auf der alten gemalten Scheibe in Ihrer Hand wahrnahm. Aber eben weil ich nur immer davon reden möchte, wie ich dies und alles in Ihrer Hand und in Ihrem Blick in schöneren Farben gesehen, so fehlte mir immer eine gerechte Aufschrift zu dem Anfange meines Briefes. Ich wünschte alles

darin zu verbinden, was Sie mir sind mit Ihrem
Weltgeschäfte, da ich doch in Ihrer Nähe mich bemühe
alles zu vergessen, was Sie der Welt schon gewesen,
weil Ihre Gegenwart mich so ganz erfüllt. Seitdem
ich aus dieser entfernt, ist mir viel schlechtes Wetter
in der Welt gewesen, und der jüngste der Tage wird
mir in den Weltbegebenheiten nicht lieber. Für mich
gab es noch manche schöne Tage, meinem Weihnachten
fehlten in Giebichenstein die bunten Lichter nicht,
auch nicht die Geschenke, die ich in meinen Gedanken
verallegorisirte. So erhielt ich von der jüngeren
Tochter Reichardts einen Ball, von der ältesten eine
Liedermusik in einer gehölten Wallnuß, es war
wenigstens beydes rund und beydes zum Spiele. Den
Schlagball meiner politischen Erwartungen habe ich
vom Felsen in die Saale hinunter springen sehen,
er schwimmt nicht durch, vielleicht ist er im Meere
einmal der Keim einer neuen fröhlichen Insel, die
sich meinetwegen auch Welt nennen mag. Ganz lose
bin ich auch nur an Berlin gebunden, ich wohne noch
in einem Wirthshause um mich nicht einheimisch
zu fühlen in einer der hohläugigen Strassen; die
Laternen darin sind mir noch die freundlichsten Fenster.
Es steht hier noch, wie eine Mauer, die trübe gepreßte
Luft einer zwangvollen Kinderstube, aus der ich mich
in verzweifelnder Langeweile in allerley Gelehrsamkeit
stürzte, die nachher in wärmerer Sonne bis auf wenige
Neigen rein verdampfte. Nun freue ich mich erst

dieser Gassen mit wunderlichem Anputz wie Silber=
arbeiten und vor allem des Gewildes was sich darin
mit den Menschen herumstößt. Wie wundert sich die
zahme Hirschin meines Wirthes über alle die fremden
Thiere, die hier durchkommen, wie durch einen Korallen=
riff steigen die Schildwachen aller Art durch die hie=
sigen Schilberhäuser tief nach Preußen hinein, während
die Franzosen sich am Rheine zahlreich versammeln und
das alte Haus bedrohen. Und diese Leute waren zwar
nicht zu allem fähig aber zu allem bereit! — Auf
den König, der den meisten heimkehrenden Regimentern
entgegen ritt, sind mit Unrecht Schiller's Verse ge=
deutet worden: „Er zählt die Häupter seiner Lieben
und sieht, es fehlt kein einzig Haupt", es sind viele
davongelaufen bey der Nachricht vom Rückmarsch, be=
sonders von seinem eignen Regimente, das von seiner
Liebe nur eine sehr langwierige Zucht erfährt. Durch
den Mangel an Magazinen fällt die Last des Krieges
in den Lieferungen ganz auf Pächter und Gutsbesitzer,
gewöhnlich auf den letzteren, so daß manche, die fremde
Gelder in ihren Gütern haben, um ihre ganze jähr=
liche Einnahme gefährdet, dazu kömmt daß diese
Lieferungen nach willkührlichen Gütertaxen vertheilt
sind, die jeder Besitzer nach seiner Neigung entweder
sein Vermögen zu verstecken oder es hoch anzugeben
in voriger Zeit sich selbst gemacht. Und wenn es
noch wem diente! Wenig ist geschehen im langen
Frieden und ein Vorspiel des Krieges zerreißt schon

alle Dekorationen, die zur Tragödie gebraucht werden.
In solchen trübseligen Gedanken, worin ich auch hätte
mögen davonlaufen, wollte ich mir mit allen den
Kunstwerken einen Nagel durchs Kleid schlagen, mich
festzuhalten, ich besuchte das Kunstkabinet. Die ge=
schnittenen Steine kennen Sie sicher, sie sind nicht
vermehrt aber bequemer aufgestellt. Ein wunder=
schöner Knabenkopf in Marmor, eine Sammlung
vielformiger Vasen, vom General St Cir erkauft,
sind wohl ausserdem das Beste. Sehr ausgezeichnet
ist eine antike Fußbodenmosaik, auf der einen Seite
eine nackte Grupe, ein Mann zwischen drey Weibern,
auf der andern neun Musikantinnen, über beyde wölbt
sich eine farbige Blumenlaube, zwischen beyden fliest
das Meer, ein Greis stößt mühsam seinen Nachen
durch die Meerenge, in der viel Blumen auf und
untertauchen. Die Bernsteinsammlung ist einzig, viel
Künstlichkeit auf Schüsseln, aber auch belehrende rohe
Stücke. Ein Hirschgeweih in einen Stamm einge=
wachsen, eine ganz antike Metamorphose. Ein gutes
Model der kleinen Kantone von Pfiffer, aber kleiner
als das in Luzern, von seinem Gehülfen gearbeitet,
für zehntausend Thaler kürzlich erkauft. Ein kleineres
vom Schlesischen Gebürge. Eine hübsche neue Samm=
lung von Vögeln, Fischen, Schlangen, vollständiger in
Schmetterlingen und Käfern in Schränken zierlicher
Tischlerarbeit. Sehr glücklich ist der Versuch eines
jungen Bildhauers ausgefallen, statt des gewöhnlichen

Ausstopfens einem genau nachgebildeten Gipskörper die Haut des Elendthieres überzuziehen, der characteristische Muskelbau ist dadurch völlig erhalten. Dieses Kabinet wird zwar gegen ein ansehnliches Trinkgeld für den Prediger, der herumführt, geöffnet, ist aber eben deswegen nicht öffentlich, auch die Gemälde sind nur für theuren Eintrit zu sehen, sehr schwer das Mineralienkabinet, öffentlich an zwehen Tagen ist allein das Walter'sche anatomische Cabinet, für hunderttausend Thaler vom Könige erkauft. Es war voll Frauen aller Stände, die armen kleinen Embryonen waren in betender Stellung vor diesen Septembrisirern aufgehängt, die Weiber lachten doch über sie. Pfuy Teufel, Pfuy Teufel! muste ich einmal über das andre in mir ausrufen. Es ist doch eine Barbarey solch eine Sammlung voll ekelhafter verwachsener, erkrankter, zerschnittener Nützlichkeit öffentlich zu machen, während es keine öffentliche Sammlung des Schönen, ewig Lebendigen giebt, noch ärgere Barbarey, die menschliche Natur in kleinen Flaschen und Zimmern darzulegen, daß alle Sinne sich ekeln.

Zum Troste wollte ich die Werkstädte der Bildhauer durchlaufen, es sind zwehe hier, von Wichmann und von Schadow. In der ersten sollte in dem Augenblicke gar nichts seyn, in der andern fand ich nicht viel. Schadow hat sich ein zierlich festes Haus erbaut und beynahe zwey Jahre damit beschäftigt, es hat wahren Luxus in Basreliefen, in Friesen und Leisten, die Fenster mit Marmor eingefaßt; sehr herrliche Kellerhälse im Hofe aus grossen Marmorplatten auf viereckten Marmorsäulen ruhend. Mit bunter Winde an Bindfaden im Sommer bezogen, wer hätte da nicht gern im Sommer Wein schenken mögen allen Bildhauern zum Willkomm. Auf dem Hofe lagen grosse Cararische Blöcke, gar schwere Räthsel für die Einbildungskraft. Ich fand Schadow beym Modelliren von Luthers Statue, drey Fuß hoch im alten weiten Predigermantel mit der Bibel, der Kopf niedergebeugt gegen die Gewohnheit seiner Bildnisse, weil es hoch stehen soll, das Gesicht ähnlich nach seinem mittleren Alter, es ist nach einem Bilde von Kranach, dem Kopfe ähnlich auf dem Stiftungsbilde in Weimar gebildet und der mansfeldschen Denkmahl-Gesellschaft bestimmt. Auch ein Denkmahl von Copernikus ist von ihm modellirt, aber so klein, daß es nicht beurtheilt werden kann. In einem Vorderzimmer wurden von der allgemeinen Gattung Grabmähler verfertigt, die wie ein Mantel über alle Leute passen; furchtbar ernsthaft starrte ein antiker colossaler Kopf aus der Ecke darüber hin, als sollte er eingesargt werden. In einem Vorzimmer stand noch eine weibliche nackte Figur auf Kissen liegend, Schadows gröstes Werk, in seiner ganzen Art modern und selbsterfunden, ohne Käufer, wenn es von Mahagony wäre mit einem Schreibzeuge, mit Flötenuhr und Glockenspiel und heimlichen Springfedern, die alles mobil machen, es wäre ihm sicher nicht geblieben. — Die Silberarbeiter lernen etwas zu, die Formen verschönern sich und die Verzierungen mit aufgelegten Basreliefen werden häufiger gefunden. Von den Zierrathen aus der Königlichen Eisengiesserey vor dem Brandenburger Thor hiebey einige Proben. An Arbeiten in gebrannten Erden ist ein ähnlicher lebensgrosser Kopf Friedrichs des II in der Porcellanfabrik erschienen, Eckardtstein's Steingutfabrik hat manche antike Form aus der dritten Hand nach Wedgwood nachgebildet, vor allen zeichnet sich aber Catel's Stuckfabrik aus, die viele schöne Umrisse auf grossen drey Schuh hohen Vasen und Tischplatten nachgezogen. Vielleicht kann ich noch etwas zur Probe beylegen. Die Besorgung dieser Fabrik, Unterricht beschränken zu sehr Catels eigene Fortbildung, doch hatte er drey Bilder in Aquarellfarben beendigt. Das erste stellte mit einigen dreissig fleissig ausgeführten Figuren die Ermordung des Abts von Bernau dar, vor der Thüre der hiesigen Marienkirche. Die Sächsische Fahne liegt mit dem Abt am Boden, er wird nicht eigentlich ermordet, sondern hingerichtet. Ihm zur Seite schwören die Bürger der rechten Fahne, auf der andern Seite flüchten sich die Weiber; Kinder drängen sich unter ihre Mutter, Vermählte an einander, die Köpfe sind individuell, oft voll Ausdruck, die Trachten wohlgewählt, die Farben schön, aber kein Ganzes darin für die Darstellung, nur in der Überlegung. Ein andres Bild, König und Kaiser am Grabe Friedrichs erinnert, daß man erst dann die Aschenkrüge aufmachen darf, wenn es vergessen, wer darin ruht. Schimpflich ist die Opernscene am Grabe Friedrichs gewesen, aber Catel hat sie als solche herrlich gemalt, das Bild des lebenden Königs ist das ähnlichste, was je erschienen. Ein projektirtes Denkmahl auf Friedrich ist ohne Grösse sehr kostbar, es ist dabey Kirche und Invalidenhauß, aber recht brav von ihm gemalt, von seinem Bruder dem Architekten angegeben. Ein junger Mahler Wolters soll hübsche Copien in Cassel von Claude Lorrains mitgebracht haben, ein andrer, Kretschmann, ist nach kurzem Aufenthalte aus Italien zurückgekommen; man hält beyde für die geschickteren unter den jungen Leuten. Buri bleibt doch immer der tüchtigste, er freute sich recht innerlich etwas von Ihnen zu hören. Ihr Bild stand bey ihm. Zwey schön angelegte Bilder waren in der Zwischenzeit bey ihm entstanden. Der Sohn des Landschaftmahler Genelly als Amor vor dem leeren Sitze Jupiters mit Pfeil und Bogen und Kommandostab in Händen, ein Adler zieht ihm das Gewand ab. Seine grössere Arbeit, wozu er eine ganze Bildergalerie von Studien gemacht, die drey schwörenden Schweizer, thut schon sehr gut, sie sind in drey verschiedenen Altern, der Edelste in der Mitte, schön bekleidet, ehrlich im Gesichte, über gewöhnliche Grösse, durchaus kräftige Gesichter, in sich voll Zusammenhang. Die Gegend ist Porträt, von Genelly angelegt. Das Bild ist für einen Baron Penz in Mecklenburg gemalt, der erste, von dem ich höre, der in einem geschäftigen Leben den Wunsch behält, etwas dargestellt zu sehen. — Das gelehrte Handwerk ist in seiner alten beweglichen Unbeweglichkeit, die meisten hören da auf, wo sie anfangen sollten, sie theilen einander Vermuthungen mit über die Wissenschaften wie über den französischen Kaiser. Humboldt sollte erst Präsident der Akademie werden, da dies aber Schwierigkeiten fand, ward er Kammerherr, so wird sie denn wohl noch lange in ihrem Sündenschlafe bleiben. Er hatte ihr dafür zur Strafe eine drangvolle Sitzung bereitet, er las öffentlich über die Pflanzenphysionomieen, laut und vernehmlich, nachdem die übrigen Mitglieder mancherley sich in den Bart gebrummt. Es war wahrscheinlich von ihm für die dicke Versammlung berechnet, voll abwechselnder Worte, aber die eigenthümliche Ansicht fast ganz in allgemeiner Darstellung erstickt. Er hätte darum freilich nicht so weit zu reisen brauchen, für andre hat er aber auch andre herrliche Sachen mitgebracht, wer möchte es ihm verdenken, daß er jedes an seine Stelle setzt, mich ärgert es wenigstens, wenn ich die Schneeflocken in den Koth fallen sehe. Fichte hält eine Anleitung zum seligen Leben einer zahlreichen Versammlung vor, er läßt sie allerley Kunststücke machen, läßt sie an einem Lichtstrahle in die Tiefe hinunter, führt sie an die Grenze als wären sie mobil gemacht, da putzt er sein Sparlämpchen aus und man ist eingeweiht. Übrigens ist seine Vorlesung immer noch das bewußte Pferd; ich beziehe mich hieben auf eine Geschichte des vorigen Türkenkrieges, wo die Österreicher nach ihrem Berichte immer nur ein Pferd verloren, bis ein Zeitungsschreiber bemerkte, das bewußte Pferd ist wieder verloren gegangen. Das Pferd ist zu Fichte gelaufen, darauf sitzt er und turnirt, aber hat er es anders angestrichen, so kennt er es selbst nicht wieder, wann es himmelblau angepinselt, dann meint er, führt es zum Himmel. — Auch das Theater ist immer noch das alte schwache, träge, reducirte Stückpferd, dem das Futter untergeschlagen, auf einem Auge blind, denn die beste älteste Schauspielerin M. Döbbelin ist blind geworden, die jüngeren Leute sind und bleiben ohne Talent, an den Lampen ist nach Skawrenskys Erfindung eine Verbesserung gemacht. Der Cid nach Niemeyers Bearbeitung ist eine von den grösseren Unternehmungen des Tages. Zweifach umgeschneidert von Corneille und Niemeyer hatte er manche Reihe Nathstiche behalten, das war ihm mit Schillers Gold besetzt, ganz ungescheut waren ganze Stellen aus Wallenstein eingesetzt. Ein andres Unternehmen war Heinrich der vierte von Adolph Bergen, hinter dem Berge soll sich aber ein anderer verbergen. In der freudelosen Rede doch etwas Dramatisches, viele Scenen aus Heinrichs Leben unbenutzt, doch im Plane ein gewisser Verstand, eine Scene voll Wirkung, wo der Urheber der Verschwörung Varilles entfernt vom Schau=

platz zwar den Augenblick der Ausführung weiß, aber nichts davon sehen und hören kann, da fängt er abgebrochen an zu beten, geht wieder ans Fenster, er erfährt es zuletzt von allen aus der Freude der Seinen, vom Weinen des Volks. Casperl hat den ganzen Winter mit grossem Beyfall gespielt, doch hat er nichts neues unter seinen Stücken. Er sagt mir immer grosse politische Wahrheiten von unserm Lande; so läst Wagner neulich nach einer langen und trocknen Untersuchung alle Teufel kommen und verspricht mit Zuversicht seine Seele, wenn einer ihm wie seinem Lehrer Faust dienen wollte, darüber lachen ihn alle starke Teufel aus, seine Seele lohnte ihnen nicht die Mühe, er muß sich endlich mit dem miserabelsten kleinen Teufel begnügen und wird dafür doch recht ordentlich geholt und gebraten. — Ich flüchte mich aus der grossen Gesellschaft, in die kleine, Berlin zeichnet sich in einer angenehmen Wildheit kleinerer Kreise aus, wo die alten Spiele Blinde Kuh, Mehlschneiden, Pfänder u. s. w. nicht verschmäht werden. Ich habe Ihre Bekannte aufgesucht, um von Ihnen zu reden und sie thun mir den Gefallen gerne. Reichardt war einige Tage krank, ist aber wieder hergestellt. Frau von Grothus und M. Levi, jede auf ihrem Wege, sind unwohl ohne eigentlich krank zu seyn: Wer könnte eine Hauspostille der Poesie schreiben, worin die einsamen und die kinderlosen Frauen sich an der Himmelsleiter hinauflesen, und die nicht früher ausgelesen, bis die Leiter erstiegen.

Berlin ben 20 Feb: 1806.

So weit hatte ich vor mehreren Tagen geschrieben und ich meinte immer noch, es sey der Brief nicht geschlossen, weil ich noch vieles unbeachtet gelassen, was sich in Berlin versteckt, weil es auf sich hält. Heute gab mir ein Freund die Jenaer Zeitung; aus der Beurtheilung des Wunderhorns, aus der forthelfenden, mitwirkenden Milde schloß ich auf den Urheber, wenn es mir auch nicht manche gleiche Äusserung aus Ihrem Munde angezeigt hätte, so bin ich genöthigt von meiner dankbaren Freude hier zu schliessen, schliessen Sie auf meine Freude. Unter einem herrlichen Doppelgestirn sehe ich die Lieder sicher und glücklich fern im Meere erglänzen, wohin mein Auge in der kimmerischen Nacht der Gelehrsamkeit nicht zu sehen wagte; Ja ich fühle es, daß mein Unternehmen naturgerecht war, da es in Neigung und Abscheu sich bestimmt äussert, da es in Ihrem Wohlwollen Schutz, Trutz aber bey dem alten Drachen dem Freymüthigen gefunden. Nahrung und Fortkommen in aller Witterung meines Lebens. Auch hier habe ich manches gefunden. In wenigen Tagen wandre ich nach Mecklenburg, ich habe mir hier die Schuhe mit Sand gefüllt und will sie ausschütteln. Ihr Sohn, mein geschickter Lehrer und Vorgänger auf glatter Bahn, wollte mir ein Stammblatt schicken, ich werde es über Berlin (Viereck N. 4) immer noch sicher erhalten, es wird in ein Stamm und Gesellenbuch (Frankfurt a/M 1536) eingefügt werden, womit ich in diesen Tagen mir an hundert alte Freunde zugeschaffen habe. Allen Ihren Hausgenossen mein freundlichster Gruß, mit meinen besten Wünschen empfehle ich mich Ihnen, Ehrwürdiger, Geehrter, mit Ergebenheit und Hochachtung.

Achim Arnim.

2. Goethe an Arnim.

Weimar, b. 9. März 1806.

Man erzählt von dem bekannten Sekretär der Königlichen Societät zu London, Oldenburg, er habe nur dadurch seine unendliche Korrespondenz bestreiten können, daß er niemals einen Brief eröffnet als mit der Feder in der Hand und dem Briefblatt zur Antwort vor sich.

Hätte ich diesem guten Beyspiel folgen können, so würde ich bey meinen engern Verhältnissen gar manchem guten Manne geantwortet haben, den ich ohne Nachricht von mir ließ, weil ich zauderte; denn gewiß, man liest keinen Brief zum ersten Mal durch, ohne zur Beantwortung angeregt zu werden.

Also diesmal will ich auf der Stelle für Ihren lieben Brief und für die artige Sendung danken. Es war mir sehr angenehm, durch Ihr Medium die große Stadt zu sehen, und wir haben uns lebhaft über die glückliche Darstellung so mancher wunderlicher Bilder gefreut. Mögen Sie mir auch wohl etwas von Ihrer

Reise durch Mecklenburg sagen; dies ist für mich völlig terra incognita, wo noch mancher wackre und bedeutende Mann wohnen muß.

Wahrscheinlich sende ich meinen August Ostern nach Berlin. Schade, daß er Sie nicht mehr antrifft. Indessen liegen hier ein paar Denkblättchen bey, die sich Ihrem erneuten Stammbuche empfehlen.

Die Eisengüsse sind in den Medaillenschrank gelegt worden, und der Löwenkopf prangt an der alten Thüre ins Speisezimmer, wo Sie ihn hoffentlich noch einmal bewundern sollen.

Allerley chemische Versuche und andere Nachforschungen haben mir mehr Beyspiele jener Farbenerscheinungen der alten Scheibe zugebracht; aber so schön und rein wie auf derselben zeigt sich das Phänomen doch nirgends.

Durch das Wunderhorn haben Sie uns eine so lebhafte und dauernde Freude gemacht, daß es wohl billig ist, nicht dem Urheber allein, sondern auch der Welt ein Zeugniß davon abzulegen, um so mehr da diese nicht so reich an Freuden ist, um reinen Genuß, den man so leicht und so reichlich haben kann, entweder aus Unwissenheit oder aus Vorurtheil zu entbehren. So viel für diesmal mit den besten Wünschen und Grüßen von uns allen.

Goethe.

3. Arnim an Goethe.

[Karsdorf, Mai 1806.]

Nicht durch Menschen wird der Frieden wiedergewonnen: diese Worte Ihres vielverehrten Andenkens haben sich mir so tief eingedacht, daß sie mir aus jeder Gegend, aus jedem Sonnenstand der Betrachtung zusprechen, sie liegen wie das Kreutz im Kreutz Cristal, es bedarf nur des Treffens im Eröffnen. Als ich meinem Danke für dieses Andenken Luft machen wollte, mein Fenster öffnete, da war noch Krieg in allen Lüften, Winter und Frühling stürzten sich mit wechselndem Glücke gegen einander und rissen sich um die dürren wie um die ausbrechenden Blätter. Wenn der zweifelhafte Einfluß der Götter in menschliche Leidenschaft dem Kriege vor Troja zehn Jahre bereitete, wie viel Jahre würde uns ein Krieg unter den Göttern dauern, wenn die Menschen ihnen auch nur die abprallenden Spieße, Pfeile auflangen müsten, die Funken sich zurechnen und die verdeckte Sonne, sich aber gar nicht um den Kampf bekümmern dürften, in so fern sie nicht dabey zertreten wären? Ist es wohl anders jezt? Ich habe zu meiner Überzeugung durch Strelitz noch ein Heer Russen wandern sehen, daß nicht blos in Frankreich sondern fast überall entweder nichts davon oder etwas ganz andres in den Soldaten steckt, als woran der übrige Staat bey ihnen denkt; sie kennen nichts als die blauen Flecke von den Göttertritten! Doch mag es heilig und schön seyn und besser als meine

Deutung, bey tausend Unglücksfällen noch den einen unversehrten Fleck zu kennen, daß, was die Leute sagen, kein Unglück ohne Glück. Jezt sollte nun Frieden der Welt seyn, die Bienen wälzen sich in Blüthen — ich auch, — viel mehr als wälzen kann ich mich nicht; so schwer ist das harte Schicksal auf mich gefallen und hat mich mit rothen und blauen Blüthen bedeckt: Ein brauner Engländer (den ich an die Stange gewöhnen wollte) schlug sich bäumend über, ich muß ihm das Zeugniß geben in dem gepflasterten Hofe mir eine un= gepflasterte Stelle ausgesucht, der Lebensseulen Knochen und Mark geschont zu haben, und doch wünsche ich ihm heimlich, daß er in der Schwemme geblendet werden möchte, daß ich ihn noch tobt reiten könnte. — Was hilft mir der Frieden rings, in dessen Augapfel ich wohne, die weichen fleischigen Erdgebürge schützen mich mit dem Milchhaar der Saaten und mit dem geschwungenen Augenbraun der Buchen; aber wer sah noch je aus seinen Augen, der nicht hinausgehen mochte und ganz fühlen, daß das Herrlichste ausser ihm? Was helfen mir die Palmgänge der Weiden bergauf bergunter, die tiefsinnigen Schattirungen des Gartens unter mir, mit weissen, rothen, bepelzten, gesprenkelten Gewächsen, die ich mit Vaterfreude sich jedes in seinem Geschmack an= puzen sah. Die Störche, die selten in diesem Jahre, kreisen zu vieren darüber hin und meinen ihre Athe= nischen Gärten wiederzusehen, während die beyden leib= eigenen Eheleute auf meinem Dache ihnen auf Tod und

Leben entgegenklappern. Ich und die beyden Eheleute wir wissen, was es mit all den Herrlichkeiten, mit dem gleichen strahlenden Tage und der schillernden Nacht voll lustiger Käuze zu sagen hat, wenn man dabey im Neste bleiben muß, wären die Jungen nur erst flügge und mein Bein im Gange! Ich könnte Ihnen dann vielleicht mehr von Mecklenburg schreiben, ich habe noch mehrere Reisen in der Aufsicht, und was hier ist lebt seiner Natur nach zerstreut, nicht gesellschaftlich, ungefähr wie in den kleinen Sümpfen des Sandlandes ein Erdbutten zu einer Insel wird, welche von einer Zwergtanne und einem Elsenknorren und einigen langen Grashalmen bewohnt wird, für ein Schif ist das Wasser rings nicht tief genug, für Stiefeln zu tief, die Furcht lächerlich zu werden scheidet die Menschen nirgend so sehr, von der ungebundenen Ausgelassenheit unsrer Märkischen ablichen Landfamilien ist hier keine entfernte Spur, wer original ist hat einen Sparren zuviel. Neu-Strelitz, wo ich mich die längere Zeit aufgehalten, ist ein wunderliches Kunstprodukt von noch nicht hundertjähriger Entstehung, ein Streit des Herzogs mit der Stadt Alt Strelitz war die Veranlassung. Rom ist durch den trojanischen Krieg entstanden, darum hat es viel Kriege geführt, dieses durch einen Rechtsstreit und nirgend sind mehr Processe als in Mecklenburg; die Advokaten stehen wie Werber an den Kirchthüren der kleinen Städte um die Bauern zu fangen. Für die freie Wahl ist der Ort weder schön genug, noch gut genutzt, es kommt auf die Absicht nicht immer allein an. Ich erinnerte mich täglich an Weimar, wie viel da in den letzteren Jahrzehnten bey ungefähr gleichen Staats= kräften geschehen, welch ein Versplittern während der Zeit hier in allerley Langeweile und Familienangelegen= heit. Die Industrie im Gewerbe ist ganz äusserlich nur in der Berührung mit Preussen gewedt, woher auch die Künste, wo sie einmal nicht zeit und gelb= verderblich scheinen, sich besetzen; Schauspiel scheint noch das Land zu zerstören. Die Kirschbäume sind aus Asien gekommen, ihr Marsch mag noch langsamer ge= wesen seyn als des Pilgers, der auf zwey Schritte immer einen zurück thut, kein Samen, keine Lehre, nur der lebende Ableger hat die echten Kirschen so weit ge= bracht. Da fiel mir Jagemanns Bild von der jungen Princeß in Weimar ein, wie sie in einem dunklen alten Zimmer einen glänzenden Helm mit Lorbeer frisch kränzt, ich erzählte dem Erbprinzen täglich davon, ich glaubte mich schon stolz als heimlichen Ehestifter einer neuen Cultur ansehen zu können, da höre ich von dem Oheim, daß der Prinz eigentlich nur [auf] Frieden und auf ein Schiff wartet um unter den englischen Prin= cessinnen zu wählen — der Frieden wird nicht durch Menschenklugheit wiedergewonnen. Nachher gestand ich mir freilich, daß die Anforderungen dieses recht gewandten, nur zu sehr verschwisterten Prinzen an das Glück zu gering sind, um etwas zu leisten, er will eigentlich nur die Erlaubniß alle Tage zu spät zum Essen zu kommen, einen eignen Theetisch in dem Courzimmer seiner Frau, etwas Musik, lauter Dinge worüber er mit dem Vater täglich [sich] erzürnt. Zwehe seiner Schwestern belebten den Hof, die Princeßin Solms lächelte jedem und jedem allein, die Princeßin Taxis wurde von allen angelächelt und sie meinte, es geschehe zu allem. Ich muste den Hof mit machen, es ist wirklich nach antiker Sitte die ganze Stadt alles was drin wird und lebt, und die Klatschereien enthalten bey alledem die ganze Staatsgeschichte. Die Princeß Taxis trug einen Schal, ich kann den Vorhang nicht aufziehen, als aber die Komöbie angefangen sind sicher nicht viel Zuschauer babeh gewesen. Es muß heraus, sagten die alten Damen, man soll uns nichts weiß machen, sie trug nämlich immer Schwarz und ähnliche Deckfarben, der Stolz wollte nicht zulangen. Ich weiß nicht, warum das Sichtbare auch anerkannt seyn will, doch ist es ein natürlicher Zug, ich ruhte als Kind nicht eher bis ich an einer schönen Puppe, welche in ihrem Leibe ein Wachskind unter einem Glase zeigte, nicht eher bis ich das Glas zerbrochen, dann weinte ich sehr. Der Herzog ahndete nichts, weil er immer seine eigene Krankheit hypochondrisch beobachtet, er ist fest und verschlossen, äusserlich strenge rechtlich; die erfahrne Großmutter sieht in ihre Enkel wie in einen goldnen Kelch, aus manchen naiven Äusserungen läßt sich schliessen, daß sie

wirklich geblendet. Die Entwickelung der nähern Um=
ftände machte ein angenehmes Schauspiel, indem die
Hauptperson ficher glaubte, daß sie gar nicht mit=
spiele, gar nicht gesehen würde hinter der Kuliffe, ich
mufte mitspielen in dem Gesellschaftstheater, denn ich
galt einmal etwas, weil ich nicht spielte, auch nicht
schrie, auch nicht verheirathet, auch nicht ernsthaft war,
auch nicht die Bekanntschaft auf einem Fleck, wie eine
versunkene Postkutsche stehen laffe. Die Gesellschaft
ist ganz ablich, der Adel hat die Verfassung ent=
wickelt, er hat sich eine völlige Freyheit des Eigen=
thums, (so nenne ich die völlige Beweglichkeit, die Ein=
nahmen wo es sey zu verzehren und zu verkaufen an
wen es sey) erstritten, er hat von den Lehnsbanden nur
durchgefeilte Schienen bewahrt, die er nach Gefallen
abstreifen und andren anlegen kann. Die Unterthanen
dagegen find an das Gut gebunden im Ganzen ohne
darin eine feste Stelle zu haben, nur das Recht, daß
ihm der Herr Hauß und Feld in dem Maße sie es
besessen, irgend wo wieder geben muß, die verschie=
denen Thätigkeiten auffer dem Ackerbau find ihnen
ohne Bewilligung des Grundherrn geschlossen, selbst
der Herzog darf keinen Soldaten aus ablichen Gütern
annehmen. Der Adel hat eine edle Unabhängigkeit
und übt sie mit Rechtlichkeit, das Hutabnehmen der
Unterthanen bringt mich zur Verzweiflung, lächerlich
ist es wie viel gutes Glück jene unter diesen haben
könnten, bunte seidene Bänder an der Sontagsmütze

sind ihre Sehnsucht und verrathen sie, sehr artig nennen sie uneheliche Kinder Feyerabend=Kinder, sie treiben das Leben nach grössern Perioden nämlich nach Stiegen, zwanzig Garben die bey der Erndte zusammengesetzt, viele wissen auch nur in der wie vielten Stiege sie sind. Die Leichtigkeit aus dem kleinen offenen Lande entlaufen zu können hat ihnen indessen ein armuthloses Leben bereitet, der Sinn des Jahrhunderts hat die Dikasterien belebt während die Fürsten aus ihrer politischen Wirksamkeit in eine rechtliche Duldung zurückversetzt wurden. Sonst war es wegen der Verminderung an Unterthanen, daß die Herzöge mit dem nachlässigen, immer nur jagenden Adel übereinkamen im Landesvergleiche, Bauern nicht ohne Bewilligung niederzulegen, ein Paragraph, der jezt sehr furchtbar gegen den heutigen klugen ökonomischen Adel gebraucht wird, der keinesweges die Unterthanen vermindern will, aber sie gern alle in Tagelöhner verwandelte; es trift hier wie in den meisten Fällen zu, wo das Wort herrscht, da wird das Wort zum Geiste, denn der menschliche Geist hatte das nie in diesen Worten beabsichtiget. Der Adel hat es indessen bis zur erlaubten Niederlegung der Hälfte Bauern durch gesetzt, die Dienste waren so unbequem, daß bey strenger Erfüllung die Bauern in drückenderer Lage waren als Tagelöhner, ungeachtet auch bey diesen ein Theil ihres Lebens immer Wohlthat des Gutsbesitzers in theuern Kornjahren ist. Das Land wird

durch gute Jahre nicht reicher, die höheren Thätig=
keiten grösserer Länder treiben die Reichen dahin,
wenige schlechte Jahre nach einander haben es jetzt
in eine ängstliche, geldbettelnde Lage versetzt, die
Güterbesitzer, die grossentheils zu grosse Unterneh=
mungen machten ohne allgemeine Hypothekenbücher,
müssen oft das Doppelte als wir in Preussen für die
Anschaffung des Geldes geben. Auffallend ist es wie
nothwendige Wurzeln die Stadt zu ihrem Fortkommen
in das Land treiben muß. Die Städte haben repräsen=
tative Gewalt, wenig Abgaben und doch nicht einmal
die nothwendigsten Fabriken für das Land. Nicht
daß Armuth die ersten Anlagen unmöglich machte,
aber die stete Beweglichkeit des Adelseigenthums schlägt
so grosse Wellen, macht solch ein Steigen und Fallen
des Silbers, daß die kleinen Wellen bey aller An=
strengung überstürzt werden. Ein Haupthandelsmann
in Teterow, (dies Mecklenburgische Schöppenstädt,
Pelkwitz und Lalenland), von dem mir ein Pferde=
händler sagte, „es wäre nur ein kleiner Mann, stände
aber seiner Wirtschaft sehr ordentlich vor", versicherte
mir, wenn man dichtebey bleibe, so nährte der Ort
wohl seinen Mann, aber ausschrammen, das wäre gar
nicht möglich, das sage er täglich seinem Sohne, der
in grossen Handlungen gelernt und nun das Kleine
nicht schonen wollte und nun heirathete ohne zu wissen,
ob er auch für zwey Mäuler Brod habe. Gerade
das haben sie mir vor dreissig Jahren gerathen, rief

der Pferdehändler, ich vergaß es ihnen nimmermehr, sie mögens wohl vergessen haben, nun ich fand, daß ich für zwey Brod hätte, da heirathete ich. Das verläßt sich auf die Mutter, fuhr der Handelsmann fort. Ja die lassens nicht, die stecken immer was zu u. s. w. Sehr merkwürdig ist es, daß in Strelitz, wo eine Hauptspedizion von Contrebande ins Preussische seyn könnte, fast allein Preussische Fabrikate zu bekommen sind, daß bey der grossen englischen Pferdezucht und der allgemeinen Spielwuth nirgend ein Pferderennen, bey der Preßfreiheit wenig Druckereien, keine in andern Ländern verbotne Schriften erschienen sind, daß wie das meiste Gespräch, so auch die meisten Schriftsteller in Landesangelegenheiten bloß antithetisch, also ohne Erfindung sind, sonderbar endlich daß die einzige Dichterin aus Pflicht und Lebenszwang, eine gewisse Rouquette, im Strelitzer Zuchthause sitzt. Sie wollte mehrmals in der Trunkenheit ihr Bettstroh mit brennendem Lichte aufwühlen, ihr Mann, ein armer französischer Sprachmeister, muß selbst auf ihre Festsetzung antragen; ich sah ihre Briefe an Gönnerinnen, wo sie ihre Schuld wie ein trauriges Schicksal darstellt, einige rührende Stanzen auf den Abschied von ihren schlafenden Kindern beyfügt. Im Zuchthause hat sie sich bey dem Schliesser sehr beliebt gemacht, unterrichtet seine Kinder, schreibt viel, sie hat eine eigne Freyheit mich statt mir zu setzen, wo es der Reim fordert. Vielleicht gerathen die Dichter im Zuchthause besser als in der Welt, es wird ihnen da alles gegeben, was ihnen fehlt, die klimatische Gleichheit des Treibhauses, Geselligkeit muthwilliger unternehmender Menschen, Freyheit in allem was nicht verboten, häusliche Sorgenlosigkeit, Blindheit, denn sie sehen nichts von der Welt, was sie nicht schon lange gesehen. So verschieden beyde in Anlagen, so erinnert sie mich an die gleichfertige Lebensweise der Karschin, von der ich hier sehr merkwürdige vertrauliche Briefe mit ungedruckten Liedern in dem Nachlasse meines Großvaters gefunden. Noch erzählt man in unserm Hause die Geschichte, daß er zu ihrer Ehre ein Gastmahl angestellt, wo sie mit Lorbeeren gekrönt beym Wein heftig improvisirt, unerwartet unter den Tisch gefallen, auf einer Bahre wiedererwacht sey, die immer für Betrunkene im Nebenzimmer bereit stand. Mein Onkel, Graf Schlitz, von dessen Gute Karsdorf aus ich zu Ihnen hindenke, hat eine Liebhaberey an solchen Briefsammlungen, eine der merkwürdigsten ist eine lange Reihe deutscher Briefe Friedrich des Zweyten von Preussen über Goldmacherey, wie eine gute Haushälterin die Erbsen ausliest und eine einzelne bunte Bohne fürs Kind beyseite legt, so gehen die Geschäfte darin mit dem Goldmachen in gleicher Genauigkeit, bald mit Zuversicht spricht er von dem Unternehmen einer goldmachenden Frau, im nächsten Briefe mit Muthwillen, der offene bestimmte genauliche Sinn, der nichts verschmäht auch was er nicht versteht, machen diese Briefe recht nothwendig zu seinem Leben. Von diesem Onkel stammen alle die wunderbaren Bäume und Sträuche, die mich umgeben, er suchte sich diesen schönsten Strich von ganz Mecklenburg, die wahre Fisionomie, dies sogenannte Gebürge aus, kaufte ihn, setzte auf den schönsten Berg die Stangen, wo sein künftiges Haus stehen sollte, auf einen andern fuhr er Steine zusammen zu seinem Grabe. Nun, wie zu Festungen erst funfzig Jahre den Brunnen im Felsen aushöhlen, ehe der Festungsbau anfangen kann, so bepflanzte er in strenger fortstrebender Mühe, durch Reisen, Kränklichkeit, Einsamkeit unzerstreut sein weitläuftiges Gut im Sinne eines Gartens, bewahrte die alten Eichen in seinem Felde, sah Stecklinge in voraus in heutiger Grösse, so geschah ihm nichts Natürliches, was fremd in seinem Plane wäre gewesen, selbst auf das Ersterben und Vergehen mancher Dinge war gerechnet. Seinen Fleck in die höchste Cultur zu bringen ist ihm Leidenschaft, ihn ärgert der Regen allein der die Ungleichheit an den Bergen abspülend herstellt, seine Freude ist die allmälige Färbung die er entstehen sieht, sowohl in besserer Saat, wie in dem frisch umgebrochenen Acker. Er brachte eine Ackerbaugesellschaft zustande, die schon jetzt das Ihre so sicher übt, daß wenig davon gesprochen wird, sie ist auf Mecklenburgische Gutsbesitzer beschränkt, von denen immer sechs gleichzeitige Versuche in neuen Methoden mit neuen Maschinen und Früchten [machen], zwey

Bände ihrer Annalen zeigen die Preisaufgaben, die Belohnung für Sämereyen, die Versuche zur Bildung junger Leute in Handwerken. Wie an dem Gerüste der Peters Kirche heimlich die Reformazion hinan kletterte, so entwickelt sich das Handwerk am Bau mancher ablicher Häuser, keiner ist mehr mit dem angeerbten Kasten aus Fachwerk zufrieden, das kann selbst auf die allgemeine Gesinnung nicht ohne Einfluß seyn. Aber der Kalkputz ist hier an der Wetterseite nicht mehr sehr dauerhaft, die allgemeinere Armuth sieht aus der Schminke hervor, die Hügel voll Todtenurnen, die einzigen Denkmahle der hiesigen Vorzeit, erinnern zu oft, ob diese Zeit nicht etwa auch eine antediluvianische sey, die künftig nur aus ihren Versteinerungen wird wieder erkannt werden, im Wesentlichen menschliger Fortbildung ist kein Schrit gemacht, auch kein Fuß in der Luft, kein ideelles Ziel, das dem reellen forthilft, mit stiller Gewalt zieht es mich zurück in die dunklen Tempel der Wenden, wo die goldnen Götter auf Purpur lagen, ihre Augen schienen zu sehen, ihre Namen und Zeichen schimmerten geheimnißvoll rings umher, bey denen die Eingeweihten immer dasselbe ausrufen, die andern keinen Ton und Sinn haben, eine schmale Brücke führte dahin, wen die Götter verlangten, der muste geopfert werden. Nach dieser Beschreibung Dietrichs von Merseburg glaubte der Consistorialrath Masch (Die gottesdienstlichen Alterthümer der Obotriten aus dem Tempel zu Rhetra am Tollenzer See, gezeichnet von Woge, erläutert von Masch Berlin. Rellstab) bey dem Dorfe Prillwitz aus einigen dort gefundenen metallenen Götterbildern die Gegend von Rhetra wiederzuerkennen und jene gewaltigen Bilder in ihnen. Der regierende Herzog von Meckl. Strelitz kaufte das Dorf Prillwitz und diese Sponholzische Sammlung; that hinzu, was schon in der Art sich zusammengefunden hatte, die Erde war aufgerissen, es kamen von verschiedenen Seiten neue Funde, Herr Prediger Schmidt wurde Aufseher und das Ganze von ihm in einem Zimmer des Prill= witzer Schlosses aufgestellt und gezeigt. Er sagte mir, daß er eine Beschreibung des Ganzen bereite, von seinen Beobachtungen konnte ich wenig erfahren, mehrere Damen und ein nahes Mittagessen brachten uns gegen= seitig aus der ihm nöthigen Folge, dazu kam noch ein verschimmeltes heydnisches Butterbrodt, was sich in einer Urne fand, einige Verwechselungen der Damen mit katolischen Heiligenbildern, eine Kinderfigur, auf dessen Kopf Tauber und Taube im Metall sehr lustig, alles Dinge voll Allegorie, welche die menschliche Ver= schämtheit nicht ohne Lächeln vorbey gehen kann. So ernsthaft wie Johann Potocki (in Voyages dans quelques parties de la basse Saxe pour la recherche des antiquités slaves ou vendes. Hamburg 1795) konnte ich die Sachen nicht ansehen, der in zwey Tagen alles abzeichnete, ich machte heimlich in mir eine Elegie die griechischen Buchstaben der Inschriften zu erklären, wie die Kinder des Phidias sich heimlich in den Winkel setzen, aus des Vaters Thone Würste drehen, Gesichter brin abbrucken, wie sie sich damit auf den Markt setzen, wie die Barbaren vorbeygehen und davor niederfallen, sie laufen und verehren u. s. w. Der geographischen Vermuthung von Masch, daß der Wasserstand noch in späterer Zeit hier so hoch gewesen, daß die Hügel Inseln, die Ebene ein See war, wird durch verschiedene in den Ebnen bey Neu Brandenburg gelegene Grabmähler widersprochen, es sind mehr oder weniger, je nachdem man sein Auge beschränkt, doch nur unter dieser Bedingung, daß hier Inseln waren, konnte hier der Tempel von Rhetra seyn. Die Götterbilder daraus sind die aufgestellten bestimmt nicht, es sind achtzöllige Hausgötter, wie nachher noch mehrere von dem Todtenfeuer verschmolzen in mehreren Gräbern gefunden, Die ganze Sammlung ist aus dem Grabe erstanden, doch enthält sie alles, was jenen im Leben dauernd lieb war, Familien liegen zusammen, ein rundlicher Stein bezeichnet durch die Zahl platgeschliffener Seiten die Zahl der Graburnen darunter, die Hausgötzen, das Opfergeräth, ihre Waffen, Schmuck und Spindelsteine der Weiber, die Asche, die Thränensammler der Verwandten, einige Lieblingskunstwerke und Münzen liegen dabey. Die Bracteaten waren grossentheils sehr unkenntlich, eine griechische Kaisermünze lege ich im Abdruck bey, sie beweist wenigstens, daß diese Gräber aus keiner frü=

heren Zeit, auch ist nirgend eine altdeutsche Spur an keinem dieser Denkmahle, alles ist Wendischen Ursprungs, Götter und Inschriften. Einige Damen fanden die Aschenkrüge von ägyptischer Form, das heißt sie sind, bis auf ein Paar, sehr einfach, nicht hochgetrieben, mit einfacher Verengerung, es ist eigentlich aber noch keine feste Regel darin, sie sind selten einander gleich, keiner war schöner dauernder Töpferarbeit, mehrere hygroscopisch. Zwey grosse metallene Krüge, bey Neubrandenburg, mit einem der Basreliefe, die ich beyfüge, und andern Sachen gefunden sind sehr schön getrieben und zierlich liniert, wahrscheinlich fremder Arbeit und vielleicht geraubte christliche Weihkessel; ein Paar Löcher im Rande bezeichnen den Ort, wo sie an einem Metallringe gehangen haben. Zwey ihrer Natur und Arbeit nach ganz abweichende ganz bestimmt fremde und doch in Gräbern gefundene kleine gegossene Basrelieffe lege ich hier in Abbrücken bey, die ich der Gefälligkeit eines Herrn Wolff in Strelitz danke, der ein Schüler Schadows. Ein Paar chinesische Zeichen wollte ich abformen, die Potocki an einem der Stücke fand, sie sind aber doch zu gering und einzeln, um sie nicht wie mehrere andere für willkührliche mystische Zeichen zu halten. Unsere Königin ließ ein Diadem, die Princeß Solms Ohrenspangen in Gold nachbilden, die weiblichen Naturen haben etwas schön nützendes, sie sind nach der Nahrung, indem sie sich alles zu Gemüthe führen, ich kam mit der Überzeugung zurück daß in mir ein Paar solche Nationen stecken. Nur ein einzelnes ziemlich wolgerathenes Stück erfreute mich, es war ein bellender Hund liegend auf dem Wirbel eines stachligen Knochens. Masch erklärt es aus der Rede eines Wendischen Fürsten, der zum Christenthum bekehrt doch noch ein Wendischer Hund geschimpft wurde, da rief er: „Nun wenn ich denn ein Hund bin und bleiben soll, so will ich auch bellen und beissen!" Er vertrieb die Christen auf lange Zeit. Das Bild müste auf jeden Feldmarschal= und Bischofsstab kommen.

Karsdorf den 28 May 1806.

Ich bin früher ausgeflogen als die Störche, über die Erde trabe ich wieder leicht hin, was ich aus den Lüften brauche holt mir die Flinte, ich habe meinen Aufenthalt in Mecklenburg abgeschlossen. Vor mehreren Jahren, als ich durch diese Gegend reiste, gingen über meinem offnen Wagen in der Höhe des Hohlwegs zwey ungewöhnliche Sterne, beyde in Nanquin gekleidet, ein junger Mann und ein blondes Mädchen, er trug einen offnen Hals, eine Scherpe und Hirschfänger, eine Feder am Huth, mir war es als käme ich selbst in die Dichtung des Wilhelm Meister hinein, wahrscheinlich war es auch eine Nachahmung davon, denn bald kam der Troß einer ziehenden Schauspielertruppe, ein Wagen mit aufgerollten und ausgespannten Dekorationen rings von verfalbten und verschminkten

Männern und Weibern umgeben. Die beyden vorne schienen zufriedner in ihrer Nachahmung, als diese in ihrer Natur. Ungefähr mit dieser ganz ruhigen Betrachtung habe ich zwey Tage nach einander Vorstellungen auf dem PrivatTheater des Grafen Hahn in Remplin gesehen, wenn es nur das Beste wäre, was nachgeahmt würde! Der Tod seines Vaters hat ihn und die Sterne von einem Beobachter befreit, seine Liebhaberehen gedeihen an derselben Stelle, wo die Spiegelteleskope standen, er hat aber statt der Sterne die Erde, und zwar die Kotzebuesche abgespiegelt, die Welt ist aus dem Wasser entstanden und wäre sie auch vom schönsten Salze gesättigt so löst sie immer noch das schlechteste andrer Art auf, Kotzebuesche Stücke in Berliner Paraden, das wollte er und hat es erreicht, das Theater ist in drey Monaten aus einer Glashütte entstanden, nur von der Hitze ist etwas zurückgeblieben, sonst ist es von hölzernen Säulengängen zierlich umgeben, Palmen tragen zwey Logenreihen, in der Mitte ist eine Rosenlaube, worin diesesmal zwey sich mokirende mecklenburgische Prinzen summten. Im Parterre sitzen Bürger und Gelehrte, im ersten Range der Adel, im zweyten unsre armen Leute. Die Kreutzfahrer und die Klingsberge von Kotzebue, Weiberehre von Ziegler, der Gefangne ein französisches Singspiel sind mit vieler Fertigkeit, aber mit entsetzlichen Weiberstimmen aufgeführt worden. Der Graf hat einiges Talent, wenigstens die Sicherheit eines geübten Schauspielers, er hat keine Anforderungen an die Kunst, er will nur wiedergeben, was ihn erfreut hat, ihm hält es eine luftige Geselligkeit zusammen, auch erlaubt er es sich, seinen Mitspielern bey Gelegenheit statt Wein bittre Tropfen einzugiessen, Stühle mit drey Beinen unterzuschieben, ihnen den Champagner entgegenzuschiessen, sie ertragen das nicht aus der Freude am Erwiedern, sie ertrügen auch mehr. Die Abende schlossen sich in Feuerwerken, Illuminationen, Bällen, als ich nach Hause fuhr weckten mich kalte Thautropfen, die mir von den Zweigen in die Augen spritzten, daß ich die Sonne sähe, es giebt doch eine Menge Kunst, welche sie nicht ertragen kann. — Ich setze meinen Brief in dem Getreibe des Rostocker Termins ruhig fort, ich wünschte daß jeder mit so ruhigem Sinn hier schriebe, aber sieben und dreissig Edelleute und Abbokaten haben ihre Rechnungen schliessen müssen, und die übrigen drängen sich zwischen der Vorsehung und den ungeheuren Provisionen herum, es ist Geldmangel überall seit den beyden lezten schlechten Kornjahren und der Aufsicht zum dritten noch schlechteren, die Verzweiflung macht dreizehn Spielbänke voll, das ganze Heer dieser reisenden Beobachter lauert, es ist ein Spiel auf Leben und Tod. Wo hoch gespielt wird, da giebt es viele politische Lügen, Hannover geht aus einer Hand in die andre, der König von Schweden soll nun bald etwas Grosses thun u. s. w. Starrend wie Erdschollen drängt sich auf dem Markte

das liebe Vieh und die schwarzen Bauern, die Pferde=
händler dazwischen abgehärmt mit grossen Backenbärten,
lustiger die Kinder mit Peitschen und zinnernen Spor=
nen, ich kann vor keinem Hause vorbey, so schöne
wohlerhaltene Giebel der ältesten bürgerlichen Baukunst
habe ich nirgend getroffen, selbst Cölln nicht ausgenom=
men. Nur der edle Schiffgeruch am Strande kann
mich noch höher erfreuen, die Wolken thürmen sich
rings wie Genua unter den Bäumen zwischen den
Reihen der Buden, in dem Gebränge im Anrufen,
warum sollte mir nicht hier so wohl seyn wie dort?
Sah ich doch gestern das Meer wieder bey Warne=
münde und es schulterte und schwenkte wie das beste
Kriegsheer und die herrlichen Gärten von Dobberan
wie Schößlinge des grossen prächtigen Kirchenstamms,
um den sie rings angelegt, eine Kirche die in ihrer
Art auch einzig, voll Geschichte und Volks Caracter,
des ganzen Ortes Entstehung. Ich schweife umher
wie meine Reise, fast führte ich Sie in das Haus des
Rostocker Voigts in Warnemünde, wie er mir alle
Gerechtsame der Stadt entwickelt, daß eigentlich der
Herzog bey ihnen nur ein Gast sey. Die gröste Ge=
rechtigkeit der Stadt ist, sich einige lächerliche rothe
Soldaten zu halten, die einmal von zwey Mecklen=
burgischen Prinzen Erich und Baltzer, die dort studir=
ten, in einen Sack gelockt und nachher in einen Sumpf
gefahren wurden. Von ihrem Geschrey tragen sie noch
jezt von den Studenten den Anruf Brumbären.

Auffer diesem Geschrei Abends habe ich nichts von der Gelehrsamkeit der Stadt vernommen, kein Antiquar war zu finden, ich bin hier jenseit der Linie wo die Büchermotten sterben. Die Zeitgeschichte trift am Markte zusammen, Napoleon und Schinderhannes in Wachs, ein Puppenspiel aus dem Hannovrischen: der arme deutsche Harlekin muß einem Franzosen das Schleifrad drehen, statt Lohn wird er ausgeschimpft, als er müde ist geht ihm der Franzose mit dem Messer zu Leibe, da wendet sich das Blat, der Franzose wird zermalmt, auch in mehreren anderen Scenen bekömmt er immer Schläge, die Gewissensbisse roher Naturen. Die Freyheit pantomimischer Zoten näherte sich der alten Komödie. Recht anständig ist ein öffentliches Schauspiel, welches zum Vortheil des Grafen Hahn spielt, aber ernstlich zu seinem Schaden, er hat Schauspieler und Kleider verschrieben, so gut sie zu bekommen, es ging alles recht schnell und voll Lust, einige Komiker waren dem Volke sehr angemessen. Ich bedaure immer lebhafter, daß er sein Licht an beyden Enden ansteckt, es wird doch bald die Zeit treffen, wo ihm die Finger brennen. Es giebt der Widersprüche so viele, daß ich in Demuth lange Winter und Regenzeit durchlebe, das Beste in der Welt bleibt immer, daß sich alles auch verkehrt anwenden läst, es mag auch wohl gut seyn, daß ihm seine Kunstliebhaberey nicht soviel einträgt wie andern ihre Abneigung. Wie sehne ich mich nach dem heiligen Boden von Weimar unter die hochwaltenden Bäume zu den Quellen voller Ton, als Pilger in Demuth von der Ostsee zu Ihnen hinwandern zu können und doch dieser Kunstfreude zum Trotz raube ich Ihnen Zeit und Weile mit meinem Schreiben, damit ich mir einmal denken kann, wenn mir die Ohren klingen, daß ich Ihnen näher stehe: Könnte ich wie ein Grönländer Weissager meine Seele auf Augenblicke fernhin versetzen, ich könnte nicht abwesender seyn, als ich es doch zuweilen hier werde und nicht anwesender, als in diesem Augenblicke bey Ihnen, Hochverehrter!

Ludwig Achim von Arnim.

Wie bedaure ich Ihren Herrn Sohn nicht in Berlin zu sehen, recht vielen Dank für sein Andenken, mir wäre Berlin lieb geworden, wenn ich es ihm hätte zeigen können, doch wird es ihm an dienstwilligen Bekannten dort nie fehlen.

4. Arnim an Goethe.

Göttingen den 1 Sept: 1806.

Ich überschicke Ihnen, verehrter Ausleger des Lichtes, ein kleines Farbenräthsel, das ich mir von H. Pr: Thibaut allhier für Sie erbeten, eine tröstliche Erscheinung, zu der ich in den dunklen Zweifeln der Zeit mit Stärkung geblickt habe: Selbst bey mässigem gegenstrahlenden Lichte verwandeln sich die grossen schwarzen Schriftzeichen nach kurzer Zeit in ein schönes

Grasgrün, eine Erscheinung die ich sonst wohl häufig als polarisirende Entgegensetzung nach dem Anblicke von Scharlach im Auge bemerkt habe, aber nie so vollkommen übermächtig der wirklichen Erscheinung, in der sogar der schwarze Druck wunderbar schön das ganze Papier durchdrungen. Waren es vielleicht grüne Würfel, an denen Heinrich dem vierten die Punkte wie Blutstropfen erschienen? — Ich sehe alle Tage die Sterne an, ob sie sich nicht roth färben, ich sage Tage, denn die Nächte werden unter den Sterbligen auch zu dem Tage gerechnet. Wehe der Jugend, die in diese lähmende, ungewisse Zeit fällt, wehe dem Alter, das eine bessere Zeit sah oder keine bessere; meine Hoffnungen reichten bis Malta, da hält mich das einbrechende Schicksal meines Landes auf wenige Meilen beschränkt, so nothwendig und frey der Entschluß der Rückkehr ist, wer giebt mir das Leben zurück was ich der Frucht vorzeitiger Hofnung zugewendet, ich sitze doch kinderlos da, wenn ich gleich oft geboren. Inmitten stehe ich jeden Augenblick auf den Zehen, um den entfernten Schimmer Ihrer gütigen Blicke zu ahnden, noch erfreut mich Ihr Brief aus Jena, ich erinnere mich was ich in Lauchstädt von Ihren werthen Hausgenossen gehört, Herr Blumenbach giebt mir herrliche Nachrichten von Ihrer Gesundheit, vor allem belebt mich die Stadt, in der ich Ihnen zuerst begegnete, die Stelle des Walls ist mir heilig und der lebendige Strahl des Marktbrunnens rauscht noch

immer wie damals. Es ist manches sonst zum Zeichen
und Denkmahl geworden, was mir sonst frohe Zeichen
gab, manches zum vernünftigen Gespräche was ich
nicht sagen konnte, auch in der Bibliothek hat mich
die Zeit in einen andern Saal gerückt und ich denke
zuweilen im Scherz ich werde meinen Schatten noch
auf dem Fußboden eingebannt finden, wo ich sonst
so oft gesessen, da sind aber tausende drüberhin
gegangen. Übrigens verschmähe ich nichts Gegenwärtige, ich sehe auch tausend Fäden, die sich wieder
anknüpfen, selbst das Hannovrische Reden, was manchen Preussen ärgern könnte, ist mir eine angenehme
Posse von Kindern, die in den Koth gefallen und sich
an andern reiben, um nicht den Schimpf allein zu
haben. Sie waren fest überzeugt, der ganze Lermen
in der Welt entstände wegen Hannover, sie hätten
nur Streithähne ansehen sollen, die nehmen ein Sand-
korn für ein Gerstenkorn an um sich beissen zu können,
zuweilen haben beyde nicht Lust, es gehen beyde davon.
Merkwürdig ist es mir geworden wie durch die eitle
Prahlerey der Universität und durch das ganze Schein-
wesen der Regierung eine Art Meinung sich gebildet
hat von Vortreflichkeit des Landes, seiner Bewohner
und Einrichtungen, die kaum durch den unmittelbaren
Augenschein zu widerlegen; an dieser Kraft der Lüge,
die unsrer Zeit häufig bemerkt wird, läst sich der
regierende Geist erkennen. Die Frage ist: ob es gut
thut, einer bösen Kraft sich zu bemächtigen, um sie

dienend gut zu machen; der Stier zieht, weil der
Mensch sein Stossen mit Kopf und Brust in ein
Ziehen verwandelt hat; Thebel von Wallmoden in
einem alten Gedichte, was ich kürzlich in Helmstädt
erhalten, wuste dem Teufel ein wunderbares schwarzes
Pferd, das glühende Kohlen fras, abzubringen, mit
dem er ihm nachher auf alle Art zusetzte, so könnte
sich die Welt auch wohl dieses Lügengeistes bemächti=
gen, wenn er ihr nicht übermächtig wäre. Ist Beireis
von ihm besessen, oder besitzt er ihn? Die Frage
legte ich mir oft vor, wenn ich ihm in die freundlichen
unruhigen Augen sah als er sich rühmte, alles zu be=
sitzen in dem Hause, wonach sein Herz verlange, und
sah ihn wie einen wahnsinnigen Geizigen Kieselsteine
für Geld zählen, die öde Rumpelkammer von Haus,
ein wüstes Gärtchen voll Unkraut in dem sich ein Paar
magre Katzen sonnten, einen Heerd, wo statt des Essens
eine krumme Retorte langsam bestillirte, und sah dann
doch seine Menschenkenntniß, wie er jedes mir zweifel=
hafte Stück auf die Seite schaffte, ohne daß ich mich
darüber äusserte. Ich sage sehr vielen Dank, daß
Sie meine Aufmerksamkeit zu ihm gewendet, ich fand
ihn wie einen alten Bekannten, von dem man mehr
weiß, als man wissen kann, ich errieth immer schon
was er machen würde. Er stellte mich mit Definitionen
auf die Probe, ich gab ihm falsche zur Gegenprobe,
er sagte die wahren, wie sie sonst in physikalischen
Lehrbüchern gefasst wurden, aber es war so ganz Wort=

sache, daß er nicht eigentlich sagen konnte, warum jene falsch wären. In sechs und dreißig Erklärungen stellt er die gesammte Welt am Schlusse seiner logischen Vorlesungen dar, dann kann jeder erfinden was er will, in welcher Zeit er will, einer der Herren erfand eine Flinte dreymal sechs und dreißig Türken todtzuschießen, immer drey auf einen Schuß, weil sie in drey Gliedern marschieren, der Mechaniker konnte es nicht ausführen. Hilf Himmel, der Mann denkt noch an den Türken, und weiß von seiner Ähnlichkeit mit Bonaparte gar nichts! Er sagte, die Wissenschaften und Künste wären vorhanden, um dem menschligen Verstande Ehre zu machen, ich fragte ihn, ob nicht vielleicht der Mensch da wäre um der Mechanik Ehre zu machen, weil die Rechenmaschine richtiger rechnete als er selbst, nun klapperte die freilich entsetzlich, wies gottlob im Kopfe sich nicht fände, das ließe sich vielleicht noch ändern. Da wurde er ernstlich böse, sagte das käme von der modernen Halbwisserey, dabey könnte kein Mensch selig werden, er wollte mal den Chemiker sehen, dem jezt seine Chemie einen Groschen eingetragen, er verdanke seinem Kopfe alles. Den großen Diamant drängte er mir den Abend zur Ansicht auf, mit der Feile ging er offenbar trüglich um, er strich mit der glatten Seite und behauptete, sie hätte sich davon abgestumpft. Ich fragte ihn, ob es wohl möglich, einen echten Diamanten zu machen, er antwortete darauf ganz scharfsinnig: schwerlich, weil sich das

Verbrennliche nicht leicht so zusammen drängen lasse. Ich. Aber das Eisen ist auch verbrennlich und läßt sich in Ihren Guerikenschen Halbkugeln durch die flüchtige Luft zusammendrängen. Er. Es freut mich, wer meine Sachen mit Aufmerksamkeit betrachtet. Er erzählte mir darauf die Geschichte des Diamanten. Unter den Gemälden schien er nur das zu schätzen, was Hunde angebellt oder Consistorialräthe beweint, unter den deutschen Sachen ist noch manches Schöne von Eyck, Wohlgemuth hinzu gekommen; traurig ist es die edelmüthige Garnison in der dunklen Kammer eingesperrt zu sehen, wie sie so einzeln aus den Kase= matten an die frische Luft gebracht werden und ganz wankend und gebrechlich dastehen. Es muß Nieder= sachsen eigenthümlich seyn so wunderliche Feenpalläste der Kunst zu erbauen, scheinbar nur für einen Morgen zu einem Feste, dann bleibt er stehen wie die letzte Dekoration in einem verlaßnen Schauspielhause, so fand ich das hölzerne Schloß von Salzdahlen mit den hohen leeren Gängen und zerfallenen Statuen, der Inspector konnte durch seine Manier darin bestärken, eine so sparsame Natur, daß er sogar den Athem zu rath hielt, gleichsam als wenn nun gar nichts mehr darauf verwendet werden sollte, weil der eine glück= liche Augenblick vorbey. Vielleicht war ich nicht ganz da, aber es ging alles so vorüber, daß mir wenig davon recht lieb geworden, ich ging den Fußstapfen eines verstorbenen Freundes in Braunschweig, des

Prof. Winkelmann, nach, und die ganze winklige Stadt kam mir wie ein glühender Marterrost seiner jugendlichen Hoffnungen vor. Ein boshafter Widerspruch lähmt so manches bessere Talent, während alles mit Lust und Nothwendigkeit die Jugend zur Frühreise zwingt oder seine Früchte vor der Reife fallen läßt, wirst der Pöbel, der das Eitelkeit nennt, mit den unreifen die reifenden spottend herunter; die Wissenschaft wo sie die schwingende Bewegung der Kunst berührt und in Takt halten will, mag viel Zerstörendes haben, der Philister rächt sie an jener, durch sie sollen alle seine verrosteten Bratenwender in Gang kommen. Ein alter Freund, der dort ein ansehnliger Arzt geworden, versicherte mir beym Abschied, wie so gar niemand sey, mit dem er lustig seyn könnte nach der Arbeit, und die Stadt war doch mit Menschen bedeckt während der Messe wie mit Mehlthau. — Ungefähr in diesen wunderlichen Tagen stieß sich eine sanfte Freundin aus Frankfurt am Ufer des Rheines den Dolch ins Herz, Fräulein von Günderode, Ihnen, wie ich meine, auch bekant unter dem Namen Tian, mit demselben Dolche hatten wir oft tragirt ganz unbesorgt, der Mann, welcher sie fand, warf ihn in den Rhein. Über ihrem Blute wurde der Rheinische Bund geschlossen und in diesem Augenblicke jagen schon unsre Husaren durch die Stadt dagegen an, jeder hat soweit Vaterland als sein Degen reicht, was er besitzt ist sein Sattel und doch schwanken die Federbüsche recht hochsinnig obenhin, jede Noth hat ihre Zuversicht und wie aus einer dunklen Höhle nach langem vorsichtigen Irren wir endlich Hals über Kopf ungeduldig fortlaufen und zum leuchtenden Ausgang kommen, so erwächst mir, da wir allein stehen, eine Zuversicht, die mir im vorigen Jahre fehlte, als wir mit frischen Kräften und sichern Bundsgenossen standen. Vielleicht mache ich Ihnen meine Aufwartung bey meiner Rückkehr nachhause, ich sehe den Altvater Rhein in diesem Jahre nicht und suche mir eine Entschädigung zu schaffen. — Meine Absicht ist, wenn der Krieg wirklich durch greift, mit Beyhülfe mancher braver Leute, die ich kennen lernte, ein Tageblat für das Volk zu schreiben, das Nothwendige mit dem Vergnüglichen zu vergegenwärtigen, als Soldat fürchte ich wenig zu nützen durch meine Aufopferung, mehr oder weniger ist doch jeder von der Gewohnheit des Lebens abhängig, wenigstens hat das Zeit bis das unnütze Volk die Lücken bewährter Männer füllen muß, da finde auch ich meinen Platz und die Bibliotheksekretäre haben für mich Ruhe, deren Regimenter ich hier täglich in Unordnung bringe. — Sie haben unser Volk so vielfach berührt; wie gern hörte ich Ihr Urtheil über die Art damit umzugehen; Ihr ergebener, hochachtungsvoller Schüler

Lud: Achim Arnim.

Ich lege ein Gelegenheitsgedicht von Brentano bey, weil es gewissermaffen im Sinne des Wunderhorns, Ihres Schutzkindes.

5. Arnim an Goethe.

Heidelberg den 1 April 1808.

Nicht ohne Ängstlichkeit schreibe ich Ihnen heute, Verehrter, ungeachtet Ihre Güte mich durch Bettine Brentano aufgefordert hat, etwas von mir hören zu lassen. Denke ich der Zeit, wo ich meinen letzten Brief an Sie absendete, so überfällt mich eine lähmende Wehmuth über manches Erlebte, was sonst abgehalten vom Licht endlich selbst zu erblassen anfängt. Sehe ich die Zeitung, die ich Ihnen als Herausgeber überschicke, so fühle ich, daß sie nicht gut genug ist Ihnen vorgelegt zu werden, wenn sie auch die grössere Menge befriedigen möchte. Aber eben hier in diesem gemeinschaftlichen Interesse an der Menge finde ich meine Entschuldigung, sogar meine Rechtfertigung, wenn ich den breisten Schrit wage, Sie um Beyträge dafür zu bitten. Ich fühle es, daß es vielleicht zu viel gewagt wäre, Theile grösserer Arbeiten zu wünschen, aber einzelne Sprüche tiefsinnig oder heiter, wie ich dem Anfange der Blätter beyzufügen mir vorgenommen und angefangen habe, könnten dem Gemische, woraus so eine Zeitung auf Befehl der Buchhändler bestehen muß, leicht einen bestimmten Geschmack geben. Da endlich unsre Zeit am Luftigen täglich ärmer wird, so komme ich besonders mit meiner Kappe etwas Fröhliges aus Ihrer reicheren Jugend zu erbetteln und schwöre heilige Verschwiegenheit, wenn

Ihnen die Anzeige Ihres Namens aus irgend einer Rücksicht lieber wäre. Noch eine heilige Versicherung kann ich geben, daß von dem kritischen Unwesen, das unsre Literatur verödet, auch keine Spur sich finden soll, die Kritik soll allein bienen das Entfernte und Vergessene uns zuzuführen, was in den Händen der Menschen ist mag da jeder seinen Kopf selbst dran setzen. Von der Würdigung hängt doch nicht die Wirkung der Schrift ab, die eben so wunderbar ist wie das Anschauen der physikalischen Versuche, wo ein Davy auf einmal sieht, was funfzig andre übersehen hatten, oder wie jener Ballschlag des Persers, der den ersten Vers im ersten Dichter erweckte. So bleibt mir für die Zeitung von der mitlebenden Welt nur die anerkennende und die scherzende Beurtheilung. An literarischem Scherze ist Heidelberg reich, ich esse bey meinem Freunde und Verleger Zimmer Mittags mit mehreren und selten vergeht ein Tag ohne Begebenheit für die beyden Parteyen Voß und Antivoß, diese letztere begreift aber beynahe die ganze Welt, weil er alles was nicht in den Hexametertakt mitschlagen will und kann, für Störer des Vergnügens hält und alles was die nun thun oder treiben, bezieht er auf sich und gegen sich. Weil er dadurch allmählig ganz vereinsamt ist, so hielt er auch meine Zeitung für einen Spott des Prof: Görres, da erschienen hämische wohlwirkende Lügen gegen ihn und die Zeitung im Morgenblatte, wer kann schwören von wem, aber es klang wie aus dem goldnen Zeitalter vom Zeithalter. Das wäre mir gleichgültig gewesen, ich habe zu viel des grösseren Elendes gesehen um das leicht übersehen zu können, aber Körtes Schrift, über dessen Unbedeutenheit er mit der Tücke seines ganzen literarischen Rufes hergefallen war, machte mir das Vossische Haus verhaßt, ich erinnerte mich des unsäglich Hämischen gegen alles Werdende und gegen alle frühere Verbindungen seines Lebens, darum hab ich es nicht wieder betreten mögen. — Die Controverse hat das Gute gehabt den Nachstich des alten Sichemschen Blattes von einem jungen Grimm in Cassel gearbeitet zu verbreiten, ich weiß überhaupt mein Unglück meist besser zu nutzen als mein Glück. Der Nachstich von einem alten Holzschnitte ist der erste Versuch eines jungen Menschen, der bis dahin nichts als mathematische Figuren in Kupfer gestochen hatte, ich denke noch manches von ihm kopiren zu lassen, besonders an alten Vignetten, von denen ich viele zierliche besitze, so wie ich auch meiner jezigen Armuth zum Trotz viel hübsche Kupferstiche gesammelt habe. Ein Weimaraner Künstler Herr Weise hat mir ein artiges Titelbild zum zweyten Bande des Wunderhorns, den ich bald Ihnen dem Beschützer und Förderer überschicken werde, recht zierlich rabirt nnd sehr rein mit dem Grabstichel ausgeführt. Da er, wenn gleich nicht als Meister, doch recht geschickt in allen Gattungen Kunstarbeiten, so sollte es mir wirklich Freude machen, wenn der Plan durchginge, ihn hier zum Direktor einer Kunstschule zu machen, woran es dem Orte und der Gegend fehlt; es lässt sich alles dazu recht wohl an, Rottmann, der geschickteste Zeichenmeister hier, hat sich mit ihm verbunden und Primavesi, der mit ihm concurrirt, sucht eigentlich mehr die Gelegenheit seine schöne Kupferstichsammlung gut anzubringen, als zu unterrichten, auch ist er durch die völlige Beschränkung seiner Kunstübung auf Landschaft wenig dazu geschickt. — Es vereinigen sich die geheimen Wünsche aller Heidelberger mit den meinen, Sie mit Ihrem Sohne hier begrüssen zu können, wenn Sie Besorgungen für ihn hier auszurichten hätten, übernähme ich gerne den Dienst, es würden mir viele dabey hülflich seyn, wie dient es sich so herrlich aus Hochachtung und Liebe. Achim Arnim.

6. Arnim an Goethe.

Heidelberg den 9 May 1808.

Ich sendete Ihnen, Verehrter, die ersten Blätter meiner Zeitung, was ich erwartete, traf ein, die Leutlein witterten bald, daß ich wirklich entschlossen sey in dieses tägliche Geschwätz andrer Zeitungen nicht einzugreifen, sondern mich nach Möglichkeit hinter alten Büchern dagegen zu verschanzen, mancher bestellte ab und das Morgenblat erhob sich triumphirend mit allerley lügenhaften Deutungen gegen mich, als wollte ich die berühmten Dichter unsrer Nazion todt treten laſſen, nächſtdem benutzten ſie einige Druckfehler. Es iſt ein Verſuch, den ich mit Deutſchland mache, und ich wende alle Kräfte an um ihn belehrend zu endigen, ob wohl irgend ein Kunſtintereſſe vorhanden iſt in der Mehrzahl, das keines beſondern Intereſſe aus der Zeit bedarf; unter den Schriftſtellern habe ich bey dieſer Veranlaſſung manches Tröſtliche vernommen, aber es ſcheint, daß alles Gute jezt Schriftſteller iſt in Deutſchland, die Leſewelt iſt ſehr troſtlos. Ich verwundre mich nicht darüber, wenn ich die Geſchichte überſehe, aber es macht mich doch traurig, ſo leicht ich es im Anfang nahm. Die meiſten haben ſich in ſolchen Unmuth verirrt, ſich ſo jämmerlich durchgeſchlichen, daß ihnen jedes freye ſelbſteigene Nachdenken Kopfweh macht, ſie wünſchen nur zu leſen, um nichts leſen zu brauchen; es giebt jezt ſchon Hunderte, die keinen Vers mehr leſen mögen, andre Hunderte die nichts Enggedrucktes leſen mögen, weil ſie damit nicht ſchnell genug fertig ſind, ich fürchte es wird bald den Poeten gehn wie den Malern, die darum auch mit dem beſten Willen nicht gedeihen, weil kein Menſch etwas Gemaltes braucht und zu verſtehen weiß. Mit welcher Sehnſucht denke ich oft Ihres Hauſes, wo jedem Zimmer ſeine Ehre geſchehen, und jede Wand wie eine Weltgegend ein eigenes Leben hat. Herzlich war ich erfreut Ihren Herrn Sohn hier zu ſehen, er ſcheint ſich zu gefallen, wem möchte auch das Herrliche dieſer Gegend nicht lieb ſeyn, die in wenigen Tagen

einen Frühling zur Welt bringt, den zehnfache Garten=
kunst in andrer Gegend nicht nachzubilden vermöchte,
der aber in sich so gewaltsam alle frühere Frühlinge
trägt und bindet, daß ich vor den schlummernden Ge=
stalten im Waldbunkel die Augen zudrücke, die ich
schon allzusehr bey den Correcturen anstrengen muß.
Clemens Brentano, der seine Frau zu einem Land=
prediger in Hessen in die Lehre gegeben, wohnt bey
mir und in guter gesprächiger Stunde vergißt sich so
leicht Morgenblatt, Freymüthiger, daß ich es mir
wohl denken könnte, wie Gott, die wunderlichen mensch=
ligen Plagen zuweilen sich aus den Sinn schlagend,
als ein Neuling in die Welt handeln könnte, alle
Menschen für vortreflich ansehen könnte und wo sie
es nicht wären für muthwillig. Ich beziehe eine
Wohnung am Schloßberge unter Apfelblüthen mitten
im Grünen, unter mir ist da ein lustiges Bierhaus,
nachher denke ich zu Brentanos auf ein Gut, nicht
weit liegt es von der Stelle, wo sich die gute Günde=
rode erstochen hat, so daß mir doch immer zumuthe
wird, als wenn ich mir in schöner Gegend die Füsse
durchgelaufen. — Ich begrüsse Sie ehrfurchtsvoll
Ludwig Achim von Arnim.

7. Arnim an Goethe.

Heidelberg den 29 Sept 1808.

Der gute Wunsch, den Sie verehrter Beschützer
jeder treuen Bemühung, meiner angefangenen Zeitung

durch B. Brentano sagen liessen, hat ihr noch einige
Zeit das Leben gefristet, welches ihr das Publikum
wohl gönnte aber nicht unterhielt. Die guten Leser
in der Welt sind immer die, welche nichts kaufen.
Die Polemick, die ich in den Beylagen, Anmerkungen,
Vorrede gegen die allerverschiedensten Widersacher aus=
üben muste, machte mir das Unternehmen widrig, die
Correctur nahm meine Zeit und spickte mich in einer
schönen Gegend fest, in der ich doch nach der Abreise
meiner Freunde Görres und Brentano wie in einem
aussterbenden Kloster hause. So laufe ich denn lieber
wieder in die Welt und sehe was da Gutes passirt
und lasse das Vossische Haus mit seiner ganzen schreib=
seligen Anhängerschaft noch zehn divina Comoedia
schreiben, wie sie gegen mich und meine Freunde ein
dickes Buch geschrieben, das wie ein Frachtwagen mit
Baumwollensäcken von einem Pferde zum allgemeinen
Gelächter bequem fortgezogen wird. Ich habe es bey=
gelegt, damit wenn Sie einmal einen Blick in diese
Sachen thäten unser Spott Ihnen nicht ungerecht er=
schiene. Ich selbst bin unter dem Namen Hornwunder,
aus Wunderhorn umgedreht, dargestellt, ich werde mit
meiner Zeitung der Bettelei beschuldigt; die Oberrechen=
Kammer des Himmels mag bescheinigen, daß ich nie
etwas dafür genommen, sondern manche Auslage da=
für gehabt habe. Aber nicht meine Kränkung habe
ich verfochten, mein Haß hat viel schönere Gründe
und es scheint mir nach ruhiger Überlegung nur da=

rin gefehlt, daß ich aus Rücksicht manches zu sagen unterlassen habe. Voß ging hier bey den Professoren herum, um den braven Görres von hier zu verbannen, warnte die angekommenen Studenten gegen ihn, als gegen einen Mystiker, da es doch keinen ärgern Feind von diesem willkührlichen Tiefthun unsrer Zeit giebt, als eben ihn, nur daß er freilich das Schwere muß schwer seyn lassen, was dann in einer Zeit, die Mühe und Arbeit nur auf Brodstudien verwenden mag, als Mystik ausgerufen wird. Ich lege sein klares und gelehrtes Werk über die Volksbücher bey, so wie sein sogenanntes Mystisches, die Schriftproben, aber so mystisch wie die sind doch wohl alle Scherze der Welt und wenn sie nicht so scherzten, wie hier geschehen, so dürfte wohl manches nicht öffentlich gesagt werden. Die Gewohnheit seinen Ausdruck einzig als Mittel, nie als einen Gegenstand eigner Aufmerksamkeit zu behandeln möchte ihm vielleicht Erinnerungen von Stylisten zuziehen, er gehört aber zu denen, welche die Natur bestimmt hat zu schreiben, wie sie wollen. Kein Philosoph seiner Art ist mir vorgekommen, der so recht eigentlich zu einer allgemeinen Gelehrsamkeit bestimmt wäre, ein Werk über die alten Mythen, worin er ihre Stammtafel aufzeichnet, wird dies zum Erstaunen seiner Gegner beweisen, die ihn von hier durch Mangel an Subsistenz und gänzliche Unwahrscheinlichkeit der Anstellung zu seinen Schulbuben nach Coblenz zurückgetrieben haben. Ich wünsche jeder

Universität Glück, die ihn sich zueignet, denn er ist unter den Philosophen fast der einzige Selbstthätige und ein Feind aller leeren Anhängerey, so daß er hier niemand verdorben und manchem genützt hat. Ich hoffe in dieser Hinsicht viel von Savignys Verwendung für ihn, den ich bey seiner Auswanderung nach Landshut bis Aschaffenburg begleitete, in Landshut ist ein lustiger Kreis von frischen jungen Leuten, die zum allgemeinen Ärgerniß nichts von der neuen Weisheit halten. Vielleicht giebt es da mehr innres Leben als hier unter den von Nachbarschaft, Kriegen und Ausschweifung ziemlich dünn geschliffenen Pfälzern, ich habe selbst Lust dahin und Clemens Brentano, der neben Savigny dahin mitgeschwommen, soll mir wie fliegende Fische den Seefahrern, die Witterung verkünden. Wir legen Ihnen die beyden letzten Bände des Wunderhorns mit Furcht und Zutrauen vor, die Furcht ist erklärlich, unser Zutrauen entsteht aber aus der Überzeugung keinen Fleiß gespart zu haben und nicht unglücklich im Entdecken gewesen zu seyn. Über manches haben wir ärger gestritten als die Babylonischen Bauleute, so daß wir einander wenig verziehen und nachgegeben haben. Das Oldenburger Horn, durch welches Sie auf dem Titel des zweyten Bandes die gute Stadt Heidelberg sehen, versprach dem der es austrinken würde, langen Segen für sich und für sein Haus, wo es aber verschüttet würde, da brannte höllisches Feuer. Das alte Bild vor dem britten Theile, wie Lieder und Liebe verbunden von einem Vogel den Ring zum Preis erhalten, ist von einem jungen Menschen, Ludwig Grimm, der sich seit einiger Zeit bey mir aufhält, radirt, ich wünschte ihm jezt einen recht fleissigen Mahler zum Lehrer, aber wo ist der jezt zu finden, wo die Geschickteren kaum alle sechs Jahre ein Bild zu mahlen Gelegen= heit und Lust haben. Die deutschen Schulen kenne ich auch so ziemlich, die Methoden des Unterrichts sind meist so thörigt weitläuftig, so nachlässig in den Hauptsachen, daß nichts heraus kommen kann, dazu kommt noch das Kunstgeschwätz unsrer Zeit, die von allem sehr leicht redet während sie nichts macht. In Paris ist es nun wohl bedeutend besser in der Prack= tick, aber es ist so zerstreut und niederbeugend für junge Fremde, daß es schwer ist durch zu kommen. Rom ist so entfernt, München noch so schwach ver= sorgt, noch zu jung. Ich bin in Verlegenheit, was ich dem jungen Manne rathen soll, der gute Anlage und Fleiß hat und es als Kupferstecher sicher zu etwas Tüchtigem bringt, wenn ihm auch die Mahlerey von der harten, Kunst raubenden nicht bildenden Zeit nicht erlaubt würde. Auf meinen Plan zu einer hiesigen Kunstschule, den ich einem Maler Weise gemacht hatte, der den Titel des zweyten Bandes gestochen, ist durch= aus gar keine Antwort erfolgt, so stehen alle Univer= sitätsangelegenheiten, das Organisiren des Ländchens nach einer andern Form setzt das Ganze in einen

Belagerungszustand, für Heidelberg scheint man nichts mehr thun zu wollen, vielmehr werden die Kosten bereut. Ich wohne hier wie auf einem Leuchtthurme, die Schiffe ziehen vorbey, aber etwas Treibholz und Geschiebe wirft das Meer mir zu, was ich darunter zuweilen finde möchte ich nicht allein sehen und so bitte ich die Mineralien anzusehen, die ich durch Buchhändler Leske Ihnen zu überschicken die Ehre habe. Ich danke sie dem hiesigen Doktor Zimmermann, der davon im Intelligenzblat VII der Heidelberger Jahrbücher Nachricht gegeben, er ist von einer Kuppe Frauenstein genannt beym Melybokus das blasse ist die Grundlage und das dunkle Gestein der Serpentin, der so wunderbar magnetisch ist, wie mir ausser dem Magnet nichts vorgekommen. Es ist viel Hornblende in dem Serpentin und diese stark kohlenhaltig. Kleine Splitter hängen sich an das Hufeisen und zeigen noch deutliche Polarität, merkwürdig ist es, daß sich die Polarität durchaus nach den Absonderungsflächen richtet.

Die glückliche Herstellung Ihres Herrn Sohnes wünschte ich der erste gewesen zu seyn, der es berichtet hätte, doch ich hoffe, daß Sie von seiner Krankheit nichts gewust haben, die ein Paar Tage, wenn auch nicht gefährlich, doch sehr ernsthaft war, denn der Verlust, den Sie erlitten, hätte Sie in der Ferne besorgt machen können. Alle Bewohner von Frankfurt nahmen herzlichen Antheil an Ihre verehrte Mutter und ich rechne es für ein hohes Glück in einem Alter, wo den meisten die Freunde absterben, deren mehr als je zu zählen.

Hochachtung und Verehrung,

L. Achim von Arnim.

8. Arnim an Goethe.

Berlin den 18 April 9.
Viereck N. 4.

Weimar ist doch ein gar freundlich Städtlein, es bewegt sich da so manches in einem, was sonst in der weiten Welt nicht berührt wird; doch vor allem sind Sie, Hochverehrter, dort! Das fällt mir so oft in dieser verworrenen Stadt und Zeit ein, daß mir die fünf klaren Tage, die ich in Ihrer Nähe feierte, wie ein helles Sonnenbild vorüberstreichen, das eine muthwillige Hand des Schicksals in mein dunkles Zimmer spiegelt, ich werde ungeduldig, springe auf, möchte dem hellen Scheine nach und nichts läßt sich weiter sehen, es war eine Spiegelung wie auf dem ägyptischen Sande, der Durstende sieht Ströme und Häuser, aber sie sind ihm unerreichlich. — Der allgemeine Landeszustand hat einen bedeutenden Einfluß auf meine eignen Angelegenheiten, die rohe und träge Abgabenvertheilung nach dem scheinbaren Eigenthume an Grund und Boden beschränkt alle meine künftigen Aussichten, was mir sonst nahe schien, ist mir jetzt sehr entfernt.

Der Verlust des M. v. Stein ist in Hinsicht aller innern Angelegenheiten nie genug zu bebauern, selbst die, welche unter ihm sehr brauchbar gewesen wären, sind gelähmt, der Städteordnung legen die alten Magiströte überall Hindernisse in den Weg, der Landtag, der durch ihn eine bessere Wahl erhalten hätte, bleibt in abgelebter Trägheit, Heimlichkeit und Antheillosigkeit. Besser gehts in den kleineren Städten, wo die neue Ordnung manches Selbstthätige fördert und anregt. In Reichenbach ist sogar die dort gehaltene Predigt, von einem Thile, merkwürdig, mit einer Kapuzienerbilblichkeit vergleicht er den Wahltag einer Hochzeit mit dem neuen Bürgerthume und giebt eine vortrefliche Stadt für eine glückliche Ehe aus, schildert alle einzelne Fehler der Bürger, ihre Morgenbesuche, mit denen sie einander in der Arbeit stören, die Trennung der Reicheren auf dem Rathskeller bey der Herrenzeche, eine Trennung, wodurch alle öffentlichen Feste ihren Reiz verloren. Eine andre sehr entgegengesetzte Einrichtung von der Städteordnung, die aber fast noch mehr Aufsehen gemacht, ist das Silberedikt, das von Patriotismus redet, während es Zwangsmittel braucht, zwey Zwecke, das gearbeitete Silber zu münzen und eine neue Steuer zur Contributionszahlung, zu erreichen sucht und daburch beyde zur Hälfte verfehlt. Die trefliche Schule der Sophisten, die hier statt aller Philosophen zurückgeblieben, freut sich sogar das Angesicht dessen zu sehen, der ein werthes Angedenken, das er nicht los kaufen kann, gegen ein Papier vertauscht, das ihm sowenig wie dem Kaufmanne werth hat; sie stellt sogar dieses Schandgeld, das doch alle unsre Kräfte weit übertrift und darum alles künftige Daseyn lähmt, mit den ehrenvollen Anstrengungen der Agnes Sorel für die Ehre und Freyheit ihres Landes zusammen. Ein wunderlicher Anblick ists, diese mannigfaltigen alten und neuen Formen des Silbers, welches eben wie ein Götzenbild noch mit saubrer bedächtiger Hand, mit sehnlichem Blicken betrachtet spiegelhell geputzt ist, zerlegt in ein Chaos aller Formen untersinken zu sehen. Da das Edict durch Unvorsichtigkeit früher bekannt geworden, so wurde viel eingeschmolzen, da wüthete einer meiner Bekanten mit dem Posekel in den künstlichsten Kronleuchtern, um sie schnell in die Tiegel zu bringen, für manche ein sehr rührender Anblick, denn was sollen die Menschen bewahren, wo es ihnen leicht seyn soll, soviel Gewohnheit aufzugeben. Selbst der Nationalkonvent hielt diese Maaßregel für allzugewagt. Aber die Gleichgültigkeit hier, die sich nicht einmal erinnert wieviel Fußtritte sie vom Feinde ausgehalten, diese Reste zu bewahren, zeigt sich eben darin, daß ausser einigen Spottreden, ob silberne Hochzeiten, Silberstimmen auch gestempelt werden müßen, eben keine bedeutende Äusserung erfolgt. Kunstwerke, Medaillen sind ausgenommen durch das Gesetz; was hilfts, wenn der Hofmedailleur Loos aus Mangel an Arbeit sich aufs Lichtergießen legen muß. Andre Künstler haben sich auf ähnliche Fabrikate gelegt, mancher Maler malt jezt Dosen, der sonst Bildnisse malte, und gelangt auf einmal zu seiner rechten Bestimmung. Das wenige Geld, was übrig, ist meist in den unrechten Händen. Die Physiker haben ihre galvanischen Batterieen aufgegessen, so hat Erman zum Besten seiner Familie alles Experimentieren eingestellt. Es geschieht wenig. Zu dem Erfreulichsten, was ich hier gesehen, gehört ein Panorama von Palermo und beleuchtete Aufsichten von Schinkel, der Mayländer Dom, die Peterskirche u. a. Palermo ist von einem Klostervorplatze zu überschauen, Geistliche über die steinernen Geländer gelehnt erfreuen sich noch des gewohnten Anblicks, wie ich des neuen, die Kathedralkirche liegt vor einem wie der Kasten, worin die ganze Stadt eingepackt werden könnte, aus den Klostergärten drängt sich allerley fremdes Kraut hervor, noch wunderlicher ist es aber, daß allerley Bauern unter dem Cruzifixe Guitarre spielen, seitwärts erinnert Stadt und Berg an Genua, die Kapelle der Rosalie steht wie dort die Festungen; nur die kleinen Fenster, in der gothischen Kirchen, um denen die eigentlichen Fenster nur wie ein Zierrath herum laufen, erinnern an ein ander Clima, wo diese Bauart ein Frembling bleiben muste; es mag ein Fehler seyn, daß dies Clima sonst nicht deutlich und scheinbar wird in der Luft und Farbe des Landes, es thut aber sehr wohl, und hindert nicht Alpenfrische hinein zu denken. Die andern Vorstellungen sind eigentlich Kuckkasten von Riesengrösse, besonders gewährt eine gutgezeichnete Gallerie die optische Täuschung, welche das Theater erweitert und verlängert, der Mayländer Dom ist in Mondbeleuchtung, ein Zug mit Fackeln geht dahin, die Kirche ist innen erleuchtet. Ich weiß nicht, wie ich mich hieben so lange aufgehalten, es war mir aber zuweilen gar erquicklich. — Bury hat manches Schöne unternommen. Beendigt hat er ein Bild der Erbprincessin von Hessen, das gelungenste in Colorit und Ähnlichkeit, was ich von ihm kenne, sie öffnet einen rothen Schleier, die Ferne ist [von] Nachtfaltern, gehörnten Schlangen und anderm phantastischen Ungeziefer leise angedeutet im Dunkel ganz erfüllt. Sehr schön soll er auch ihren Prinzen mit der Fahne vor einem schwarzverhängten Thorwege, der von Löwen bewacht, dargestellt haben. Jezt malt er die Princeß mit ihrer Schwester unter dem Palmbaume des botanischen Gartens, Berlin ist in der Ferne von einem Blitze erhellt. Einen Gott Vater und einen Engel Michael hat er noch skizirt. — Die meiste Nahrung giebt Schill den Kupferstechern, der Enthusiasmus, den er bis zu den untersten Klassen erweckt hat, ist mir eine der liebsten Erscheinungen, er ist nicht blos Schein, denn täglich stellen sich bey ihm Freywillige, die sich selbst bewaffnen und beritten machen. Sehr ausgezeichnet ist auch wahrlich der Mann, so frey in seinem Kreise, so zutraulich zu allen, so strenge im Dienste, so thätig, so empfänglich für alles Neue. Überhaupt ist durch die Abschaffung körperlicher Züchtigungen ein Fortschrit in der Armee gemacht, vor dem die alte Bestialität der Offiziere erschrickt, sie sehen auf einmal zu ihrem Schrecken, daß diese stummen Maschienen, die sie sonst kaum zu etwas schieben und stossen konnten, soviel Gesinnung, Urtheil, selbst oft sogar Bildung, wie sie selbst haben. Ich wünsche, daß die neue Universitätsbildung eben so gut gedeihen mag. Herr von Humboldt ist nach Königsberg um diese Angelegenheiten bestimmt abzumachen, Stein hatte 200,000 rth. bestimmt. Ich glaube die halbe Stadt wird dann Vorlesungen halten, wie jetzt jeder Restaurateur wird, um selbst umsonst mitzuessen; auch ich habe zu so etwas Lust, ich will kuriose Geschichte lesen, und dazu suche ich jetzt die Perlen zusammen, die durch die kritischen Kämme nicht durchgehen wollten, weil es zu eng war, viel Dinge, die allmälig ganz vergessen wurden. Das beygefügte Buch (dessen erste Erzählung Sie mit Ihrer Billigung in Weimar ehrten) ist in dem Werdenberg, Schaffgotsch, Stuart, Clisson eine Probe, was ich darunter verstehe; ich habe das Ganze zur Unterhaltung der vielen über die jezige Zeit verdrieslichen Leute geschrieben, was ich bey dieser Absicht verfehlt wird Ihr edles Wohlwollen entschuldigen. Mannigfaltigkeit des Tons war mir Absicht, eben so manches, ohne es zu nennen, aus der um=

gebenden Welt zu berühren, ich habe mich oft heiter
daran geschrieben. Auſſer dieſer Bitte um literariſche
Nachſicht wage ich noch eine Anfrage, zu der mich
Ihre gütige Geſinnung für die Überſetzungen aus dem
altdäniſchen und altſchottiſchen von W. Grimm und
M. Schubart, die in dem Einſiedler enthalten, veran=
laſſt. Jener hat ſeine Überſetzungen nun ganz been=
digt, die hieſige Realſchulbuchhandlung will den Ver=
lag übernehmen, wenn die Vorrede eines Ausgezeich=
neten dabey, einige Worte von Ihnen; die Ver=
anlaſſung zu dieſer Bedingung der Verlagsübernahme
war der Beyfall, den Sie gegen mich über dieſe Be=
mühungen äuſſerten und den ich zur beſten Empfeh=
lung wiederholte. Grimm könnte und müſte pflicht=
mäſſig, im Falle dieſe Anmuthung Ihnen nicht läſtig
wäre, die Handſchrift überſenden, ebenſo M. Schubart,
und es Ihrem Urtheile überlaſſen, ob es nach gutem
Gewiſſen zu empfehlen ſey. Wenn Ihnen unmittel=
bare Verhandlung mit den Überſetzern läſtig wäre,
beſonders, wenn Sie es nach der Durchſicht der Mühe
nicht werth hielten, ſo würde ich die Handſchrift mir
unter dem Vorgeben zuſenden laſſen, den Verleger
erſt damit näher bekannt zu machen. — Ich wün=
ſche, daß dieſer letzte deutſche Krieg nicht dieſe wie
alle andern Hoffnungen und Unternehmungen ver=
nichten möge, auch Ihnen und den Ihren fern abbon-
nere und nur die friſche Luft zu Ihnen bringe im
fröhlichen Jubel nach dem Siege. Wie fremd iſt

meinen Ohren dies Wort! — Ein Brief von Ihnen hat B. Brentano sehr glücklich gemacht, wie lange werden wir nichts von ihr vernehmen, zuweilen macht es mich ungeduldig — und könnte ich nur etwas nützen, ich zöge gern in jene Gegenden!
Hochachtungsvoll ergeben,

Achim Arnim.

9. Arnim an Goethe.

Berlin den 19 Nov 1809.

Mein Freund Grimm, der mir und allen hiesigen Bibliotheken seinen Besuch und Umgang auf ein Paar Monate geschenkt hatte, bittet mich zum Abschiede um die Gefälligkeit, ihm einen Brief der Empfehlung und Bekanntmachung an Sie, den wir beyde in gleicher Gesinnung hochverehren, mit zu geben. Wer kann zum Abschiede etwas abschlagen; kaum genüge ich mir selbst um mich Ihnen zu empfehlen, mein Freund muß selbst dabey das Beste thun, sein treues unschuldiges Bemühen, die vergessensten nordischen Gegenden uns Deutschen bekannt zu machen, habe ich Ihnen schon in einem früheren Briefe angezeigt; ich verspreche Ihnen nach bestem Wissen und Gewissen ein Paar angenehme Stunden, wenn Sie Sich seine Übersetzungen der Volkslieder, die er meist alle bey sich hat, und eine Sammlung von Sagen, von denen er nur den kleinsten Theil mit sich führt, vorlegen lassen (er kann nicht gut vorlesen wegen Schwäche seiner Brust, seine Hand=

schrift ist aber sehr leserlich). Nach meiner Überzeugung giebt es unter allen, die sich jetzt in Deutschland um dessen ältere Literatur bekümmern, keinen, wie Grimm und seinen Bruder, an Wahrheitsliebe, Gründlichkeit, Umfassung und Fleiß, wovon seine Recension der Hagenschen Nibelungen in den Heidelberger Jahrbüchern, so wie sein Aufsatz über die Nibelungen in den Studien von Creuzer und Daub das beste Zeugniß geben; Sie würden ihn erfreuen, wenn Sie ihm eine bequeme Gelegenheit verschafften, das Merkwürdige der Weimarer und Jenaer Bibliothek zu benutzen, er ist sehr eifrig und gewandt alte Bücher in seinen Beziehungen schnell zu durchlaufen. Von den Ereignissen dieses Sommers, in so fern sie diese Gegenden berührt, von Schill und Öls und wie sich diese Unternehmungen, die sich an kühner Verzweiflung dem Alterthum fast allein vergleichen lassen, in Halle durchziehend ausgenommen, und auf einzelne gewirkt, würde er Ihnen manches Merkwürdige sagen können, wenn er die Schüchternheit erster Bekanntschaft überwinden kann; auch über die Art der Aufführung Ihres neuen Götz auf der hiesigen Bühne, über die ausgezeichnete Wirkung mancher Scenen ungeachtet der Abkürzung zu einem Abende, und der absichtlich schlechten Besetzung mancher Rollen kann er als Mitaugenzeuge mehr sagen als ein flüchtiger Bericht. Für die Wahlverwandtschaften sage ich im Namen vieler Freunde und Bekannten einen schmerzlichen Dank, sie machen manche Veränderung glücklicher Verhältnisse klar, die so mancher empfunden.

Brentano empfiehlt sich Ihnen hochachtungsvoll, er brachte mir sehr erwünschte Nachricht von der Fortbauer Ihrer gütigen Gesinnung gegen mich, der ich mich so wie allen den Ihren mit meiner Ergebenheit zu empfehlen suche.
Achim von Arnim.

10. Arnim an Goethe.

Berlin den 28 May 1810.

Unter manchen abwechselnden Ereignissen habe ich das Buch bearbeitet, das ich so dreist bin Ihnen vorzulegen, bald von meinem Gegenstande erfüllt, bald mit Absicht mich hineinversetzend um andres zu vergessen; diese Ungleichheit habe ich nicht übertünchen mögen, wozu hätte es geholfen, der Kenner hätte die Deckerarbeit drin doch bemerkt, die andern Leser achten so etwas nicht. Daß ich etwas mitzutheilen hatte, war ich mir bewust, daß ich für jezt auch nicht Ruhe habe, es sehr viel besser zu sagen, glaube ich mir eingestehen zu müssen; beydes mag mir bey Ihnen, verehrter Meister deutscher Sprache, zur Entschuldigung dienen. Meine Fehler hat der Drucker noch vermehrt, dieses Völkchen ist nun einmal mit dem Teufel im Bunde, dem es seine Erfindung auch danken soll; ganz elende Stunden habe ich bey der Correctur zugebracht und alles umsonst. Ich hätte

ein Verzeichniß dieser fremden Fehler beygefügt, wenn
ich nicht wüßte, daß jezt kein Mensch Zeit hat fremde
Fehler zu verbessern. Eine Melodie in dem Buche
(Musikbeylage S. 3), welche unter dem angeblichen
Namen Beans beor, unsere gemeinschaftliche werthe
Freundin Bettine Brentano meinem Liebe geschenkt hat,
wird Ihnen merkwürdig seyn, ich hoffe noch viel schöne
Musik von ihr und sie findet hier gute Gelegenheit,
alles was ihr in dem Lernbaren der Kunst noch ab=
geht unter Zelters Anleitung nachzuholen. Unge=
duldig berechne ich die Stunden bis ich ihr und Sa=
vigny entgegenreise; in wenigen Tagen denke ich im
Böhmerlande dem geliebten Kreise wieder einverleibt
zu seyn. Clemens Brentano, der sich Ihnen hoch=
achtungsvoll empfielt, begleitet mich, alles Grüne
lacht uns an und die Sonne scheint freundlich, doch
mit Zögern darf nur genossen werden und so muß
ich noch mehrere Tage in Familienangelegenheiten ver=
quälen, die mich schon weit weg und näher hätten
führen können. Savigny ist zum ersten Rechtslehrer
an der hiesigen Universität ernannt, Reil ordnet die
medizinische Fakultät und es scheint sich alles gut
anzulassen, woran Humboldt's Vorsicht und Verträg=
lichkeit allerdings grossen Antheil hat. Das allmälige
Freywerden der zur Universität bestimmten Fonds
macht einzig das Zögernde in dem Unternehmen, schon
finden sich manche des Studierens wegen hier ein, noch
ehe die Universität eröffnet ist, Professoren aus allen

Weltgegenden erbiethen ihre Dienste; bey der allgemeinen Liebhaberey, wissenschaftliche Collegia zu hören, sind Collegia, unabhängig von den Studenten, einträglich genug, daß manche ganz allein davon leben können. Lobenswürdig war besonders der erste Schrit Humboldts, den Stubienzwang gänzlich aufzuheben; ähnliche Befreiungen von andern willkührlichen Beschränkungen sind von der Regierung eingeleitet, es liesse sich manches hoffen (mitten in der ganz unnatürlichen Sperrung unsres Landes, die England auf unsre Kosten reich macht) blos weil die Autorität des verstorbenen Alten gefallen ist — aber ein Hauch aus Westphalen und es ist alles wie dort Misere, Lüge und französische Comödie. Das Ächzen und das Krächzen glauben Sie im Allgemeinen nicht so arg, wie es Ihnen Zelter mag beschrieben haben, der in der Auswahl zu seiner Liedertafel mehr auf die Kehlen, als auf die Lustigkeit sehen muste, weil er zwey schwerzuvereinigende Dinge, Essen und Singen Lernen zusammen treiben wollte; einem braven geschickten Manne wie Zelter kann nichts ganz mißglücken, aber an allgemeines Eingreifen ist noch nicht zu denken, denn wer mit den Leidenden nicht ächzen kann, der kann auch mit den Freudigen nicht jubeln, solls aber hier gut werden, so muß vom allgemeinen Leichtsinne noch viel mehr verächzt werden. Hochachtungsvoll ergeben:

          Achim Arnim.

11. Arnim an Goethe.

Berlin den 16 Feb 1814.

Die einliegenden Reime mögen Ew. Excellenz erklären, wie es kommt, daß ich Sie von zeitzuzeit mit Übersendung meiner Versuche belästige, ungeachtet ich keinen Anspruch darauf mache, Sie dafür zu interessieren, es ist eine Angewohnheit. Vielleicht könnte ich den Vorschlag diesmal wagen das kleine Stück, die Befreiung von Wesel anzusehen, ob es aufführbar ist, ich habe es für die Bühne geschrieben, es war auch hier schon einstudirt, als die Schlacht von Lützen der Theaterdirektion den Muth benahm. Der Abdruck dieser Schauspiele wurde durch die Absicht dem Landsturme aus dem Ertrage Kanonen zu verschaffen, beeilt, ich war Landsturmhauptmann und zuletzt Bataillonschef. Die Absicht ging mit der Auflösung des Landsturms unter, vier Monate waren mit unglaublicher Mühe vererercirt, nachher habe ich vier Monate zum Troste aller guten zweifelnden Seelen den Preussischen Correspondenten, eine hiesige politische Zeitung, mit einem Beyfall geschmiert, der mir um so verwunderlicher war, da Mangel an Verbindung mir nicht verstattete etwas zu leisten, was mir selbst genügt hätte. Das Blat ist jezt zu dem ersten Unternehmer Herrn Geh. Staatsrath Niebuhr zurück gekehrt. Um Ihnen eine Probe mitzutheilen, wie ich dem Publikum zu gefallen suchte, so lege ich ein Blat ein, in welchem eine sehr reichhaltige Stelle aus dem zweyten Theile Ihrer Lebensbeschreibung kommentirt ist; ich suchte die Neuigkeiten möglichst gedrängt abzuthun, um dann am Schlusse die Aufmerksamkeit auf das Allgemeinere der Geschichte unsrer Zeit hinzulenken.

Meine Frau gebar mir im Herbste einen zweiten Sohn, Gott erhalte ihn, er heist Siegmund und macht viel Geschrei, Gall würde von dem Schädel des Kindes entzückt seyn, ich freue mich im Ganzen daran. Meine Frau grüßt herzlich.

Berlin denke ich mit den Meinen bald und ganz zu verlassen; nicht aus Landluft sondern der Ersparniß wegen bezieh ich mein Gut. — Der Himmel führe Ihren Sohn gesund zurück.

Unveränderlich hochachtungsvoll

Lw. Achim von Arnim.

12. Goethe an Arnim.

[Concept.]

So wie die Pausen eben so gut zum musikalischen Rhythmus gehören als die Noten, eben so mag es auch in freundschaftlichen Verhältnissen nicht undienlich seyn, wenn man eine zeitlang sich wechselseitig mitzutheilen unterläßt. Strebende Menschen, von welchem Alter sie auch seyen, können nicht immer parallel neben einander gehen; will man sich nun gar bestän=

big bey der Hand halten, so entsteht daraus ein hin und wieder zerren, beyden Theilen unbequem und retardirend wo nicht schädlich.

Lassen Sie mich also wieder einmal nach geraumer Zeit auf Ihre Sendung etwas erwiedern. Die Vorzüge dieser kleinen Stücke haben mir als einem Schauspieldirector abermals die unangenehme Empfindung gemacht, daß talentvolle Männer nicht die Beschränkung des Theaters berücksichtigen wollen, und ein für allemal verschmähen, in den nothwendigen, unerläßlichen und so leicht zu beobachtenden Formen ihr Gutes mitzutheilen. Wie manches Geistreiche Herzerhebende brächte man da unter das Volk, das man jetzt immer mit seiner eigenen Gemeinheit füttern muß.

Geistreiche Autoren würden durch diese geringe Beengung sich leise gewarnt fühlen; sie würden nicht, wie jetzo meist geschieht, ehe man's sich versieht nach allen Seiten hin transscendiren; sie würden gar bald gewahr werden, worüber der Mensch lachen und weinen, wobey er empfinden und denken mag. Das Seltsame wäre ein recht hübsches Ding, wenn es sich nur selbst zu regeln wüßte.

Das angedeutete Stück wäre schwohl aufführbar, in meiner Lage aber bemerke ich folgendes. Alles, was auf den Augenblick anspielt und so die Gemüther stoffartig erregt, habe ich immer vermieden, nicht weil ich es im Ganzen für unzulässig halte, sondern weil ich gefunden habe, daß der Enthusiasmus eigentlich nur die große Masse wohl kleidet. Man muß sich einander unbekannt seyn und sich nur zusammen fühlen, wenn man sich zusammen erwärmen, ja erhitzen will. Geschieht dies unter Bekannten, so leidet immer der eine Theil, indem der andere sich freut. Sodann auch ist das ungeheure Siegesglück auf's schnellste soweit vorgeschritten, daß wir auf heftige Incentive nicht mehr zu denken brauchen. Das Beharren in Thun und Leiden ist es eigentlich, was wir schon jetzt der Masse zu predigen haben. Das andre hat sich alles von selbst gegeben und wir brauchten jetzt gar keine Worte mehr, um mit wenigem Anstoß noch einen großen Theil unsrer Bevölkerung über den Rhein zu treiben.

In den beiden mitgetheilten Zeitungsblättern finde ich guten Sinn und Ton; das über Arndt gesagte so freundlich als gründlich. Etwas ähnliches möchte ich wohl über das neue Bestreben vernehmen, durch welches die aus einer Knechtschaft kaum entronnenen Deutschen sich schnell wieder in die Fesseln ihrer eigenen Sprache zu schmieden gedenken. Indem ich diesen Dingen nur zusehen kann, so ist mir nichts angenehmer, als von anderen zu hören was ich gern selbst sagen möchte. Möge Ihnen, da Sie nun wieder in den Ihrigen und mit den Ihrigen ruhig leben können, leicht werden die Nachwehen einer so schmerzlichen als glücklichen Kur zu überstehen und Ihren

Kleinen ein doppeltes und dreyfaches Erbe, der Güter
des Talents und der Gesinnung.

Weimar den 23ten Febr:
1814.

13. Arnim an Goethe.

Ew. Excellenz übergebe ich den ersten Band meiner
Kronenwächter aus wohlbegründeter alter Ergebenheit,
ein Buch, das ich noch recht lieb habe, obgleich es
gedruckt ist. Die Übersicht seines Planes wird erst
im folgenden Bande möglich, doch sagt die Einleitung
manches darüber, was mir nicht der Augenblick,
sondern die Jahre gelehrt haben. Der Titel ist nach
einer Zeichnung des verstorbenen Runge, durch Schinkel
nach meinem Wunsche verändert, von Gubitz in Holz
geschnitten, er bedarf keiner Erklärung. Manches
sammelt und regt sich hier für die Künste. Unter
mehreren Liebhabern die hier sammeln, ragt ein
Engländer Solly hinaus, dessen Sammlung schon die
königlichen zu übertreffen scheint, er ist aber wie Eng=
länder häufig eulenartig einsam und verschlossen da=
mit und gewissermassen eifersüchtig darauf wie auf
seine Frau, eine arme Waise aus unsrer Stadt. Ein
andrer Sammler, der Kaufmann Mampe hat seine
Sammlung dem Könige unter billigen Bedingungen
angeboten. Hätten mehrere unsrer jungen Prinzen
Geld, sie kauften die Welt an Kunstwerken aus, auch
kommen sie endlich wohl gar auf den Gedanken, daß es

mit den alten Kunstwerken nicht abgethan ist, sondern daß auch lebende Künstler dazu gehören. Ein Karton von Overbeck von einem Wandbilde, das er in Rom fertigte, soll seltsame Bewunderung und Überraschung bey den Herrschaften gemacht haben, aber es wird leider mit Pfeifenklang und Trommelschlag in den Wind gehen. Die Garnisonkirche in Potsdam wird von mehreren hiesigen Künstlern mit Gemälden geschmückt, die Stellung der Bilder an schmalen Räumen, (wie ich glaube, zwischen Fenstern) quält gar sehr, auch ist gewissermassen vorgeschrieben, welchen älteren Bildern sie nacharbeiten sollen. Die Aufgabe mag seltsam seyn, aber es ist doch wenigstens eine äussere Veranlassung zum Malen. Aus diesem Mangel äusserer Veranlassung können Sie Sich leichter als aus Wackenroder (nicht Wackenröder) die Bildung mancher neueren Maler erklären, so wie denn auch Wackenroder wohl nie jene aus einzelnen Äusserungen ihm schuldgegebene Ansicht hatte. Er achtete gar sehr das Studium, aber aus nichts wird nichts, eine unzeitige Kritik versteckte damals der Jugend Ansicht und Einsicht; junge Maler dieser Art und ich habe deren genug gekannt, kamen zu nichts. Der Schoppe, so heist der Berliner Künstler der das Bild nach Dante malte, dessen der II B. der Rheinreise erwähnt, soll von Wackenroder wie ich höre, gar nichts gewußt haben, er malte nach Dante, weil er Italiänisch lernte und niemand ihm etwas Besseres zum Malen aufgab,

Michael Angelo zeichnete einen Band voll Randzeichnungen zum Dante und hegte wohl so wenig wie Schoppe eine kränkliche Religiosität. Schoppe ist hier bey allen verschiedenartigsten Meistern als einer der geschicktesten Schüler der hiesigen Kunstschule bekannt, jenes Bild soll in aller Hinsicht in Zeichnung und Beleuchtung höchst lobenswerth gewesen seyn und wurde nur wegen des gemischten Frauenzimmerpublikums, das die Ausstellung besucht, von derselben zurückgehalten. Übrigens kenne ich weder den Mann, noch sein Bild, es schien mir aber Pflicht gegen das ohnehin so kärgliche und zufällige Geschick des jungen Mannes, der jezt mit kleinem Gehalte begabt sich auf Reisen befindet, Ew. Excellenz einiges Mißtrauen gegen den hiesigen Corresponbenten einzuflößen, der Ihnen die Notiz zu der Rheinreise mittheilte. Oft meint es solch ein Corresponbent gar nicht so übel, aber der Wunsch einem Ausgezeichneten etwas Ausgezeichnetes mitzutheilen, steigert unbewust die Worte.

Über die Rochuskapelle, über ihren ältern Zustand, wie ich den gespaltenen hölzernen Rochuskopf mit Blumen schmückte und daburch unschuldig seinen Umsturz durch franz. Douaniers veranlaßte, wie ich den Kopf endlich zur Ruhe gebracht und begraben habe, hätte ich Manches mitzutheilen. Vielleicht gewährt mir dieser Sommer, der mich auf einige Wochen nach Karlsbad führt, die Gunst Ew. Excellenz dies und die Versicherung meiner Verehrung mündlich zu berichten.

Berlin
den 15 Juny 1817. L. Achim von Arnim.

14. Arnim an Goethe.

Ew. Excellenz
übersende ich die Übersetzung des altenglischen Faust in Auftrag des abwesenden Übersetzers. Die Richtung aller neueren europäischen Kunstbildung zur Vorzeit hat auch dieses Denkmahl vorshakespearischer Kunst in England wieder ans Licht gefördert. Da es die wahrscheinliche Quelle des deutschen Volksschauspiels ist, so spricht es uns nicht fremdartig an, aber freilich ists Grandioser im Ernst, auch leuchten einige der Sterne darin, die bey der Geburt Shakespeares schienen und die im Puppentheater allmälig untergingen. Eine Frage wirft sich dabey auf, woher es gekommen, daß Shakespeare, der so viele ältere Komödien neu bearbeitete, nicht auch den Faust sich aneignete? Der Stoff scheint ihm nicht fern zu liegen. Hatte Marlowe damals noch zu viel Ruhm, war das Stück allzu bekannt und gleichsam abgenutzt? Das alles konnte ich in der Vorrede nicht berühren, ohne die Grenzen zu überschreiten.

Ich empfehle mich mit dem Wunsche, daß Ew. Excellenz unsre Stadt mit Ihrer Gegenwart erfreuen, wie sich Ihre Freunde zu hoffen berechtigt glauben; es baut sich hier manches Schöne durch Schinkel, und vieles strebt kräftig zusammen, was sonst kränkelnd und zerstreut als ein Irrthum der Zeit auch von Wohlbebächtigen belächelt wurde, so kommt denn freilich immer Kunst und Wissenschaft auf anderm ungeahndeten Wege wieder zur Welt zurück und wo es am hellsten wird, da lag gewiß der dichteste Nebel.

Berlin Ew Excellenz
den 20 May 1818. hochachtungsvoll ergebner,
L. Achim von Arnim.

15. Arnim an Goethe.

Wiepersdorf bey Dahme den 12 July 1819.

Ew. Excellenz übersende ich mein Schauspiel „Die Gleichen" mit mehr Vertrauen, als meine früheren Versuche. Bey diesen fürchtete ich von Ihnen gelesen zu werden, bey jenem fühle ich mein Kunstgewissen vom Vorwurfe des Leichtsinns frey, es ist reiflich überdacht und konnte nun einmal nicht anders werden. Nicht als ob ich jede Einzelnheit rechtfertigen wollte, vielmehr wurde ich gegen dergleichen gleichgültiger, als ich mich zu der Mühe entschloß, die bedeutende Aufgabe des Stücks dreymal nach anderm Plane, so wie sich meine Einsicht an der Erfahrung steigerte, auszuarbeiten. Die erste Bearbeitung war rein tragisch, der unauflösliche Widerspruch rechtfertigte den schmerzlichen Untergang. Die Zweite war lustig und bemühte sich in der Nachsicht der gebildeten Welt die strengen Gesetze mit den Wünschen und Bedürfnissen auszugleichen, der doppelte Eheherr wurde von gefälligen Hausfreunden in dem ganzen Umfange seines eheligen Geschäfts unterstützt. Wie aber jener Ausweg das staubige Ende eines Sonntagsspaziergangs in der Stadt mit den meisten Tragödien gemein hatte, so glich dieser mehr der aus Vergessenheit bey lustigem Gespräch entstehenden Überfüllung an reichlicher Mittagstafel, die Ahndung böser Folgen, selbst der Langenweile stört den Gipfel der Lustigkeit. So muste ich endlich, um nicht aus der Erhebung zu versinken, ein klein wenig Himmel auf die Erde herabziehen, nur so viel, um weder im Schmerz, noch in der Luft zu versinken, doch ohne beyde unmöglich zu machen.

Doch zu viel schon von meinem einsamen Bemühen für ein Theater, das nirgend vorhanden ist. — Der Anblick des Kometen erinnert mich an das Jahr, in welchem ein ähnliches Gestirn mich zum letzten mal in Ihre Nähe führte. Meine Frau vereinigt ihre Wünsche mit den meinen für Ihr Wohlseyn an den Quellen, die Sie Sommers zu besuchen pflegen. Ich komme eben von einer kurzen Reise aus Berlin und konnte mich beym Anblicke der prächtigen Werkstätte von Rauch und Tieck im Lagerhof des Gedankens nicht erwehren, daß Ihnen ein Besuch dort eben so erfreulich, als jenen lehrreich seyn würde. Ew. Excellenz erfüllen vielleicht in Tagen, wo die Schönheit der Gegend gleichgültig wird, die Hoffnung vieler Ihrer Freunde,

Sie in Berlin zu sehen, wenigstens ist dies die geheime Deutung die dem diesjährigen Kometen beylegt Ihr ergebenster Ludwig Achim von Arnim.

16. Arnim an Goethe.

[Weimar, 4. December 1820.]

Der Wunsch Ew. Excellenz nach neun Jahren wieder einmal die Aufwartung zu machen, hält mich hier bey meiner Durchreise fest; einen gleichen Wunsch hegt mein Reisegenosse Herr Ruhl, der Maler aus Cassel. Sollte unser Besuch Ihnen nicht lästig seyn, so bitten wir, uns gütigst eine Stunde zu bestimmen.

Hochachtungsvoll
Lud: Achim von Arnim.

17. Arnim an Goethe.

Einliegendes gegossenes silbernes Schaustück wurde von mir aus dem Schmelztiegel eines Juden errettet, zum Beweise, daß der Salamander, obgleich er dem Auge nur wie eine der vielen abgelegten Häute erscheint, womit die Welt überall bedeckt ist, seine erhaltende Kraft bewahrt hat. Mit dieser Kraft drängt er mich, daß er in die rechten Hände und in die Reihe andrer Seltenheiten komme.

Wiepersdorf bei Dahme
den 23 August 1826.

Ludwig Achim von Arnim.

VI.
Bettina von Arnim.

1. Bettina an Goethe.

Liebe, liebe Tochter! Nenne mich ins künftige mit dem mir so theuren Namen Mutter, du verdienst ihn so sehr — so ganz und gar, mein Sohn sei dein inniggeliebter Bruder — dein Freund der dich gewiß liebt und pp.

Solche Worte schreibt mir Goethes Mutter; zu was berechtigen mich diese? — Auch brach es los wie ein Damm in meinem Herzen; — ein Menschenkind, das einsam steht auf einem Fels, von allen Winden und reißenden Ströhmen umbrauf't, seiner selbsten ungewiß, hin- und herschwankt auf schwachen Füßen; wie die Dornen und Disteln um es her — so bin ich! so war ich da ich meinen Herrn noch nicht erkannt hatte. Nun wend ich mich wie die Sonnenblume nach meinem Gott, und kann ihm mit dem von seinen Strahlen glühenden Angesicht beweisen, daß er mich durchdringt. O Gott! darf ich auch? — und bin ich nicht allzu kühn?

Und was will ich denn? — erzählen, wie die herrliche Freundlichkeit mit der Sie mir entgegen kamen jetzt in meinem Herzen wuchert; alles andre Leben mit Gewalt erstickt? — wie ich immer muß hinverlangen wo mir's zum erstenmal wohl war? — Das hilft alles nichts — die Worte Ihrer Mutter! — Ich bin weit entfernt zu glauben, daß ich den Antheil besitze den ihre Güte mir zumißt — aber diese haben mich verblendet, und ich mußte zum wenigsten den Wunsch befriedigen, daß Sie wissen mögten, wie mächtig mich die Liebe in jedem Augenblick zu Ihnen hinwendet.

Auch darf ich mich nicht scheuen diesem Gefühl mich hinzugeben, denn ich wars nicht die mir es in das Herz pflanzte, ist es denn mein Wille wenn ich plötzlich aus dem augenblicklichen Gespräch hinüber getragen bin zu Ihren Füßen, dann setze ich mich an die Erde und lege den Kopf auf Ihren Schooß, oder ich drücke Ihre Hand an meinen Mund, oder ich stehe an Ihrer Seite und umfasse Ihren Hals, und es währt lange bis ich eine Stellung finde, in der ich verharre, dann fang ich an zu plaudern wie es meinen Lippen behagt, die Antwort aber die ich mir in Ihrem Namen gebe, spreche ich mit Bedacht aus: Mein Kind! mein artig gut Mädchen! liebes Herz! sag ich zu mir und wenn ich das bedenk, daß Sie vielleicht wirklich es sagen könnten wenn ich so vor Ihnen stände, dann schaudre ich vor Freude und Sehnsucht zusammen.

O wie viel hundertmal träumt man, und träumt besser als einem je wird. — Muthwillig und übermüthig bin ich auch zuweilen, und preise den Mann glücklich den die Bettine so sehr, sehr liebt; dann lächeln Sie und bejahen es in freundlicher Großmuth.

Weh mir wenn dies alles nie zur Wahrheit wird, dann wird mein Leben das Herrlichste vermissen. Ach, ist der Wein denn nicht die schönste und heiligste unter allen himmlischen Gaben? — Diesen werd ich vermissen, und werde das andre nur gebrauchen wie hartes geistloses Wasser das nicht nach mehr schmeckt.

Wie kann ich mich alsdann trösten? — mit dem Lied etwa: „Im Arm der Liebe ruht sich's wohl, wohl auch im Schooß der Erde?" — oder: „Ich wollt ich läg und schlief zehntausend Klafter tief." —

Ich wollt ich könnte meinen Brief mit einem Blick in Ihre Augen schließen, schnell würde ich Vergebung der Kühnheit herauslesen und diese noch mit einsiegeln; ich würde dann nicht ängstlich sein über das kindische Geschwätz, das mir doch so ernst ist. — O, Sie wissen wohl, wie übermächtig, wie voll süßen Gefühls das Herz oft ist, und die kindische Lippe kann das Wort nicht treffen, den Ton kaum, der es wiederklingen macht.

Cassel, den 15. Juny [1807]
  bei Hr. Jordis.
    Bettine Brentano.

2. Bettina an Goethe.

[Cassel, November 1807?]

Warum muß ich denn wieder schreiben? Einzig um wieder mit Dir allein zu seyn, so wie ich gern kam in Weimar um mit Dir allein zu seyn, zu sagen hab ich nichts damals hatte ich auch nichts zu sagen, aber ich hatte Dich anzusehen und innig froh zu seyn, und war Bewegung in meiner ganzen Seele. — Und wenn ein Dritter meine Briefe sähe; er würde sagen hier ist einzig von Liebe die Rede, es ist ein Herz voll Liebe das hier geschrieben hat, es ist ihm nicht mehr zu helfen. —

Ist dem zu helfen der die Augen einmal ins Leben auf geschlagen hat? — Er ist gebohren, und muß die Welt anschauen mit Schlechtem und Rechtem, bis in den Tod. — Seelig wer beym ersten Blick gleich das herrlichste erblickt und es so fest anblickt daß kein Lärm und fremder Schein ihn abzuwenden vermag. Bin ich zu tablen Herr meiner Seele; soll von Liebe nicht die Rede seyn? So muß ich wahrlich verstummen, denn ich weiß nichts anders.

So wie der Freund Anker löst nach langer Zögerung und endlich scheiden muß; ihm wird die lezte Umarmung was ihm hundert Küße und Worte waren, ja mehr noch, ihm werden die Ufer die er in der Entfernung ansieht, was ihm der lezte Anblick war, Und wenn nun endlich auch das blaue Gebirg ver=

schwindet, so wird ihm seine Einsamkeit seine Erinnerung alles, so ist das treue Gemüth beschaffen das Dich lieb hat, das bin ich! die Dir von Gott gegeben ist, als ein Damm, über welchen Dein Herz nicht mit dem Strohm der Zeit Schwimmen soll, sondern ewig jung in Dir bleibt und ewig geübt in der Liebe —

Und wenn Du stehst als ein Gott auf dem Altar und wenn sie alle rufen Du bist herrlich! herrlich! wir opfern Dir; und wenn Dein Sinn wäre von Stein wie Dein Bildniß, so müßte ich doch rufen umarme mich, weißer Cararischer Stein!

Bettine.

Sabigny reißt morgen nach Frankfurth ich bleibe noch 3 Wochen hier werde also die Commissionen nicht so bald ausrichten können es wird jedoch nichts vergessen werden.

Grüß alles was Du lieb hast von mir und bann mich vorzüglich. Bettine.

3. Goethe an Bettina.

Sie haben Sich, liebe Bettine, als ein wahrer kleiner Christgott erwiesen, wissend und mächtig, eines jeden Bedürfnisse kennend und ausfüllend. Ihre Schachtel kam kurz vor Tische, verdeckt trug ich sie dahin wo Sie auch einmal saßen und tranck zuerst Augusten aus dem schönen Glase zu. Wie verwundert war er als ich es ihm schenckte! Darauf wurde Riemer

mit Kreuz und Beutel beliehen. Niemand errieth
woher. Auch zeigte ich das höchst künstliche und zier=
liche Besteck, da wurde die Hausfrau verdrieslich daß
sie leer ausgehen sollte. Nach einer Pause um ihre
Gedulb zu prüfen zog ich enblich den Gewandstoff
hervor, das Räthsel war aufgelöst und jedermann im
Lob und Preise Bettines fröhlich.

Wenn ich also noch umwende; so habe ich immer
nur Lob und Danck Da Capo vorzutragen. Das aus=
gesuchte zierliche der Gaben war überraschend. Kunst=
kenner wurden herbehgerufen die artigen Balgenden
zu bewundern, genug es entstand ein Fest als wenn
Sie eben selbst wieder gekommen wären.

Und nun hoffe ich balb Nachricht wie Sie die gute
Mutter gefunden haben, wie Sie ihrer pflegen und
was für Unterhaltungen im Gange sind. Der lieben
Meline Mützchen kam früher. Ich darfs nicht laut
sagen es steht aber niemand so gut als ihr. Herrn
Stollens Attention auf dem blauen Papier hat Ihnen
doch Freude gemacht. Abieu mein artig Kind! Schreiben
Sie balb daß ich wieder was zu übersetzen habe.

Weimar d. 9. Jan. 1808.   G.

4. Goethe an Bettina.

Weimar den 24. Februar 1808.

Sie haben, liebe kleine Freundinn, die sehr gran=
diose Manier uns Ihre Gaben immer recht in Masse

zu senden. So hat mich Ihr letztes Packet gewisser=
maßen erschreckt. Denn wenn ich nicht recht haus=
hältisch mit dem Inhalt umgehe, so erwurgt meine
kleine Hauscapelle eher daran als daß sie Vortheil
davon ziehen und uns Freude dadurch machen sollte.
Sie sehen also, meine Beste, wie man sich durch Groß=
muth selbst dem Vorwurf aussetzen könne. Lassen Sie
sich aber nicht irre machen. Zunächst soll Ihre Ge=
sundheit von der ganzen Gesellschaft recht ernstlich
getrunken und darauf das Confirma hoc Deus von
Jomelli angestimmt werden, so herzlich und wohlge=
meint als nur jemals ein salvum fac Regem.

Und nun gleich wieder eine kleine Bitte, damit
wir nicht aus der Übung kommen. Senden Sie mir
doch gelegentlich die jüdischen Broschüren. Ich möchte
doch sehen wie sich die modernen Israeliten gegen die
neue Städtigkeit gebehrden, in der man sie freylich
als wahre Juden und ehemalige kaiserliche Kammer=
knechte tractirt. Mögen Sie etwas von den christ=
lichen Erziehungsplanen beylegen, so soll auch !das
unsern Dank vermehren. Ich sage nicht, wie es bey
solchen Gelegenheiten gewöhnlich ist, daß ich zu allen
gefälligen Gegendiensten bereit sey; doch wenn etwas
bey uns einmal reif wird was Sie freuen könnte, so
soll es auch zu Ihnen gelangen. Grüßen Sie Arnim
vielmals und sagen ihm er möchte mir doch auch
einmal wieder schreiben.   Goethe.

5. Goethe an Bettina.

Die Documente philanthropischer Christen- und Judenschaft sind glücklich angekommen, und Ihnen soll dafür, liebe kleine Freundinn, der beste Dank werden. Es ist recht wunderlich, daß man eben zur Zeit, da so viele Menschen todtgeschlagen werden, die übrigen aufs beste und zierlichste auszuputzen sucht. Fahren Sie fort mir von diesen heilsamen Anstalten, als Beschützerinn derselben, von Zeit zu Zeit Nachricht zu geben. Dem Braunschweigischen Juden Heiland ziemt es wohl sein Volk anzusehen, wie es seyn und werden sollte; dem Fürsten Primas ist aber auch nicht zu verdenken, daß er dieß Geschlecht behandelt wie es ist, und wie es noch eine Weile bleiben wird. Machen Sie mir doch eine Schilderung von Herrn Molitor. Wenn der Mann so vernünftig wirkt, als er schreibt, so muß er viel Gutes erschaffen.

Ihrem eigenen philanthropischen Erziehungswesen aber wird Überbringer dieses, der schwarzaugige und braunlockige Jüngling empfohlen. Lassen Sie seine väterliche Stadt auch ihm zur Vaterstadt werden, so daß er glaube sich mitten unter den Seinen zu befinden. Stellen Sie ihn Ihren lieben Geschwistern und Verwandten vor und gedenken Sie mein, wenn Sie ihn freundlich aufnehmen. Ihre Berg-Burg-Kletter- und Schaurelationen versetzen mich in eine schöne heitre Gegend und ich stehe nicht davor daß

Sie nicht gelegentlich davon eine phantastische Abspieglung in einer fata morgana zu sehn kriegen.

Da nun von August Abschied genommen ist, so richte ich mich ein von Haus und der hiesigen Gegend gleichfalls Abschied zu nehmen und bald möglichst nach den Carlsbader Gebirgen zu wandeln.

Heute um die 11. Stunde wird confirma hoc Deus gesungen, welches schon sehr gut geht und großen Beyfall erhält.

Weimar den 3. April 1808.   G.

6. Goethe an Bettina.

Weimar den 20. April 1808.

Auch gestern wieder, liebe Freundinn, hat sich aus Ihrem Füllhorn eine reichliche Gabe zu uns ergossen, gerade zur rechten Zeit und Stunde: denn die Frauenzimmer waren in großer Überlegung, was zu einem angesagten Fest angezogen werden sollte. Nichts wollte recht passen; als eben das schöne Kleid ankam, das denn sogleich nicht geschont wurde. Nehmen Sie recht vielen Dank von uns dafür. Da unter allen Seligkeiten, deren sich meine Frau vielleicht rühmen möchte, die Schreibseligkeit die allergeringste ist; so verzeihen Sie, wenn sie nicht selbst die Freude ausdrückt, die Sie ihr gemacht haben. Wie mager es bey uns aussieht fällt mir erst recht auf, wenn ich umherblicke und Ihnen doch auch einmal etwas freund-

liches zuschicken möchte. Darüber will ich mir nun
also weiter kein Gewissen machen, und auch für die
gedruckten Hefte danken.

Es war mir sehr angenehm zu sehen, daß man
den Finanzgeheimeräthlichen, Jacobinischen Israels
Sohn so tüchtig nach Hause geleuchtet hat. Können
Sie mir den Verfasser der kleinen Schrift wohl nennen.
Es sind treffliche einzelne Stellen drinn, die in einem
Plaidoyé von Beaumarchais wohl hätten Platz finden
können. Leider ist das ganze nicht rasch, kühn und
lustig genug geschrieben, wie es hätte seyn müssen,
um jenen Humanitätssalbader vor der ganzen Welt
ein für allemal lächerlich zu machen. Nun bitte ich
aber noch um die Judenstädtigkeit selbst, damit ich ja
nicht zu bitten und zu verlangen aufhöre.

Was Sie mir von Molitor zu sagen gedenken,
wird mir sehr angenehm seyn. Auch durch das
letzte was Sie von ihm schicken wird er mir merk=
würdig, besonders durch das war er von der Pesta=
lozzischen Methode sagt. Leben Sie recht wohl! Haben
Sie tausend Dank für die gute Aufnahme des Sohns
und bleiben den Eltern günstig.

G.

7. Goethe an Bettina.

Da sich nun der durchreisende Passagier entfernt
hat, so ist es billig, daß der Vater Ihnen den besten
Dank sage für alle das Freundliche und Gute was

Sie ihm erzeigt haben. Ich hoffe, er wird Ihnen bis zu Ende werth geblieben seyn.

Möchten Sie denn nun auch, meine liebe kleine Freundinn, gelegentlich meinen Dank, meine Verehrung unserm vortrefflichen Fürsten Primas ausdrücken, daß er meinen Sohn so über alle Erwartung geehrt und der braven Großmutter ein so einziges Fest gegeben. Ich sollte wohl selbst dafür danken; aber ich bin überzeugt, Sie werden das was ich zu sagen habe viel artiger und anmuthiger wenn auch nicht herzlicher vortragen.

Und nun, da Sie einmal wohl meine Dankträgerinn seyn wollen, so sagen Sie Herrn von Arnim auch recht viel Schönes. Er hat mir seine wunderliche Zeitung geschickt, worin mich manches gar freundlich anspricht. Ich wünsche, daß er wohl damit fahren möge. Wenn ich in Carlsbad zu Ruhe bin, so soll er von mir hören. Ihrer wird oft, besonders neuerlich bey den schönen Granaten öfters dankbar gedacht, und wenn ich allein bin wird mir ein Brief von Ihnen in Carlsbad bey den drey Mohren ein willkommner Besuch seyn. Erzählen Sie mir ja recht viel von Ihren Reisen, Landpartieen, alten und neuen Besitzungen und erhalten Sie mir ein freundliches Andenken.

Weimar den 4. May 1808.   G.

8. Goethe an Bettina.

Carlsbad den 22. Juni 1808.

Ist es wahr, was die verliebten Poeten sagen, daß kein größeres Vergnügen sey, als das Geliebte zu schmücken; so haben Sie, vortreffliche kleine Freundinn, das größte Verdienst um mich, indem Sie mir so oft Gelegenheit geben, irgend Jemand, dem ich wohl will, mit Ihren Gaben auszuputzen, die so mannigfaltig sind, daß ich wirklich nicht einmal weiß, ob ich Ihnen schon für die chinesischen Früchte gedankt habe, die beynahe in meinem Kreise zu Zankäpfeln geworden wären.

Ihren liebenswürdigen Dichter, dem, wie es mir scheint, Zeichner und Kupferstecher an Form und Ausdruck manches Gute geborgt haben, mußte ich mit hieher nehmen, um recht wohl begleitet zu seyn. Es ist gewiß eine schöne edle Gestalt, und man mag sich den Mann gern so denken, dem man manchen Genuß schulbig ist.

Ihr freundlicher Brief hat mich hier bey Zeiten aufgesucht und mich frehlich in eine andre Gegend und unter einen andern Himmel versetzt. Auch ich erinnere mich am Fuße des Johannisbergs schöne Tage gelebt und vortrefflichen Wein getrunken zu haben. Auch ich bin den Rhein hinuntergeschwommen in einem kleinen lecken Kahn, und so habe ich also ein doppeltes Recht an Ihr Andenken.

Vielleicht ist Arnim bey Ihnen, wenn dieser Brief anlangt. Danken Sie ihm für das Heft, das er mir geschickt hat. Ob ich gleich den Nifelheimischen Himmel nicht liebe, unter welchem sich der Einsiedler gefällt; so weiß ich doch recht gut, daß gewisse Climaten und Atmosphären nöthig sind, damit diese und jene Pflanze, die wir doch auch nicht entbehren mögen, zum Vorschein komme. So heilen wir uns durch Rennthiermoos, das an Orten wächst, wo wir nicht wohnen möchten; und um ein ehrsameres Gleichniß zu brauchen: so sind die Nebel von England nöthig um den schönen grünen Rasen hervorzubringen.

So haben auch mir gewisse Aufschößlinge dieser Flora recht wohl behagt. Wäre es dem Redacteur jederzeit möglich dergestalt auszuwählen, daß die Tiefe niemals hohl, und die Fläche niemals platt würde; so ließe sich gegen ein Unternehmen nichts sagen, dem man in mehr als einem Sinne Glück zu wünschen hat. Grüßen Sie Arnim zum schönsten und entschuldigen mich, wenn ich nicht direct schreibe.

Wie lange werden Sie noch im Rheinlande verweilen? Was werden Sie zur Zeit der Weinlese vornehmen? Mich findet ein Brief wohl noch einige Monate hier, zwischen den alten Felsen neben den heißen Quellen, die mir auch dießmal sehr wohlthätig sind.

Meinem August geht es bis jetzt in Heidelberg ganz wohl. Meine Frau besucht in Lauchstädt Theater und Tanzsaal. Schon haben mich manche entfernte Freunde hier brieflich besucht; mit andern bin ich ganz unvermuthet persönlich zusammengekommen.

Da ich so lange gezaubert habe will ich dieses Blatt gleich fortschicken. Ich schlage es an meine Mutter ein. Lassen Sie mich bald von sich hören.

G.

9. Goethe an Bettina.

Du bist sehr liebenswürdig, gute Bettine, daß du dem schweigenden Freunde immer einmal wieder ein lebendig Wort zusprichst, ihm von deinen Zuständen, und von den Localitäten in denen du umherwandelst einige Nachricht giebst, ich vernehme sehr gern wie dir zu Muthe ist und meine Einbildungskraft folgt dir mit Vergnügen sowohl auf die Bergeshöhen, als in die engen Schloß und Klosterhöfe. Gedencke meiner auch bei den Eydexen und Salamandern.

Eine Dancksagung meiner Frau wird bey dir schon eingelaufen seyn, deine unerwartete Sendung hat unglaubliche Freude gemacht und ist jede einzelne Gabe gehörig bewundert und hochgeschätzt worden. Nun muß ich auch schnell für die mehreren Briefe dancken die du mir geschrieben hast und die mich in meiner Carlsbader Einsamkeit angenehm überraschten und unterhielten. Damals schickte ich ein Blättchen an dich meiner Mutter, ich weiß nicht ob du es erhalten hast. Diese Gute ist nun von uns gegangen und

ich begreife wohl wie Franckfurt dir dadurch ver=
ödet ist. Meine Frau war dort, es ist ihr wohl
gegangen, doch hat sie dich recht eigentlich vermißt,
dagegen hat sie bein Andencken von München her gar
sehr erfreut.

Herr v. Humbold hat uns viel von dir erzählt.
Viel das heißt oft. Er fing immer wieder von deiner
kleinen Person zu reden an, ohne daß er so was recht
eigentliches hätte zu sagen gehabt, woraus wir denn
auf ein eignes Interesse schließen konnten. Neulich
war ein schlancker Architect von Cassel hier, auf den
du auch magst Eindruck gemacht haben.

Dergleichen Sünden magst du denn mancherley auf
dir haben, deßwegen du verurtheilt bist Gichtbrüchige
und Lahme zu warten und zu pflegen. Ich hoffe
jedoch das soll nur eine vorübergehende Büßung wer=
den, damit du dich des Lebens desto besser und leb=
hafter mit den Gesunden freuen mögest.

Laß uns von Zeit zu Zeit ein Wort vernehmen,
es thut immer seine gute und freunbliche Wirckung
wenn auch der Gegenhall nicht bis zu dir hinüber=
bringt. Meine Frau höre ich hat dich eingeladen,
das thu ich nicht und wir haben wohl beyde recht.
Lebe wohl, grüße freundlich die Freundlichen und
bleib uns Bettine. Adieu!

W. d. 22. Febr. 1809.   G.

10. Goethe an Bettina Brentano.

Ihr Bruder Clemens, liebe Bettine, hatte mir, bey einem freundlichen Besuch, den Albrecht Dürer angekündigt, so wie auch in einem Ihrer Briefe desselben gedacht war. Nun hoffte ich jeden Tag darauf, weil ich an diesem guten Werk viel Freude zu erleben dachte, und wenn ich mir's auch nicht zugeeignet hätte, es doch gern würde aufgehoben haben, bis Sie gekommen wären es abzuholen. Nun muß ich Sie bitten, wenn wir es nicht für verloren halten sollen, sich genau um die Gelegenheit zu erkundigen, durch welche es gegangen, damit man etwa bey den verschiedenen Spediteurs nachkommen kann: denn aus Ihrem heutigen Briefe sehe ich, daß es Fuhrleuten überliefert worden. Sollte es inzwischen ankommen, so erhalten Sie gleich Nachricht.

Der Freund welcher die Cöllner Vignette gezeichnet weiß was er will und versteht mit Feder und Pinsel zu hantiren. Das Bildchen hat mir einen freundlichen guten Abend geboten.

Franz Badern werden Sie schönstens für das Gesendete danken. Es war mir von den Aufsätzen schon mancher einzeln zu Gesichte gekommen. Ob ich sie verstehe weiß ich selbst kaum; allein ich konnte mir manches daraus zueignen. Daß Sie meine Unart gegen den Maler Klotz durch eine noch größere die Sie mir verziehen haben, entschulbigt ist gar löblich und hat dem guten Mann gewiß besonders zur Erbauung gedient. Etwas von seinen Tafeln möchte ich freylich sehen. Was er mir geschickt ist schwer zu beurtheilen.

Wie viel hätte ich nicht noch zu sagen, wenn ich auf Ihren vorigen lieben Brief zurückgehen wollte! Gegenwärtig nur soviel von mir, daß ich mich in Jena befinde und vor lauter Verwandtschaften nicht recht weiß welche ich wählen soll.

Wenn das Büchlein das man Ihnen angekündigt hat, zu Ihnen kommt, so nehmen Sie es freundlich auf. Ich kann selbst nicht dafür stehen was es geworden ist.

Verzeihe mir, liebe Bettine daß ich dir durch eine fremde Hand schreibe sonst komme ich gar nicht dazu. Deine Briefe machen mir viel Freude, fahre fort an mich zu denken und mir etwas von deinem wunderlichen Leben zu sagen.

Besonders aber suche dem Albrecht Dürer auf die Spur zu kommen. Lebe recht wohl.

Jena d. 11. Sept. 1809.
Goethe.

11. Goethe an Bettina.

Heute bitt' ich endlich einmal um Verzeihung, liebe Bettine, wie ich es schon oft hätte thun sollen. Ich habe dir wegen des Bildes vergebne Sorge gemacht. Es ist in Weimar wircklich angekommen und

nur durch Zufall und Vernachläſſigung kam die Nach=
richt nicht an mich herüber. Nun ſoll es mich bey
meiner Rückkehr in deinem Rahmen freundlichſt em=
pfangen und mir ein guter Wintergeſelle werden.
Auch ſolange bey mir verweilen bis du zu uns
kommſt es abzuhohlen. Laß uns bald wieder von dir
vernehmen. Meine Frau grüßt aufs beſte. Auguſt
kommt Anfang October von Heidelberg zurück wo es
ihm ganz wohlgegangen iſt. Auch hat er eine Rhein=
reiſe bis Coblenz gemacht. Lebe unſrer gedenck.
  Jena d. 15. Sept. 1809. G.

12. Goethe an Bettina.

Man kann ſich mit dir, liebe Bettine, in keinen
Wettſtreit einlaſſen, du übertriffſt die Freunde mit
Wort und That, mit Gefälligkeiten und Gaben, mit
Liebe und Unterhaltung; das muß man ſich denn
alſo gefallen laſſen und dir dagegen ſoviel Liebe
zuſenden als möglich und wenn es auch im Stillen
wäre.

Deine Briefe ſind mir ſehr erfreulich, ſie erinnern
mich an die Zeit wo ich vielleicht ſo närriſch war wie
du, aber gewiß glücklicher und beſſer als jetzt.

Dein hinzugefügtes Bild ward gleich von jeder=
mann erkannt und gebührend begrüßt. Es iſt ſehr
natürlich und kunſtreich dabey, ernſt und lieblich.
Sage dem Künſtler etwas freundliches darüber und

zugleich: er möge ja fortfahren sich im Radiren nach der Natur zu üben. Das Unmittelbare fühlt sich gleich. Daß er seine Kunstmaximen dabey immer im Auge habe versteht sich von selbst. Ein solches Talent müßte sogar lucrativ werden, es sey nun daß der Künstler in einer großen Stadt wohnte; oder darauf reiste. In Paris hatte man schon etwas ähnliches. Veranlaße ihn doch noch jemand vorzunehmen den ich kenne und schreibe seinen Nahmen. Vielleicht gelingt ihm nicht alles wie das interessante Bettinchen. Fürwahr sie sitzt so treulich und herzlich da, daß man dem etwas korpulenten Wintergarten, der übrigens im Bilde recht gut komponirt, seine Stelle beneiden muß. Das zerknüllte Blättchen habe ich sogleich aufgezogen, mit einem braunen Rahmen umstrichen und so steht es vor mir indem ich dies schreibe. Sende ja bald bessere Abdrücke.

Albrecht Dürer wäre ganz glücklich angekommen, wenn man nicht die unselige Vorsicht gehabt hätte seines Papier oben auf zu packen, das denn im Kleibe an einigen Stellen gerieben hat, die jetzt restaurirt werden. Die Kopie verdient alle Achtung; sie ist mit großem Fleis und mit einer ernsten, redlichen Absicht verfertigt das Original möglichst wieder zu geben. Sage dem Künstler meinen Danck, dir sage ich ihn täglich wenn ich das Bild erblicke. Ich möchte von diesem Pinsel wohl einmal ein Portrait nach der Natur sehen.

Da ich das Wort Natur abermals niederschreibe; so fühle ich mich gedrungen dir zu sagen: daß du doch dein Naturevangelium das du den Künstlern predigst in etwas bedingen möchtest. Denn wer ließe sich nicht von so einer holden Pythonisse gern in jeden Irrthum führen. Schreibe mir ob dir der Geist sagt was ich meyne. Ich bin am Ende des Blats und bitte dich nur noch durch Übersendung Durantischer und Marcellischer Compositionen abermals lieblich in meinem Hause zu spuken.

W. d. 3. Nov. 1809. Goethe.

13. Goethe an Bettina.

Deine Schachtel, liebe Bettine, ist wie eine Glücksbombe ins Haus gefallen und hat einen herrlichen Effect gethan. Meine Frau mag dir selbst schreiben wie verlegen sie um ein Maskenkleid gewesen und wie erfreut sie bey Eröffnung der Schachtel war. Dein lieber Brief mußte als der schönste Schmuck des Ganzen angesehen werden. Nimm in diesen wenigen Worten meinen Danck für deine nie versiegende Liebe, dein immer lebendiges Andencken an die Gegenwärtigen beine Treue für die Vergangnen. Dein Albrecht Dürer wohl restaurirt und eingerahmt, hängt an der Wand zur Lust aller Kunstfreunde und Patrioten. Lebe wohl und laß bald wieder von dir hören.

W. d. 5. Febr. 1810. G.

14. Goethe an Bettina.

Von dir liebe Bettine habe ich sehr lange nichts gehört und kann meine Reise in's Carlsbald ohnmöglich antreten, ohne dich nochmals zu begrüßen und dich zu ersuchen mir dorthin ein Lebenszeichen zu geben. Deine Briefe wandern mit mir, sie sollen mir dort dein freundliches liebevolles Bild vergegenwärtigen. Mehr sage ich nicht — denn eigentlich kann man dir nichts geben weil du dir alles entweder schaffst oder nimmst.

Lebe wohl und gedencke mein.

Jena d. 10. May 1810.

Goethe.

15. Goethe an Bettina.

[Teplitz, Anfang September 1810.]

Deine Briefe, allerliebste Bettine sind von der Art daß man jederzeit glaubt der letzte sey der interessanteste. So ging mir's mit den Blättern die du mitgebracht hattest, und die ich am Morgen deiner Abreise fleißig las und wieder las. Nun aber kam dein letztes das alle die andern übertrifft. Kannst du so fortfahren dich selbst zu überbieten so thu es. Du hast soviel mit dir fortgenommen daß es wohl billig ist etwas aus der Ferne zu senden. Gehe dir's wohl!

Deinen nächsten Brief muß ich mir unter gegen=
überstehnder Abdresse erbitten. Wie ominos! O weh!
was wird er enthalten?
Durch Herren Hauptmann von Verlohren
in
Dresden.

16. Goethe an Bettina.

Nun bin ich, liebe Bettine, wieder in Weimar an=
säſſig und hätte dir ſchon lange für deine lieben
Blätter dancken ſollen, die mir alle nach und nach
zugekommen ſind beſonders für dein Andencken vom
27ten Aug. Anſtatt nun alſo dir zu ſagen wie es
mir geht, wovon nicht viel zu ſagen iſt; ſo bringe
ich eine freundliche Bitte an dich. Da du doch nicht
aufhören wirſt mir gern zu ſchreiben und ich nicht
aufhören werde dich gern zu leſen; ſo könnteſt du mir
noch nebenher einen groſen Gefallen thun. Ich will
dir nämlich bekennen daß ich im Begriff bin meine
Bekenntniſſe zu ſchreiben, daraus mag nun ein Roman
oder eine Geschichte werden, das läßt ſich nicht voraus=
ſehn; aber in jedem Fall bedarf ich deiner Beyhülfe.
Meine gute Mutter iſt abgeſchieden und ſo manche
andre die mir das Vergangne wieder hervorrufen
könnten, das ich meiſtens vergeſſen habe. Nun haſt
du eine ſchöne Zeit mit der theuren Mutter gelebt,
haſt ihre Mährchen und Anecdoten wiederhohlt vernommen und trägſt und hegſt alles im friſchen be=

lebenden Gedächtniß. Setze dich also nur gleich hin und schreibe nieder was sich auf mich und die Meinigen bezieht und du wirst mich dadurch sehr erfreuen und verbinden. Schicke von Zeit zu Zeit etwas und sprich mir dabey von dir und deiner Umgebung. Liebe mich bis zum Wiedersehn.

W. b. 25. Octb. 1810.   G.

17. Goethe an Bettina.

Hier die Duette! In diesem Augenblick habe ich nicht mehr Fassung und Ruhe als dir zu sagen: fahre fort so lieb und anmuthig zu seyn. Laß mich nun bald taufen! Adieu.

b. 12. Nov. 1810.   G.

18. Goethe an Bettina.

Du erscheinst von Zeit zu Zeit, liebe Bettine, als ein wohlthätiger Genius, bald persönlich, bald in allerley guten Gaben. Auch diesmal hast du viel Freude angerichtet, wofür dir der schönste Danck von uns allen abgetragen wird. Möge dir es recht wohl ergehen und alles was du gelobest und dir gelobt wird Glück und Segen bringen.

Daß du mit Zeltern dich näher gefunden hast macht mir viel Freude. Du bist vielseitig genug aber auch manchmal ein recht beschränckter Eigensinn, und besonders was die Musick betrifft hast du wunderliche

Grillen in deinem Köpfchen erstarren lassen, die mir insofern lieb sind weil sie dein gehören, deswegen ich dich auch keineswegs deshalb meistern noch quälen will.

Von denen guten Sachen die ich dir verdanke ist schon gar manches einstudirt und wird oft wiederhohlt. Überhaupt geht unsre kleine musicalische Anstalt diesen Winter recht ruhig und ordentlich fort. Eine sehr schöne und öfter wiederhohlte Vorstellung des Achille von Paer haben wir auch gehabt. Brizzi von München war vier Wochen hier und jederman war zufrieden.

Von mir kann ich dir wenig sagen als daß ich mich wohl befinde, welches denn auch sehr gut ist. Für lauter Äusserlichkeiten hat sich von innen nichts entwickeln können. Ich dencke das Frühjahr und einige Einsamkeit wird das Beste thun. Ich dancke dir zum schönsten für das Evangelium iuventutis, wovon du mir einige Pericopen gesendet hast, fahre fort von Zeit zu Zeit wie es dir der Geist eingiebt.

Und nun lebe wohl und habe nochmals Danck für die warme Glanzweste. Meine Frau grüßt und danckt zum schönsten. Riemer hat wohl schon selbst geschrieben.

   Jena. Wo ich mich auf 14 Tage hinbegeben.
d. 11. Jan. 1811.   G.

19. Bettina an Goethe.

[Berlin, Mitte Juni 1825.]

Theuerster gütigster Freund

Mögen Dich diese Zeilen bei Gesundheit, und Deinen Geist in heiterer Stunde erreichen, und möge es dem Überbringer zu höherem Genuße gedeihen, der ein ebelster ist von Geburt wie von Gesinnung. Er stammt aus einer der ersten Familien Griechenlands, sein Nahme ist: Scjnas, Maurocordatos und Ypsilanti seine Schwäger. Früh hat er sich als guter Schwimmer bewiesen auf dem Sturmerregten Schicksalsmeer; mit Gelassenheit Reichthümer und Würden scheitern sehen, mit Seelengröße sich dem bedeutenderen Verlust von Vater und Freunden gefügt, und sich mit Würde durch die beengendsten Verhältniße gearbeitet. Mit ungemeinem Scharffinn, der beinah an griechische List grenzt, hat er sich in kurzer Zeit der deutschen Sprache bemächtigt; wissenschaftlich aufs Feinste in jedem Bezug gebildet muß er im Gespräch einem jeden Geistreichen interessant sein; milb, gütig und bescheiden gegen Alle, hat er sich alle Herzen gewonnen; Du hast noch nie eine Empfehlung durch mich erhalten — Eifersucht, daß: während andre das nie genug empfundne Glück Dir Nah zu seyn genossen, ich, die am meisten liebt, Dich nicht sehen sollte, hielten mich davon ab; aber dieser weitverschlagne eble Jüngling möge mit meinem guten Willen ein Bild von Dir in sein

Vaterland, wenn er es je findet, zurück nehmen. Dein Blick, der Zeugniß giebt von Himmlischem Feuer, ruhe eine Weile seegnend auf ihm.

Ich konnte Dir nicht schreiben seit ich Dich gesehen! ——

Die Seele ruhte so lange in Deiner lezten Umarmung, ich konnte, ich wollte sie nicht wecken zu anderem Dencken;

Du und Du mit liebender Begegniß: — könnte ich mit Dir seyn von Ewigkeit zu Ewigkeit. Fackelträger — und an der heimathlichen Schwelle lösche ich die Fackel, denn wir finden uns in der Finsterniß im tiefsten Schacht der Seele, weil die Wahrheit uns leuchtet, denn ich bin ganz wahrhaftig in meiner Liebe, denn ich will mit Dir leben durch alle Regionen.

Stolzer Leib! herrlicher Geist, Hort der Schönheit! Fassen und Fühlen, schwimmen in Seeligkeit, untertauchen in ihr, Küssen, Beten, Versincken, alles hast Du mich gelehrt, **und nur in Dir hab ichs begriffen.**

Und welches mächtige Treiben, da wo jeder Herzschlag zu zählen ist, jeder Athemzug zu messen, jeder Seufzer zu wägen; denn alles andere hat kein Gewicht. Amen.

Von Kunst kann ich wenig sagen. Keine Wercke der Unsterblichkeit; Eine Landschaft von Schinckel, der jüngsten Königstochter von der Stadt zur Hochzeit geschenckt, erregt allgemein Verwunderung und Bewunderung; bei mir aber innigere Liebe zu seinen frühesten zum Theil verschütteten Anlagen; der Vorgrund im märchenhaften Kindersinn eines enthusiastischen Weltverschönerers. Der Aufbau eines Tempels füllt ihn aus, der Beschauer mit dem Arbeiter auf dem ersten Geschoß, das ein Basrelief abschließt, worauf die zweite Reihe von Säulen zum Theil rechts schon errichtet, zwischen welchen ein Zeltdach befestigt, unter welchem die Bildhauer ihre Werckstadt eingerichtet und eben mit Ausfertigen des Timbanums beschäftigt sind; die Wipfel der Bäume zu unseren Füßen und die Reihe von Kapitälen des ersten Geschosses, welches hinter dem Gerüst und Triebwerck hervorschaut, machen dies deutlich. Hier oben lenkt eine Gebirgskette den Blick von der Lincken zur Rechten in die Ferne und hält ihn mit ihren grazienhaften Gestalten und Liniamenten, mit denen sie dem Horizonte schmeichelt, beinah ab den schönen Mittelgrund zu beachten, den ein neues Athen einnimt, mit allem Localsinn eines für Griechen Sitte und Geist begeisterten erfunden. Der Tempel Jupiters erhebt sich grade im Mittelpunct zwischen seinen Vorhöfen auf einer Anhöhe, umringt von Palmen, die die Spende der Sonne in sich saugen. Colisäen, Accabemieen, Circus umringen ihn, dann kommen die Märckte, auf allen Seiten bauen sich Vorstädte an, kühle rauschende Grotten, Fontainen die ihre Perlen in die Lüfte stieben. Und man kann zugeben, daß der Künstler sich in das feyerliche und bedeutende der öffentlichen Griechensitte hineinzufühlen gewußt. Im schaurigen Dunckel der Cypressen, unter den wölbigen Kronen der Pinien, unter den trozigen Ästen der Eichen, die, dem Vorgrund näher, auf den umbuschten Höhen des Gesetzes trohnen, erheben sich unzählige Denckmale, in allen Formen den stolzern oder innigern Sinn ihrer Bedeutungen aussprechend. Nebel schlüpfen zwischen den Bergklüften hervor das Meer entlang, das sie umspühlt, und von einzelnen Wimpeln geschmückt zum Leben gereizt wird, was aber von der Grazie majestätischer Einsamkeit, die das ganze mit dem Geist der Ruhe überströmt, wieder gedämpft wird. — Noch unzähliges wär zu sagen von grünenden Inseln, die sich auf den Sandhöhen des Meeres angesiedelt, von Luftorten, von einsamen Fischergeklüft in den fernen Bergrizen, von den entferntesten Puncten, wo man fühlt: dort müssen Menschen wohnen oder dort mögt ich wohnen, und finden den, der so tiefes starckes NaturGefühl in der Darstellung einer fantastischen Erzeugung entwickelt.

Gestern schreibt mir aus Cassel Ludwig Grimm, der sehr verdienstvolle Kupferstecher, der so bedeutend und originell Portraite radiert: ob es wohl möglich wäre Dich dahin zu bewegen, daß er Dich in Deiner Umgebung im Arbeitszimmer zeichnen dürfe. Er bittet mich darüber nachzudencken, wie es wohl anzufangen. Nun halte ich dieß für einen trefflichen Gedancken, der nicht beseitigt werden darf, denn: **Aller Augen warten auf Dich**, und diese werden einstens erquickt werden durch ein solches Bild, und ich, und jeder der Nachkommenschaft wird um der Kinder und Kindeskinder willen darauf bringen, daß es geschehe. Wenn Dirs also gelegen ist, so werde ich Dir den bescheidnen, tieffühlenden, naiven jungen Mann aufs Grabe hinsenden, er wird sich vor Dir in seiner launigen Unbefangenheit, die höchst reitzend ist, gewiß sehr glücklich ausnehmen und du wirst heitere unbelästigte Momente bei der Sitzung verleben. Es kömmt also nur auf Dich an, ob es Dir recht ist, das was allen andern wichtig ist zu befördern und darüber wirst Du mir mit Zeit und Gelegenheit wohl ein Wörtchen zukommen lassen. Auch deiner lieben Tochter Otilie wird seine Bekantschaft Erheiterung und Freude machen, denn er ist der Unschuld allen Witz schuldig, den er hat. Ausgemacht ist, daß Du im weisen Gewand von so weicher Wolle, von so herrlichem Faltenwurf, das meine Stirne so oft berührt hat, gezeichnet werdest.

In diesen lezten Zeilen komme ich noch einmal auf meinen Griechen zurück. Er kann Dir das interessanteste und aufs interessanteste von Griechenland erzehlen, er kann Dir nur angenehm seyn, denn er ist bedeutend und herrlich und sehr gut; lasse ihn auch Deiner lieben Tochter empfohlen seyn.

Bettine.

20. Bettina an Goethe.

[Berlin, Ende October 1826.]

Geliebter Freund und Gönner!

Der Bothe der Dir diese Zeilen überbringt hat dießmal den Vortheil für sich; und alles was ich Dir Treffliches mittheilen könnte, kann das Interesse nicht aufwägen, was diese junge Seele von Dir zu fordern berechtigt ist; also sey er mein Gegenstand, und nicht ich und meine Liebe; er ist Maler; unter Hunderten der neuen Generation hat er sich auf die würdigste Weise hervorgethan; Du wirst wohl schon bedeutendere Nachrichten über die Kunstausstellung erhalten haben als ich Dir geben kann, und da wird man Dir gewiß gesagt haben, daß das Bild des Maler Hübner am meisten von Kunstverständigen und vom Beifall der blos schaulustigen Menge erhoben wird; der Gegenstand ist: Ruth die Ährenleserin unter einem Baum sitzend während Boas ihr zuredet und die übrigen Schnitter sie umgeben; wenn man dieses sein erstes Ölbild mit benen derjenigen vergleicht, die sich jetzt Meister nennen, so ist man allerdings berechtigt größere Anforderungen an die Zukunft zu machen, die von edleren Geistern geleitet wird; aus tieferen Gründen, und mit gewaltigerer Schnellkraft steigen die Strahlen empor, die das Licht in sich auffangen um die Früchte edlerer Art zu reifen.

Ich wünsche dieser jugendlichen Natur, die sich so trefflich zusammen nimt bei den tausend Um und Irrwegen, daß ihr aller Vortheil zukommen möge, den die Zeit der Ewigkeit nur immer abzustreifen vermag; Dich zu sehen gilt für einen solchen Vortheil; Dein Antlitz, Deine Erscheinung durch sinnliche Anschauung zu genießen ist eine Frucht, die der Zeitgeist vom Baum der Ewigkeit gewinnt und genießet; nun so gieb Dich einen Augenblick hin mit der unbefangnen Grazie, der Du einst den Saamen Deines allmächtigen Ruhmes vertrautest, sie hat ihn wohl ans Licht getrieben, seinen Lebenskeim genährt, ihr habt Du die weitschattenden Äste zu verdanken, die ihre Blüthen in fremde Lande streuen; ach ja! das Leben ist ein sonderbarer Ring, er wird mehr wie einmal abgeschlossen und wieder begonnen von einem und demselben Geist, und doch bilden alle nur einen Kreis.

So eben komme ich von der Ausstellung, wo ich Zeuge einer furchtbaren Unverschämtheit war; man hat nähmlich ein Bild ins beste Licht gestellt, was unglücklicher Weise Dich zur Reminiszenz hat, denn gemalt hat er nicht, dieser Kolbe, sondern aufs schandbarste geschmiert, so daß er die Menge auffordert (seine Grobheit Dich zum Gegenstand seiner würdelosen Arbeit zu machen) auf das empfindlichste zu bestrafen; ich selbst bin im Begriff zum Direktor der Accademie zu gehen und ihn dringend aufzufordern dieß Bild in die sogenante Todenkammer zu verweisen, die dazu da ist die Gegenstände, die eingeschickt werden und sich durch ihre Schlechtigkeit nicht eignen besichtigt zu werden, einstweilen zu beherbergen. Dem Nikolovius hab ichs auch zur Pflicht gemacht, daß er sich dagegen auflehne es länger der öffentlichen Schau auszusetzen. Doch genug hiervon, nehme mir nicht übel, daß ich Dich von etwas unterhalte, was Dir unangenehm seyn kann; es ist mir auch gar zu traurig; und dem Kanzler Müller wasche nur tüchtig den Kopf; denn er ist so unglücklich, gutmüthig genug zu seyn, ihn zu protegieren.

Deine Aufträge hab ich ausgerichtet an Beuth, er hat mir auch versprochen Dir sogleich zu senden was er vermag, ob er es ausgerichtet weiß ich nicht, Berlin ist so groß, die Geschäfte gehen so sehr Kreuz und Quer, daß man sich seltner trifft als wenn man aus der Ferne auf einander loß geht; Zelter, Rauch, Schinkel sind begrüßt und erfreut durch Deine Erinnerung. Rauch hat auf der Ausstellung das Monument des Königs von Baiern ausgestellt: „Ein Schelm giebts besser als ers hat" kann er füglich zur Innschrift wählen, denn wahrlich dieß ist der einzige Entschuldigungszettel, den er für dieß bestialische Werck brauchen kann, das größte daran ist die ungeheure Summe, die es kosten soll, und das merckwürdigste, daß diese Summe in den Schlund der verstandloßen Prevention versenckt wird, aus der sie kein Teufel wieder heraus zitieren kann; denn: stehet das ungefüge Denckmal erst da, und hat erst ein jeder für den guten

Willen, einen Monarchen, unter dessen Regierung er sich behaglich fühlte, im Monument zu verklären, sich an dem Kasten, auf dem der Kobolt sitzt, satt geärgert, so wird der Klumpen Erz was er verzehrt hat nie wieder ausspeien, und der geheiligste Erbflecken, der von einer Nation auserschen war Zeugniß ihrer Er= kentlichkeit zu werden, ist verschimpft.

Dieß alles scheint mir hier am unrechten Ort ge= sagt, ich könnte Dich damit verschonen. Du siehst das Licht der Sonne wie es am Horizont sich röthet und die Gegenstände die ihm entgegen streben durchdringt, so glaubst Du auch, daß die Seele, die sich dem Lichte der Kunst darbietet, von ihm durchdrungen wird. Du hast Ehrfurcht vor ihren Productionen und zugleich vor ihrer Würde; es liegt aber auch hier viel Theatralisches zum Grunde und mancher Mensch will zum wenigsten representieren was er nicht zu seyn ver= mag, ja wer hat sich nicht selbst schon auf diesem fahlen Pferde ertapt, sich selbst übertreffen ist eine der wesentlichen Hauptbedingniße eines Kunstwerckes; der Meister, der nur das hervorbringt was sich von ihm erwarten ließ, kann entweder nicht damit zufrieden seyn, oder es ist ihm nur daran gelegen den Ruhm zu genießen ohne ihn zu verdienen; man sucht höheres; Geist und Geistes Erscheinung wollen wir zu Tag fördern, man will nicht allein magisch auf andre wircken, sondern unser eignes Werck soll auf uns zurück wircken, wir wollen gebunden seyn an das

Erhabne, daß wir zum gemeinen nicht zurückzukehren vermögen, und was uns nicht ins Gewahrsam der Begeistrung nimt, das hat den wahrhaftigen Zweck nicht erreicht, dieß läst sich auf plastische Kunst um so besser anwenden, als sie nicht geeignet ist mißbraucht zu werden wie die Malerei, die sehr oft das Schild mangelhafter Eigenschaften, kranker Empfindungen, schwacher Erzeugniße ist. So mancher prahlt sein Lebenlang mit der Liebe, mit der Anschauung eines verehrten Gegenstandes, wenn er ihn bilden soll, so beweist er was Kolbe mit dem unglücklichen Bilde beweist: daß seine Seele ein ungleicher Spiegel ist, in dem sich alles auf die verkehrteste Weise spiegelt, wie kann ein solcher Ansprüche machen für einen wahrhaftigen Menschen gehalten zu werden; das Kind in der Wiege beschämt ihn, denn es ist zum wenigsten dem Unsinn nicht gewachsen, der in aller Welt Ende Herberge findet, wenn die Gastfreundschaft sich an irgend einem nicht versündigt hat, so ist es an diesem, aber dafür hat er sie bezahlt.

Noch einmal komme ich auf meinen jungen Maler zurück, um Dich dringend aufzufordern ihn zum Sprechen zu bringen, er wird Dir manches sagen was Du in einer so jungen Natur nicht erwartetest; seine Anschauungen sind unschulbig und tief philosofisch, der höchst einfache Plan seines Lebensweges contrastiert ganz poetisch mit der manigfaltigen Fühlbarkeit seines Geistes. Ich kenne ihn wenig, aber dieß alles ward ich bald inne; ich bitte Dich ihm die Composition des Charon zu zeigen, die über Deiner Thür hängt. Ich habe ihn aufgemuntert Dir sein Portefeuille zu zeigen, in dem Du eine Komposition aus dem Ariost finden wirst, die von großer Schnellkraft der Imagination zeigt, er versprach mir sie für Dich durchzuzeichnen; sollte er wegen brängender Zeit damit nicht zu Rande gekommen seyn, so darfst Du ihm nur ein aufmunterndes Wort sagen und er wird Dir es gewiß noch von Düsseldorf schicken, wohin er mit dem Maler Schadow [geht], der dort Direktor der Accademie geworden. Nun grüße ich die Deinen tausendmal, und auch Dich weil Du das Küssen verbothen.

Bettine.

21. Bettina an Goethe.

Heute ist an Dir die Reihe Dich einer Bekanntschaft zu freuen, so mancher wurde Dir gesandt um des Glückes theilhaftig zu werden Dich gesehen zu haben. Ich halte es für ein Glück für Dich wenn Du recht zutrauungsvoll ein paar Tage mit diesem Manne zubringst, ich bitte Dich, lasse Dich mit ihm ein. Spreche ihn wie einen gewohnten geprüften Freund, ich schencke Dir ihn ganz für die Zeit, welche er in Weimar zubringt, sey geizig mit diesem Geschenck und laße Dir es nicht durch kleinliche Störung verkürzen, ich weiß, es wird Dir Nutzen, Freude und Erkenntniß daraus erwachsen; wenn ich bencke, mit welcher leisen

Ahndung Du die Pflanzenkunde behandeltest, so recht wie der Liebende, der die Sieben Himmel kennt, und keinen überspringen will; und so alle Deine Forschungen im Reich der Natur, daß der Sehnsüchtige eifersüchtig wird, daß er nicht der Gegenstand dieser Forschungen ist; so fühle ich, daß die Weisheit der Homöopathie Dir näher liegt wie jedem andern. Dein Leib und Dein Geist werden durch ihre Bekantschaft gewinnen.

— Keiner will ans Wunderbare glauben und doch ist die Wahrheit ein Wunder, und die Treue ist auch ein Wunder und beide bewähren sich aneinander, und wenn ich mich zwischen beiden realisirte, so wäre ich das gröste Wunder, und Du besäsest einen Schaz an mir in dopeltem Sinn, denn ich wär Dein und Dir Hingegeben. — Ich habe jezt einen andern Theil erwählt, ich bin mit Dir Sehnsüchtig und Wehmüthig, ich zürne in Deinem Geist, und tröste mich mit Dir, das einzige woran meine sittliche Gewalt scheitert ist, daß ich nicht mit Dir mich Deines Glückes freuen kann; Genieße, aber lasse michs nicht wissen; Deine süssen Reime, die den jugendlichen Frühling, über die uralten Wipfel verbreitet, machen mich nicht seelig, — wenn ein Weib, dem Du fleheteft, Dich beschwichtigte, mit billigen Gründen, mit milder Güte, so könnte ich nur niedersincken tief tief vor heiligem Entzücken, ohne Willen, ohne Bedürfniß, nicht vor Dir, vor der Liebe in Dir.

Wie oft habe ich mich aufgegeben, daß ich schlecht bin, aber unter denen, die Du seegnetest, denen Du wohlwollteſt, war ich würdiger und hätteſt Du mich geliebt ſo war ich ſeeliger als alle.

Nun was in einem Schoos geruht das ſcheidet ſich, und eine Welt drängt ſich dazwiſchen, doch glaube ich, daß im Blick Deiner Augen das Document meiner Liebe niedergeſchrieben, denn wenn ich nach Jahren hineinſah, ſo fand ich ihre Bekräftigung darinn, ich glaube daher, daß das Herz zu ſeinem rechtmäſigen Beſitzthum gelangen wird, und ſo fühle ich mich für die Ewigkeit Dir einverleibt.

Die flüchtigen Augenblicke, die mir bei tauſend Sorgen übrig bleiben, habe ich ſchon ſeit geraumer Zeit zu einer Compoſition in der bildenden Kunſt verwendet, die zimlich umfangend; ſie ſtellt das October=feſt des Königs von Baiern dar zuſamt dem Pferde=rennen im Basreliefſtyl, es iſt mir gelungen, ohne Combination, unter vorwaltender Naivetät, eine Com=poſition von Hunderten Figuren zu bilden, deren Gruppen ſich durch Eigenthümlichkeit auszeichnen, keine verräth andere Eingebung als den Zufall, und doch haben alle gleichen Anſpruch an ein nicht zu verläug=nendes Intereſſe — Rumohr ſah es und ſtellte es als Norm aller Compoſition auf, ich ſage Dir dieß nicht weil ich ſelbſt einen Werth darauf lege, denn ich kann mir durchaus kein Verdienſt dabei zuſchreiben, eine Zeit gabs wo der Blick meiner Augen mir wunder=ſchön deuchte, das Lächlen meines Mundes unwieder=ſtehlich lieblich, und wo ich glaubte mit meinem

Flehen Dich zu überwinden, aber ich habe nichts erjagt. Seitdem schreibe ichs mir nicht zu wenn mir das göttliche verwandt scheint; ich habe mir vorgenommen Dir eine Durchzeichnung davon zu schicken, damit Du darinn das Bild der Seele Deines Kindes erkennest, wie es spielt und den Fantomen des irbischen Lebens den Rücken kehrt, und in sich hineinlebt und keinen Theil hat an dem, was sich zwischen die Liebe der Unschuld und Schönheit drängt.

[Berlin] am 9ten May [1828]. Bettine.

Necher, Leibarzt des Herzogs von Lucca, von Tausend Menschen gesegnet, unter allen der wärmste Menschenfreund, ohne Fehl in seiner Wissenschaft, nur ein zu weiches Herz, sonst alles im edelsten Gleichgewicht, ist der Überbringer dieses Briefs.

22. Bettina an Goethe.

[Weimar, Anfang August 1830?]

Ich kann nicht ohne Kniebeugung an dem Heerd vorübereilen, von dessen Gluthen meine Liebe genährt, meine Fantasie entzündet, an dem meiner Jugend Götter heimisch waren.

Das Blatt badender Nymfen, welches ich für die Königin von Bayern gemacht, schicke ich zur Ansicht, daran kannst Du sehen wie man den menschlichen Leib ohne Erlernung blos aus sich demonstriren kann.

Bettine von Arnim.

23. Bettina an Goethe.

[Weimar, Anfang August 1830?]

Mein Geschick ist tragisch und um so erhabner, die Launen die es lencken sind göttlich, ich setze mich diesen Launen fortan aus, wie sie mich auch berühren, ihre Einwürckungen können es nur erhöhen.

Ich schicke beikommende Blätter zur Ansicht, ihre Entstehung ist interessanter als ihr Inhalt; wenn auch die Art sie hervorzubringen, seltsam erscheint, aber grade diese ist zum Sprachorgan (wie man behauptet) eines ganz entschiednen und reichhaltigen Kunstvermögens geworden, ich selbst wage nicht diesem Urtheil beizupflichten, aber gewiß ist, daß ihre Schrift die Wahrheit einer Seele umschreibt, die einst Wurzel zu Deinen Füßen faßte und die von keinem entgegenwirckenden Dämon mag aus ihrem angestammten Boden ausgelockert werden.

Bettina von Arnim.

Die Blätter sind dem König von Baiern bestimmt, um sie deutlicher zu machen will ich Ihnen den Nahmen: der gute König, oder das Octoberfest beilegen.

VII.
Jacob und Wilhelm Grimm.

1. Goethe an Jacob Grimm.

Wohlgeborner,

Insonders hochgeehrtester Herr,

Das Vergnügen, das ich durch die Bekanntschaft des Herrn Bruders hier genossen, wird nicht wenig dadurch vermehrt, daß ich zugleich zu der Ehre Ihrer Zuschrift gelange. Sehr gern übersende ich die Manuscripte, welche ich auf meinen Namen von Herzoglicher Bibliothek entlehnt. Ich füge die Abschrift des Scheins bey, den ich deshalb ausgestellt.

Es soll mir sehr angenehm seyn, wenn Sie in diesen beyden Bänden einige bedeutende Stücke finden, und indem Sie solche entziffern und mittheilen, das Verdienst, das Sie sich schon um diesen Zweig der deutschen Literatur gemacht, zu unsrer allerseitigen Dankbarkeit vermehren.

Der ich die Ehre habe mich zu unterzeichnen

Weimar   Ew. Wohlgeboren
den 19 Januar 1810.   gehorsamsten Diener
J W v Goethe.

2. Wilhelm Grimm an Goethe.

Hochwohlgeborner Herr
Hochgeehrtester Herr Geheim Rath

Erlauben Ew. Excellenz, daß ich bei Zurückgabe der altdeutschen Manuscripte nochmals für die gütige Mittheilung derselben danke, wie für die Nachsicht, womit Sie mir solche fast ein halbes Jahr anvertraut haben. Ich würde sie nicht so lange behalten haben, wenn ich nicht zu derselben Zeit auch von andern Orten Mss. erhalten hätte, wobei mir eine kurze Frist gesetzt war; und wenn nicht das Copiren der alten Mss. eine so mühsame langwierige Arbeit wäre: zumal wenn die Verwirrung, wie bei einem der dortigen, wie absichtlich vorkommt.

Ich nehme mir die Freiheit Ew. Excellenz ein bairisches Volksbuch zu übersenden, von dem ich einige Exemplare erhalten, worin freilich, was das schlechte seyn soll, das beste seyn muß, das aber wie es mir scheint recht gut ist, und worin der jetzt noch lebendige Geist und Witz des Abraham a Sancta Clara vortrefflich dargestellt ist, so wie auch das Bild nicht ohne allen Werth ist.

Auch erlaube ich mir zu bemerken, daß das Bruchstück einer Romanze, welches Sie auf einem Maculaturbogen gefunden, zu drei oder vier ähnlichen gehört, welche Kosegarten in seinen „Blumen" (Berlin 1808.) aus dem schwedischen übersetzt hat.

Ich empfehle mich mit meinem Bruder der Gewogenheit Ew. Excellenz, und habe die Ehre mit Versicherung der größten Hochachtung zu seyn

Ew. Excellenz

Cassel am 8 Juny gehorsamster Diener
1810. Wilhelm C. Grimm.

3. Wilhelm Grimm an Goethe.

Cassel am 18ten Juny 1811.

Ew. Excellenz
erlauben, daß ich Ihnen die fertig gedruckten dänischen Lieder übersende, und bitte das Buch ebenso geneigt anzunehmen, als einen Theil des Manuscripts Sie angenommen, welches ich die Ehre hatte Ihnen persönlich zu überreichen. An Fleiß mancherlei Art habe ich es dabei nicht fehlen laßen: mögte sich einiges der Arbeit das Wohlgefallen Ew. Excellenz erwerben. Eine Neigung zu verändern und das Fremde dem Theil des Publicums, das er im Sinne hat näher zu rücken, mag wohl jeder Übersetzer empfinden, und es liegt dieser Neigung gewiß ein richtiges Gefühl, das nämlich, daß vor allem eine lebendige wirkliche Berührung das Wünschenswertheste sey, zum Grund; indeß wird doch eine Scheu die Würde und den Werth des Originals nicht zu verletzen ebenso natürlich seyn, und ihn antreiben, alles andere mögliche zu versuchen, doch zu jenem Ziel zu gelangen und die Rechte der

Gegenwart zu beachten. So bin ich ganz treu geblieben und habe mich doch gehütet, soviel ich konnte, nicht auf moderne Art caricaturmäßig zu übersetzen; ob es mir gelungen, weiß ich freilich nicht, ich habe von niemand ein Urtheil darüber vernehmen können: wird man es verneinen, so kann ich mich wenigstens mit einem beßern Willen entschuldigen. Überhaupt darf ich auf kein sehr großes Publicum rechnen: diese Lieder haben doch so manches eigenthümliche, manche werden erst einem guten geneigten Willen zugänglich und erfreulich, und dieser ist gar nicht zu erwarten in einer Zeit, wo man die Critik über ein Gedicht für höher hält, als die unschuldige Freude daran, so daß viele aus Bequemlichkeit das Buch zur Seite legen werden. Indeß wird doch niemand seinen Werth für die Geschichte der Poesie so leicht ableugnen; daß diese Heldenlieder halb unser verlorenes Eigenthum, und durch viele Jahrhunderte hindurch gelebt, bleibt ein merkwürdiges Resultat; ich habe, was mir sonst von allgemeinerm Intereße schien in der Vorrede bemerkt, in dem Anhang wird der, welcher sich dem besonderen Studium zu lieb durcharbeiten kann, noch manches andere nicht unwerthe daran geknüpft finden. — Darin daß diese Lieder durch so lange Zeiten lebendig geblieben, so manches Gemüth bewegt, erfreut und gerührt haben, von so manchem neu gesungen worden, liegt auch der Grund, daß sie der modernen Critik unverwundbar bleiben und sie können es wohl noch vertragen, wenn sie jetzt ein einzelner schlecht nennt.

Durch einen glücklichen Zufall bin ich im Besitz herrlicher Schätze der altnordischen Literatur, die man mit Unrecht die isländische nennt. Der Minister am dänischen Hof, Graf Hammerstein, der mit schönen Kenntnißen Geist und ein reges Intereße für die Wißenschaft verbindet, sendet mir mit einer Liberalität, die eben so selten ist, wie jene Schätze es sind, Abschriften von den Manuscripten des Magnäischen Instituts, die ich mir nur wünsche. Es ist viel glücklicher Zufall dabei vereinigt, denn ohne den Einfluß seiner Stelle würde es nicht so leicht möglich seyn dazu zu gelangen, weil die Dänen mistrauisch sind und eifersüchtig darauf. Dabei aber sind sie so träg und gegen die Sache selbst eigentlich ganz gleichgültig, daß fürs erste keine Hoffnung da ist, sie würden etwas darin leisten: ein recht klarer Beweis ist, daß sie eine vollständige in jeder Hinsicht fertige Bearbeitung der jüngern Edda von einem Isländer nun schon ein halbes Jahrhundert im Manuscript haben liegen laßen, während die einzige Ausgabe von Resenius eingeständlich sehr lückenhaft außerdem höchst selten ist. Man darf fragen, welches Volk eins seiner wichtigsten Monumente in diesem Grab vernachläßigt, und niemand hat sein Brot so in Sünden gegeßen, wie die beiden Isländer, welche das Institut besoldet zur Bearbeitung der alten Sagen, und welche seit dreißig

Jahren eine Überſetzung geliefert haben. Das vorzüg=
lichſte, was ich habe, iſt eine Abſchrift des zweiten Theils
der Sämundiſchen Edda, beßelben, wovon Hr. Arndt
ein Mſ. mit ſich herumführt. Es kann mich eine
Vorliebe, die aus dem Studium eines Gegenſtands
leicht erwächſt, und welche nicht zu ſehr Tadel ver=
dient, wenn ſie nur wahr iſt, in etwas täuſchen, allein
dieſe Lieder ſcheinen mir von ſo gewaltiger, großartiger
Poeſie, daß ich ſie mit zu dem vorzüglichſten rechnen
muß, was uns aus der Zeit des ernſten, grandioſen
Styls von irgend einem Volk übrig geblieben. Sie
gehören meiſt in den Cyklus des Nibelungen Liebs
und ſtellen die alte Sage in der dem Norden eigen=
thümlichen abweichenden Recenſion dar. Sie ſcheinen
mir in dieſer Geſtalt älter als das deutſche Lied, es
muß ſchon einige Zeit hingegangen ſeyn, eh ſich das
einzelne ſo zu einem Ganzen, wie in dieſem, zu=
ſammenfügen konnte. Wenn das Nibelungen Lied
anmuthiger, ſinnlicher und menſchlicher erſcheint und
der Kern ſchon in einen reichen grünen Baum auf=
gegangen, ſo zeigt er ſich hier weniger entwickelt, ur=
kräftig aber, wie auch die Heldenſage darin der Mythe
und dem Bedeutenden viel näher ſteht. Manche wich=
tige Aufklärung wird ſich daraus ergeben, wie es
z. B. ganz deutlich wird, daß man an eine Seelen=
wanderung glaubte. Ich bin ſo frei Ew. Excellenz
eine Überſetzung des erſten Liebs, deren es etwa zwölf
ſind, beizulegen; es iſt blos ein Verſuch, eine ſorg=

fältigere und ausgearbeitetere, da mir noch mancher Ausdruck dunkel ist, und die Hilfsmittel beschränkt genug sind, wollen wir Brüder mit dem nordischen Text und einer Einleitung, die das mythische und historische erläutert, bekannt machen, wenn sich das Publicum nur einigermaßen dafür interessirt.

Mein Bruder in München hat mir zwei Bilder, die er vor einiger Zeit beendigt, zugeschickt mit der Bitte Sie Ihnen zu übersenden. Entschuldigen Ew. Excellenz diese Freiheit gütigst und nehmen Sie die Blätter nachsichtig auf. Eine natürliche Parteilichkeit läßt sie mich wohl zu günstig betrachten, indeßen, wenn sie von einem Fremden herrührten, glaub ich doch, würden sie mir leicht und dabei kräftig ge= arbeitet, überhaupt wohlgerathen vorkommen. Sie sind nach Originalien der Münchner Gallerie und, wo ich nicht irre ist Luthers Kopf indeß auch in einer Steinzeichnung wieder copirt worden.

Mögten Ew. Excellenz dies alles mit wohlwollenden Augen betrachten.

Erlauben Sie mir die Versichrung der größten Hochachtung und die Bitte um eine geneigte Erinnerung
Ew. Excellenz gehorsamster Diener
Wilhelm C. Grimm.

4. Goethe an Wilhelm Grimm.

Für die mir zugesendete Übersetzung der Dänischen Lieder bin ich Ihnen sehr dankbar. Ich schätze seit langer Zeit dergleichen Überreste der nordischen Poesie sehr hoch und habe mich an manchem einzelnen Stück derselben schon früher ergetzt. Hier aber haben Sie uns nunmehr sehr viel bisher Unbekanntes gegeben, und durch eine glückliche Behandlungsweise aus vielem Einzelnen einen ganzen Körper gebildet. Solche Dinge thun viel bessere Wirkung, wenn man sie beysammen findet: denn eins stimmt uns zu dem Antheil den wir an dem andern zu nehmen haben, und diese fernen Stimmen werden uns vernehmlicher, wenn sie in Masse klingen. Sehr angenehm ist es auch, zu sehen, wie gewisse Gegenstände sich bey mehrern Völkern eine Neigung erworben, und von einem jeden nach seiner Art roher oder ausgebildeter behandelt worden.

Zu der Abschrift des zweyten Theils der Edda-Sämundar, wovon ich das Arendtsche Manuscript gesehen, wünsche ich Glück, und verlange sehr nach Ihrer Übersetzung. Sie melden mir zwar, daß Sie das erste Lied beygelegt, aber leider finde ich es nicht. Wahrscheinlich ist es beym Auspacken in den Papieren des Umschlags geblieben, welches mir sehr leid thut, da ich Ihre Sendung in Jena erhalten und so leicht nicht nachkommen kann. Die zwey Bilder aber haben sich gefunden. Ich freue mich, daraus zu sehen, welche Fortschritte der junge Künstler macht. Grüßen Sie ihn von mir zum allerschönsten. Bleiben Sie überzeugt daß ich an Ihren Arbeiten einen lebhaften Antheil nehme, und daß ich unter diejenigen gehöre, die

sich immer des Gewinns, den Sie sich und uns auf diesem Felde verschaffen, aufrichtig erfreuen. Ich wünsche recht wohl zu leben und bitte mich Ihrem Herrn Bruder aufs beste zu empfehlen. Weimar den 18 August 1811.
Goethe.

5. **Wilhelm Grimm an Goethe.**

Caßel am 1ten August 1816.

Als ich vor kurzem die Ehre hatte, Ew. Excellenz meine Aufwartung zu machen, gaben wohlwollende Äußerungen mir die Erlaubniß, Ihnen das Wenige, was mein Bruder und ich bisher für die altdeutsche Literatur gearbeitet, zuzusenden; wovon ich hier Gebrauch mache. Daß diese Arbeiten äußerlich Raum genug einnehmen, sehen wir in diesem Falle eher für einen günstigen und bescheidenen Umstand an, denn es versteht sich dabei von selbst, daß das Einzelne nur dann, wenn es in den Kreis bestimmter Betrachtung fällt, sich Ihrer Berücksichtigung und näheren Theilnahme wird erfreuen dürfen.

Die früheste der gegenwärtigen Schriften ist das Hildebrandslied; da unsere Bibliothek diese schätzbare Handschrift besitzt, so glaubten wir uns schon schuldig, den Gewinn, der aus der eigenen Betrachtung derselben sich ergibt, mitzutheilen, wenn uns auch nicht die Arbeiten an der Edda schon dazu geführt hätten. Es bleibt als das älteste deutsche Gedicht und bei der

Ächtheit, die glücklicherweise keinem Zweifel unterliegt, immer sehr merkwürdig und gewährt, wenn auch nur einen doch einen hellen Blick in die Bildung damaliger Zeit, welcher das Großartige, das den eddischen Gesängen eigen ist, auch natürlich gewesen zu seyn scheint. Wäre ein ähnliches Werk, auch nur von geringem Umfang aus jener Zeit übrig geblieben, es würde mehr Aufklärung nach allen Seiten daraus hervorgehen als durch die mühsamsten Arbeiten eines ganzen Menschenlebens.

In den Haus-Märchen haben wir versucht, die noch jetzt dieser Art gangbaren Überlieferungen zu sammeln. Sie bezeichnen einmal ohne fremden Zusatz die eigenthümliche poetische Ansicht und Gesinnung des Volks, da nur ein gefühltes Bedürfniß jedesmal zu ihrer Dichtung antrieb, sodann aber auch den Zusammenhang mit dem früheren, aus welchem deutlich wird, wie eine Zeit der andern die Hand gereicht, und manches reine und tüchtige, wie ein von einem guten Geist bei der Geburt gegebenes Geschenk, immer weiter überliefert und dem begabten Geschlecht erhalten worden. Wir haben sie aus beiden Gründen so rein als möglich aufgefaßt und nichts aus eignen Mitteln hinzugefügt, was sie abgerundet oder auch nur ausgeschmückt hätte; obgleich es unser Wunsch und Bestreben war, das Buch zugleich als ein an sich poetisches erfreulich und eindringlich zu erhalten. Ich lege nur den zweiten Band bei und werde von dem erſten, deßen Exemplare vergriffen ſind, die neue ohnehin viel verbeßerte Auflage nachſenden. Doch finden ſich gerade in dieſem Theile die merkwürdigen mit der alten einheimiſchen Heldenſage zuſammen= hangenden Märchen, in welchen ſich ſogar noch das Nordiſche, nämlich die Sage von der im Verborgnen lebenden königlichen Aslauga (Nr. 8.), auch unter uns erhalten hat. Den Anmerkungen, welche zumeiſt jenen Zuſammenhang mit dem früheren andeuten, iſt in dieſer Geſtalt vielleicht etwas zu viel Schärfe in dem Ausdruck der Behauptungen nachzuſehen, allein bei ihrer nothwendigen Kürze war dies kaum zu ver= meiden und eine nähere Darlegung der Anſicht, wor= auf ſie ſich ſtützen, wird vieles in den Zuſammenhang und dadurch in ſein rechtes gemäßigtes Licht ſtellen.

Eine verwandte Sammlung enthalten die deut= ſchen Sagen, wovon eben dieſer erſte Band erſchienen iſt. Da hier ſelbſt die Anmerkungen mußten zurück= gehalten werden, ſo haben ſie wohl mehr das Anſehen eines bloſen Unterhaltungsbuches, indeßen deutet die Vorrede wenigſtens an, daß wir noch einen höhern Werth hinein legen; denn wir hoffen, ſobald die Samm= lung beendigt iſt, in einer beſondern Schlußſchrift zeigen zu können, an wie viele Puncte z. B. der dunkeln Zeit der Geſchichte, der Sprache, die der ſorgſamſten Betrachtung werth ſind, dieſe Sagen ohne Zwang ſich anknüpfen laſſen. Hier haben ſich noch Überreſte der alten germaniſchen Mythologie erhalten, wie z. B.

die Frau Holla nichts anders als eine wahre Natur Göttin, eine freundliche und furchtbare; eine große Mutter vom Berge ist. Auch die Sage von den Siebenschläfern findet sich als eine eigenthümlich deutsche in mancherlei Richtungen z. B. Nr 29. 7. 21. 23. Uns ist diese Sammlung eine angelegentliche Sache, zwar versteht sich von selbst, daß wie durch ein Wörterbuch eine Sprache nicht kann dargestellt und eingefaßt werden, so auch die deutsche Volks= dichtung nicht damit kann vollständig begriffen werden, aber recht verstanden und benutzt muß ein solcher Überblick aller Puncte, wo sie sich geäußert, sey es nun in einer reichen oder armen und kleinen Blüthe, das lebendigste Mittel zur Einsicht in ihr Wesen seyn.

Bei der Edda kam es uns darauf an sowohl die wißenschaftlichen Foderungen nach unsern Kräften zu befriedigen, als auch die ausgezeichnete und ge= waltige Poesie darin so nah als möglich zu rücken. Wären diese Lieder blos mythologischen Inhalts, wie die längst in Dänemark herausgegebenen, so könnte die hier zugefügte Prosa=Übersetzung entbehrt werden, aber hier schien sie uns das natürlichste und darum beste Mittel zum Verständniß. Die Vorrede kann erst mit der zweiten Abtheilung dieses Bandes aus= gegeben werden, indeß haben wir das nothwendigste daraus zur Bekanntmachung den Göttinger Anz. (1815. Nr 110.) mitgetheilt. Uns Deutschen gehören diese eddischen Lieder in so vielen Beziehungen an, daß sie kaum etwas ausländisches heißen können. Merkwürdig bleibt wiederum ihre geistige Verwandt= schaft mit dem Oßian, ob sie gleich mehr Leib und sinnliche Gegenwart haben.

Die Herausgabe des armen Heinrichs ist zwar zunächst durch die Zeit veranlaßt worden, indeß haben wir auch hier ein ursprünglich einheimisches, in einer gewißen Vollendung erzähltes Gedicht ausgesucht. Die voranstehende Übersetzung sollte es gleichfalls allgemein zugänglich machen: wir haben darin keine alte, un= verständliche Sprache gelten laßen, aber auch nicht die Vortheile aufgeben wollen, die aus der Kenntniß derselben entspringt. Ob es uns gelungen und das Ganze ohne Anstoß mit Wohlgefallen zu lesen ist, können wir selbst nicht beurtheilen; völlig mißlungen und ganz unerträglich scheint uns die Art, in welcher Zeune das Nibelungenlied in Prosa aufgelöst oder eigentlich zerhackt hat. Bei dem Text haben wir den Versuch 'einer eigenthümlich critischen Bearbeitung gemacht, die Ausführlichkeit der erklärenden Noten muß der Umstand rechtfertigen, daß eine Grammatik der alten Sprache, ein einigermaßen vollständiges Wörterbuch noch gar nicht vorhanden ist. Die zu= gefügten Abhandlungen werden sich auch einmal runder ausarbeiten laßen, doch hoffen wir, manches merk= würdige darin zusammengestellt zu haben.

In den altdeutschen Wäldern haben wir ein= zelne Vorarbeiten und aus unserer Quellensammlung kleinere Stücke, so manichfach als möglich, mitgetheilt. Wir haben diese Zeitschrift streng für Leute vom Handwerk bestimmt und suchen in diesem Umstand, den man getadelt, eher ein Lob, da es Unterhaltungs= schriften, in welchen das ernsthaftere gewöhnlich ver= loren geht, genug gibt. Nachsicht gegen alles zu streng und einseitig gehaltene hatten wir uns gleich in der Vorrede aus natürlichen Gründen erbeten. Merkwürdig ist der Zusammenhang eines altdeutschen hier aus der Handschrift zuerst abgedruckten Gedichts mit einem neugriechischen Volkslied (B. I. 35. ff. u. B. II. 181. ff.). Im zweiten Bande ist ein altdeutsches mystisches Gedicht abgedruckt, woraus sich eins und das andere zur Erklärung der altd. Gemählde ergeben könnte, z. B. über die schwarze Mutter Gottes. S. 206. Der dritte Band ist in diesem Augenblick noch nicht vollendet.

Die altdeutsche Literatur und was damit zu= sammenhängt, kann sich noch nicht rühmen, daß sie in irgend einer Richtung vollständig zu überschauen sey, bis jetzt sind nur größere oder kleinere Bruch= stücke daraus bekannt geworden. Dies zieht ihr natür= lich, wo nicht Abneigung doch eine gewiße Gleich= gültigkeit derjenigen zu, welche sie nicht gerade als Handwerk treiben, wenigstens denken sie, eine größere Theilnahme für die Zeit zu sparen, wo der Gewinn für die Bildung im Ganzen sich erst leicht und sicher ergeben würde und wo man ohne Gefahr zu viel oder zu wenig zu thun, ihr den gebührenden Platz in dem Kreise anweisen kann. Bis ießt ist es unter den Gelehrten erlaubt, gar wohl schicklich, sie ganz zu übersehen und fürs erste gar nichts davon wißen zu wollen, so daß schon eine besondere Lebendigkeit und Freiheit des Geistes dazu gehört, um zu fühlen, daß sie beachtet zu werden verdiene. Die alte Literatur hatte bei ihrem Wiedererwachen den großen Vortheil von Fürsten, welche die Gelehrsamkeit mit andern Augen betrachteten, als es in der Gegenwart bei den meisten der Fall ist, begünstiget zu werden; dann aber auch den nicht geringern, daß die Ausbildung derselben mit der Ausbildung überhaupt fortschritt, sie also gewiße natürliche Stufen erlebte und stets im Zu= sammenhang und als ein Ganzes weiter rückte. Es erscheint als ein großer Gewinn und es ist auch einer, daß diese neue Literatur sich gleich an den Mustern, die dort vorhanden, aufbauen kann, allein es liegt auch darin ein nicht zu leugnender Nachtheil, daß sie zu schnell zum Mannesalter springt und jenes um= faßende und wärmende Gefühl der Jugend oder gar wohl der Kinderzeit verliert über einzelne an sich treffliche und geistreiche Arbeiten. Alles was dauern und halten soll, muß wie edle Pflanzen langsam wachsen. Welch ein Unterschied ist nicht zwischen der Herausgabe eines Gedichts in Müllers oder auch von der Hagens und Büschings Sammlung und der neu= sten critischen Bearbeitung des Bonerius von Benecke und doch liegen zwischen den letztern Arbeiten nur acht Jahre. Kommt nicht anderweitige Hilfe, so wird es noch lange dauern bis nur eine Seite, um das Hauptsächlichste zu nennen, die deutsche Heldensage, als ein Ganzes wird überschaut werden können. Diesem Mangel scheint nur ein geselliges Arbeiten und Unterstützung von oben her abzuhelfen. Wird einmal durch den Abdruck der Quellen erst eine Übersicht möglich, dann kann auch die Theilnahme daran und ein lebendiges Publikum kaum ausbleiben.

Darf ich von uns selbst etwas bemerken, so weiß ich nicht, inwiefern sich der Zusammenhang, in dem wir diese Literatur betrachten, auch in dem, was wir haben drucken laßen, zeigt. Uns reizt weniger, was schon damals aus der Fremde eingeführt wurde, so ausgezeichnet uub schön manches darunter ist, als was unmittelbar aus deutschem Geist hervorgegangen war, denn es findet auch jetzt, weil es nie ganz versiegen konnte, noch seine Berührungspuncte, welche die Hoffnung an eine fruchtbare Wiederbelebung gar wohl gestatten. Indeßen, bei dem bisherigen zerstückten Wesen, dürfen wir zufrieden seyn, wenn man wenigstens bemerkt, daß es nicht planlos herausgerißene Einzelheiten sind.

Schenken Ew. Excellenz diesen Bemerkungen, die ich nicht über die erlaubten Gränzen eines Briefs auszudehnen mir erlaube, Nachsicht und uns beiden die Fortdauer Ihres Wohlwollens; wir bitten darum, weil wir uns eines guten Willens bewußt sind und uns nichts schätzbarer seyn könnte, als wenn in diesem Bestreben etwas wäre, das Sie Ihrer Berücksichtigung nicht unwerth hielten. Auch meinen jüngern Bruder Ludwig bin ich so frei Ihrem geneigten Andenken zu empfehlen, er ist eben mit Herrn George Brentano aus Frankfurt auf einer Reise nach Italien und hat von Rom aus uns seine Freude über die alten und wieder erworbenen Kunstwerke geschrieben.

Mit der Versicherung der vollkommensten Verehrung
Ew. Excellenz
gehorsamer Diener
Wilhelm C. Grimm.

6. Goethe an Wilhelm Grimm.

Ew. Wohlgeboren

gehaltreiches Schreiben ward mir nach Tennstedt gesendet, einem Thüringischen Badeort, wo ich mich, nach aufgegebner Hoffnung einer weiteren Reise, seit vier Wochen aufhalte. Die Bücher sind in Weimar zurückgeblieben.

Meine Absicht war: nach meiner Rückkehr die Werke sogleich, durch Ihren Brief geleitet, näher zu betrachten, und mit Ihnen überein zu kommen was vielleicht zu Förderung Ihrer löblichen Zwecke auch von meiner Seite geschehen könnte.

Nun aber findet sich eine Veranlassung früher zu

schreiben und mich mit Ihnen, ohne Aufenthalt, in Bezug zu setzen. Beykommendes Heft giebt hierüber näheren Aufschluß. Soweit ausfehend und beynahe unausführbar der Vorschlag auch scheinen möchte; so kann und darf er doch nicht ohne Wirkung bleiben.

Möchten Sie mir daher, über das Ganze sowohl, als besonders über den vierzehnten Punct Ihre Gedanken eröffnen. Dieser scheint mir weitere Ausdehnung und nähere Bestimmung zu fordern, welches Sie am besten übersehen und beurtheilen werden, da Sie hier ganz zu Hause sind.

Zugleich werden Sie gefällig überlegen unter welchen Hoffnungen und Aussichten Sie geneigt seyn könnten mit einzuwirken. Mir scheint es räthlich guten Willen zu zeigen: denn Ihre eigensten Absichten können durch eine solche Anregung nur gefördert werden. Mögen Sie mir einen mittheilbaren Aufsatz hierüber senden; so kann ich ihn alsbald an die Hauptbehörde bringen.

Das Mst erbitte mir baldigst, unter meiner Addresse, nach Weimar zurück, da ich nur noch kurze Zeit hier bleibe. Leben Sie recht wohl und bleiben mit den Ihrigen meiner Theilnahme gewiß.

Tennstedt
b. 23. Aug. 1816. Goethe.

Noch füge hinzu daß Sie nach Belieben eine Abschrift nehmen könnten, nur bliebe sie vorerst in Ihrem engsten Kreise.

Auch würden Sie mich sehr verbinden wenn Sie mir diejenigen Männer nennten auf die man in dieser Angelegenheit am sichersten zählen dürfte.

Anderes fernerer Mittheilung vorbehaltend

G.

7. Wilhelm Grimm an Goethe.

Ew. Excellenz
sende ich den mir gütigst mitgetheilten Plan zu einer Gesellschaft für die deutsche Geschichte dankbar zurück und behalte nach Ihrer Erlaubniß davon eine Abschrift. Schon dieses Frühjahr war ich von dem Ganzen durch Herrn von Savigny mündlich unterrichtet und habe es jetzt genauer kennen gelernt. Es läßt sich diesem Plane nur gutes nachsagen und es ist darin ebenso das wichtige, dringliche und zeitgemäße als das Schwierige des Unternehmens gefühlt. Wäre er weniger aus allgemeinern Betrachtungen, sondern aus einem einzelnen bei einer schon wirklich vorgenommenen Arbeit lebhaft gefühlten Bedürfniß hervorgegangen, so würde er beschränkter, aber auch zur Ausführung faßlicher seyn, doch ist ja selbst darin ausgedrückt, daß an eine völlige Ausführung nicht zu denken sey und die abgesteckten Gränzen bezeichnen blos das Ideal. Mir scheint es vor allem nöthig, daß, wie es auch gesagt ist, ein Anfang gemacht werde und das Ganze irgendwo den Fuß aufsetze. Am tauglichsten ist dazu wohl die Sammlung von Urkunden, weil hierbei schon wirklich

vorhandene Arbeiten entgegen kommen, denn ich zweifle nicht, daß noch mehrere, als ich kenne, daran gearbeitet und nur in der Überzeugung, daß die Herausgabe unmöglich sey, sie aufgegeben haben. — Bestimmt ist hier der schon bejahrte Nikolaus Kindlinger Archivar in Fulda zu nennen, der noch im Jahr 1806. einen Versuch gemacht, seine Urkunden herauszugeben, aber schon mit dem ersten Heft (Leipzig b. Fleischer. Sammlung merkwürdiger Nachrichten und Urkunden für die Geschichte Deutschlands) aufhören mußte. In Corvei soll der Domdechant Crux (wenn ich seinen Namen richtig schreibe) schöne urkundliche Sammlungen besitzen; über das hiesige Archiv wird der geheime Referendar Kopp ehemals in hiesigen Diensten, iezt Privatmann in Mannheim gute und gelehrte Auskunft geben können. Der gegenwärtige Archivar ist so mit anderweitigen Arbeiten überhäuft, daß er an dieses Neben-Amt kaum denken kann. — Es kommt darauf an, daß in dem Ausschuß, der eine landschaftliche Gesellschaft bilden soll, sich von selbst ein Präsident findet, der schon längst in Arbeiten dieser Art gelebt und dem iezt erst Licht und Luft zugeführt worden. Mit andern Worten, daß man eines Resultats gewiß ist, ohne das würde selbst guter Wille leicht herumirren und die angeregte Lust wieder zusammensinken.

Zweitens: wäre der Zustand von lebendig verbreiteter Theilnahme, den der Plan voraussetzt, schon wirklich iezt vorhanden, so wäre die Frage, ob nicht,

troz aller äußern Hemmungen und Trennungen, sie
schon durchgebrochen und zu gemeinsamer Thätigkeit
gelangt wäre. Die Gesellschaft soll also auch bildend
wirken und jene Theilnahme erst hervorgerufen werden,
mithin ist das Bedürfniß der Bildung einer Schule
sichtbar. In welchen Ständen soll diese aufwachsen?
Bei Universitäten ist schon eine gewiße fest bestimmte
Richtung der Einzelnen Glieder vorhanden, doch können
und müßen daher Theilnehmer kommen, aber sie werden
immer nicht die größere Anzahl seyn. Von Academien
kommt vielleicht auch Beistand, nur ist man an etwas
erstarrtes und lebloses bei ihnen schon seit langen
Zeiten gewöhnt. An unabhängige den Studien blos
sich widmende Privatgelehrte denkt man nach der all=
gemeinen Verarmung nicht mehr. Es bleiben also
niemand als Staatsdiener. Hier muß man aber den
traurigen Umstand bemerken, wenigstens so weit meine
Erfahrung reicht, daß in der Verwaltung, dem Justiz=
und Cameralfach alle Beamten durch die immer ver=
mehrten Arbeiten und verringerten Arbeiter, so sehr
beschäftigt, betäubt oder abgestumpft sind, daß ihnen
für das Wißenschaftliche keine Zeit übrig bleibt, oder
eine im höchsten Grad lebendige Lust daran in ihnen
vorhanden seyn muß, die sich durch zehn und zwanzig=
jährige Störungen erhält. Hier wird ein Mitglied
für die Gesellschaft nur durch glückliche Zufälle aus=
nahmsweise gewonnen werden. (In früheren Zeiten
wäre auch der Vorzug gewesen, daß gewiße Arbeiten

mehr historisch betrieben wurden, z. B. die Regulirung der Steuern, also mit jenen wißenschaftl. Beschäftigungen näher verwandt waren.) Dagegen bleibt ein Stand, der an der Gesellschaft großen Antheil nehmen könnte, nämlich der geistliche. Von Pfarrern ist auch noch immer für Special Geschichte, Idiotiken aus eigenem Antrieb manches geschehen, so ist z. B. von Steinen in seiner westphäl. Gesch. manche Urkunde gesammelt und bekannt gemacht. In den katholischen Ländern könnten außerdem die Domherrn angeregt werden, bei denen, wenn sie bisher aufs Sammlen verfielen, es meist auf eine bizarre oder lächerliche, manchmal auch sinnlose völlig unfruchtbare Weise eingerichtet wurde. Hier in Heßen und auch wohl in andern Orten haben die Landgeistlichen häufig den Charakter von Berathern in weltlichen Angelegenheiten und Nöthen erhalten, das hat eine schöne und nützliche Seite; daß sie aber zugleich auch Landwirthe großentheils seyn müßen, sollte abgeschafft werden und dadurch möglich gemacht, sich wißenschaftlichen Arbeiten zu widmen. Hier müßten also einerseits die Regierungen wirksam seyn, auf der andern Seite aber Mitglieder der Gesellschaft auf den Universitäten Neigung dazu bei den Candidaten erwecken. Wo der geistliche Stand noch in guten und würdigen Verhältnißen besteht, wie in Altwürtemberg wird er die Gesellschaft gewiß fördern können und leicht dafür zu gewinnen seyn.

Überall müßten wirkliche Archivare angestellt und dieses Amt nicht als ein Nebenamt ertheilt werden, wo dann höchstens nur gesorgt wird, daß die Sammlung nicht äußerlich zu Grund geht, wie es z. B. hier ist. Das wären natürliche Mitglieder der Gesellschaft.

Endlich: entwickelte sich die Gesellschaft stufenweis immer fortschreitend wie der Plan hofft, so wäre freilich beim Anfang eine kleine Summe hinlänglich. Allein man muß auf Zeiten gefaßt seyn, in welchen Einzelne erst das Ganze zusammenhalten und soll es dann nicht fallen, so muß es gewiß seyn, daß jede tüchtige Arbeit erscheinen kann und honorirt wird. Es kommt mir auch vor, daß Regierungen nicht leicht zu wiederholten Beiträgen zu stimmen sind. Vielleicht glückt es aber, daß im Anfange alle Fürstenhäuser in Deutschland unterzeichnen und auf diese Art ein ansehnlicher Schatz gesammelt wird.

Zu dem §. 14. hätte ich folgendes zu bemerken:

Eine Sammlung der handschriftl. Quellen ist sehr nöthig, müßte sich aber vorerst auf die altdeutschen beziehen, warum das angelsächsische hervorgehoben wird, sehe ich nicht, es bleibt wichtig genug, aber dem allernächsten, dem altdeutschen, der Vorzug. Hierzu kommt die Schwierigkeit für das AngelS. etwas bedeutendes zu leisten, da deshalb Reisen und Aufenthalt nach Copenhagen und England wo die Hsf. liegen durchaus nöthig sind. Vielleicht ist die Behauptung aus dem Irrthume entstanden, die noch ungedruckte

Evangelien=Harmonie, wovon sich eine HS. iezt in München, die andere in der Cottonianischen Bibliothek zu England befindet und welche ein in jeder Hinsicht ausgezeichnetes Werk ist, sey angelsächsisch, sie ist aber rein altsächsisch und gehört zu der altdeutschen Literatur. Ferner bearbeitet Herr Rask in Copenhagen nicht nur Others und Wulfstans Reise und will Anmerkungen zu dem von Thorkelin vor kurzem ausgegebenen AS. Gedicht liefern, sondern er hat auch eine angels. Grammatik vor, die gewiß sich auszeichnet. Eine isländische Grammatik und ein isländ. Wörterbuch ist gleichfalls vorhanden, jene ebenfalls von Rask und sehr gut (im J. 1812.), dieses von Biörn Halborson mit einer Vorrede von Peter Erasm. Müller (1814.) Rask hat gleichfalls dabei Hilfe geleistet. Was das Mösogothische im Ulfila betrifft, so ist es wenigstens schon so bearbeitet, daß das andere erst auf gleichen Punct müßte gebracht werden, ehe man für dieses besondere Wünsche zu hegen hätte. Überdieß ist von einer neuen Ausgabe in Schweden schon vor ein paar Jahren die Rede gewesen, da sich bekanntl. die silberne Hf. längst in Upsal befindet. — Schulgrammatiken und Handwörterbücher von der altd. Sprache des MittelA. (die man nicht mit dem beschränkenden Namen der schwäbischen bezeichnen sollte) sind iezt noch eine sehr schwierige oder gar nicht zu lösende Aufgabe, wenn es nämlich nicht sehr unvollkommene leicht schädlich

wirkende Anfangs Werke, sondern Resultate von gründ=
lichen Vorarbeiten seyn sollen.
Das hatte ich gegen den §. 14. zu sagen, als eine
eigentliche Ansicht von dem Gegenstand lege ich einen
Plan zu einer Gesellschaft für altd. Literatur, Ew.
Excellenz zur Beurtheilung und Prüfung bei. Er
ist ohne Beziehung auf jenen größern gemacht, dem
er wohl größtentheils könnte einverleibt werden, wenn
man einer einzelnen Abtheilung so viel Ausdehnung
gestatten will. Veranlaßung war die zu Kopen=
hagen verordnete Commißion zur Bewahrung der
Alterthümer und ein von andern ausgesprochener
Wunsch. Nämlich schon im Januar schrieb mir der
Freiherr Hans von Hammerstein, der mit Geist und
Liebe an den deutschen Alterthümern hängt: „ich
sammle fleißig (auf seinem Gut Equord bei Hildes=
heim) und fordere andere dazu auf und es wird sich
ein Vorrath bilden, dafür stehe ich, zählen Sie mich
zu den Aposteln Ihres Glaubens an Wiederherstellung
der verlorenen alten (Sagen=)Geschichte. Ich be=
kehre wenigstens eine Classe, die wenn sie auch nicht
gerade die gelehrteste ist, doch Muße und große Mittel
hat, indem sie Gegenden beherrscht und für ihr Geld
reisen und aufkaufen und schreiben und zeichnen laßen
mag, wenn ihr Intreße nur erst darauf gerichtet ist.
Geben Sie uns etwas dafür, den Plan zu einer ge=
haltenen Sammlung von Alterthümern des nördlichen
Vaterlandes — Für eine Zahl Mitarbeiter, und

Träger der etwaigen Kosten hafte ich und die Letzteren mögen auch nützlich ja nothwendig werden. Sagen Sie mir, was Sie darüber denken, und was vielleicht schon geschehen ist, denn ich habe wenig erfahren."

Ew. Excellenz sehen, daß auf eine gewiße Theil= nahme hierbei zu rechnen wäre und es sind natür= liche Gründe, warum GeldUnterstützung von Einzelnen eher zu erwarten ist. Überhaupt hat das beschränktere das angenehme einer größeren Sicherheit der Wirkung. Übrigens brauche ich wohl nicht auszuführen, daß wir zu dem wenigen, was wir hierbei leisten können, jederzeit bereitwillig seyn werden.

Ich schließe indem ich mich mit den Meinigen Ihrem ferneren Wohlwollen empfehle

Ew. Excellenz

Cassel am 20 Septbr.   gehorsamer

1816.   W. C. Grimm.

N. S.

Ich muß noch zu §. 17. bemerken, daß die Geschichte des 30jähr. Kriegs nicht wohl dürfte ausgeschloßen seyn; mir fällt das gerade ein, weil sich hier noch merkwürdige handschriftl. Nachrichten davon im Archiv finden sollen.

Ich lese eben in dem Hamburg. Beobachter N: 397. daß sich zu Stockholm eine zwar beschränktere aber doch ähnliche Gesellschaft für die skandinav. Geschichte durch den Freiherrn von Stiernold gebildet.

8. Wilhelm Grimm an Goethe.

Ew. Excellenz

bin ich so frei nachträglich auch den dritten Band der Altdeutschen Wälder zu senden. Wir müssen damit schließen theils, weil die Zeitschrift zu wenig unterstützt wird, theils, weil wir die Correctur nicht mehr selbst besorgen können, was in diesem Fache unumgänglich nöthig ist.

Ich empfehle mich Ihrem ferneren Wohlwollen und bin mit der Versicherung der reinsten Verehrung

Ew. Excellenz

gehorsamster Dr.

Cassel 20ten Jan. 1817.   W. C. Grimm.

9. Wilhelm Grimm an Goethe.

Nehmen Ew. Excellenz beiliegende Sammlung von radirten Blättern mit gewohnter Güte und Nachsicht auf. Sie machen als Zeichnungen nach der Natur keine höheren Ansprüche, mein Bruder wünscht aber auf diese Weise einzelne Studien, die für andere Zwecke doch unverloren sind, festzuhalten und hofft, daß bei seinem Bemühen, was ihm eigenthümlich und charakteristisch, überhaupt auf irgend eine Art ausgezeichnet schien, nur aufzunehmen, der Liebhaber solcher Arbeiten immer etwas Ergötzliches oder Willkommenes darin finden werde. Möge das Heft mit den ital. Zeichnungen Ihnen einige Augenblicke angenehmer Erinnerung gewähren; dieser Wunsch so wie das Wohlwollen, womit Ew. Excellenz schon vor Jahren ähnliche Zeichnungen meines Bruders betrachtet haben, muß ihn entschuldigen, wenn er mit einer so kleinen Gabe sein Andenken zu erneuern sucht.

Möge Ihnen vom Himmel noch eine Reihe heiterer Jahre in neugestärkter Gesundheit bestimmt seyn! Verschmähen Ew. Excellenz diesen Wunsch und die Theilnahme an Ihrem Wohlergehen auch von denen nicht, die sie still und in der Ferne gehegt haben und einer Gelegenheit sich erfreuen, wo sie sie äußern dürfen.

Ew. Excellenz

Cassel den 8ten Julius   gehorsamer Dr
1823.   Wilhelm C. Grimm.

10. Jacob Grimm an Goethe.

Eure Excellenz
haben erst kürzlich böhmischer und griechischer Volkslieder mit besondrer Neigung gedacht und schon einmahl vor langer Zeit das schöne serbische Lied von Asan Aga nachgedichtet. Unter allen heutigen Slaven erfreuen die Serben sich der reinsten, wohllautendsten Mundart, ihre Nationalpoesie reicht an Fülle und Gemessenheit meiner Meinung über alles, was mir in dieser Art bekannt ist. Ich zweifle nicht, daß Sie Überbringer dieses Schreibens Herrn Vuk

Stephanowitſch, aus Serbien ſelbſt gebürtig, als gelehrten Sammler, Kenner und Herausgeber dieſer Dichtungen mit Wohlwollen aufnehmen und ſich aus ſeinem Munde ſelbſt einiges Nähere von der Sache, die ihm ſo rühmlich am Herzen liegt, berichten laßen werden. Nachdem er bereits vor mehrern Jahren zu Wien zwei Bände dieſer trefflichen Lieder (ſchwerlich iſt ein ſchlechtes darunter) und zu ihrem Verſtändnis mit dem Beifall der gelehrteſten Slaviſten Kopitar und Dobrowſky eine ſerb. Grammatik und ein reiches Wörterbuch herausgegeben hat, beſchäftigt er ſich nunmehr zu Leipzig mit einer neuen, beträchtlich vermehrten Ausgabe der Lieder. Bereits iſt der dritte Theil bei Breitkopf und Härtel ſauber gedruckt erſchienen und dem Fürſten Miloſch, welcher für Sammlung und Unterſtützung derſelben viel gethan hat, zugeeignet. Den erſten oder zweiten Theil gedenkt Hr. Vuk Ihrer Durchlauchtigſten Großfürſtin zu widmen. Eure Excellenz werden ihm am beſten ſagen, ob es dazu einer vorgängigen Erlaubnis bedarf? und in ſolchem Falle vielleicht die Güte haben, ſie zu vermitteln. Gebornen Ruſſen ſind ſerbiſche Lieder leicht verſtändlich und ſchönere, lieblichere hat die ruſſ. Literatur ſchwerlich aufzuweiſen.

Da ich mich mit der ſerb. Sprache beſchäftigt habe und mit Hülfe des Wörterbuchs die Lieder ziemlich verſtehen kann; ſo bin ich ſo frei, zur Probe die Überſetzung eines der kürzeren, wie ſie in der Geschwindigkeit eben gerathen will, beizufügen. Es ist aber kaum thunlich, die vollkommenen Formen dieser Sprache in unser viel mehr abgeschliffenes Deutsch, dem außerdem der trochäische Silbenfall unbequem ist, zu übertragen und je bekannter man mit den Originalen wird, desto mehr jammert es einen, sie im deutschen Ausdruck zu rabbrechen.

Ich bin mit Verehrung
                    Eurer Excellenz
Caffel 1 Oct. 1823.   gehorsamster Dr
                    Grimm.

11. Goethe an Jacob Grimm.

Mit vielem Antheil, mein Werthester, habe den mir zugewiesenen serbischen Literator aufgenommen und gesprochen; seine früheren Arbeiten waren mir schon durch Rezensionen bekannt und da gar manche Lieder jener Völker, die sich dieser und ähnlicher Mundarten bedient, in meinen Händen sind so war eine nähere aus unserer Unterhaltung hervorgehende Kenntniß mir höchst angenehm.

Am aller erfreulichsten aber doch die wohlgelungene Übersetzung des schönen Fürsten und Sittenliedes, die Sie mir so gefällig übersenden mögen, und welche ich, nachdem ich sie Freunden und Sinnesverwandten vorgetragen sogleich, Genehmung hoffend, in Kunst und Alterthum abdrucken ließ.

An den glücklichen Fortschritten Ihrer edlen Bemühungen würde mich Ihr ernster treuer Sinn nicht zweifeln laßen, wenn ich auch nicht, wie es von Zeit zu Zeit geschieht, durch Freunde, oder wohl öffentlich davon Nachricht erhielte, und davon meinen Vortheil gewänne.

Möge auch mir wie bisher bey meinem eigenen Thun und Laßen Ihre Mitwirkung zum schönen und großen Zweck zu Gute kommen; erhalten Sie mir ein freundliches Andenken und geben mir gelegentlich erfreuliche Zeichen.

Weimar   ergebenst
den 19. Octbr. 1823.   JWvGoethe.

12. Jacob Grimm an Goethe.

Ew. Excellenz

haben durch die wohlwollende Aufnahme des Herrn Vuk Sich denselben zu immerwährender Dankbarkeit verbunden. Er ist gegenwärtig in sein Vaterland heimgekehrt, wo es nicht an Verkennern und Befeindern der verdienstlichen Bemühungen dieses Mannes fehlt. Zumahl scheint ihm die serbische und ungrische Geistlichkeit abgeneigt, welche den engen Kreis ihrer Kirchensprache durch die Aufmunterung und Hervorhebung der lebendigen Landessprache beeinträchtigt wähnt, die Volkslieder für zu frei oder abgeschmackt und der Sammlung für unwerth hält.

Das beiliegende Lied von der Erbauung Scutari's hatte mich durch seinen Inhalt, der sich mit weitverbreiteten Volkssagen berührt, vor andern angezogen. Die Schönheit seiner Form darf nicht nach meiner, zwar getreuen, aber unvollkommnen Übersetzung ermessen werden. Befriedigende Übertragungen der serbischen, so wie aller Volkslieder überhaupt, werden sich schwerlich geben laßen. Die epischen Formeln, im Original natürliche Wiederhohlungen, bekommen in der Nachbildung etwas Gezwungenes und Schleppendes. Vielleicht hätte ich andere und kürzere Stücke übersenden sollen, vor allem das großartige Gedicht von Marco's Tode; doch hat mir Herr Vuk gemeldet, daß er selbst an Eure Excellenz gerade von diesem und andern Liedern wörtliche Versionen hat gelangen laßen, aus denen sich die Einfalt und Gefälligkeit der Texte ebenso gut oder beßer ergibt, als aus meinen metrischen Nachahmungen.

Ich bin so frei, die Verdeutschung der serb. Grammatik beizufügen.

Mein Bruder, der Mahler, hat mit Dank und Belehrung die Anzeige seiner radirten Blätter im letzten Hefte für K. und A. gelesen und denkt sich die ihm ertheilten Winke zu Nutz zu machen. Neulich hat er Bildniße göttingischer Professoren mit Glück radirt, aber noch keine guten Abdrücke zur Hand.

Mit Verehrung Ew. Excellenz

Caßel 8 Mai 1824. gehorsamster Diener
Grimm.

13. Goethe an Jacob Grimm.

Ew: Wohlgeboren

überſende beykommendes zwar ſpäter als billig, aber doch nicht unzeitig, denn eben jetzt führen mich meine ſehr vereinzelten Studien wieder an die ſerbiſchen Lieder und weſſen ſollt ich dabey eher gedenken als Ihrer würdigen Bemühung.

Das zuletzt mitgetheilte Gedicht iſt unter denen die ich kenne wohl das älteſte, wenigſtens bezieht ſich's auf die Erbauung von Skutari, vielleicht ſchon im achten Jahrhundert, und trägt noch ganz den höhren barbariſch heidniſchen Sinn eines Menſchenopfers zu großem unerläßlichen Nationalzwecke.

Gar manches andere iſt mir indeß durch die Be= mühung der Fräulein Thereſe von Jakob zu Halle bekannt geworden, die ſich auch wohl Ihrer Theil= nahme freut. Die Fertigkeit und Ausdauer dieſes talentvollen Frauenzimmers ſind zu bewundern, ſie ſcheint mir durch die Herren Wuk und Vater zu dieſer Angelegenheit aufgeregt worden zu ſeyn.

Ich leſe ſo eben Ew: Wohlgeboren Vorrede zu der ſerbiſchen Grammatik wieder und bewundere die mög= liche Klarheit die Sie über das Gewühl der Volks= wanderung und Volksverſetzung, ſo wie über die Wandelbarkeit der Sprache verbreitet. Leider hab' ich auch nicht die geringſte Anmuthung zu jenen öſt=

lichen Zungen und ist mir deshalb eine geistreich an=
geschloßene Übertragung vom größten Werth.

Laßen Sie mich von Zeit zu Zeit an Ihren Be=
mühungen Theil nehmen, die ich, wenn gleich nur
aus einer gewissen Ferne, zu schätzen weis, auch in
dem mir übersehbaren Umfang wahrhaft zu bewundern
die Freude habe.

Zu geneigtem Andenken mich angelegentlichst em=
pfehlend

Weimar   ergebenst
den 30. August 1824.   JWvGoethe.

14. **Wilhelm Grimm an Goethe.**

Ew. Excellenz

nehmen mit gewohnter Nachsicht einige neuere Blätter
meines Bruders auf, welche die Bildniße Göttinger
Profeßoren enthalten. Er hat geglaubt die Bekannt=
schaft und Güte dieser gelehrten Männer auf solche
Art benutzen zu dürfen und sich bemüht, sie so charak=
teristisch, als ihm möglich war, aufzufaßen. An der
Fortsetzung des Werks ist durch Zeichnungen gearbeitet.

Ich gestatte mir, eine Nachricht von Färöischen
Liedern aus den Götting. Anzeigen beizulegen, viel=
leicht, daß die Theilnahme, welche Sie den Stimmen
der Völker zu schenken pflegen, auch diesen hier, in
mancher Hinsicht merkwürdigen, einige Augenblicke
der Betrachtung zuwendet. Zu beßerm Verständniß

füge ich die Übersetzung eins der eigenthümlichsten Stücke hinzu. Höchst wahrscheinlich hat sich darin eine alte, in der Edda nicht mehr vorhandene Dämesage erhalten, welche als unterhaltendes Märchen, wenn auch ohne alle Ausbildung, doch angemeßen, reinlich und sauber forterzählt wird. Deutlich ist noch Verbindung und Kampf der Menschen und Götter gegen die wilden aber mächtigen Riesen sichtbar; umsonst wird bei den Elementen Schutz gesucht, nur die List hilft endlich aus.

Mein Bruder Jacob dankt Ew. Excellenz für die gütige Übersendung der beiden Hefte über Kunst und Alterthum. Ihre wohlwollende Gesinnung ist uns eine große Freude, möchten Sie uns derselben immer würdig halten!

Cassel 21ten Nov. 1824.
Ew. Excellenz
gehorsamer Dr.
Wilhelm Grimm.

VIII.

Friedrich
und
Caroline de la Motte Fouqué.

1. Caroline Fouqué an Goethe.

Werden Sie mir es vergeben daß ich mich ohne alle weitere Vermittlung bis zu Ihnen wage? Ich weiß es nicht, aber es ist etwas in mir das es hofft, das es glaubt.

Wüßten Sie mit welcher anbetenden Liebe ich seit vielen Jahren in Ihren Werken lebe, wie sie meine eigenste, liebste Welt geworden sind, was ich in dieser klaren, innerlichen Lebensfülle sehe, ahnde, träume, ach, kennten Sie mich in meiner leidenschaftlichen Verehrung für Sie, Sie würden es fühlen mit welchem Entzücken ich durch Fouqué hörte daß Sie meiner gedachten, daß Sie von mir wußten, ja daß Sie meinen litterarischen Versuchen eine augenblickliche Aufmerksamkeit schenkten. Ich habe das nie hoffen, nie ahnden können. Wie sollte ich auch! und daß es mir so ungesucht, so rein vom Himmel geschenkt ward, das ist eine Freude die ich niemand in dieser unaus=

sprechlichen Fülle zeigen darf als grade Ihnen, ver=
ehrter, geliebter Mann. Ich bin noch so jung in meinen
Gefühlen, das Leben übt noch eine so große eine so
reizende Gewalt über mich aus, das Ungewöhnliche darf
mich noch mit aller Leidenschaftlichkeit der Jugend
anrühren, dulden Sie es denn daß ich mich Ihnen in
der vollen, innern Wahrheit meiner Seele zeige.

Mir ist, als hätte ich mein ganzes Leben über nur
empfunden, gedacht, gesonnen um Ihnen jetzt alles,
alles zu sagen was mir Herz und Geist erfüllt. Ich
kann kaum der unaussprechlichen Sehnsucht wiederstehn
von Ihnen gekannt zu sein. Doch Sie müssen mir
erst die Erlaubniß geben weiter zu reden. Geben Sie
sie mir, ich bitte Sie flehentlich darum.

Sagen Sie mir, warum öffnen sich grade jetzt
mit einemmale alle Erinnerungen meines Lebens?
warum ist es wie im Frühling, so voll und so weh=
müthig in mir? So ist es denn überall wahr, was
ich immer vorausempfand, man nahet sich Ihnen nur
wie der stillen, ewig unbegriffnen Natur, deren geordnete
Weisheit wir in Dehmuth bewundern, wenn das ent=
zückte Herz unter den leisen Bebungen des reichen
Daseins erzittert!

Hätten Sie mir doch schon ein Recht gegeben
Ihnen von dem, was mir persönlich nahe liegt zu
reden, Sie um Rath fragen zu dürfen, oder wäre ich
bei Ihnen, und könnte ich Ihnen eine kleine Arbeit
vorlegen an der ich mit ganzer Seele hänge. Aber

so ungemessen sind des Herzens Wünsche! Kaum ist das Unerwartete geschehen so soll auch schon das Erfreulichste und Höchste da sein! Ich will mich bescheiden, und still erwartend was Sie noch Größeres über mich bestimmen, in dankbarer Rührung, besonnen und fleißig an meinem kleinem Roman arbeiten und es Gott überlassen wie er mich in diesem Unternehmen begünstigen will.

Wenn Sie im Herzen meine allzugroße Dreistigkeit tadeln, so erinnern Sie sich, wie ich Jahrelang meine lauteste Bewunderung zum Verstummen zwang, daß ich mich selbst zur deemüthigsten Zurückgezogenheit, fern von Ihnen, zu unerfreulicher Unbekanntschaft verdammte, und daß nun ein gütiges, liebes Wort die lästigen Schranken löst, und das verhaltene Gefühl sich ungemessen, gewaltsam Platz macht. Erwägen Sie das, und vergeben Sie

Ihrer
 treu ergebensten Freundin
  Caroline de la Motte Fouqué.
   geb. von Briest.

Nennhausen bei Rathenow an der Havel.
Den 24ten Novbr:
1813.

2. Goethe an Caroline Fouqué.

[Concept.] [Weimar, 3. Januar 1814.]

Vormals war es eine löbliche Sitte, daß man Gönnern und Freunden sich beym Jahreswechsel empfahl, als sie aber zur hohlen Gewohnheit ausartete wurde sie gewaltsam auf einmal abgeschafft; nun finde ich daß man gegenwärtig alle Ursache hat sie im ältesten Sinne wiederherzustellen, weil man, durch eine solche Epoche, genöthigt wird die Dauer seiner Gesinnungen auszusprechen, womit man gegen Freunde das Jahr über gewöhnlich zaudert.

Ich danke daher zum verbindlichsten für den freundlichen Brief, durch den Sie mich berechtigen, auch an Sie ein Blatt zu senden, in der Hoffnung daß Ihr Herr Gemahl glücklich bey Ihnen angelangt sein werde, und in dem Kreise der Seinigen den schönsten Lohn empfange, für so manche leibliche und geistige Unbilden die er vergangenes Jahr erdulden mußte. Lassen Sie nur das Innere dergestalt auferbauen und erhalten, daß wir unsere zurückkehrenden Freunde dereinst recht behaglich bewillkommen und erquicken können.

Mögen Sie mir von dem was Sie vorhaben oder vollenden Kenntniß geben; so bleiben Sie dabey jederzeit meiner aufrichtigsten Theilnahme versichert.

3. Fouqué an Goethe.

Hochwohlgeborner Herr,
Hochverehrter Herr Geheimerath,

Ew. Excellenz setzten der Güte, mit welcher Sie mich bei meiner letztern Anwesenheit in Weimar empfingen, dadurch die Krone auf, daß Sie mir in den Augenblicken des Abschiedes erlaubten, Ihnen zu senden, was mir etwa zuerst von bedeutenderen Arbeiten an's Licht zu fördern gelänge. Einzelne Dichtungen von mir erschienen seitdem, aber keine davon schien mir einer solchen Anwendung würdig. Mag es auch vielleicht die gegenwärtige nicht sein; man giebt was und wie man kann. Sollte Sie das Ganze genugsam anziehen, um es zu durchlesen, und mich vielleicht nachher die Stimme des Meisters darüber vernehmen zu lassen, so hätte es mir einen meiner theuersten schriftstellerischen Wünsche erfüllt. Wäre mir die Erreichung dieses Zieles nicht gelungen, so würde ich doch immer zuversichtlich hoffen, daß Ew. Excellenz die Innigkeit freundlich anerkennen, womit ich strebe, mein Andenken bei Ihnen zu erneuen.

Schreiben Sie es Ihrer eignen Güte zu, wenn ich bei dieser Gelegenheit mit einer dreisten Bitte hervortrete. Aber ich wage es im Bewußtsein, nur auszusprechen, was in allen ächten Dichtergeistern unsres Vaterlandes seit der Erscheinung des letztern Bandes von Wahrheit und Dichtung als lebendiger Wunsch erwacht ist. Wie sollten wir uns nicht sehnen, die erste Gestaltung zu schauen, unter welcher Göz von Berlichingen aus der begeisterten Seele seines Sängers hervorging! Und wenn unser Meister uns sagt: „diese Bildung ist noch vorhanden", wie sollten wir ihn nicht mit kindlichem Vertrauen bitten, sie an das Licht treten zu lassen! —

Es ist gewagt und gesagt. Anmaaßung wäre es, sich weiter darüber auszulassen, welche hohe Wichtigkeit wir Alle natürlich auf diese Erscheinung legen müssen. Ich füge nur noch die Bitte hinzu, daß Sie um meines kühnen Wortes willen mir nicht zürnen mögen.

Mit innigster Ehrfurcht und Hochachtung habe ich die Ehre, zu sein

Ew. Excellenz

Nennhausen bei Rathenow,   ganz gehorsamster,
in der Kurmark   La Motte Fouqué,
Brandenburg,   Major der Kavallerie, und Ritter
am 27ten October,   des Königl. Preußischen
1814.   Sct. Johanniterordens.

4. Caroline Fouqué an Goethe.

Geehrtester!

Es möchte Sie wohl befremden, daß ich so unvermittelt, so plözlich zu Ihnen hintrete, wüßten Sie nicht aus eigner Erfahrung, wie es solche Zeiten, Tage und Momente giebt in welchen uns etwas Unwiderstehliches zu geliebten und verehrten Personen zieht, und wir den lebhaften Drang, das wachßende Verlangen an etwas stillen müssen, wie sehr wir es auch fühlen daß uns dennoch das nicht gnügt, und in der Hauptsache wenig gethan ist.

Dem sei nun aber wie ihm wolle! mir ist heut so gerührt, so im innersten Herzen bewegt zu Sinne, daß ich es Ihnen sagen, Ihnen mittheilen muß, wie theuer Sie mir sind wie nahe Sie mir (lassen Sie mich's denken und aussprechen) durch eine innere Verwandschaft des Sein und Verstehens, sind, wie ich mich selbst immer mehr in Ihren Büchern begreife, und Gesundheit, Freiheit und Wahrheit daraus schöpfe. Dulden Sie unter so vielen auch meine Huldigungen, die nichts wollen, nichts sind als unwillkührliche Gefühle, wie sie uns wohl ein klarer, warmer, beseelter Himmel, reiche und weite Umsichten, große Naturgegenstände und vor allem die belebende Luftströhme auf Bergeswipfeln geben!

Worte sind nur Worte! ihr Klang tönt und verhallt! vieles bleibt in diesem Gefühl bei reifern Menschen ungesagt. Und doch! was klügeln wir und halten an uns wenn das Herz wenn die ganze Seele spricht! Der warme Hauch des innersten Lebens ströhmt dennoch in die befreundete Brust, und etwas bleibt wenn auch vieles spurlos verfliegt!

Es ist ein seltsames Geschick daß ich grade Sie niemals sahe und sprach! Ich weiß wohl was es auch damit ist! Wie selten sahe man sich wirklich! Doch ich hätte für mein ganzes Leben ein Bild von Ihnen gehabt. Das fehlt mir! und was die Phantasie auch bauet und zusammen stellt, es bleiben, grade weil ich Sie so bestimmt empfinde, dennoch nur schwankende Umrisse die mich mehr ängstigen als befriedigen.

Auch den Greis würde ich noch mit Entzücken begrüßen und wenige Feste beginge ich so gern als das heutige was durch eine Reihe unendlicher Erinnerungen zu der Stunde Ihrer Geburt zurückführt!

Viel Hände sind heute geschäfftig, manch liebliches Blumenmädgen windet Kränze, alle wollen dem Sänger der Schönheit und Unschuld so innig empfunden, ihren zärtlichen Dank im Gelispel der Blumen verkünden! Es wird auch in unsrer Mitte Ihr Brustbild von gar lieblichen Kindern gekränzt. Die hübschen Augen weinten dem Egmont gestern noch heiße Thränchen, indeß die ernste Mutter Tage der Erinnerung mit Ihnen durchlebt, und an Ihrer Seite, nie alternder Freund, Rom und Neapel und das fabelhafte Sicilien durchreist.

Voll Theilnahme und Verehrung

Nennhausen
den 28ten August 1819.

Caroline Fouqué
geb. von Briest.

5. Fouqué an Goethe.

Hochwohlgeborner Herr,
Hochverehrter Herr Geheimerath,

Ew. Excellenz von so vielen Herzen erwünschte und erflehete Wiedergenesung läßt Ihnen gewiß manchen Freudengruß — gereimt und ungereimt, im Doppel=sinn beider Worte — aus dem erfreuten Deutschland zukommen und aus andern Reichen mit. — Möge denn auch dies Blatt nebst den beikommen=den Reimen mit dahinfliegen auf der Straaße nach Weimar.

Zwar habe ich das Lied schon zum Abdruck an eine Zeitschrift gesandt, aber Eure Excellenz wenden wohl den Blick nur selten auf solche Ephemera, und ich möchte doch gern, daß der Ausdruck meines innigen Freuden= und Dankgefühles zu Ihnen dränge.

Zweien trefflichen Männern, dem Minister van Voß und meinem verehrten ehemaligen Feldherrn, Grafen Kleist von Nollendorf, hatte ich während meines letztern Winteraufenthaltes in Berlin Trauer=lieder in die Gruft nachzusingen. Nun mir ein Freudenlied über die Genesung unsres Dichter=Heroen über die Lippen quillt, kann ich's nicht lassen, es dem theuern Lebenden unmittelbar darzubringen.

Ew. Excellenz bezeigten sich gütig gegen mich, als ich vor etwa zwanzig Jahren — ein ganz ungekannter Küraffier=Lieutenant noch — Weimar zum erstenmale besuchte. Gütiger noch bezeigten Sie sich mir im Jahr Dreizehn, als ich, den Feind verfolgen helfend, durch Weimar zog, und nach einigen Wochen erkrankt wieder durch Weimar nach der Heimath reiste. Auch seitdem sollen Sie — heißt es — bisweilen gütig meiner erwähnt haben. Ihre Frau Schwiegertochter hatte die Gnade, mir das einstmal schon vor einigen Jahren zu schreiben. Und wenn nicht der Wunsch, etwas Günstiges von Ihnen über mich zu hören, wohlwollende Freunde in Mißverständnisse verwickelt hat, gedachten Sie auch gegen Solche noch meiner bisweilen mit freundlicher Huld. —

Was aber den Heroen von jeher erquicklich war und gewiß es auch immerdar bleiben wird, ist die anmuthige Bewunderung der Frauen. Und so sage ich Ihnen denn, daß mindestens gleich nach der Freude Ihrer verehrten Familie über Ew. Excellenz Wiederherstellung die Freude meiner Frau kommt; — ohne jedoch daß ich mir in dieser Hinsicht von ihr den Vorrang nehmen liesse. —

Mit der innigsten Hochachtung und tiefsten Ergebenheit habe ich die Ehre, zu sein

Ew. Excellenz

Nennhausen, bei Rathenow,   unterthäniger,
in der Kurmark Brandenburg,   Friedrich Baron de la
am 9ten April, 1823.   Motte Fouqué,
                                      Major und Ritter.

6. Fouqué an Goethe.

Hochwohlgeborner Herr,
Hochverehrter Herr Geheimerrath,

Ew. Excellenz haben mich durch die Übersendung Ihres neu der Welt geschenkten Werther unendlich erquickt und erfreut. Es ist dies eine Huld, worauf ich nur mit den Worten erwiedern kann, die mir im October des Jahres 1813 aus der Seele quollen, als Sie mich Ihrer begeisternden Theilnahme an meinen poetischen Bestrebungen mündlich versicherten. Die damaligen Worte Eurer Excellenz sind mir unvergeßlich, und eben deshalb behielt ich auch im Andenken, was ich darauf erwiederte. Also wiederhol' ich aus tiefbewegtem und erfreuetem Herzen, was ich damals sprach:

„Ew. Excellenz schenken mir einen der schönsten Kränze meines Erdenlebens, und einen Kranz, der sich fast über meine kühnsten Jünglingshoffnungen erhebt!" —

Und die gingen doch ziemlich hoch, und mein übriges Leben ist grossentheils weit hinter selbigen zurückgeblieben. —

Das aber empfind' ich tief in freudiger Brust: jede andre Aussicht auf weltliches Glück hätt' ich jubelnd hingegeben für Ihre huldvolle Theilnahme an meiner Dichterlaufbahn.

Und so fühl' ich es noch jetzt, wenn ich mich einmal für Augenblicke der Möglichkeit solcher willkürlichen Austauschungen träumerisch überlasse. —

Wie es überhaupt mit Jünglings- und späteren Träumen beschaffen ist, bestrebt die beikommende kleine Dichtung sich einigermaassen auszusprechen, — oder vielmehr anzudeuten. Wie möchte ich es wagen, das Reich der Träume ermessen zu wollen! — Aber Eure Excellenz bewies früher den Unbinen-Träumen liebevolle Nachsicht. Wenn sich die Arielen-Träume gleichen Glückes rühmen könnten, wage ich es auch wohl, eine mir jetzt unter der Feder aufspriessende Novelle: Erdmann und Fiammetta Ihnen ehrerbietigst nach deren Vollendung darzubringen. Damit möchte wohl in drei Darstellungen sich in meiner Seele und Weise das vierelementarische Naturreich abgespiegelt haben, wobey vielleicht als Entschuldigung gegen Überkühnheit die Wahrheit ausreichen mag, daß ich nicht etwa durch eine willkürliche Spekulation, sondern durch wechselnde Stimmungen und Ereignisse eines vielbewegten Lebens auf diese Gebilde hingeführt worden bin. —

Indem ich mich wiederum in unversiegbarer, und doch jetzt noch mir erhöheter Freude an dem Jugendbronnen Werthers erquicken will, bitte ich Sie noch, die Versicherungen der ehrerbietigsten Dankbarkeit gütig aufzunehmen, — (schon besswegen thun Sie das wohl, weil ich in Jung-Stillings letztern Lebensjahren sein Correspondent, und als Solcher ein Zeuge seiner unverlöschlichen Liebe für seinen erhabnen Jugendfreund Göthe war!), — womit ich die Ehre habe, zu verharren

Nennhausen bei Rathenow Eurer Excellenz
    am 19ten Junius, ganz unterthäniger
        1825. LaMotteFouqué.

7. Fouqué an Goethe.

Hochwohlgeborner Herr,
Hochverehrter Herr Minister,

Eurer Excellenz mich wieder einmal mit dem Ausdruck meiner innigsten Verehrung und liebevollen Bewunderung nahen zu dürfen, giebt mir das beiliegende Schreiben an mich eine erfreuliche Gelegenheit. —

Ich ersuche Eure Excellenz ehrerbietigst, erst jenes Blatt überblicken zu wollen, und sich dann wieder gütigst zu meinem weitern Vortrage zurückzuwenden. —

Meine Bitte als erfüllt voraussetzend, fahre ich nun in Bezug auf das Schreiben fort.

Der Jüngling, welcher es vertrauenvoll an mich gerichtet hat, ist edler und wahrhaft dichterischer Natur; frisch, fröhlich, voll tiefgewaltiger Empfindung, an Leib und Seele kerngesund. Dr. Eckermann, welcher jetzt die Ehre und Freude genießt, in Ew. Excellenz Nähe zu leben, ist, wie mein junger Freund mir sagt, ihm lieb und theuer, und wird auf Eurer Excellenz Befehl Ihnen Näheres von dem muntern Sangvogel berichten können, der seinen Namen, Stieglitz, recht erfreulich mit der That führt.

Mir ist unbekannt, wie Eure Excellenz die vorgeschlagne Dichtungsart betrachtet. Doch hoffe ich, auch diese Blüthengattung soll in der klaren Allgemeinheit Ihres erhabnen Standpunktes sich einiger Achtsamkeit erfreuen dürfen.

Auf jeden Fall ist wohl zum Dichterwettspiel die Glosse wie geschaffen. Liebt ja doch jedes Turnier die zierlichen und kunstreichen — mag sein auch nur künstlichen — Formen; schon um die Gewandtheit der Kämpfer zu prüfen, und dem absolut Ungeschickten ohne alle Grieswärteleien die Schranken durch die Aufgabe selbst zu verbieten.

Recht dringend bitte ich Ew. Excellenz, den Oberrichterspruch gütigst übernehmen zu wollen. Es kostet ja nur wenig Ihrer kostbaren Zeit, sechs Gedichte, die ich Ihnen höchstens zu senden berechtigt bin, zu überblicken, und dem erkorenen ein Zeichen Ihrer Huld beizufügen. Rationes decidendi verlangt man ja ohnehin von höchsten Tribunalen nicht; minder noch von Königen und Kaisern.

Ob Eure Excellenz in der gegenwärtigen klaren Friedensregion Ihres herrlichen Lebens überhaupt noch Briefe schreiben, weiß ich nicht, und glaube es kaum. Auf alle Weise würde ich es für Unbescheidenheit halten, den Meister um directe Antwort zu bitten. Aber mir durch Herrn Dr. Eckermann möglichstbald

eine entscheidende Resolution — wie sehr würde eine
günstige mich und meine Jünglinge erquicken! — zu
übersenden, — oder wohl gar, wie sonst, mir durch
die holde Hand der Frau Ottilie von Goethe Ihre
Befehle zukommen zu lassen, — darum wage ich Ew.
Excellenz ehrerbietigst zu ersuchen. Bis dat qui cito
dat! Und die Herzen der jungen Glossendichter lodern
sehnsuchtvoll einem huldreichen Ja ihres und meines
hohen Meisters entgegen.

Voll der innigsten Verehrung habe ich die Ehre,
mich aus tiefem Herzen zu nennen

Eurer Excellenz

Berlin (Unter den Linden,   ganz unterthänigster,
    Nr. 67).   Friedrich Baron de la Motte
Am 20ten März,   Fouqué,
    1826.   Major und Ritter.

8. Fouqué an Goethe.

Hochwohlgeborner Herr,

Hochverehrter Herr Geheimerrath,

Eure Excellenz haben mich hin und wieder manch
fortgesetzter Zeichen Ihres mir unschätzbaren Wohl=
wollens gewürdigt. Ich wage es demgemäß, Ihnen
das beikommende Bruchstück meiner gesammelten Ge=
dichte ehrerbietigst einzusenden. Bruchstück ja bleibt
so Vieles auf der Welt, und dennoch nimmt jede ein=
zelne Blume im Garten der Poesie sich's heraus, nach
ihrer eignen Art und Kraft ein Ganzes zu sein. Ein

Gleiches denke ich in guten Stunden wol auch von mir und manchen meiner Gedichte.

Wenigstens darf ich hoffen, daß der Blick Eurer Excellenz sich gern auf die in der vorliegenden Sammlung enthaltne Todtenfeier des unsterblichen Schiller S. 185 lenken wird. Todtenfeier und unsterblich freilich scheinen auf den ersten Blick zwei ziemlich schroffe Gegensätze. Es kommt ja doch aber nur auf den Gesichtspunkt an, aus welchem man Beides in's Auge fassen will und mag. Zudem wird es Eurer Excellenz dabei nicht uninteressant sein, wie mein nun auch schon längst aus der Zeitlichkeit entschwundner Freund Bernhardi aus Herz und Poesie die Irrthümer zu widerrufen gedrungen war, in welche ihn früherhin das blos einseitige Beschauen eines Genius, wie Schiller, unbillig und betrübend verstrickt hatte. —

Mich dem gütigen Andenken des ewig jungen Altmeisters unsrer Poesie empfehlend, verharre ich in freudiger Ehrfurcht

Nennhausen bei Rathenow   Eurer Excellenz
    in der Kurmark   ganz unterthäniger
      Brandenburg,   Friedrich Baron de la Motte
     am 9ten Sept. 1827.   Fouqué.

9. Fouqué an Goethe.

Hochwohlgeborner Herr,

Hochverehrter Herr GeheimerRath,

Eurer Excellenz nahe ich mich noch jetzt, in meinem Ein und Funfzigsten LebensJahre, in demselben innigen Gefühl, nicht nur der Bewunderung, sondern auch einer mit JünglingsScheu gemischten Ehrfurcht, wie einst zum Erstenmal als Fünfundzwanziger.

Zwar ist mir in der Zwischenzeit die hohe Ehre zu Theil geworden, von Eurer Excellenz ausdrücklich als Dichter anerkannt zu werden; — ein Ziel dem ich damals mit nur kaum mir selbst eingestandnem Hoffen entgegenrang, und das ich nun freudig als die herrlichste Erfüllung meines Parnassus-Ringens hienieden betrachte. Auch wurden mir noch ausserdem einige ehrende Winke Ihrer fortdauernden Huld zu Theil. Aber so wiederum mit einer neu aufgesproßten Dichtung unmittelbar vor unsern eblen DichterPatriarchen hinzutreten, giebt doch immer dem bewegten Herzen ein ganz eignes Gefühl. —

Daß in meinem Wartburgs Gedicht SachsenWeimarsche Sage und Herrlichkeit vorherrscht, giebt ihm wol schon einigen Anspruch auf Eurer Excellenz gütige Beachtung; mehr noch der Umstand, daß die verehrte Prinzessin, welche uns das Großherzogliche Haus zum erhöheten Glanz des Preussischen Thronhimmels sandte, meine Zueignung des Liedes mit allergnädigstem Beifall aufgenommen hat. —

Dieses Gedicht noch auf andre Manier als ein Weimarsches zu bezeichnen, diene die Notiz, daß der Verfasser unter der tapfern ReiterSchaar, welche durch Eurer Excellenz Erwähnung in Ihrem Kriegsleben vom Jahr 1792 unsterblich geworden ist, seine ersten WaffenProben ablegte, während wir noch die Ehre hatten, das KürassierRegiment Herzog von Weimar zu heissen. — Wollte nun Eure Excellenz sich entschliessen, mir ein gütiges Wort über meine Sendung auf irgend eine Weise zukommen zu lassen, so würde die Schluß=Zeile der Zueignung eine überaus freudige Bedeutung für mich gewinnen.

Gelte es mir aber damit Entbehrung oder Ge=währung, — unwandelbar habe ich die Ehre, voll der innigsten und reinsten Verehrung zu sein

Nennhausen bei Rathenow,   Eurer Excellenz
    in der Kurmark   ganz unterthäniger,
     Brandenburg,   Friedrich Baron de la
  am 29sten Mai, 1828.   Motte Fouqué,
                               Major und Ritter.

10. Fouqué an Goethe.

Hochwohlgeborner Herr,

Hochverehrter Herr Geheimerath,

Eurer Excellenz wagte ich seit mehrern Monden einige poetische Werke, bald kleineren, bald grösseren

Umfanges, theils unmittelbar, theils mittelbar, darzubringen.

Daß mir kein Bescheid darauf ward, machte und macht mich nicht irr. Die Huld, welche Deutschlands und überhaupt des Zeitalters erhabenster Dichter einem ehrbaren KunstGenossen zugewendet hat, ist ebensowenig einem AprilSonnenblick vergleichbar, als etwa die Huld eines echten KriegsFürsten gegen einen unbescholtenen RittersMann seines Gefolges.

So biete ich denn Eurer Excellenz voll heitern Vertrauens das beikommende Buch unterthänigst dar.

Die Lebensbeschreibung eines KriegsHelden kann Eure Excellenz um so minder gleichgültig lassen, als neben Ihrem geistigen Heldenthum auch Sie das freudig ernste Spiel der Waffen kühn versucht haben, es so klar und kraftvoll darstellend, daß jeder erprüfte KriegsMann freudig dabei ausrufen muß: „so ist es!" —

Das Bild jenes nun von der Erde entschwundnen Heros, der mein ehemaliger Anführer war und in Eurer Excellenz Werken lebt, bewahren zu helfen, so weit meine Kräfte reichen wollen, ringe ich in einem größern, will's Gott bald erscheinenden Werke. Hier konnte er nur eben über die einstweilige KampfesBühne mit hinschreiten. —

Ein edler Name: Bechtolsheim — für mich der Name eines lieben JugendFreundes, — wird Eurer Excellenz auf den dargebrachten Blättern lieb entgegenleuchten. —

Mein Werk und mich in Ihre Huld empfehlend, habe ich die Ehre voll der innigsten Hochachtung zu verharren

Eurer Excellenz

Nennhausen bei Rathenow   ganz unterthäniger
    in der Kurmark   Friedrich Baron de la
    Brandenburg,   Motte Fouqué,
am 10ten Okt. 1828.   Major und Ritter.

IX.
Adelbert von Chamisso an Goethe.

Monsieur

J'ose apporter une pieuse offrande à la Lyre dont l'armonie a rempli mon ame, mes amis partagent la religion qui me conduit, mais des mortels ne peuvent poser au pied des statues des Dieux, que de foibles rameaux d'un feuillage bientôt flétri.

Jai l'honneur d'être avec vénération
    Monsieur
        votre très humble et très obeissant
Berlin ce 24 Septembre   serviteur
    1803.   v Chamisso
        Officier au Regiment de Götze.

X.
Karl Immermann.

1. Immermann an Goethe.

Ew. Excellenz

den anliegenden dramatischen Versuch vor seinem öffentlichen Erscheinen vorzulegen, sieht sich der Verfasser nach einigem Schwanken und Zögern dennoch genöthigt, und hofft nicht als ein Zudringlicher zu erscheinen, wenn auf die Beschaffenheit des Werks selbst Rücksicht genommen wird.

Von frühen Tagen mit dichterischen Arbeiten beschäftigt, ward ich, da es sich nun entscheiden sollte, ob Dilettantismus oder Beruf mich treibe, in den Zustand des Zweifels und der leidenschaftlichsten Bewegung versetzt. Wenn ich darin nicht unterging, sondern Lust behielt, auf dem eingeschlagnen Wege fortzuschreiten, so verdanke ich dieß dem Hinblick auf Ihre ewigen Werke, welcher anstatt mich niederzuschlagen, mich vielmehr im höchsten Grade ermunterte und stärkte.

In jenem sonderbaren Zustande entsprang das Schauspiel, und aus dem lebhaften Gefühle des Danks gegen den helfenden und rettenden Meister das Zueignungsgedicht.

Gegenwärtig bei erneuerter Durchsicht traten die Seltsamkeiten des Versuchs mir selbst lebhaft vor den Sinn, und wenn ich auch überzeugt war, daß daran, ohne den Character zu zerstören, nichts wesentliches zu ändern sei, so konnte ich mich auf der andern Seite auch nicht überwinden, das dreiste Erzeugniß, mit Ew. Excellenz Namen, ohne Ihre Zustimmung bekannt zu machen.

Die Frage: ob Ew. Excellenz die Zueignung mir gestatten wollen? glaube ich daher vertrauensvoll an Sie richten zu dürfen, während ich mich gern bescheide, daß andre Fragen — die dem Schüler auf den Lippen schweben — auszusprechen, nur ein näheres Verhältniß, beßen ich mich nicht zu erfreun habe, rechtfertigen würde.

Mit höchster Verehrung

Ew. Excellenz

Münster
am 18ten Mai
1821.

ganz gehorsamer
Immermann.

Wohnung: neben dem Gardehotel.

2. Goethe an Immermann.

[Concept.]

Vor meiner nunmehr anzutretenden Badereise, hoffte ich noch immer so viel Muße zu finden um über das hiebey zurückkommende Theaterstück nach Ihrem Wunsch meine Gedanken zu eröffnen. Da mir aber dies wegen vieler zubringender Arbeit nicht möglich geworden, so bleibt mir nur übrig mit wenig Worten für die wohlgemeinte Zueignung meinen Dank abzustatten; erscheint das Stück im Druck so läßt sich das Versäumte vielleicht nachholen.

Mit den besten Wünschen.

Weimar den 23. July 1821.

3. Immermann an Goethe.

Ew. Excellenz
überreiche ich mit den anliegenden Bänden in Ehrfurcht das Ihnen zugeeignete Trauerspiel.

Wir Jüngern sind sämmtlich bei Ew. Excellenz in die Schule gegangen. Die Undankbaren läugnen es, und bringen es in ihrem kalten Trotze bis zu Pseudo-Wanderjahren. Die Dankbaren gestehen es gern vor aller Welt, gar nicht gestört in ihrer Verehrung, wenn sie kein Zeichen der Gunst vom Lehrer empfangen, vollkommen zufrieden damit, daß ihnen gegönnt wurde, in ihrem Leben ein Muster zu erblicken.

Münster   gehorsamst
am 14ten Mai 1822.   Immermann.

4. Immermann an Goethe.

Es würde vermessen seyn, auch die anliegende Arbeit Ew. Excellenz zu übersenden, ohne daß der Verfasser durch Etwas von Ihrer Seite dazu bisher ermuntert worden ist, wenn es ihm beyköme, aus diesen Übersendungen einen Anspruch auf irgend eine geistige Erwiederung für sich herzuleiten.

Da er sich aber von solcher Anmaaßung in seinem Gewissen völlig rein und frey weiß, so darf er wagen, diesen Versuch ebenfalls in Ihren Gesichtskreis zu rücken. Ihre Person hat für uns etwas Mythisches gewonnen, und die Landsleute verehren in Ihnen nicht ein beschränktes Einzelwesen, sondern die Naturkraft selbst, der es gefiel, sich einmal verschwenderisch unter gewissen irrdischen Bedingungen zu entfalten. An derartige Erscheinungen bindet ein höheres Gesetz jedes jüngere tappende Bestreben desselben Kreises, und zwingt dasselbe, auch durch äußre Zeichen sich auf jene als wie auf einen Mittelpunct zu beziehn. Eben so ringen thätige Naturen danach, in der Nähe von Königen und Helden groß zu wachsen, und unter deren Augen ihre Probstücke zu verrichten. Die Könige und Helden zürnen darüber nicht, ich glaube, daß auch Sie nicht darüber zürnen werden, wenn Ihnen Anfänger in Bescheidenheit, ohne Hoffnung und Erwartung nahn.

Verzeihn Ew. Excellenz die Dreistigkeit meiner Worte. Ich habe sie nicht anders stellen können, weil sie aus Gesinnungen herrühren.

Düsseldorf
ben 29ten Junius 1822.   ganz gehorsamst
(auf einer Rheinreise.)   Immermann.

XI.
August Graf von Platen.

1. Platen an Goethe.

Ew. Excellenz!

Ew. Excellenz bin ich so kühn, anliegende kleine Schrift zu übersenden. Ich würde ganz über dieselbe befriedigt seyn, wenn ihr Gehalt einige Theilnahme erregen, und eine Beziehung begründen könnte, welche der Wunsch meines Lebens ist.

Ew. Excellenz
Erlangen den 9ten April   gehorsamster
1821.   A. Graf von Platen Hallermünde.

2. Platen an Goethe.

Ew. Excellenz
wage ich beyliegende Blätter zu übersenden, und wünsche, daß Sie in ihrer Gesellschaft eine Viertelstunde ohne Langeweile zubringen möchten.

Mit der aufrichtigsten Verehrung
Erlangen den 11 Oct. 1823.   Gr: Platen.

3. Platen an Goethe.

Ew. Excellenz!

Wiewol ich noch nicht so glücklich war, das letzte Heft von Kunst und Alterthum zu Gesicht zu bekommen, so habe ich doch aus den Anzeigen ersehen, daß Sie meiner darin gedenken, was mir, sey es günstig oder ungünstig, genügt, und mich so kühn macht, Ihnen meine neueste Produktion vorzulegen, die ich gewissermaßen als mein erstes Werk betrachte, da, aufrichtig gesagt, im Lyrischen nicht mehr viel zu thun war. Sollten Sie es auch mißbilligen, so werden Sie doch ganz anders davon urtheilen, als der Major von Knebel gethan hat, dem ich es, als dem Freunde meines Vaters, schon vor einigen Monaten zusandte. Nachdem er vorher seine ganze Galle über meine neuen Ghaselen, von denen ich ein Exemplar beigelegt, ausgegossen, fügt er noch hinzu: „Von der sogenannten Comödie wolle er gar nicht einmal reden; sie wäre ein unglückliches Machwerk ohne Ton, Witz und Zusammenhang. Der König mache Wortspiele wie der Narr. Ob denn etwa Kasperle mein Apoll wäre und Dienstmädchen meine Musen?" Gegen eine so gründliche Kritik aus der Mitte des vorigen Jahrhunderts, die mit einem so attischen Trumpfe schließt, der in unsrer fatalen Zeit für eine Platitüde gelten würde, läßt sich natürlich nichts Ernsthaftes einwenden. Doch da ich mir gegen solche Ansichten nothgedrungen

Luft machen mußte, so entstanden einige komische Gedichte, die meinen Freunden viel Vergnügen machten, und auch für ein größeres Publikum geeignet seyn würden, da sie eine allgemeine Beziehung haben, und mit aller in meiner Gewalt stehenden Ironie eine Zeit persiffliren, welcher Goethe ein Ende machte, und in welcher der Major von Knebel noch lebt; die Zeit einer hölzernen, conventionellen, aus Lateinern und Franzosen zusammengestoppelten Reflexionspoesie ohne Kraft und Wärme. Die Gedichte selbst zurückhaltend, lege ich doch dieß aufrichtige Geständniß ab, und glaube, Verzeihung zu verdienen, besonders wenn ich noch erwähne, daß mir der Major von Knebel zugleich ein ganz mittelmäßiges Litanei-Gedicht aus der Abendzeitung zur Nacheiferung vorlegte, wie ich deren, das Litaneimäßige abgerechnet, ungefähr in meinem zwölften Jahre geschrieben habe, und mir überhaupt gesteht, daß meine Poesie aus einem Dünkel nach Orginalität hervorgegangen sey, gewiß das Albernste was man einem Dichter sagen kann, der sich bewußt ist, nie etwas Andres gewollt zu haben, als sein Innerstes auszusprechen.

Beiliegendes Drama wurde vergangenen Herbst in fünf Tagen geschrieben. Es mag daher viele Fehler der Übereilung an sich tragen; aber gegen einen Mangel an Zusammenhang glaube ich es vollkommen rechtfertigen zu können, und geistreiche Männer haben mich hierüber noch mehr belehrt. Die äusserliche Verbindung der beiden Mährchen ist wol an sich selbst klar; aber auch eine innerliche ist vorhanden, da Chrysolide zwischen beiden Liebespaaren wie eine Vorsehung steht, und die beiden Hauptcharaktere, Aschenbrödel und Diobal, wiewol in ganz verschiedenen Sphären, auf dieselbe Idee hindeuten, und zuletzt „den stumpfen Widerstand der profaischen Welt besiegen", der dann nichts als ein Wer hätte das gedacht? übrig bleibt.

Das Drama wurde zuerst im November bei Schelling in einer großen und ich darf wol sagen, geistvollen Versammlung vorgelesen, wo ein ganz andres Urtheil als das des Herrn Majors darüber gefällt wurde. Die ältern Personen billigten und lobten, die jüngern waren davon hingerissen. Daher auch Verzeihung für das angefügte, im ersten Feuer hingeworfene Zueignungsgedicht! Da ich nun eine für mich passende Form gefunden habe, und der Stoff, den die Vorzeit mit ihren Sagen darbietet, unerschöpflich ist, so hoffe ich bald etwas Besseres geben zu können.

Die deutschen Theaterdirektionen dachten wie der Major. Sie haben, bis auf ein Paar, von denen noch keine Antwort erfolgt, das Stück als der Aufführung unwürdig erklärt. Wenn es auch von den noch übrigen zurückgewiesen wird, so werde ich die Comödie, wiewol besonders Schelling sich dafür erklärte, sie, es koste was es wolle, aufs Theater zu bringen, drucken lassen. Ich wage daher, Sie um die

Rücksendung der Handschrift zu bitten. Verzeihen Sie mein Geschwätz. Ich lechze nach Ihrem Urtheile, sey es schlimm oder gut. Zwei Zeilen werden mir genügen.

Erlangen den 17 März
1824. Mit der tiefsten Verehrung
August Graf von Platen.

4. Goethe an Platen.
[Concept.]
Ew. Hochwohlgeboren stehen bey mir und meinen Umgebungen immer im guten und freundlichen Andenken, wie das letzte Stück von Kunst und Alterthum bezeugen wird, weshalb mir denn Ihr gegenwärtiges Zuschreiben viel Vergnügen macht.

Die neue und alte Zeit hat immer in einigem Widerstreit gelebt, und es ist mir sehr viel werth, daß das Geschick mich begünstigt den heranstrebenden Jüngeren eher entgegen als aus dem Wege rücken zu können.

Das mitgetheilte Schauspiel sende jedoch, da Sie es dem Druck zu übergeben gedenken, gleich zurück: es ist in diesem Augenblick ganz unmöglich demselben die gehörige Aufmerksamkeit zu widmen, indem ich bey Herausgabe eines naturwissenschaftlichen Heftes in Regionen verweile, wo mir das Theater, dem ich ohnehin entfremdet bin, ganz verschwindet.

Sodann bemerke, daß erst in einiger Zeit sich die lieben Gebildeten wieder um mich her versammeln, mit denen ich dergleichen heitere Produktionen mehr zu genießen als zu beurtheilen pflege. Übersenden Sie mir es gedruckt, so ergreife ich alsdann die erste Gelegenheit meine Werthesten mit solcher Unterhaltung zu bewirthen und hoffe alsdann darüber ein erfreuliches Resultat ausgesprochen zu sehen. Der ich mich Ihnen und den verehrten Ihrigen und allen Hochgeschätzten, die in Erlangen meiner gedenken mögen, zum schönsten empfohlen wünsche

gehorsamst

Weimar, d. 27. März 1824.   J.W.v. Goethe.

5. Platen an Goethe.

Ew. Excellenz
wage ich, Ihrem gütigen Verlangen gemäß, das erste Bändchen meiner Comödien vorzulegen. Möchten die beiden Stücke, die es enthält, als ein Anfang einstweilen genügen, bis die Kraft, die hier zum Theil daran gewandt werden mußte, eine neue Bahn zu brechen, bei künftigen Produktionen der inneren Vollendung anheimfallen wird. Ein neues Lustspiel, das den zweiten Band eröffnen soll, ist bereits bis zum Anfange des vierten Akts niedergeschrieben. Es scheint mir, wenn es, worüber ich noch kein Urtheil habe, nicht mislungen ist, bedeutender als der gläserne

Pantoffel, womit freilich nicht viel gesagt seyn mag.
Der Stoff ist ein Mährchen aus dem Herodot, der
Schatz des Rhampsinit. Was uns von der alt=
ägyptischen Geschichte und den Gebräuchen dieses Volks
aufbehalten worden, ist zum Theil benützt worden;
in den eigentlich komischen Scenen aber ist das moderne
Costüm keineswegs vermieden; denn ich wüßte nicht,
was einen Lustspieldichter vermögen sollte, seine Zeit
zu verläugnen, und die Fülle von Anschauungen zu
verschmähn, die sie ihm darbietet. Das Bezwecken
der sogenannten Illusion scheint mir eine sonderbare
Affektation zu seyn. Humor und Phantasie sind bei
einem solchen Stoffe nothwendig vorherrschend; doch
steht zu hoffen, daß der Verstand sie bändigen und
die Sprache ihnen die Fessel der schönen Form an=
legen wird.

Vielleicht, wenn Sie nicht so ganz dem Theater
entsagt hätten, würden Sie eines oder das andere der
übersandten Stücke für würdig halten, es der Dar=
stellung zu übergeben. Der gläserne Pantoffel wurde
von den größern deutschen Theatern zurückgewiesen.
Wie unendlich vortheilhaft für mich jedoch eine Auf=
führung seyn würde, wie viel daraus für den Dichter
zu lernen, und welche Aufmunterung das Wechsel=
verhältniß von Produktion und Darstellung für ihn
seyn würde, brauche ich kaum zu erwähnen. Die
Intendanten und Theaterdirektoren scheinen es recht
planmäßig darauf angelegt zu haben, den Geschmack

des deutschen Publikums durch Spektakel und Decorationen zu entgeistigen und den natürlichen Sinn für Schönes zu unterdrücken; und so sind diese wenigen Strohmänner daran Schuld, daß auf unsern Bühnen, wofür die Fürsten so große Summen verschwenden, alles geduldet wird, ausgenommen die Poesie. Ein poetisches Repertorium, was sich mit Hülfe von Übersetzungen wol schon zusammenstellen ließe, würde vielleicht hinreichend seyn, die Schauspieler aus ihrem Schlendrian zu erwecken, und dem Nervensystem des Parterres eine größere Spannkraft mitzutheilen. Wenn ich es wage, Ihnen vom deutschen Theater zu sprechen, dem unangenehme Erfahrungen zu verdanken, Sie mehr als einmal versichern, so geschieht es im Vertrauen auf die Begeisterung, mit welcher z. B. Schelling und alle diejenigen, welche die Weimarische Bühne unter Ihrer Leitung gesehen haben, sich darüber vernehmen lassen.

Den historischen Anhang meines Büchleins bitte ich, entweder ganz zu überschlagen, oder ihn, nach dem Wunsche des Dichters, in einer ganz allgemeinen Beziehung zu betrachten.

Ich habe alle Ursache, wegen meiner abermaligen weitschweifigen Behelligungen Ihre Verzeihung in Anspruch zu nehmen, und bin in tiefster Verehrung
Erlangen am 26 Juni 1824.

Gr: Platen.

6. Platen an Goethe.

Ew. Excellenz
wage ich das Neuste, was ich dem Publicum überzugeben, zuzusenden. Möchten diese Gedichte, die im vorigen Jahre während eines zwei monatlichen Aufenthalts in Venedig entstanden sind, Farbe genug haben, um Ihnen das Bild jener merkwürdigen Stadt wieder vor die Seele zu bringen, in der Sie gewiß Mancherlei gedacht, gefühlt und genossen haben! Auf den Beifall Derer, welche die Anschauung nicht voraus haben, werde ich ohnedem verzichten müssen.

Wenn ich Sie sonst mit meinen Angelegenheiten behelligen darf, so melde ich noch, daß ein im vorigen Sommer entstandenes Drama, (der Schatz des Rhampsinit) auf meiner Rückreise von dem Münchner Theaterintendanten sehr günstig aufgenommen wurde, und dort auf der neuen Bühne hoffentlich bald gegeben werden soll. Es ist, wie ich glaube, nicht mehr so ungeschliffen, als der gl: Pantoffel, und vollends Italien, so wenig ich auch davon gesehen habe, hat mir ein Ideal von Kunstvollendung entgegengehalten, das bei mir nicht verloren gehen soll.

Nürnberg
den 16 Februar
1825.

Mit tausend Wünschen für Ihr Wohlergehen und mit den Gefühlen einer wahren Verehrung und Dankbarkeit
August Graf von Platen.

7. Platen an Goethe.

[Erlangen, Ende November 1825.]

Ew. Excellenz!

Schon längst hätte ich gewünscht, Ihnen eine meiner neuern dramatischen Arbeiten vorlegen zu können; doch habe ich bis jetzt noch keinen Verleger dazu gefunden. Unterdessen bin ich so kühn, Ihnen ein eben erschienenes lyrisches Gedicht mitzutheilen, in welchem ein höherer Flug, als in meinen bisherigen, versucht worden, und welches Sie vielleicht Ihres Beifalls nicht ganz unwerth halten. Nie werde ich vergessen, daß ich bei Ihnen zu einer Zeit Anerkennung fand und finde, in welcher Deutschland noch nichts von mir wissen will, und die vornehmen Kritici mich ignoriren oder befaseln. Es giebt ein Geschlecht, zumal in einer gewissen Hauptstadt Deutschlands, die nebenbei gesagt ein Paar barbarische Dichter aus ihren eignen Mitteln, sonst aber nichts, hervorgebracht hat, ein Geschlecht, das Alles so lange anfeindet, bis die ganze Nation sich dafür entschieden hat. Dann freilich darf der Gefeierte sicher seyn, in ihrem Weihrauch erstickt zu werden. Nur so läßt es sich begreifen, wie allmählig aus einem Nicolai ein Schubarth wird. Sie kennen diese Allerweltsfasler, und wenn Sie sie nicht kennen, so hat ein Andrer die Worte im Faust gedichtet:
Und eure Reden, die so blinkend sind pp

In tiefster, aufrichtigster Ehrfurcht

Gr: Platen.

8. Platen an Goethe.

Ew. Excellenz

Mit herzlichen Wünschen für Ihr Wohl und Wohlergehn übersende ich hier meine neuste Comödie. Sie sollte anfangs ein bloßer Schwank für einige Freunde werden, bis sie mir unter der Hand zu etwas Besserm wurde, als ich selbst vermuthete. Da ich sie ursprünglich improvisirte, so schreiben sich daher noch einige Nachläßigkeiten im Plan, und ich war, wiewohl mit Unrecht, zu träge, dasjenige mit größerer Sorge zu behandeln was auch die Pfuscher können, da ich so Vieles gab, was sie nicht können. Indem ich bei der Composition dieses Lustspiels meine eigentliche Kraft erst kennen lernte, so soll mein nächstes, das den Wettstreit von Pan und Apollo zum Gegenstand haben wird, mit größerem Umsicht behandelt werden. Niemand wird übrigens, auch in dieser Comödie, die alberne Schicksalsgeschichte, die ihr zu Grunde liegt, als das Thema derselben ansehen; daher ich denn auch weder die Parabasen noch sonstige Absprünge für hors d'oeuvres zu halten im Stande bin. Die frühern Comödien in der romantisch charakteristischen Art werden bald gedruckt werden. Wie viele Fehler sie auch haben mögen, eine wirkliche und lebendige Poesie und eine den Gegenständen angemessene Behandlung wird man ihnen nicht abstreiten können. Meine Neigung zur Tragödie ist groß; doch die Ausführung bloß durch einen längern Aufenthalt in Italien möglich; denn wie sollte in Deutschland, bei der immer zunehmenden Dummheit und Niederträchtigkeit des Publicums etwas Andres als die beissendste Satyre möglich seyn, vorausgesetzt, daß Einer wirklich der Dichter seiner Zeit ist? Neulich fielen mir zufällig wieder ein Paar Tragödien von Houwald in die Hände, und ich muß gestehn, ich erstaunte eben so sehr darüber, daß so etwas über allen Ausdruck Dummes existiren könne, als daß es in Deutschland allgemein gefällt, wiewohl ich den Deutschen schon das Ärgste zutraute. Diese Leute haben das Geheimniß gefunden, die platteste Nüchternheit mit dem überspanntetsten Wahnwitz zu vereinigen. Es erscheint als ein Räthsel, wie Goethe und Winkelmann und Lessing und Schelling unter einer solchen Nation geboren werden konnten, wiewohl freilich der Beruf, Bestien abzurichten, nicht sonderlich glorreich und ganz erfolglos war. Halten Sie mir die Zeit zu Gute, die ich Ihnen durch diese Herzens=ergießung geraubt habe, und schätzen Sie sich glücklich, daß ich meine Erfahrungen nicht auch mit in den Kauf gebe.

In tiefster Verehrung
Gr: Platen.

Bezüglich auf das letzte Heft von Kunst und Alter=thum S. 8 wage ich der Bemerkung zu widersprechen, daß Gian Bellin keine großen historischen Bilder ge=

malt habe. Sein gegenwärtig berühmtestes Bild in Venedig hangt in S. Salvatore und stellt Christum in Emaus dar. Die Figuren nähern sich der Lebensgröße. Es ist merkwürdig, daß man in G. Bellin fast den ganzen Verlauf der venetianischen Schule studiren kann.

Erlangen am 4ten Juli 1826.

XII.
Heinrich Heine an Goethe.

1.

Ich hätte hundert Gründe Ew. Excellenz meine Gedichte zu schicken. Ich will nur einen erwähnen: Ich liebe Sie. Ich glaube das ist ein hinreichender Grund. — Meine Poetereyen, ich weiß es, haben noch wenig Werth; nur hier und da wär manches zu finden, woraus man sehen könnte was ich mahl zu geben im Stande bin. Ich war lange nicht mit mir einig über das Wesen der Poesie. Die Leute sagten mir: frage Schlegel. Der sagte mir: lese Göthe. Das hab ich ehrlich gethan, und wenn mahl etwas Rechts aus mir wird, so weiß ich wem ich es verdanke.

Ich küsse die heilige Hand, die mir und dem ganzen deutschen Volke den Weg zum Himmelreich gezeigt hat, und bin

Ew. Excellenz
gehorsamer und ergebener

Berlin den 29 Dez. 1821.
H. Heine.
Cand. Juris.

2.

Ew. Excellenz
bitte ich, mir das Glück zu gewähren einige Minuten vor Ihnen zu stehen. Ich will gar nicht beschwerlich fallen, will nur Ihre Hand küssen und wieder fort gehen. Ich heiße H. Heine, bin Rheinländer, verweile seit kurzem in Göttingen, und lebte vorher einige Jahre in Berlin, wo ich mit mehreren Ihrer alten Bekannten und Verehrern (dem seel. Wolf, Varnhagens &c) umging, und Sie täglich mehr lieben lernte. Ich bin auch ein Poet, und war so frey Ihnen vor 3 Jahren meine „Gedichte" und vor anderthalb Jahren meine „Tragödien nebst einem lyrischen Intermezzo" (Ratkliff und Almansor) zuzusenden. Außerdem bin ich auch krank, machte deßhalb vor 3 Wochen eine Gesundheitsreise nach dem Harze, und auf dem Brocken ergriff mich das Verlangen zur Verehrung Göthes nach Weimar zu pilgern. Im wahren Sinne des Wortes bin ich nun hergepilgert, nemlich zu Fuße und in verwitterten Kleidern, und erwarte die Gewährung meiner Bitte, und verharre

mit Begeisterung und Ergebenheit

Weimar den 1ten Oktobr 1824.   H. Heine.

XIII.
Joseph von Eichendorff an Goethe.

Ew: Excellenz haben, wie alles Große und Schöne, so auch unsere Marienburg Ihrer besonderen Aufmerksamkeit gewürdigt. Ich habe versucht, einen der schönsten historischen Momente, deren Zeuge jenes denkwürdige Schloß war, dramatisch darzustellen, den Kampf nemlich des hochherzigen Hochmeisters Heinrich von Plauen gegen ein störrisches, verwildertes und tiefverderbtes Geschlecht. Heldenhaft, aber glücklicher als er, haben Ew: Excellenz über ein halbes Jahrhundert lang den Banner der Poesie über dem Strome einer stürmischen, vielfach bewegten Zeit emporgehalten und ein neues, unvergängliches Reich deutscher Dichtkunst gegründet, dem wir alle freudig und dankbar angehören. Erlauben Dieselben daher, daß ich die Geschichte des großen Ordens-Meisters dem größten Sanges-Meister als ein Zeichen meiner Huldigung, meiner innigsten Liebe und Verehrung, hochachtungsvoll überreichen darf.

Königsberg d: 29sten May 1830.

Baron v. Eichendorff.

Anhang.

I.
Achim und Bettina von Arnim an Riemer.

1.

Wenn Ew. Wohlg. mich vergessen haben, so bitte ich in Ihrem Stammbuche nachzulesen, meiner Frau erinnern Sie Sich wohl noch unter dem Namen Bettina Brentano aus Töplitz, und somit wage ich es im Vertrauen auf unsere beyderseitige frühere Bekanntschaft Ihnen mit einer Bitte lästig zu fallen, die Ihnen aber in keinem Falle viel Mühe machen soll, da es doch Aller Orten gewisse untergeordnete Dienstbare Männer gibt, deren Mühe ich gerne bezahlen will. Ich wünsche nämlich auf etwa vierzehn Tage ein Quartier in Weimar, wo ich nach dem 20ten anzukommen denke und Ihre gütige Antwort im Elephanten in Empfang nehmen kann. Meine Anforderungen an dieses Quartier sind nun zwar mannigfaltig, fehlen aber einige der Bedingungen, so schadet es nicht. 1) ich wünsche drey Zimmer mit drey Betten, zwey für mich und meine Frau, eines für die Kammerjungfer. Wenn ich von Betten rede meine ich Madratzen. Wenn ich eine Küche wünsche, so ist das nur Nebensache wegen Frühstückens, Erwärmung der Speisen. Wenn ich gern in einem kleinen Hause wohnte, wo keine Masse verschiedenartiger Menschen wohnt so werden Sie das natürlich finden und wenn ich die Annehmlichkeit eines Gartens wünsche, so ist das nur Nebensache, wogegen mir die Nähe des Goethe'schen Hauses wichtig wäre. Sie kennen nun meine Bedürfnisse, diesen füge ich die Bitte bey, unserm verehrten Goethe nichts davon zu sagen, meine Frau wünschte ihn mit ihrer Gegenwart zu seinem Geburtstage zu überraschen, Sie ersparen ihm durch dieses Verschweigen allerley Zweifel, denn da er ihr sein Haus bey einem Besuche in Weimar mehrmals angeboten, so würde seine Güte jetzt vielleicht in Versuchung kommen, diesen Vorschlag auch auf mich auszudehnen, was seinem Hause in jedem Falle lästig wäre, auch wir werden dagegen verschweigen, daß Sie die Güte gehabt haben, uns ein Unterkommen in Weimar zu verschaffen, wo die Theuerung der Wirthshäuser jeden längeren Aufenthalt verleidet. Wir werden thun, als wenn sich Alles bey unserer Ankunft von selbst gefunden hätte. — Ich freue mich ungemein auf Weimar und hoffe auf gutes Wetter; ich freue mich unter andern darauf von Ihnen zu hören, was für literarische Conspirazionen der alte Voß bey seinem Aufenthalte in Jena wird aufgedeckt haben, Pr. Walch hat hier von dieser Zusammenkunft gesprochen und es hat mich innerlich ergötzt, mir Göthe und Voß zusammen zu denken, jenen, der mit ruhiger Größe die kleinen literarischen Ereignisse mit den gewaltigen Weltbegebenheiten zusammen übersieht? und diesen, der sich noch immer [im] Namen der Menschheit nicht zufrieden geben kann, daß sich die Poeten unserer Tage lieber in Sonetten als in Hexametern langweilen. — Ich empfehle meinen Brief dem guten Glücke, daß er Sie in Weimar zur rechten Zeit treffe, mich und meine Frau empfehle ich aber Ew. Wohlgeboren

ganz ergebenst
Ludwig Achim von Arnim.

Berlin b. 14. August 1811.

2.

[Weimar, Ende September 1811.]

Lieber Riemer! Ich wünsche Ihnen ein herzliches Lebewohl zum Abschiede, morgen oder spätestens übermorgen reise ich von hier, ich würde Ihnen mündlich meinen Dank für alle Freundschaft sagen, die Sie mir und meiner Frau bewiesen, haben Sie noch einen Augenblick, so wird mir Ihr Besuch willkommen seyn, ich kann nicht gut zu Ihnen kommen, weil ich der Frau Geheimeräthin nach ihrem abscheulichen Ausschimpfen meiner Frau auf der Gemäldeausstellung nicht ohne Ingrimm begegnen kann.

Hochachtungsvoll der Ihre
Ludw. Achim von Arnim.

N. S. Sollten etwa noch Briefe, wider meine Erwartung, nach meiner Abreise ankommen, so bitte ich dieselben nach Frankfurt am Mayn an H. Franz Brentano im goldnen Kopfe zu senden, jede Auslage werde ich sogleich erstatten.

3.
Frankfurt den 28 Oft 1811

Lieber Riemer! Es that mir herzlich leid, daß ich nicht zuhause war, als Sie uns am letzten Tage das Vergnügen Ihres Besuchs schenkten, inzwischen wird Ihnen meine Frau ausführlich die sonderbaren Begebenheiten erzählt haben, die uns in den letzten Tagen aus der Nähe der Geheimeräthin bannten. Daß es Göthe leicht gewesen wäre, ohne seiner Frau etwas zu vergeben, meine Frau für ihre langgehegte fromme Anhänglichkeit tröstend zu belohnen und mit ein Paar Worten für die erlittene Kränkung zu entschädigen, wird Ihnen eingeleuchtet haben, vielleicht ist es aber schön in ihm, daß er die Kraft seiner Worte nicht kennt, die so vieles gut machen können; mir ist es eine traurige Erfahrung mehr gewesen und ich habe schon schlimmere gemacht. Gern hätte ich ihm am Hofe noch ein Paar Worte zum Abschiede gesagt, er vermied es aber, ungeachtet er mich freundlich begrüßte, will er uns gern vergessen, so stören Sie ihn nicht, spricht er einmal wieder mit Antheil von uns, so begrüßen Sie ihn recht herzlich von uns, haben Sie einige Minuten übrig und Sie wollten mir ein Paar Worte schreiben, was er macht, so würden Sie uns erfreuen. Meine Briefe erhalte ich unter der in meinem letzten Billete schon angezeigten Adresse bey H. Franz

Brentano, Sandgasse im golbnen Kopfe, dahin bitte ich auch ein Packet mit einem Pelze zu senden, der meiner Frau aus Berlin nachgeschickt worden, wenn er etwa unter Ihrer Abresse in Weimar angekommen. Viel Grüsse an H. von Göthe den Sohn, von Ihrem
ergebensten
Achim von Arnim.

4.

[Weimar, Ende Januar 1812.]

Ich habe gestern unsere Ankunft an Goethe gemeldet. Da mir nun die Hoffnung genommen ist, sein Wohlwollen, welches ich so unverschuldeterweise verlohren habe, wieder mit in die Heimath zu nehmen, so hätte ich doch gern noch Sie gesprochen, als welcher gewiß nie an der Hochachtung und Liebe, die ich zu Goethe habe, zweifelt. Indessen können Sie durch manches abgehalten seyn, und der Verlauf von ein paar Stunden, der noch zwischen meiner Abreise, kann Ihnen vielleicht keine Minute Zeit gönnen. Da ich Ihn nun nicht mehr sehe, so kann ich Ihm eine Bitte nicht vortragen, mit der ich mich an Sie wenden muß: Epp der junge Mahler wird in kurzem nach Berlin kommen, ein Sammler von allen Portraits von Dürer hat bei ihm auch die Copie von dem bestellt, welches ich vor zwei Jahren an Goethe gesendet habe, wenn es ihm nun nicht unangenehm ist mir es mit zurückzugeben, so wollte ich inständigst darum bitten. In Zeit von 4 Monaten allenfals kann ich es zurück senden, wenn es ihm lieb ist es wieder zu haben, es ist ihm vielleicht gar lieb es jetzt aus den Augen zu haben, da er mich nicht mehr mag. Einen solchen Fall hab ich mir nie als möglich gedacht, und gar bei einer Reiße, die aus Liebe zu ihm gemacht wurde, jezt da ich nicht mehr thun kann was ihn freut so muß ich doch unterlassen was ihm leid thun könnte, daher werde ich Weimar gewiß nicht wieder sehen auser auf sein Geheiß. Sey Ihnen tausendmal gedanckt für alle freundschaftliche Bemühung und guten Willen.

Bettine von Arnim.

Lieber Riemer! Ich wiederhole die Schlußworte meiner Frau, indem ich Ihnen die glückliche Ankunft des bewußten Pelzes melde, nur der Mangel einer Aufschrift, die ihn an meinen Schwager ins Haus geliefert hätte, verzögerte den Empfang, ich würde Ihnen meinen Dank mündlich abgestattet haben, wenn mich nicht einer Seits das gänzliche Schweigen Göthe's auf den Brief meiner Frau, worin sie ihm unsern Besuch ansagte, andrer Seits allerley Verläumbungen der Frau Geheimeräthin, die mir hier wieder zu Ohren gekommen, davon abhielte das einst mir so freudige, so besonders verehrte Haus mit dem schönen Eingange, der sanft ansteigenden Treppe, welche Götter und Halbgötter bewachen, wieder zu betreten. Mit berühmten Männern ist ein beschwerlicher Umgang, gemeiniglich bleibt man am Eingange stehen, dieser Lehre eingedenk habe ich sie alle auf mehrjährigen Reisen vermieden, Göthe kennen zu lernen konnte ich mir doch nicht ganz versagen, ich kann auch nicht sagen, daß ich bereue, für einige Tage der Kränkung habe ich mehrere recht schöne Stunden in meinem Leben gewonnen, — seine Schriften gehören mir wie der ganzen Welt, er mag sie mir gönnen oder nicht.

Leben Sie recht wohl und gedenken Sie in Gutem Ihres
ergebnen
Lud: Achim von Arnim.

II.
Bettina von Arnim und Kanzler von Müller.

1.
[Berlin, Anfang April 1832.]

Wie sehr danke ich für Ihre Mittheilung, lieber Freund, so erlaube ich mir Sie zu nennen, da Sie so freundschaftlich sich gegen mich bezeigen. — Gewiß hat der Tod von Goethe mir einen tiefen Eindruck gemacht, und einen unauslöschlichen; aber keinen traurigen, wenn ich die aufrichtige Wahrheit im Wort nicht auszudrücken vermag, so glaub ich doch ihr am nächsten zu kommen wenn ich sage einen glorreichen Eindruck. — Auferstanden von den Toden, aufgefahren gegen Himmel allwo er wieder erkennen wird die Freunde, deren Seelenspeiße er bleiben wird bis zu ihrem Übergang. — Nun lieber Freund, ich gehöre zu diesen die nur in ihm Leben haben, ich spreche nicht von ihm, ich spreche zu ihm; ich bin reichlich mit Gegenrede von ihm belohnt; er bleibt mir keine Antwort schuldig, keiner Zärtlichkeit versagt er Aufnahme, keine Bitte weist er ab. Wie sollte ich mich nicht beglückt fühlen auch dadurch, daß er jezt endlich in die reine Blüthe der Seligkeit ausgebrochen, zu der er sich sein ganzes zeitliches Leben hindurch vorbereitete; — mir ist es nun Aufgabe mich so dicht an ihn zu halten, daß kein anderes Ereigniß ein höheres Recht an mich behaupte, und daß alles was ich im Leben aufnehme meiner Beziehung zu Ihm Nahrung werde, so wird sich das Beständige der irdischen Tage auch für den ewigen Bestand meiner Liebe und seines Seegens verbürgen.

Ich muß Ihnen erzehlen wie mirs in den lezten Tagen seines Lebens ergangen ist; alles kann ich Ihnen nicht sagen, Sie würden es für Illusionen halten; aber gewiß ist, daß ich grade in den Tagen seiner Auflösung vom Morgen bis in die Nacht an ihn schrieb, ich hatte grade in 6 Jahren nicht geschrieben, und jezt war es plözlich als könne ich kein Ende finden; grade am Sonnabend, dem Tag, an dem die Nachricht seines Todes hier ankam, hatte ich einen langen Brief von vielen Bogen beendet und mich so verspäthet, daß ich erst um 10 Uhr in eine Gesellschaft kam, wo ich mehrere neue Bekanntschaften machen sollte; man fragte, warum ich so späth erscheine und hatte die Erwartung, daß es der Tod von Goethe sey, der mich zu sehr erschüttert habe; da ich aber unbefangen ja mit freudiger Rührung aussprach: ich habe solange an Goethe geschrieben und der Brief sey mir doppelt gelungen in Beziehung auf mich und auf ihn, indem ich überzeugt wäre seine Liebe wiederzuerwerben, und mich so ganz ins Kindliche einheimische Verhältniß zu ihm hereingeschrieben habe, in dem allein ich noch mich auf der rechten Stelle berührt und ihm verbunden fühle; da überkam alle eine feierliche Rührung, keiner sagte etwas; nur der hessische Gesandte H: v. Steubert fragte: „Haben Sie den Brief schon fortgeschickt?" ich sagte; nein, aber ich werde ihn am andern Tag fortschicken; wie das nun sonderbar ist, wenn man vielleicht tief im Geist bewegt zu höheren Ansichten befähigt gesammelt und angestrengt gewesen, so giebt einem das Gesellschaftliche Leben, wo alles blos auf freundliche oberflächliche Mittheilung abgesehen ist, eine Art Contrecoup, man kann in die kühnste Lustigkeit ausbrechen, so ging mirs, es war als ob der Genius selbst die Peitsche ergriffen habe, um die Räder meines Funckensprühenden Witzes in raschem Flug zu treiben, und wirklich kam ich vor allen andern ans Ziel oder vielmehr ich hatte eigentlich allein die Bahn belaufen und konnte mir kecklich die Kränze nehmen, wenn sie Pindar da aufgehängt hätte. Die Gesellschaft nahm allen Antheil, ich empfand jedoch immer eine mir frembartige feierliche Rührung durch bringen, da ich besonders fortwährend Goethes erwähnte, und einmal im Übermuth in die Worte ausbrach: Du hast die Hefe abgesezt und steigst auf, reiner klarer Wein: Deinem Himmlischen Erzeuger zum begeisternden Trunck. — Was soll ich Ihnen noch alles sagen, lieber Müller, genug dieser ganze Abend war durchkreuzt von ähnlichen für alle Umstehenden merkwürdig auffallenden kleinen Ereignißen; von meiner Seite war es ganz natürlich, da ich mich den ganzen Tag mit Schreiben an ihn beschäftigt hatte; man ging um Mitternacht auseinander, als ich nach Haus kam lag die Zeitung am Bette, mein Sohn hatte einen rothen Strich unter die Nachricht gemacht, und ich las sie wie ich ganz allein war und die lange Nacht vor mir hatte; recht so, lieber Müller, besser konnte es meiner ganz bis zur eigenthümlichsten Individualität aufgeregten Natur nicht werden; so ruhig, wie die Erde das Saamenkorn, nahm ich diese

Nachricht in mich auf, ich schlief gleich sanft darüber ein, wie die Erde auch wohl schläft und die ganze Natur, bei der Empfängniß eines zum frischen Lebensleim bestimmten Saamens; in der Nacht erwachte ich abwechselnd: sprach mit ihm seelig feierlich, schlief wieder, erwachte wieder, fühlte mich ihm näher und so ging es bis gegen den Tag, wo ich die Empfindung hatte als wär er neu in mir erzeugt. Meinen Brief den ich an ihn geschrieben schenckte ich als Erbschaft an jemand dessen Geist die Gewalt des seinigen tief empfindet; und der zugleich eine heilige Scheu vor meiner Liebe und Begeistrung zu ihm hat; — aber sehen Sie wie sonderbar, ich schrieb fort an ihn, es befällt mich auch nicht der mindeste Zweifel als sey es vergeblich, die Empfindung, daß er mich empfindet, inspirirt, treibt mich noch bis auf die heutige Stunde dazu, es ist meine Lust, meine Seeligkeit, ich kann sie kühnlich den Tagen und Stunden der befriedigendsten Liebe mit ihm an die Seite stellen; Diese Briefe sind jedoch anderer Art als man sie im irdischen Leben oder auch in der Extase findet, ich lege sie alle an einem Ort nieder, sie werden einst zum Beleg seiner Apotheose in Sittlicher Grazie, in geistiger Liebe und schöner Pietät dienen; Jezt lieber Müller leg ich Ihnen noch etwas ans Herz, was ich auch in meinem Brief an Fr: v: Goethe berührt habe: Goethe hat mir oft angeboten, mir meine Briefe zurückzugeben, immer mit dem Bedeuten sie seyen ihm noch immer sehr werth, ich selbst war viel zu wehmüthig dadurch bewegt, als daß ich es hätte annehmen können; ich sagte: ich wolle diese nicht wieder sehen, es zerreiße mir das Herz, er solle sie verbrennen, Goethe wollte es nicht; was nun mich als das heiligste Andencken beglücken könnte wär, wenn ich diese Briefe wieder in meinen Händen hätte und so neue Nahrung für mein Zusammenseyn mit ihm, meine Beseurung zu dem was mein ganzes künftiges Leben in Anspruch nehmen wird, und womit, wenn es mir gelingt, gewiß allen Freunden Goethes ein freudiges Überraschen geschehen wird; weil oft etwas vom Himmel versagt wird, wozu man allen Eifer, alle Begeisterung verwendet, so schweige ich vor der Hand noch; Sie lieber Müller, die von jeher einen so reinen Sinn für das schöne und erhabne hatten, die nie mißverstanden, wenn es auch vom gewöhnlichen Lebensweg abging, werden mir gewiß behülflich seyn; meine Briefe, von denen ich noch vorzüglich wünsche, daß sie keines Menschen Aug berühre, denn sie gehören mir dem feurigliebenden, dem feuriggeliebten; ich lege Ihnen dieß alles ans Herz und hab die Zuversicht, daß ichs so dem besten Willen anvertraue, auch zu Fr: v: Goethe habe ich das Zutrauen. Adieu, Ihr Gedicht haben wir mit vieler Sanction in der Abendgesellschaft bei Savigny gelesen; die Feierlichkeiten bei seinem Begräbniß, jede Anordnung war so ganz angemessen, daß es fühlbar macht, wie sie gänzlich aus verwandtem Gefühl hervorgegangen. Ganz die Ihrige

Bettine Arnim.

2.

Weimar 8 August 32.

Rechnen Sie es mir nicht zürnend zu, Verehrteste, wenn Sie Ihre Briefe an Goethe noch nicht zurück haben. Ich konnte deren gewißenhafte Aufsuchung und Sammlung Niemanden als mir selbst vertrauen, das foderte viele Zeit und Mühe und bey meinen gehäuften Geschäften und öftern Abwesenheiten kam manche Abhaltung dazwischen.

Nun sind sie, denke ich, alle in meiner Hand; gelesen habe ich selbst keinen und noch weniger hat ein anderes Auge sie erblickt. Ehe ich sie aber absende, bitte ich um genaue Bestimmung Ihrer dermaligen Abdreße, da ich von einer Reise nach Paris höre.

Wie tief hat Ihr traurig-erhebender und freundlicher Brief mich ergriffen, so wie Linen Egl.[offstein], der ich ihn mittheilte. Sie läßt Sie herzlichst grüßen. Was hören Sie von Ihrem wackren Sohne?

Meine besten Wünsche eilen zu Ihnen hin! Treulichst der Ihrige

von Müller.

3.

Ich habe Ihnen, sehr verehrter Freund, nicht gleich auf Ihren mir sehr wichtigen Brief geantwortet, weil ich immer hoffte in diesen Tagen über Weimar zu kommen, indessen hat es sich so gestaltet daß ich dies mal meine Tour über Göttingen und Kassel nehme, um nach Franckfurt zu gehen, ich bitte Sie also Ihrer unerschöpflichen Gefälligkeit noch darinn ein Genüge zu leisten, daß Sie meine mit Vorficht gesammelten Briefe mir nach Franckfurt senden unter der Abdresse: Fr: v: Arnim: abzugeben bei Brentano Laroche in Fr. am Main. Bei meiner Zurückkehr hoffe ich Weimar nicht umgehen zu müssen; so schmerzlich mir es auch ist den Ort wieder zu sehen, von wo aus mir der Stern meines Lebens leuchtete, so habe ich doch eine Sehnsucht mich mit Freunden zu besprechen, denen ein ähnliches gewiß unaustilgbares Gefühl die Stätte, von wo der Glanz unserer Literatur und Poesie sich über ganz Europa verbreitete, ewig heilig bleiben wird. Seit Goethes Tod ist mir die Sehnsucht in Beziehung mit ihm zu bleiben wie eingepflanzt. So habe ich denn von dem Tag seines Abscheidens (denn sonderbarer Weise schrieb ich grade in der Nacht, wo er im Sterben war, von Abends ununterbrochen bis der Tag anbrach an ihn) hab ich diese Correspondence 6 Wochen ohne unterbrechung fortgesezt, und das empfunden was andre Leute mit fieberhafter Aufregung bezeichnen würden; mir aber wars ein höchst glücklicher und natürlicher Zustand, den ich immer bewahren mögte weil er vom Gemeinen abscheidet, und ohne angestrengte Mitwirckung veredelt; es war mir eine Versöhnung, und immer tönte es in meinem Herzen: „So hab ich Dich doch wieder." Und die Überzeugung, daß solche Liebe nicht vergehen kann, die ihre ganze Charackteristick in diesem Bedürfniß „Ewig ewig" ausspricht, hat mich in dem Moment seines Übergangs nach jenseits reich und glücklich gemacht. — Wie sehr hab ich es dem Genius gedanckt der wie ein Lichtstrahl mir eine schöne Aufgabe für die Zukunft erleuchtete, die diese geheimen kindlichen Bande auch im äußeren Leben versinnlichen werden, die mich fortwährend dem Beruf zuwenden, in seinem Sinn zu leben und Ihm zu lieb zu benken und zu handlen, und die der Nachwelt beweisen müssen, der Greis ist geliebt worden wie ein Jüngling von der jugendlichsten Natur, und keine Jahre, keine Schicksale haben dieser Begeistrung einen Damm gesezt. — Seit Ende May arbeite ich an einem Werke, welches ich zum besten für Goethes Monument herausgeben werde; es wird ein Prachtwerck was die Arbeit und die äusere Gestaldt betrift, die es mit jedem Prachtwercke Englands aufnehmen kann; die Composition selbst habe ich unbewußt blos der naiven Einfalt mit der ich immer der Erfindungsgabe vertraute, zu dancken, Sie haben vor zwei Jahren, wenn Sie sich noch erinnern, eine Scitze davon in Brückenau gesehen, diese habe ich nach der Natur verbessert. Daß es mir Ernst ist können Sie daraus schliesen, daß mir die Herausgabe schon jezt an 2000 Thlr kostet, glückt es — wie ich nicht zweifle, so lasse ich das Monument unter der Aufsicht von Thorwaldson in Rom in Marmor ausführen und werde in jeder Hinsicht darauf ausgehen, daß es der Pracht, mit der diese Sonne die Geisteshöhen Deutschlands erleuchtete, nachkomme; so lang hat Deutschland gezaubert dieses Monument seinem höchsten Ruhm und seiner eignen Pietät zu sezen und wohl wäre es schön gewesen wenn die Apotheose schon in voller Blüthe sich erschlossen hätte, während der Stamm, der uns die Fülle der Frucht immer wieder erneut spendete, noch in unserer irdischen Heimath wurzelte. Aber es hat nicht so seyn sollen; aber zweiflen wir nicht: eine Aufregung dazu, und eine so bestimmte Anweisung für die Sache wird hinlänglich seyn, um alle, die diesem Gefühl der gerechten Anerkenntniß beistimmen, in ein Band zu bringen; und man wird gern beitragen, da der Preiß mäßig seyn wird; und das Werck hinlänglich die Ausgabe deckt. — Deutschlands Jünglinge müssen zu dem Ebenbild unseres Dichters walfahrten können, ein Monument ist nicht unwichtig, es kommen Zeiten, die Schutt häufen auch über das Erhabenste, dann ist ein solches Zeichen heiliger Verehrung einer Nation von hoher Wichtigkeit. — Lieber

Herr v: Müller, Sie selbst und jeder dem das Andencken Goethes wichtig, kann sich wesentlich um das Gelingen dieses für eine Frau zimlich kühnen Unternehmens verdient machen, ich werbe Sie und Ihre Genossen dafür an, daß Sie es so viel wie möglich in Anregung bringen und verbreiten, es dem Hof in Weimar vorzeigen, wenn es einst das Tags Licht erblickt haben wird; die Frau von Goethe bitte ich in meinem Nahmen aufzufordern, ihre Konertionen in England zu benutzen, um auszumachen, wie man es auch dort verbreiten könne, und zwar möge sie nur eine geringe Dosis von meinem Eifer haben, da mich selbst Kranckheit nicht abgehalten hat, daran unausgesezt zu arbeiten, und meine Gedult gar nicht gelitten hat dadurch, daß an einem heißen Tag die Platten verätzt wurden und meine Zeichnungen durch einen Zufall unter der Walze ruinirt wurden, ich habe sie mit gelassenem Muth von frischem bearbeitet, sie sind dadurch besser geworden und so auch einem viel geschickteren, ja einem wahren Meister in die Hände gekommen, der alles dran sezt, sie zur größten Vollkommenheit zu bringen, und statt radiert werden sie jezt in Kupfer gestochen.

Verzeihen Sie, daß ich Ihnen so viel von etwas erzehle was für Sie doch nur wie ein Traum sehn kann, schließen Sie sich mit guten Wünschen und zuversichtlicher Hoffnung an meine Unternehmung an.

Ich grüße Sie von Herzen so wie die liebe Lina Egloffstein. Der Frau von Goethe empfehlen Sie mich und auch dem Dr: Eckermann.

21sten August
1832.   Bettina von Arnim.

Nochmals bitte ich mir meine Briefe so bald wie möglich zu schicken, da ich gar nicht lange in Franckfurt bleibe sondern sehr bald weitergehe.

4.

Ich hatte mich schon in Wittenberg, wo ich Ihre Characteristick von Goethe las, darauf gefreut Ihnen schriftlich dafür zu dancken, wie auch für alles freundliche,

was Sie mir sonst noch erwiesen haben; ich war auch in der glücklichsten Disposition dazu, nachdem ich diese Rede in ihren beschaulichen Theilen so ganz als wahr nachempfunden: ich erkannte und sprach es aus, daß es mit zu den Begünstigungen von Goethes Geschick gehört, so treuen Verbündeten für seine Unsterblichkeit anvertraut zu seyn. Ich wollte es Ihnen selbst so treuherzig betheuern, wie es meine Liebe (die vielleicht jezt in heftigerer Bewegung ist als je) so tief rührt, daß, wie er ins Meer der Ewigkeit eintaucht, eine kühne reine Verehrung ihn bis zum Ufer geleitet, um noch die Nebel vor seiner leuchtenden Bahn zerstreuend zu bekämpfen; ich wollte Ihnen so gerne meine Hochachtung bekennen, daß Sie keinen höheren Zweck haben, als das, was durch Goethes lezten Willen in Ihre Hände gelegt ist, wie eine Aufgabe feierlichster Verantwortung vor Gott und der Zukunft zu lösen; ja ich gestehe Ihnen gerne diesen würdigenden Vorrang zu, den er Ihnen vor Tausenden giebt, und war schon früher überzeugt, daß Sie ihn auf jede Weise verdienen; — Ungern mag ich diese Betheurungen, diese Anerkentniß Ihres schönen Verhaltens zu Goethe, die Ihnen vor den Augen der Welt so große Ehre bringt, und bei Ihren Freunden hohes Verdienst giebt, durch eine Klage unterbrechen, eine Klage, die mich so erschüttert, daß ich schon seit 6 Tagen zage, die mir Thränen kostet, die mir schlaflose Nächte macht, mir alle Tüchtigkeit raubt etwas zu treiben. Die mich aus der Einsamkeit treibt unter die Menschen und von da wieder zurück. Was ist schmerzlicher als diese Unruhe! — O Freund! Sie haben mir meine Briefe an Goethe nicht zurück gegeben, das was ich hier in Ihrem noch wohl versiegelten Paquet vorfand, sind meist Briefe von Arnim; für die ich feierlich danke; aber die ungeforderte Zurückgabe jener Heiligthümer ist ja ein so zarter Beweis Ihres sittlichen Gefühls, daß ich doch wohl keine Furcht hegen darf, daß meine Briefe, die in keiner Hinsicht einen Werth haben als den einer feurigen Liebe, die ja niemand anders angeht wie mich und ihn; daß die mir nicht vorenthalten werden;
— Nein Sie können nicht auf mich diesen Schmerz

laften, daß meiner Sehnsucht die einzige Quelle, an der
sie sich beruhigt, versiege; ich hab keine Verbindungen,
die mir genügten, ich hab keine Genüße, die mich zer-
streuten, keine Freunde, die mich stützen, keine Erwartungen,
die mir das Leben wichtig machen, ich lebe mit den
Todten; das was ich noch erstreben will bezieht sich auf
den Freund meiner Jugend, der meinem ganzen Leben
Genius war, und warlich ich bin unter den Menschen
wie ein Fremdling. — Die Stimme des Lobes, der
Ehre, hat keinen Eingang bei mir; wenn ichs unternommen habe Goethes Monument zu stiften, so brachte
mich nicht die Ambition dazu; nichts als der Mystizis-
mus der Liebe; ich betrachte meine heftige Leidenschaft,
die mich auf die wunderbarste Weise durchs ganze Leben
geleitete, die mich taub und blind machte, die mir aber
oft im Geist die Sehergabe verlieh und die Zunge lösete,
als eine geheimnißvolle Schicksalsklausel, in der Bedeut-
samkeit unsers erhabenen Freundes. Nicht alle können
eines Sinnes ihn würdevoll verewigen, aber Ihm, dem
Einen, der alles hob und trug und pflegte, wird durch
einen, dem geringsten zwar, aber dem ungestümsten in
seinen Ansprüchen und dem feurigsten in seinem Streben,
das Symbol seiner Apotheose aufgepflanzt werden; wenn
es Euch andern zweifelhaft scheint ob ichs durchsetzen
werde, so denkt nur, daß wenn der Zweck so hoch steht,
daß nichts, was diesem Zweck sich fügen muß, ein Opfer
ist, dann auch kein Hinderniß statt finden kann, es sey
denn ein göttliches, der Tod; — O glauben Sie mir,
es ist keine Eitelkeit, keine Begierde mir Ehre zu erwerben;
aus seinem Grabe sprossen mir reinere Blüthen; so gern
wie ich allein und heimlich in seinen Zimmern weilte,
so wenig ich mich damals um die ganze Welt kümmerte,
so unwichtig sie mir späterhin war, da ich ihn mir verlohren glaubte, so unbedeutend ist sie mir auch jetzt. Es
ist, und wird immer bleiben ein Handlen, ein Leben in
der Liebe, ein Vermählen meines heißesten Verlangens mit
seinem Geist; und so: wenn die Kritick, die scharfe Nach-
rede auch tausendfach auf mich einschmettert, was kann
es mir schaden? Ich sag es noch einmal; ich mache keine

Ansprüche an Anerkenntniß, ich mache sie nur an die Liebe, und diese findet sich bei solcher Constellation ein. —

Darum, verehrter Freund, lassen Sie mich nicht vergeblich meine schmerzliche Sehnsucht nach meinen Briefen vor Ihnen ausgesprochen haben, erkennen und erfüllen Sie mein Verlangen als eine Pflicht Ihres Berufs: in Goethes Sinn noch alles was für ihn zu berichtigen ist zu vollstrecken; er will es gewiß, daß mir diese seelige Maytage, dieser Thau meines Frühlings das Herz reinige und seine Wunden heile; er will es, daß diese lezte Epoche, die durch seine Verklärung erleuchtet wird, sich wieder mit dem Kindersinn meiner Liebe verschmelze; — wenn Sie es begreifen könnten (und ich glaube, daß Sie vielleicht es eher können als viele viele andere) mit welcher wundersamen Kraft diese Blätter meiner Liebe für mich begabt sind, Sie würden es als einen Verrath an dem heiligsten halten, mir auch das geringste vorzuenthalten; sie durchströmen mich mit einem hohen Enthusiasmus (und ich hab ihn nötig,) sie geben mir Inspiration zur Kunst; ja ich baue alles Gelingen auf den geheimen Umgang mit Goethe, der mir durch diese Briefe gesichert wird, eben so aber verzage ich auch, wenn Sie ohne Rücksicht auf meine Forderungen sind. Betheuern, beschwören kann ich Ihnen, daß Goethe sie mir mehrmals anbot, daß ich aus heiliger Scheu sie nicht annahm, aber die junge Frau von Goethe dafür verantwortlich machte, sie wieder und zwar unmittelbar nach Goethes Tod in meinen Besitz zu bringen; welche Verantwortung sie auch übernahm, und wenn sie sich dessen nicht mehr erinnert, so hat sie ein sehr schwaches Gedächtniß; sie hat mir auf einen früheren Brief, den ich ihr bringend darum schrieb, keine Antwort gegeben, das hätte ich an ihrer Stelle nicht gethan, denn wenn sie dem Vater dienen wollte, so muste es hier heilige Pflicht seyn mich zu beschwichtigen.

Daß meine Briefe noch alle vorhanden sind leidet keinen Zweifel, O lassen Sie sichs nicht verdrießen nach denselben zu suchen, Goethe hat sie mir bei meiner lezten

Zusammenkunft mit ihm noch alle gezeigt, fie waren in verschiedne Paquete gebunden, und er sagte mir, daß er sie noch oft lese. — Eckermann sagte mir, daß Goethe kurz vor seinem Ableben sich mit denen beschäftigt habe, die das, was mir seine Mutter über ihn mitgetheilt habe, enthalten, diese finden sich nicht unter den wenigen Blättern, die mir durch Ihre Güte zugekommen sind. Dann haben Sie mir selbst gesagt, daß Sie Briefe von mir in Händen gehabt hätten, in denen mit Tinte Landschaften gezeichnet sind; warum haben Sie mir diese nicht mitgeschickt? — Ich halte es freilich für albern, daß ich mich nicht schäme Ihnen den großen Werth, den ich auf diese Briefe lege, so gradezu einzugestehen, aber lieber Müller ich sage es Ihnen nochmals, es ist mein eins und mein alles; um eine leise Berührung mit dem Geliebten setzt man das Leben aufs Spiel, und sehn Sie, dies ist mein ganzes leidenschaftliches Zusammenleben mit ihm, indem ich wieder lese wie ich mich nach ihm gesehnt habe, wie er mich ausser dem ganzen Weltleben in die Heimath seines Herzens eintauchte.

Da bin ich ja wieder mit ihm, und so verborgen, daß mich keiner wähnt, glücklich. O gönnen und befördern Sie mir dies Glück, und erkennen Sie hierdurch wie wichtig es mir sey. — Ich habe 5 Jahre in ununterbrochner Folge ihm geschrieben, er hat mir selten geantwortet, aber wenn ein Brief von mir länger wie 8 bis 10 Tage ausblieb, so schrieb er auf ein klein Zettelchen: „Schreib! — ich kann nicht länger warten". — Und diese wenige Worte jagten mir Feuereifer ein; — einmal schrieb er mir: „ich mögte Dir gern antworten, allein Du hast alles selbst und so sag ich Dir nur daß Du mein liebster Schaz bist." — Ein andermal: „Schreib mir Folianten" — so wenige Worte haben mich dann halbe Jahr in Athem gehalten.

Lieber Müller, schreiben Sie mir mit umgehender Post ein paar beschwichtigende Zeilen, versprechen Sie mir, daß Sie mir alles und jedes Blätchen schicken wollen und seyn Sie dafür belohnt mit dem innigsten Danck, ja mit einer treuen Anhänglichkeit.

Savigny, Varnhagen, die sich beide Ihnen empfehlen, und andre Freunde haben mir meine Unruhe um meine Briefe verwiesen und sagen: es leide keinen Zweifel, Sie würden gewiß alles aufbieten, mir diese Papiere zusammenzubringen; guter Müller, machen Sie es wahr. Es müssen sich auch noch Briefe vorfinden aus einer späteren Zeit, vor ungefähr 5 Jahren war ich 4 Wochen in Weimar, da schrieb ich ihm alle Morgen. — Wenn die Papiere in Jahrgänge geordnet sind, so finden sich die meinige zwischen Anno 7 und 12.

Nun hätte ich mein Herz vor Ihnen erleichtert; und es ist mir schwer geworden die fieberhafte Aufregung in mir zu dämpfen; vielleicht ist es ungeziemend sich so wenig bezähmend auszusprechen, verzeihen Sie es mir. — Ich dencke, es kann Ihnen keinen Anstoß geben die Seele in ihren electrischen Berührungen zu erkennen. So ist es; ich bin durchzuckt von diesem Feuer der Annäherung an ihn, und seltsam durchschiffe ich in mich verschlossen das äusere Leben, und fühle und erkenne mich selbst nur im Vergangnen; ich sehe hinein in diese Welt nicht wie in ein verblühtes Reich, nein ich fühle in ihr die Bedrängtheit einer jungen Knospenwelt, die dem heisen Sonnenstrahl der Erinnerung sich erschließen will, und darum, lieber verehrter Freund, meine Briefe.

Mit Zuversicht, die mich beschwichtigt, und mit dem freundlichsten Willen bin ich Ihnen ganz ergeben.
am 18ten Nov: 1832. Bettine.

5.

O lieber Kanzler Müller, ich bitte Sie herzlich und dringend und behmütig, nehmen Sie Rücksicht auf solche dringende Bitten, und beantworten Sie meinen Brief, den ich vor 8 Tagen an Sie geschrieben, und versprechen Sie mir feierlich, daß Sie jedes Blatt was sich von mir findet mir senden wollen; gewiß ist auf irgend eine Weise manches Paquet von meinen Briefen an Goethe übersehen worden, denn Sie wollen mir gewiß Ihre Zusage halten, und mich keinen Verlust erleiden lassen, den nur der begreift, der eine Ahndung davon hat, wie tief ich mit Seele und Geist in diesen verwebt bin, den man jezt zu den abgeschiednen zählt; — Er ist tod! — so hallte es ja von allen Zungen, die seinen Verlust aussprachen, mir aber regte sich das stolze Herz, und nicht einstimmen wollte es in die allgemeine Klage, zu der sich die hochgebildeten bekannten; nein nie stimmt die Liebe ein! er lebt in diesem innersten Seyn, wo es gilt; — er lebt da wo die Seele den Spiegel aufstellt und sich beschaut, wo sie den Glanz gewahrt, der sie durchleuchtet, und sie berechtigt zu glauben an ein göttliches, das ihr innewohnt.

Die Liebe seufzt, und jeder Seufzer verhallt, sie lächelt, und es ist als ob Lichtstrahlen sich im Wiederschein spielend brechen, sie weint und diese Thränen zerrinnen, man kann sie nicht wie Perlen auf einen Faden reihen, das pochende Herz, der gehobene Athem, sie beschwichtigen sich wieder; das Andenken an eine vergangene Zeit giebt kaum noch wieder, daß es eine Zeit der Entzückung war, wo der Geist über alles irdische Bedürfniß wie über überwundenen Trophäen sich erhob und im Gefühl der Ewigkeit der Liebe seine eigene begründete; — und doch! wer diese damalige Zeit aufgiebt als eine vergangene, die nicht mehr herüberlenkt in das Gewebe jeder Minute, wie kann der Anspruch machen an Unsterblichkeit, da er selbst ein göttliches lebendiges Wirken als abgeschlossen, als aus ihm ausgetreten achtet. — Wenn mir dieß eine einzige nicht mehr einverleibt seyn soll, dies Feuerelement, das nun doch einmal in mir gewirkt hat, was kann ich mir da noch zusprechen als daß ich Staub und Asche bin, gleich der Stätte auf der ein Feuer erlosch.

Was soll ich Euch noch sagen? lieber Müller! — Diese Briefe sind er selber; daß ich sie theilweise erhalten und nicht alle, das macht mich doppelt unglücklich, ja unglücklich wie den, dem das Heiligste zugesagt war in der Liebe, und darum betrogen wird, indem ich einzelne Blätter durchlas fühlte ich aufs neue den Zauber-Kreis, in dessen Grenzen sich mein Inneres allein belebt fühlt. Soll ich's noch auf andere Weise darthun, wie jedes Blatt von mir, dem seine Beachtung sich geneigt, mir ein unverwirckbares Eigenthum höheren Lebens bleiben muß? — Nein Ihnen brauch ichs nicht zu versinnlichen, wie diese Beziehungen zu ihm nicht aufgehoben, wie sie vielmehr mein einziges Leben ausmachen. Hier in meinen Vier-Wänden: es geht keiner aus und ein, der mich nur verstände, wenn ich bekennen wollte, daß ich mit ihm lebe, daß ich an sein Mitleben glaube, daß eine Verwandschaft, die so wenig aufzulösen ist als eine Blutsverwandschaft, mich ihm geistiger Weise bindet; Ihnen kann ichs aber bekennen, Sie werden keinen Wahn, keinen Schwindel drinnen finden daß ich mich auf dieser Brücke hinüber fühle. Ich frage Sie selber: Wo soll ich Nahrung finden für die Liebe, die doch allein das Begehrende ist, wenn nicht in Ihm? — Drum, versagen Sie mir nicht was mich nähren kann und geben Sie mir alles was mir ihn wiedergiebt. Und seyn Sie nicht böse auf dies bringende Bitten. Ich bin kranck und muß seit 8 Tagen das Zimmer hüten, bei trübem Wetter seh ich in die Zukunft, das Bewußtseyn, daß einst schönere Tage kommen, giebt meiner Fieberlaune einen milden ja beinah behaglichen Anstrich, und kurz: es thut mir wohl daß mir die Liebe weh thut.

Zwei Zeilen von Ihnen wären mir wichtig vielleicht folgenden Inhalts: „Ich will mir Mühe geben alles was sich von den Briefen noch vorfindet zusammen zu bringen und es treu und gewissenhaft zurückgeben."

Müller, wenn Sie mir dies zusagen, rechnen Sie auf den innigsten Danck, auf die einzige Befriedigung einer edlen Natur, nehmlich daß Sie sich mit Zuversicht sagen können, Sie haben mir, (der durch keinerlei irdisches mehr ein zusagendes Glück kann bereitet werden) unendlich wohlgethan.

am 28ten Nov: 1832.   Bettine.

6.

Meinen besten Danck daß Sie mein Flehen, mein Seufzen pp erhört haben. Aber damit ists nicht abge-

macht, ich werde fortfahren von Zeit zu Zeit einen Stoß-
seufzer an Sie abzusenden; und wenn Sie auch von
Landtagsgeschäften niedergebeugt wären, haben Sie immer
noch Zeit ein Billetdoux zu lesen und nicht unbeantwortet zu lassen, so können Sie auch meine Billets amers
lesen, bedenken, erwägen und befriedigen. Ich weiß es,
aus sicherer Quelle, daß manche Zeilen an Sie eingehen,
die Sie zu einem süßen Nachdenken verleiten, bei deren
Beantwortung Sie manchen Biß in die Fahne Ihrer
Feder thun, und wo Ihre Betrachtungen vom hellen
Licht des Tages biß zu dem der Sterne spazieren gehen;
da müssen denn die Landtagsgeschäfte auch rücken. Es
sind ja auch nicht meine Briefe, die mir so sehr am
Herzen liegen, es ist der süße Umgang, der Seegen seiner
Liebe, der mir daraus wieder erwächst. Glauben Sie
doch daran was ich in Weimar Ihnen mündlich gesagt
habe, daß es die Basis meines innerlichen Glückes ist
mich lebendig in sein Leben hinein zu fühlen. Ihnen
selbst ist ja die Verwaltung seines Nachlasses ein wahres
Priesteramt, zum wenigsten giebt es Ihnen im Angesicht
von Deutschland diese Würde und ich glaube, daß es mit
Recht der Stolz und die Freude Ihres Lebens ist. Nun
sehen Sie: ich bin ein Weib, voll lebendigem leidenschaft-
lichem Feuer, die Tage meiner Jugend waren trotz meiner
Berührsamkeit einzig und allein von dieser Liebe zu Ihm
erfüllt und keine andre Liebe hat mich ergriffen; früher
war ich blind für alles und habe nichts gesehen wie
ihn; später war ich sehend, und aus Erkenntniß nur
ihm getreu. Und jetzt: was könnte denn mein Herz noch
nähren, noch erfüllen als bloß die Liebe dieser Liebe;
ja seyn Sie nicht böse, daß ich ungestühm bin und sagen
Sie sich's: daß die Leidenschaft mich bewegt noch einmal
an seiner Hand die Fluren jugendlicher Erinnerung zu
durchlaufen und rechnen Sie es mit zu den befriedigendsten
Genüssen, die Ihnen aus Ihrem freundlichen Willen erwachsen, einer solchen Religion liebender Phantasie die
Wege zu bahnen.

Seyn Sie auch nicht grausam, zu glauben, Goethe
habe diese Zeichen einer so herrlichen Liebe verbrennen

können, warum sollte er es gethan haben mit einigen, und mit andern nicht; da alle von gleicher Begeistrung ausgingen. Nein, lieber Müller, indem sie meiner Eifersucht, meiner Sehnsucht nachsichtig und gefällig sind, und mit dem Eifer eines treuen Freundes mein durstiges, mein verzehrtes Herz beschwichtigen, glauben Sie doch zugleich auch an Goethes Pietät, der mir es selbst gesagt hat, daß er mir diese Briefe zurück lasse damit ich in ihnen mich zu ihm hinüberschwingen könne; denn er war es zufrieden daß ich bis zum End meiner Tage ihn bei seinem Namen wenn auch aus den Wolken herausforderte.

— Ja glauben Sie, er hat sie nicht verbrennt, er war so weichmüthig, so freundlich, so herablassend gegen jedes Begehren an ihn. Nein er hat meiner Seufzer, meiner Begeistrung, meines ewigen Liebesdurstes Zeugniße nicht verbrennt.

Suchen Sie lieber Müller und beschencken Sie mich, ich will auch gerne warten und vertrauen.

Ach wie geht es hier so wunderlich her, wie wagt es hier so mancher, der nichts zu wagen hat, über ihn zu sprechen, dieser Balsam der Menschheit, der nicht verdusten wird, und dem die Verwesung nichts anhaben wird, er ergießt sich allen die ihn einzuathmen stark sind. Da ist ein Gedicht von Knappe heraus gekommen, an diesem hat sich die ganze Pietisten und Theologen Welt erbaut. Darin werden seine hohen Eigenschaften gepriesen und zuletzt heißt es: Warum O Weisester der Meister stehst Du nicht mit im Chor der selgen Geister? Weil Du keine Religion hast, weil Du Gott läugnest pp. O würdest Du noch einmal doch geboren, und neigt' an Deiner Wiege sich die Mutter Deinen Ohren, und flößte durch sie Deinem Herzen Christenthum ein, dann wollten wir Dir huldigen, dann könnten wir die Ewigkeit mit Dir durchleben pp.

Dies Gedicht hat hier so viel Aufsehen gemacht, daß es überall berührt wurde als ein wahres Meisterstück, und so hab ich denn auch etwas von seinem ungefehren Inhalt erfahren. Namentlich hat Steffens sich dabei compromitirt, der es herrlich fand und starck über Goethe dabei beliberirte. Ich habs ihm aber gesagt kurz und bündig: „O Philosoph lasse dir heimgeigen, das ist schuftig".

Wie viel schöner ist es bei den Weimaranern, die feiern ihn und es ist das Geschäft ihrer Tage, den Tempel seines Ruhms zu schmücken, und das ist die wahre Pictät, die das göttliche in den Freunden, in den abgeschiednen Heroen der Zeit, nicht antastet, die es bewacht, die sich ihm mit Ehrfurcht beugt, und nicht den Herrn spielen will in dem höheren Element sondern sich beseligt empfindet und bekennt von ihm gehoben und getragen zu seyn. Bleibt immer so Ihr Weimaraner, und bewahrt Euch vor andern den Ruhm seine Freunde zu heisen.

Adieu lieber Kanzler. Verzeihung und Gewährung. — Und auch die Erlaubniß dann und wann zu schreiben, zu bitten, zu dancken.

12ten Decem. 1832.   Bettine v. Arnim.

Grüßen Sie freundlichst von mir alle die mir freundlich sind, aber auch besonders den Eckermann.

7.

Lieber Kanzler Müller

Hier findet sich eine Gelegenheit Ihnen alle Grüße mit einemmal wieder zurück zu schicken und Ihnen alles ins Gedächtniß zu prägen was ich wünsche daß Sie nie vergessen mögen. Der uberbringer dieser Zeilen ist ein einsichtiger in alles was ich bisher, ich kann sagen mit Aufopferung meiner Gesundheit für das Gelingen meines Vorhabens unternommen hab, das heist er hat meine Zeichnungen gesehen, meinen unermüdeten Eifer troz aller ungünstigen Umstände und aller entgegenwirckender Mächte. — Er heist Doctor Braun, wünscht Ihnen empfohlen zu seyn, ich mache ihn daher zu gleich zum Boten aller meiner guten Wünsche für Sie: bleiben Sie mir und meiner Gesinnung gewogen und daß sich immer wieder dieselbe Treue und Unverlezlichkeit des Fundaments derselben erhalte.

Varnhagen hat Trost empfunden von der Art wie sein Buch von Rahel in unserm Publicum aufgenommen worden. Seine ewige Sehnsucht, sein Bedürfniß ihrer kann jedoch dadurch nicht gemildert werden, jeder Augenblick, den er sich mit ihrem Nachlasse beschäftigt, giebt ihm an, welch einen Schatz er in ihr besaß, in unsrer jetzigen Zeit wo uns so großes verlohren gegangen und so weniges noch übrig ist. Mein angestrengtes Zeichnen hat mich so herunter gebracht daß ich einer Erholung bedarf, ich werde nach Dresden gehen die lieben Egloffsteins da treffen; und dort eine Correspondence ordnen zwischen mir und Goethes Mutter, die ich vom Rheingau aus mit ihr geführt habe, ich besitze an 20 Briefen von ihr, ein Schatz der wegen seiner ganz ungehemten Natürlichkeit wahrscheinlich als einziges Dokument über den Charackter von Goethes Mutter einen höchst interessanten Aufschluß giebt. — Man sieht in ihnen das Biedere, die Würde, die Kindlichkeit, Vorurtheilsfreiheit, besonders kindliche Pietät, die sich fortwährend auch in seinem Wesen spiegeln, wer die Briefe liest kann nur sagen: So nur könnte Goethes Mutter seyn und nicht anders. Der Doctor Braun hat die Lecture von einem Theil derselben angehört und war ganz davon hingerissen. Ich werde sie als Anhang an mein Buch, das ich zum besten des Monuments dem Licht anvertraue, geben. Auf meiner Reise werd ichs hoffentlich so weit bringen. Wenn ich wieder zurück komme lege ich die lezte Hand an die Zeichnung und dann hoffe ich soll sich alles zum Gelingen fügen, ich rechne dabei auf den guten Willen aller Guten und Edlen von Geist wie von Herzen, ich hoffe von denen soll sich keiner davon ausschließen oder entgegenstellen.

Berlin 24 Aug. 1833. Ihre Freundin Bettine
von Arnim.

8.

Lieber Kanzler Müller, Was machen Sie mir Vorwürfe in Ihrem lezten Schreiben? Wie ist es möglich daß Sie glauben können, ich sey durch Weimar gekommen ohne Sie zu besuchen? — Ich bin seit 3 Jahren nicht hier vom Fleck gekommen, denn jezt sind es wohl 3 Jahre daß ich mit meinem Buch durch Weimar kam.

Wie können Sie bencken daß ich vom Elephanten aus nicht augenblicklich zu Ihnen gekommen sein würde? — und wie sollte ich Goethes Haus und Garten und vorab seine Angehörigen nicht aufgesucht haben? — Wie können Sie so was von mir bencken? — Mehr wie je, lieber Freund, ist mir Himmel und Erde in Weimar am Herzen gelegen, jeder Thautropfen dort löscht den Durst denn es ist der Balsam meiner Jugendjahre in ihm und die lauen Abende im Parck dort sind noch erfüllt mit dem Zauber von damals, wo ich hoffen konnte, der Gegenstand der den entgegenkommenden Schatten werfe, sei Goethe oder der Herzog.

Sei es mit dem Tod wie es wolle? wo einer mächtig gewirckt hat, da belebt und erhält und erzeugt er das Leben, wie sollte er nicht auch leben? — und wie sollte mir die Stätte die er seines Beachtens würdigte nicht heute heilig sein und immerbar. Also Freund, so lang kein Bote an Ihre Thüre klopft der mich meldet, so lang ist die Bettine auch nicht bis Weimar gekommen. Mehr wie je hab ich Sehnsucht dort die Bäume zu genießen, die die kleinen Ruheplätze beschatten, wo ich oft in Erwartung und in Träumen der Erinnerung gesessen habe. Jeder Hase liebt sein Revier. — Wahrhaftig in Weimar bin ich mich kleinen Hasen zum ersten mal gewahr geworden. Und Freunde und Früchte und Luft und Himmel und Ihre Erzehlungen und alles scheint mir dort nach meinem Geschmack.

Lieber Müller, ich hab damals um das Portrait in Ghps (Medaille) von Goethes Vater gebeten, Sie sagten mir die Frau von Goethe könne nicht ergründen wo sie sie gelassen habe; hat denn seitdem nichts wieder davon aufgetaucht? — sollen und müssen sie verlohren sein? — es ist doch unmöglich daß sie ganz fort sind? — ist nichts von diesen Portraits in des Herzogs Nachlaß, hängen sie vielleicht auf einem Jagd oder Lustschloß vergessen an der Wand? — in Tiefurth — in Ettersburg? — in Belvedere oder sonst wo? — oder auf der Bibliotheck oder bei Freunden? Weiß die Frau von Spiegel nichts davon? — oder sonst jemand aus der früheren Zeit — fragen Sie den jezigen Herzog, er ist die Güte und Herablassung selbst, er wird gern Rede stehen. Mein Monument, dessen Ausführung jezt immer näher rückt; denn wie ich nicht zweifle gelingt meine Expedition nach England; nun dies Monument wird, wenn der Kanzler mir dazu behülflich sein will, wahrscheinlich in Weimar um Herberg bitten und ich freue mich darauf als auf meinen besten Tag.

Schließlich empfehle ich den Überbringer als ein Heiligthum aus unserem Kreiß, da Professor Rancke den Namen Hausfreund so gut mit Recht trägt als sei er ihm in der heiligen Taufe zugekommen. Ich bedarf nicht Ihnen mehr empfehlendes von ihm zu sagen, da er durch seine Gelehrsamkeit wie durch seinen Ruf zu viel Affinität mit Ihnen hat, als daß Ihnen die Zeit seines Aufenthalts in Weimar nicht auch wichtig sein dürfte.

am 20ten August 1837.   Auf einstiges Wiedersehen
Bettine Arnim.

9.

[Ende 1837?]

Lieber Freund aus alter Zeit, Sie haben den Pr: Rancke so freundlichst aufgenommen daß er vor Vergnügen darüber Wärme ausströmt; obschon Weimar der Ort ist wo die Sterne einer nach dem andern ausgebrant haben, und auf einer Brandstätte es immer dunkler und schauerlicher ist als wo nimmermehr eine Flamme aufgeleuchtet hat; so ist mir doch Weimar der sonnigste Fleck meiner Erinnerung. Und Sie sind wohl der einzige der noch in die Empfindungen früherer Zeit mit einstimmt. Ich habe das Unmögliche gethan mit freundlichen Bitten bei der Frau von Goethe daß sie mir das bewußte Portrait von Goethes Vater zukommen lassen möge. Verlohren kann es ja doch nimmermehr sein, wie sollte das möglich sein, es mag wohl verlegt sein und man mag sich die Mühe nicht geben wollen es für mich zu suchen, bin ich denn der Frau v. Goethe gar nichts werth? — und wenn auch nicht, kann sie benn nicht für jemand (der ihr in jeder Beziehung gleichgültig sein darf) dadurch grade Interesse gewinnen

indem sie sich für ihn bemühen darf? — Sagen Sie ihr
dieß, daß nur im Interesse für andre alles Leben liege;
und um so weniger sie Neigung habe für mich etwas zu
thun, um so verdienstlicher werde auch das geringste Be=
mühen für mich sein. Ich gebs wirklich nicht auf, meinen
Wunsch erfüllt zu sehen. Denn Sie werden mir Beistand
leisten und einmal kann das Portrait von Goethes Vater
nicht verloren sein, das beinah Hundert Jahr wohl bewahrt
blieb und jezt wo die Zeit von Goethes Hinscheiden alles
mit verklärt was ihn berührt, sollte da die Mutter seiner
Nachkommen so sorglos sein nicht zu suchen um es wieder
zu finden? — Denn es muß ja wieder herbei kommen. Es
kann ja doch nicht verloren bleiben! — Nein ich kann
und will nicht glauben, daß es Unwille gegen mich sey,
der Frau v. Goethe veranlaßt ungefällig gegen mich zu
sein, denn ich hab es nie bei ihr verschuldet oder es müßte
gegen meinen Willen sein, aber wenn auch: das müßte
im Gegentheil ein Beweggrund mehr für sie sein sich groß=
müthig gegen mich zu zeigen. — Indessen, alter Müller,
lassen Sie mir Goethes Vater nicht verloren bleiben oder
ich muß glauben, daß Ihr großes Interesse für Vor und
Nachwelt mit Füßen getreten werde ohne daß Sie die
Waffen ergreifen. Julirevolution! Pflasterstein aufgerissen!
Alles bombardiert bis wir ihn haben.

Ich denk an Goethes Haus, ich denk an die Wechsler
im Tempel, wir wollen sie mit Geißlen hinaus jagen;
dies Haus ist der Kern aller heiligen Erinnerungen, es ist
die Basis eines Monuments für ewige Zeiten und was
Ihr Weimaraner der ganzen Welt schuldig seid; und so
kurze Zeit nach seinem Tod ist es profaniert; und ver=
feilscht an fremde Menschen und diese Treppen werden von
gleichgültigen Bewohnern gemißbraucht. Dies einzige, lieber
Müller, bewirken Sie, daß das Haus frei bleibe von frem=
den Bewohnern, daß seine feierliche Stille nicht verun=
glimpft werde; machen Sie, daß Ihr Landesvater es kaufe,
es kann ja verzinst werden bis das Kapital da ist. —
Denn wenn die Menschheit erst ans Profane gewöhnt ist,
dann läßt sie sichs gefallen. Krönen Sie sich also mit der
Marterkrone Ihrer Vormundschaft und bringen Sie darauf,

daß das Haus gekauft werde. Dann lassen Sie keinen mehr
drin wohnen, O nein, lassen Sie keine unzüchtigen Weiber
brinn wohnen. Dann will ich kommen und wir wollen
das Monument in der Halle wo seine Leiche stand stellen,
und nach der Straße zu soll das Haus verschlossen bleiben.
Und nach dem Garten vom Park aus kann man hinein
gehen. — So träum ich. Adieu! Den Überbringer empfehle ich Ihnen. Verschenken Sie meine Briefe nicht.
Bettine.

10.
Lieber Freund
So oft ich Ihren guten Willen zu erproben die Gelegenheit hatte, hat er sich bewährt, wenn er auch oft für
die That gelten mußte. So gehts leider oft: Die Menschen nennen es Bestimmung, die man sich gefallen lassen
müsse, wider die anzukämpfen ich mich berufen fühle und
nimmer dem Eigensinn des Geschicks unterliegen will,
daß Goethes Monument nur in meinen Gedanken Wirklichkeit haben soll; wie jezt wo ich den Leuten antworten
muß: Das Monument hat Schulden, und mir mit
dem Gefühl seiner Existenz schmeichle während ich diese
Schulden zusammenrechne. 7000 Exemplare haben durch
Papier, Druck, fünffache Correctur, Stahlstich, Cartons
an 60, die vom Übersetzer schlecht verstanden und um-
zudrucken waren, Übersetzungskosten, Impost in England,
Buchbinderkosten, Insertionsgebühren pp die revenue der
beiden deutschen Auflagen gänzlich verschlungen und noch
mehr dazu, denn es sind 10 000 Thaler drauf gegangen.
Dabei muß ich mir die Mißbilligung der Leute einstweilen gefallen lassen, und muß mich damit trösten daß
mich der Geist dazu trieb; mit großer Anstrengung hab
ich das Tagebuch selber übersezt, kein Engländer, kein
Deutscher konnte die Ausdrücke dazu finden. Da ich kein
Englisch kann und keine grammatikalische Kenntniß habe,
so war dies in den Augen der Philister eine Unmöglich-
keit, die ich zu ihrem Erstaunen überwunden; gestern
hab ich den letzten Bogen in die Presse geschickt nebst
einer kleinen Vorrede an die Engländer. Wer die

Schwürigkeiten überschauen könnte würde erschrecken; ich aber nicht, obschon mir der Kopf rauchte der doch von Natur kühl ist. Keine Begebenheiten bin ich inne geworden in diesem Jahr, keine Cholera, keine Zeit; keine Rosen, keine Kirschen hab ich in diesem Jahr gesehen, oft war mein Lager mit harten Dictionairen gepflastert, auf dem mich die Übermüdung mit Schlaf befiel. Die Morgenstunde hatte nicht Gold für mich im Munde (wenn sie's nicht allenfalls noch in Zukunft auszuspeien beliebt) sie spannte mich in den Pflug. Den Einwendungen meiner englischen Rathgeber Trotz zu bieten hatte ich die Vermessenheit, und meinen Gedanken Eingang zu verschaffen in das Reich der englischen Sprache erschuf ich mir Worte. Und hab so alles zu eigner Zufriedenheit vollendet. Gelingt diese Unternehmung so haben wir den Engländern Goethes Monument zu danken; aber da ich keinen Vermittler im fremden Land habe, so muß ich selbst alle Seegel aufspannen um nicht Schiffbruch zu leiden, und auch Sie deswegen in Anspruch nehmen. Dies mein Tagebuch klingt so schön naiv, rein harmonisch, der Text im Englischen ist deutlicher einleuchtend wie im Deutschen, es ist vermehrt beinah um einen Bogen den ich noch aus meinen früheren Papieren ausgezogen habe. Ich werde Ihnen nächstens ein Exemplar schicken, daß Sie es prüfen mögen, legen Sie es dann der Großherzogin zu Füßen mit der Bitte sich desselben anzunehmen und es der Maiden queen Victoria zu empfehlen und diese zur Erlaubniß aufzufordern, es ihr zuzueignen; da sie die Tochter einer deutschen Fürstin ist dürfte es ihr nicht unerwartet scheinen, daß man dieser Jugendblüthe auf dem Thron die höchste Energie der Begeistrung für den Dichterfürsten weihe. —

Sie verstehen mich lieber Freund? — ich will dies Büchlein der Königin von England widmen; Sie sollen Ihre Großherzogin bitten daß sie es ihr empfiehlt und meine Bitte vorlegt. Ich brauche Theilnahme an meinem Unternehmen, es ist doch wohl keine unbescheidne Forderung an die Landes=Mutter, die jedem jungen Baum ihres Landes Schuz gedeihen läßt, daß Sie mir den Seegen ihrer

Anerkenntniß nicht versage im fremden Land, da ich fest glaube, das Gelingen meines Plans werde davon abhängen. Denn wie jeder ein Ziel hat so hab ich auch dies eine Ziel, daß mir auf jenem grünen Rasen unter jenen hohen Eichen einst das Marmorbild dieses Mannes entgegen glänzen möge; wo er mit mir beim ersten Erwachen meines Geistes wandelte und wo mir jedes Wort von seinen Lippen tief ins Herz drang und wo ich, so oft ich den Ort wiederseh, dieselbe Wirkung empfinde. Goethe hat die Spuren reinster Güte in seinem Verhalten zum Kind ausgedrückt. Und es war natürlich, daß er in späterer Zeit sich vor mir verhüllte, da er diese Epoche vor der Verletzung alles Urtheils schützen wollte, und nun es nach seinem Tode in völliger Reife ans Licht getreten und keiner Mißdeutung mehr unterworfen, so gehört es zu den edelsten Blüthen seiner Unsterblichkeit; wie sollten wir sie nicht der Ehre würdig achten, daß die Fürstin, die so manches Gute was unter Göthes Einfluß entstanden weiter entwickelte, auch hier erfolgreich einwirkte? — Ich unterwerfe diesen Vorschlag jedoch Ihrer Entscheidung, ich verstehe zu wenig vom Hofleben um zu wissen ob meine Ansprüche nicht ungemäß sind; aber wenn ich bedenke, wie viele Engländer eine freundliche Aufnahme auf dem kleinen Fleck (klassischen Bodens von Deutschland) fanden; wo Goethe und der Herzog die Bäume gepflanzt hatten, in deren Schatten diese sich ergingen; und die in ihren wissenschaftlichen Interessen wie in den geselligen geschützt und gepflegt waren durch Goethes herablassende Menschlichkeit, wenn sich erwarten läßt, daß diese das Gefühl des Vorzugs, Goethe gekannt zu haben, einstens in ihrem Lande geltend machen werden, wenn er dort verstanden und verglichen wird; dann muß ich auch hoffen und glauben, daß mein Buch sich keinem ungastlichen Ufer nahe. Sie, lieber Freund und Ihre Freunde und Goethes Freunde! von Euch allen kann ich doch erwarten, daß Ihr mir durch Eure Briefe und Empfehlungen in England ein weniges den Weg bahnen helft, ja selbst von den allerhöchsten Personen schien es mir nicht ungeeignet so viel als möglich dazu beizutragen.

Ich sage Ihnen ein herzliches Lebewohl! ich weiß, daß ich Sie mit meinen Aufträgen nicht belästige, Sie haben eine tiefe Quelle treuer Anhänglichkeit in sich, die der alte Großherzog in meiner Gegenwart selbst anerkannte, indem er von Ihnen sagte: „Er hat ein gutes Herz, er ist treu und wenn er auch die Zukunft nicht aus den Augen läßt, so be[nach]theiligt er dabei nicht die Vergangenheit" — dies sagte er einmal da Sie die Verdienste von jemand bei dem Herzog in Anschlag brachten, den Sie seiner Gnade empfahlen; und diese Worte des Herzogs haben mir eine sichere Zuversicht gegeben. Sie haben es bewährt.

Antworten Sie mir bald, denn ich bin streng mit der Zeit, der Kreislauf meiner Jahre fordert daß ich mich kurz fasse, und je weitläuftiger ein solches Unternehmen ist je karger muß ich die Minuten zusammenhalten. Drum wenn was zum Besten desselben geschehen kann so sei es schnell.

am 31 März 1838.   Ihnen herzlich zugethan.
                                Bettine Arnim.

Wissen Sie noch jemand dem eine Freundlichkeit erzeugt werde mit einem englischen Exemplar so bitte ich mirs zu schreiben. Vielleicht interessirt es Sie, daß mein Buch in Petersburg ins Russische übersetzt ist. Es kommen mir häufig Russen mich zu besuchen.

Anmerkungen.

Dieser Schlußband unserer Publication beruht auf der gleichen Arbeitstheilung wie der erste: Oskar Walzel ist für die Einleitung, Carl Schüddekopf für den Text, die Anmerkungen und das Gesammtregister verantwortlich. Als Redactor ist wiederum Erich Schmidt betheiligt.

Mehr als beim ersten Bande waren wir bei der Zusammenstellung des Materials neben den Archivschätzen auf andre Quellen angewiesen. Einen Brief von Clemens Brentano und acht Briefe Achim v. Arnims, die vom Kanzler v. Müller an Bettina zurückgestellt wurden, verdanken wir der Königl. Bibliothek in Berlin; die Briefe Goethes an die Brüder Grimm sind aus R. Steigs Publication, die an Bettina aus der Weimarischen Ausgabe übernommen. Von Bettinas Briefen an Goethe bringen wir nur die Originale, die das Archiv besitzt, und den ersten Brief, den Loeper nach der Handschrift abgedruckt hat; die übrigen im Wiepersdorfer Archiv vorhandenen Briefe Bettinas, die Loeper seiner Zeit eingesehen hat, bleiben einer besonderen Publication in H. Grimms und R. Steigs „Achim v. Arnim und die ihm nahe standen" vorbehalten. — Um den Umfang dieses Schlußbandes nicht zu sehr anschwellen zu lassen, ist auf eine Reihe weiterer Correspondenzen verzichtet worden; einzelne derselben, wie die mit v. d. Hagen und Büsching, Beer, Helmine v. Chézy, Gries, Hitzig, Müllner, Schenkendorf, Stieglitz, Waiblinger und Andern eignen sich zu späteren Publicationen des Archivs.

I. Friedrich Ludwig Zacharias Werner.

Mehrere Briefe von Goethe und mindestens einer von W. sind verloren gegangen; A. Bettelheim vermuthete (Im neuen Reich 1880 Nr. 35), die Originale von G's Briefen lägen im

Archiv der Wiener Redemptoristen, was nicht der Fall ist. Da für W. nach Dünher, Minor, Poppenberg noch viel zu thun bleibt, ist hier handschriftliches Material reicher ausgebeutet worden. Schon auf der ersten Reise nach Mitteldeutschland, die W. im Jahr 1790 antrat, scheint er einen Besuch bei G. beabsichtigt zu haben; wenigstens trägt sein Sonett „Der Sonnen-Coloß und der Wanderer", das er 1808 G. widmete, in der Handschrift und im ersten Druck (Prometheus von Seckendorff, Heft 5. 6, Wien 1808, S. 34) den Zusatz: „Fragment einer von Leipzig seit dem April 1790 bis zum 15ten Dezember 1807 nach Jena gemachten Curierreise". In W's Sämmtlichen Werken 1, 149 fehlt dieser Zusatz, der die Anfangsstrophen erst verständlich macht.

1. Werner übersendet mit diesem Briefe „Die Söhne des Thales. Ein dramatisches Gedicht. Berlin, bei Johann Daniel Sander. 1803"; Sophie Sander, die Frau seines Berliner Verlegers, an die er sich — ebenfalls am 9. Juli 1804 — gewandt hatte (Dorow, Denkschriften und Briefe 1, 90), begleitet am 20. Juli seine Sendung an Goethe mit empfehlenden Worten. G. hat nicht geantwortet; daß sein Urtheil an Schiller vom 10. September 1804: „Hier eine sonderbare, fast möcht ich sagen traurige Lectüre. Wenn man nicht soviele falsche Tendenzen gehabt hätte und noch hätte, mit halbem Bewußtseyn; so begriffe man nicht wie die Menschen so wunderliches Zeug machen könnten" auf W's Drama sich bezieht, ist eine ansprechende Vermuthung v. d. Hellens (Briefe 17, 321). W. war ihm schon früher, als Mitarbeiter an den neugegründeten Jenaischen Allg. Literaturzeitung, durch einen Brief bekannt geworden, den Eichstädt am 20. Mai 1804 übersandte. Von der Aufnahme einer für die ALZ. eingesandten Recension rieth G. am 30. März 1805 ab, da sie gar zu schüler- und jüngerhaft abgefaßt sei; eine Anzeige von Kotzebues „Almanach dramatischer Spiele" (ALZ. 1805 Nr. 164) ließ er passiren, meinte jedoch (Briefe 19, 4), mit dem Recensenten würden sie freilich nicht lange zusammenbleiben.

Über „Martin Luther, oder Die Weihe der Kraft" (Berlin 1807) berichtete Zelter nach der ersten Aufführung am 11. Juni 1806; G. antwortete am 26. Juni: „Ich sehe, es sind in diesem Stück gerade die widerlichen Entgegenstellungen, die einem in den Söhnen des Thals verdrießlich fallen. Das sollen nun Ideen heißen und sind nicht einmal Begriffe." Doch bat er Eichstädt am 7. März 1807 für eine recht gute Recension zu sorgen: „Es ist der Mühe werth dieses nicht verdienstlose, aber monstrose Werk gehörig zu würdigen." Vgl. auch Tageb. 3, 169.

W's nächste Tragödie „Attila, König der Hunnen" (Berlin 1808) wurde am 25. October 1807 durch Täsche, Schauspieler von Wien, überbracht (Tageb. 3, 288). Eine ungünstige Recension in der ALZ. wurde auf G's Wunsch unterdrückt (Briefe 20, 271): „Ich würde nicht rathen sie aufzunehmen, selbst wenn auch Werner nicht bey uns der Gastfreundschaft genösse." Zum ersten Besuch war W. inzwischen am Abend des 1. December 1807 in Jena angekommen, vgl. sein Sonett „Der Weg" (S. W. 1, 147); vom 2. bis 16. December wird er dann jeden Tag in G's Tagebuch genannt, auch in seinen Briefen oft erwähnt, so gleich am 4. December an Frau v. Stein: „Ich bin genöthigt, um mich hier der gewöhnlichen Gesellschaftsausdrücke zu bedienen, ihn interessant und sogar liebenswürdig zu finden", und am 11. December an J. H. Meyer: „Meinen hiesigen Aufenthalt macht mir W. sehr interessant. Es ist ein sehr genialischer Mann, der einem Neigung abgewinnt, wodurch man denn in seine Productionen, die uns andern erst einigermaßen wiederstehen, nach und nach eingeleitet wird. Übrigens treiben wir allerley wunderliche Dinge." Dazu rechnet G. auch die „Sonettenwuth", die ihn in diesen Decembertagen ergriff (vgl. Tagebuch vom 3., 9. bis 11., 14. bis 16. December) und zu seinem Sonettencyclus anregte; von W's „Charaden-Sonett auf Minchen Herzlieb" (vgl. Tagebuch vom 16. December 1807, gedruckt bei Dünher, Zwei Belehrte S. 111 und Erläuterungen zu G's Gedichten 3, 267) bewahrt das Archiv zwei W'sche Abschriften, die erste unterschrieben „Dem heiligen Andenken sonnenerhellter Stunden Werner" und von G. eigenhändig datirt „16. Dec. 1807", die zweite mit dem Zusatz: „Dies Sonett, in einer der wenigen hellen Perioden meines Lebens gemacht, ward mir belohnt wie ich es nur wünschen konnte, mit — einem Kusse von Helios". Am 18. December kehrte G. nach Weimar zurück, W. folgte Tags darauf (Tagebuch 3, 309) und stieg in unmittelbarer Nähe G's, im Schwan, ab. Schon am 23. December und dann öfters in der Mittwochsgesellschaft las W. der Herzogin, Erbprinzessin und andern Damen des Hofes bei Goethe vor; am 25. December schrieb er in August v. G's Stammbuch das Sonett „Die Uraniden" (S. W. 1, 150) vgl. Deutsche Rundschau 68, 259. — Zum Geburtstag der Herzogin, am 30. Januar 1808, wurde seine „Wanda" mit großem Beifall aufgeführt und am 3. und 15. Februar wiederholt (Burkhardt, Repertoire S. 146); vgl. G. an Nic. Meyer 1. Februar 1808. Auch „über die Rollenbesetzung von der [nicht aufgeführten] Weihe der Kraft" deliberirte G. am 5. Februar 1808 (Tageb. 3, 317). — Eine für die Annalen von 1808 bestimmte, aber ausgelassene Beurtheilung W's jetzt in der Weimar. Ausgabe 36, 391.

Über seinen Aufenthalt in Jena und Weimar schreibt W. am 27. Januar 1808 (ungedruckt, Mittheilung B. Suphans) an die Gräfin Tina von Brühl, nachdem er bei Beschreibung seiner Reise die „trefflichen, sinnigen Weiber" in Gotha gerühmt hat: „Das Letztere auch in Jena; dort war ich drittehalb Wochen und lernte den hochbegnadigten Göthe!!! kennen. Sie kennen diesen nie alternden Apollo von Belvedere, ich brauche Ihnen also nur zu sagen, daß dieser gesundeste aller fernhinschauenden Titanen mich Kranken freundlich erträgt und — gelten läßt und in Bezug auf mich mein Äsculap, also etwas ist, was selbst Hygeia nicht seyn kann. — — — Kurz ich sehe den wahrhaft großen Goethe seit dem 2ten December v. J. täglich fast. An jenem mir ewig denkwürdigen Tage lernte ich ihn in Jena kennen, wo ich drittehalb Wochen in seiner mich begeisternden Nähe war; dann gieng er hieher nach Weimar und ich auch. Er hat mich in seiner Nähe eingemiethet und nimmt sich meiner bis in die kleinsten Details — (Sie kennen diesen zarten Riesengeist, dem nichts Kleines zu klein und nichts Großes zu groß ist!) väterlich an! Er hat mich auch dem hiesigen Hofe präsentirt und das war mir eine merkwürdige Erscheinung, denn die fünf ihn darstellenden Personen: Herzog, Herzogin, Erbprinz, Erbprinzessin, Prinzessin Caroline, symbolisiren die fünf Elemente der schönen Menschheit, nehmlich: Kraft, Klarheit, Güte, Zartheit, Tiefe, also zusammengenommen eine Normalfamilie! Ich habe den Fürstinnen und Damen von Hofe in mehreren Sitzungen den 1ten Theil des Kreuzes an der Ostsee vorgelesen, auch Schillers Wittwe war dabey; es war ein Cirkel, wie ich ihn nirgends sonst als, durch Ihre Gnade, in dem mir deshalb ewig unvergeßlichen! Prag gefunden habe, von dem ich, wie von Böhmen überhaupt, in meinem neuesten Trauerspiele Wanda dankbar ausrufe:

Böhmen ist das Land der süßen Töne,
Und Weiber zeugt es reich an jeder Schöne! —

Dieses Trauerspiel Wanda, Königin der Sarmaten, wird wills
Gott den 30sten d. M. zum Geburtsfeste der wahrhaft erhabenen
Herzogin hier aufgeführt. Göthe wendet alle ersinnliche Mühe
daran, was ich dankbar erkenne."

2. Zuerst gedruckt in G's Briefen 20,22 ohne die Bezeich=
nung „Concept" (eigenhändiges, unadressirtes Folio aus Reils
Sammlung). Ist der Brief überhaupt an W. gerichtet? Leitz=
mann giebt (20,376) keine Begründung für seine Annahme; der
Inhalt des Briefes spricht eher dagegen. Weder für die drei
Wünsche (die Aufführung des „Kreuzes an der Ostsee" kann nach
dem folgenden Sonett nicht gemeint sein) noch für die „gedruckten
Bogen" findet sich eine Erklärung. — Da das Concept eigenhändig
ist, haben wir das auffallende „Auf Ihr freundliches, geschwindes
nur wenig" nicht geändert; man könnte vermuthen „Auf Ihr
freundliches geschwinde" oder „geschwindest."

Etwa in den März 1808 (Ostermontag fiel in diesem Jahre
auf den 18. April) dürfte folgendes ungedruckte Sonett W's im
Archiv fallen (denn trotz des Zusatzes „in Jena Niemanden zu
zeigenden" ist an G's und W's Jenenser Aufenthalt im December
1807 als Abfassungszeit wegen des „bevorstehenden nächsten Oster=
mondtages" wohl nicht zu denken):

Kunstlos=einfältigliche Bitte
an
Helios

Um Aufführung des (nur 2000 Jamben starken, aber aus
einem Viertel Text und drey Viertel Parenthesen bestehenden,
auch Eilfertigkeits halber noch ungepreßten, also mehr dick scheinen=
den als billen, am Ende aus Mangel an Abschreibezeit mit einem
eigenhändig vom Verfasser zusammengekrizzelten lose beyliegenden
Hefte versehenen, und in Jena Niemanden zu zeigenden)

Kreuzes an der Ostsee
am bevorstehenden nächsten Ostermondtage.

Am freudgen Tag' laß den Betrübten geben:
  Dem Volk — das Saatkorn meiner Phantasey!
  Kaum glaub' ich noch, daß es mein eigen sey;
Denn Deine Pflege gab ihm erst das Leben! —
Du, dem ich nahte mit gerechtem Beben,
  Dir sag ich's treu und sonder Heucheley;

Ich sag es Deinem freyen Geiste frey:
Nach Gott bist Du das Ziel von meinem Streben! —
Drum laß den Ofstbetrübten zu erfreun:
Am freudgen Tage ihn mit Freuden schauen,
Was freudig er für Gott und Dich vollbracht!
Dann wird er ziehn zum Lethe, sonder Grauen,
Als Einer, der nicht Alles darf bereu'n,
Weil Eines er dem Einzgen recht gemacht! — Werner.

8. „Mittags W. zu Tische, der Abschied nahm", verzeichnet G's Tagebuch (3, 325) am 28. März 1808. Tags zuvor erhielt G. durch Frau v. Stein ein Gelbgeschenk für den „Liebesgesellen", vermuthlich von der Herzogin (Briefe an Frau v. Stein² 2, 664), nach W's eigener Annahme (S. 5) vom Herzog; an demselben Tage dichtete er im Schwan „Pilgers Abschiedslied von den trefflichen Weimaranern", das in der Hs. die Anmerkung trägt: „Ein ernstes Opfer nie verlöschenden Dankes für lange noch nicht abverdiente Güte. So wahr der Verfasser bey diesem Liede, als er es in größter Hast am Nachmittage den 27sten März 1808 verfertigte, Thränen der tiefsten dankvollsten Rührung vergoß, so wahr verspricht er Abtragung des grossen in Weimar contrahirten Schuldkapitals und baldige Rückkehr nach einer Stadt seinem Herzen theuer wie keine — nach Heliopolis." — W. ging zunächst nach Leipzig, wo er das Sonett „Heliopolis (Eine Votiv Tafel für Helios=Apollon und Psyche porphyrogeneta) (Leipzig den 4ten April 1808)" — so in der Hs., in den S. W. 1, 157 als „Helios Apollon und Psyche Porphyrogeneta. (Leipzig im März 1808.)" falsch datirt — dichtete, von da nach Lindenberg bei Storkow, einem adeligen Gut in der Mittelmark an der sächsischen Grenze, wie er selbst an Gräfin Tina Brühl am 16. Juli 1806 schreibt. — Psyche porphyrogeneta ist die Prinzessin Caroline, Carl Augusts zarte Tochter, seit 1. Juli 1810 Erbprinzessin von Mecklenburg=Schwerin, † 20. Januar 1816.

Die „anliegend abgeschriebenen Sonette" (eigenhändig im Archiv) sind folgende: 1) Herzlieb (fehlt in den S. W.), vgl. oben S. 307. 2) An Signora Imperatrice Seßi (Wien im September 1807) S. W. 1, 140. 3) An Henrietten F— geb (Gr: v. O. (Stuttgard im Oktober 1807) S. W. 1, 142, vgl. unten S. 321. 4) Die Wartburg. Canzone. (November 1807.) S. W. 1, 143. 5) Sängers Lohn. (November 1807.) S. W.

1, 145. 6) Morgen und Abend. (Jena, 15 Dec. 1807) S. W. 1, 149. 7) Die unbewaffnete Pallas. (Weimar zum Gedächtniße des 15ten Oktobers 1806 dem Siegesfeste deutscher Frauengröße). S. W. 1, 151. 8) In Tina's Stammbuch. Canzone. (Im August 1806.) S W. 1, 136. 9) Der Springer. (Am Feste Sankt Johanns von Nepomuck zu Prag, den 19ten May 1807). S. W. 1, 138. 10) Der Zahnstocher. (Gespräch am Stephansthurm zu Wien und mit demselben. Im Juny 1807). S. W. 1, 139. 11) Liebesgesellen Abschiedslied an die schönen Jenenserinnen im Dezember 1807. (Kann auch in Weimar gesungen werden, besonders an einem Sonntage zu des Gesellen Gedächtniß, wenn Helios heiter lächelt.) S. W. 1, 148. 12) Pilgers Abschiedslied von den trefflichen Weimaranern. S. W. 1, 157. 13) Heliopolis. S. W. 1, 157. — Der „elegante Welt-Knecht Ruprecht" ist S. A. Mahlmann, von 1805—16 Herausgeber der „Zeitung für die elegante Welt" in Leipzig. — W. wohnte in Berlin bei dem Staatsrath Kunth (1757—1829), dem früheren Erzieher der Gebrüder Humboldt, der mit W's geschiedener dritter Frau verheirathet war; Kunth bei G. am 23. Mai 1826 (Tageb. 10, 195), — „Rätsch" von W. verschrieben oder verhört für „Rötsch", Johann Christian, seit 1807 Theatersouffleur und Schreiber bei Goethe, vgl. Burkhardt, Chronik des Wiener Goethe-Vereins 11, 42. — S. 8: Carl ist G's Diener Carl Eisfeld, der bis 1812 bei ihm in Diensten war, vgl. G.-Jahrbuch 20, 89 und Tagebuch vom 26. Oct. 1812 (4, 334) und 30. Mai 1826 (10, 198).

4. G. übermittelt aus Jena am 26. April 1808 W's Grüße an seine Frau u. s. w. und bemerkt: „Sein Brief ist, wie du denken kannst, geistreich und heiter"; nochmals am 29. April: „W. hat geschrieben und grüßt vielmal, der Brief ist ein völliger Abdruck seines wunderlichen Wesens." Am 27. schreibt er an Johanna Frommann (20, 52): „Die Bedenklichkeit vertraute Briefe, besonders Gegenwärtiger, mitzutheilen, überwinde ich um Ihnen unsern W. wieder einmal recht zu vergegenwärtigen. Dichtern sieht man ja überhaupt wohl nach, wenn sie das Vorrecht sagen zu können was sie fühlen, gegen den Freund, gegen die Geliebte vielleicht übermäßig ausüben. Dunkle Stellen werden mündlich erläutert. Auch seine Sammlung Sonnette habe ich vollständig bey mir. Wir sollten ihm zu Lieb und Ehre einmal alle hintereinander hören und beherzigen. Da mir dieser wunderlich be-

beutenbe Mann in Ihrem Kreise zuerst lieb und angehörig warb, so mag ich in seinem Namen gern jene schönen Tage zurückrufen." — Derselbe Ton klingt in G's Briefe nach, den er nach seiner Rückkehr (am 1. Mai) in Weimar schrieb; das Tageb. (3, 332) verzeichnet ihn unter dem 3. Mai. Nach unserm Brief Nr. 5 schickte ihn G. erst aus Carlsbad ab, wo er am 15. Mai Abends anlangte (Tageb. 3, 335). — Von W's „Sonetten" hat G. in der That einen Theil zum Druck befördert. Es kommen dafür außer den mit dem 3. Briefe übersandten 13 Nummern noch folgende 9 eigenhändige des Archivs in Betracht:

1) Unerhörtes Gebet an die Himmelskönigin. (2. Juli 1802.) S. W. 1, 124. 2) Tharand's Ruine (Im August 1806). S. W. 1, 135. 3) Der steinerne Bräutigamm und sein Liebchen. (Im Heydelberger Schlosse. November 1807.) S. W. 1, 142. 4) Der Mönch und die Nonne. (Wartburg, 20. Nov. 1807.) S. W. 1, 144. 5) Der Wittwer, in der Brüdergemeine. (Colonie Neubietendorf, 29. Nov. 1807.) S. W. 1, 146 — vgl. G. an Zelter 3, 268: „Narrensonett". 6) Der Weg. (Am Abende des 1. Dez. 1807.) S. W. 1, 147. 7) Das Flößholz. (Im Plauenschen Grunde am Elbbach. May 1807.) S. W. 1, 137. 8) Der Stahlbegen. (Im Oktober 1807.) S. W. 1, 141. 9) Der Sonnen-Coloss und der Wanderer. S. W. 1, 149 vgl. oben S. 306. — G. hatte schon am 13. April 1808 (Tageb. 3, 328) einen Brief „an Geißlinger [den Verleger des „Prometheus" in Wien], mit den W'schen Sonetten, Hamburger Gedichten und ältern Balladen, und die kleinen Sonette auf Wanda" geschickt; nun heißt es unmittelbar nach der Ankunft in Carlsbad am 16. Mai: „An Stoll [den Herausgeber des „Prometheus"] geschrieben und den W'schen Aufsatz durchgegangen" und am 18. Mai: „An Hrn. Stoll nach Wien, eingeschlossen der Aufsatz über die W'schen Dramen". G's Brief an Stoll ist nicht erhalten; dieser antwortet am 8. Juni 1808 (ungedruckt): „Die Sonete unsers W. sprechen seinen reichen liebevollen Character eben so sehr aus als seine übrigen Schrifften; die den Menschen gewinnen, wenn sie den Dichter bestechen. Der Aufsatz über W's Tendenz entwickelt diese schön und wahr; jedoch, scheint mir, aus einem andern Gesichtspunkt (vielleicht von einem allgemeineren Standpunkt) als aus dem der Kunst, der nur so zur Seite als Handpferd mitgefaßt wird, gefließentlich um den armen W. mit seinem eigenen Wagen

nicht über den Haufen zu fahren. Und das ist auch gerade, was ich liebe; dieser Milde bedarf unsere herbe Zeit. Es ist die Sache der Kunst, scheints, das Unendliche in der Beschränkung angeschaut darzustellen, W's Sache aber, die Beschränkung bis ins Unendliche auszutragen. Daher freylich in seinen Schriften das ewige Einerley der Liebe, nicht aber das Einerley der ewigen Liebe. — Uibrigens, gestehe ich, habe ich W'n noch nie mit jener Gelassenheit folgen können, die nöthig ist, eines Menschen seine Kunststücke auf den Wellen zu gehen versuchend, mit anzuschauen, da die Kunst wie das Leben zu glücklichen Fahrten Steuer und Anker will.... Im 4ten Heft, gegenwärtig unter der Presse, erscheinen also W's Sonnete; im 5ten der Aufsatz über Ihn.... Eben erinnere ich mich, daß Graf Palffy W's Wanda für das Hoftheater von Ew. Excellenz zu erhalten wünscht."

In der That brachte der „Prometheus", dessen beide erste Hefte „Pandora's Wiederkunft" zierte, im fünften und sechsten, von Seckendorff allein herausgegebenen Hefte S. 29—34 sechs „Sonnette eines Reisenden" unter W's Namen, die G. sämmtlich handschriftlich besaß, nicht ohne Versehen abgedruckt. Viel wichtiger aber ist ebenda S. 35—50 der anonyme Beitrag „Über die Tendenz der Wernerschen Schriften". Denn dieser ist, wie sich aus unsern Briefen S. 7—9 ergiebt, bisher aber nicht beachtet wurde, eine „Autors Confession" von W. selbst, abgedruckt nach der im Archiv befindlichen Hs., und eine sehr werthvolle Bereicherung seiner Werke. — Der von G. citirte Vers ist der letzte im „Liebesgesellen Abschiedslied an die schönen Jenenserinnen im Dezember 1807"; er lautet handschriftlich:

Er war uns so lieb doch, der närrische Gauch,
Er wußte zu lieben, wir wissen's wohl auch,
Drum bleiben dem Treu'n wir getreu!

Verändert in den S. W. 1, 148.

5. Dieser Brief wurde, wie G. am 1. August 1808 an Christiane schreibt, ihm durch seinen Sohn August zugeschickt, vgl. dazu S. 14; an demselben Tage las G. „W'sche Sonette" (Tageb. 3, 366). — G's „aus Carlsbad gesandtes Schreiben" ist Nr. 4 (im Mundum vermuthlich geändert), denn ein nochmaliger Brief aus dem Bade ist weder nachweisbar noch glaubhaft. — Die „Zueignung an seine Freunde und Freundinnen" vor dem „Attila" ist vom Himmelfahrtstage, den 22. April, datirt; das Trauerspiel erschien im Sommer 1808 in der Realschulbuchhandlung. Deren

Associé „Itzig" ist Julius Eduard Hitzig (1780—1846), W's Freund und späterer Biograph, von dem das Archiv 6 Briefe von 1816/30 enthält. — Über seine Reise nach Leipzig berichtet W. ähnlich an Scheffner. — Matthisson beschreibt seine Reisen mit der Fürstin Luise von Anhalt-Dessau in seinen „Erinnerungen", Zürich 1810/16. Der Graf Franz v. Walderjee (1763—1823), natürlicher Sohn des Fürsten Leopold Friedrich Franz von Dessau, war ein Zögling von G's Universitätsfreund Behrisch und auch später als herzoglicher Oberhofmeister oft mit G. in Verbindung; seit 1787 vermählt mit einer Gräfin v. Anhalt. — Über seine Reise von Dessau nach Leipzig in Begleitung des Zerbster Consistorial-raths C. F. Sintenis dichtete W. ein ungedrucktes Sonett, das mit mehreren andern und der Anmerkung „mit der Bitte es nicht mitzutheilen" diesem Briefe beigelegt ist. Es lautet:

An Elpizon
(den 16ten May 1808)

Wer Menschenfreuden schuf, schafft Menschen Leiden! —
Fortdauern wollt' ich selbst nicht nach dem Tode,
Wenn, Elpizon, mit Deiner Quälmethode,
Du nach dem Tode nicht mich wolltest meiden;
Du straffst mich hart, doch bin ich zu beneiden,
Ich kann doch klagen in Sonett und Ode,
Die Schwäger, Wirthe, die Du machst marode,
Sie können nicht ihr Leid in Verse kleiden. —
Wie Nemesis uns eisern packt am Kragen!
Der dunkel einst das Thal gekonterfeyet,
Man zwingt in Thalitz ihn fich aufzuklären;
Dem der die Krafft, wird die Gebuld gewehyet;
Des Creuzes Sänger wird an's Creuz geschlagen,
Das schwarze nur kann Rettung ihm gewähren! —

Anmerkung. „Ich fuhr mit Sintenis, dem Verfasser des Buches Elpizon, oder über unsre Fortbauer nach dem Tode und der Menschenfreuden, von Dessau nach Leipzig auf der ordinairen Post. Dieser 65jährige Mann war noch so rasch und cholerisch, daß er alle Postillons prügeln, und alle Postmeister verklagen wollte und ich war bey seinen heftigen Versuchen mich aufzuklären um so geduldiger, als man mir schon zuvor versichert hatte, S. habe einmahl auf einer ähnlichen Reise einen andern Prediger, bey Gelegenheit einer theologischen Disputation geprügelt. Thalitz ist mit einiger poetischen Lizenz anstatt des bekannten Dörfchens Delitz gebraucht, welches eine der letzten Stationen vor Leipzig ist und wo S. meine schon unterwegens begonnene Aufklärung vollendete. In Leipzig kehrte er im Wirtshause zum schwarzen Creuze ein." — W's Hf. enthält ferner folgende 4 Sonette: 1) Der botanische Garten in Göttingen (d. 25. May 1808) S. W. 1, 159. 2) Butzbach und Filbill (d. 10. Juny 1808) S. W. 1, 160. 3) An den Fürsten Primus (Aschaffenburg d. 15. Juny 1808) S. W. 1, 161. 4) Im Cöllner Dome (d. 21. Juny 1808) S. W. 1, 162. — „Pandora's Wiederkunft" war 1808 im „Prometheus", Faust 1. Theil im 8. Bande der „Werke" erschienen. — S. 11 „Empyräum": Feuerhimmel, Aufenthalt der Seligen. — Den Göttinger Naturforscher Johann Friedrich Blumenbach lernte G. schon 1783 kennen, besuchte ihn dann im Sommer 1801 in Göttingen und erfreute sich seines Gegenbesuchs im October 1802; des „Zwiebelmarkts" gedenkt G. auch in seinem Briefe vom 20. October 1806 an ihn. — „Feueranbeter", weil W. den „Helios" G. verehrte. — Joh. Friedr. Reichardt, Mittelpunkt des Hallenser romantischen Lebens und Schwiegervater von Steffens, schreibt am 20. Januar 1808 aus Cassel an G. (ungedruckt), er sei von König Jérome zum Directeur general des theatres et de son Orchestre ernannt worden, bittet um G's Unterstützung und um Mittheilung der schriftlichen Regeln und Gesetze, die er der Weimarischen Bühne gegeben habe. Johannes v. Müller, der Geschichtschreiber der Schweiz, war seit December 1807 Minister=Staatssecretär in Cassel. Beide erlebten arge Enttäuschungen. — An den Fürstprimas Carl v. Dalberg, Schillers Gönner, der Jean Paul und W. im April 1809 eine Pension von 1000 Reichsgulden gewährte, richtete W. am 15. Juni 1808 in Aschaffenburg das oben erwähnte Sonett; ein anderes dichtete er am 21. Juni „im Cöllner Dom". — Über Johann Isaak Freiherr v. Gerning (1767—1837) vgl. die Festschrift Zur Eröffnung des Frankfurter Goethemuseums am 20. Juni 1897 S. 7; in einem seiner zahlreichen hs. Briefe an G. (vom 16. September 1808) schreibt er: „Im Xber wollte mit W. nach Weimar kommen, doch es steht dahin." Vgl. ferner seinen Brief an Knebel bei Dünher, Zur deutschen Literatur und Geschichte 2, 99 und unten zum 11. Briefe. G's Mutter schreibt ihrem Sohn am 1. Juli 1808 (Schriften 4, 347): „Herr W. ist hir — Frau von Staell gebohrne Necker war hir." W. blieb in Frankfurt eine Woche, bis zum 4. Juli. — S. 13: Heliopolis ist die Goethestadt Weimar. — Die beiden Verse sind freies Citat aus Ueltzens Gedicht „Das Liebchen von der Ruhe", zuerst im Göttinger Musenalmanach 1788 S. 68, dann in seinen Gedichten, Bremen 1795 I, 68:

> Im Arm der Liebe ruht sichs wohl,
> Wohl auch im Schoos der Erde:
> Ob's dort noch, oder hier sehn soll,
> Wo Ruh' ich finden werde,
> Das forscht mein Geist, und sinnt, und denkt
> Und fleht zur Vorsicht, die sie schenkt.

Auch Bettina citirt (oben S. 161) die Strophe. — Der „Anfang einer projektirten burlesken Oper, betitelt: Der Rattenfänger von Hammeln. (Auf dem Rigi im Spätsommer 1808)" in den S. W. 1, 167. Aus den Nibelungen hat W. keinen Stoff gewählt. — August v. G. studirte seit April 1808 in Heidelberg die Rechte, vgl. G.-Jahrbuch 10, 4. — Über die Kämpfe, die Voß gegen die Heidelberger Romantiker führte, vgl. unten zu Arnims 5. Brief. Sein Sohn, der Professor, ist Heinrich (1779—1822), dessen Erinnerungen an G. und Schiller Gräf vor kurzem neu herausgegeben hat (Leipzig, Reclam 1896).

6. G's Brief vom 23. Juli 1808, in Carlsbad nach der Rückkehr von Franzensbrunn geschrieben, ist verloren und im Tagebuch nicht erwähnt; mit den W'schen Sonetten beschäftigte er sich am 1. August (3, 366). — Die heilsame Wirkung des Franzbrunnens meldete G. am 12. und 19. Juli 1808 auch an Riemer. Über W's Sonett „Der Franzbrunnen" vgl. den folgenden Brief. — Die Stelle des „Wilhelm Meister" steht im 14. Capitel des 2. Buchs (21, 228). — Die G'sche Conception der „grundchristlichen" Mignon wird contrastirt mit seiner „heidnischen" Vorliebe für die Pallas von Velletri (im Louvre) gegenüber der „gewissen Amme" d. h. der Mutter Maria auf manchen Gemälden; diese Gegenüberstellung scheint auf eins der Gespräche „über Heidenthum und Christenthum" zurückzugehen, die G. mit W. am 23. und 27. März 1808 (Tageb. 3, 324 f.) bei Tisch führte. — Der Brief W's an Carl August ist nicht bekannt; über seinen „Attila" vgl. den vorigen Brief. — Von Jung-Stilling, der seiner Heidelberger Professur entsagt hatte und in Carlsruhe lebte, erschien 1808 in Nürnberg eine „Theorie der Geisterkunde", die er W. schenkte (Dünher S. 132). — Was bedeutet S. 16 „Bannal"? Etwa in Swedenborgs Sinne:

Jenseits? — Die „ganz rasende Dithyrambe" ist „Der Rheinfall bei Schaffhausen, (den 20. Juli 1808)", S. W. 1, 163; Dünßer S. 132 nennt sie mit Unrecht verloren. — Die Züricher sind Joh. Heinrich Füßli (Geschichtsforscher, 1745—1832), Joh. Martin Usteri (Dichter, 1763—1827), Heinrich Hirzel (Professor, 1766—1833) und Conrad Geßner (Maler, 1764—1826). — Über W's Bekanntschaft mit dem Kronprinzen Ludwig von Bayern und die zwischen ihnen gewechselten Gedichte vgl. Dünßer, Zwei Belehrte S. 133 f. — Das Dorf Goldau im Kanton Schwyz war am 2. September 1806 durch einen Bergsturz verschüttet. — W's Gedicht „Der Staubbach" falsch datirt „den 15. October 1808": S. W. 1, 179. — S. 19: Frau von St— ist Madame de Staël, der W. in Interlaken vom Kronprinzen von Bayern vorgestellt wurde und die ihn „sehr aimabel" fand. Über ihre späteren Beziehungen vgl. den 7. und 13. Brief. — Die vier Verse sind der Anfang des Gedichts „Eintritt in Italien. (Am 25. August 1808.)" S. W. 1, 171. — Ein Sonett auf „Isola madre. (Auf dem Lago maggiore, den 26. August 1808.)": S. W. 1, 172. — S. 20: Joh. Georg Stuwer war ein berühmter Wiener Feuerwerker, vgl. Nicolai, Beschreibung einer Reise durch Deutschland und die Schweiz im J. 1781, 4, 474. Noch heute ist die Redensart „Bravo, Stuwer!" in Wien gebräuchlich. — Auf der Bocchetta dichtete W. am 9. September 1808 zwei Sonette, „Hellenik und Romantik" und „Abfahrt", S. W. 1, 174 f. — Über das Erlebniß mit der Gärtnertochter am Comer See vgl. Dünßer S. 136. — Über des „moralisch-poetischen" Dichters Chrisloph August Tiedge (1752—1841) Verhältniß zu Goethe vgl. Goedeke[2] 5, 454 und die Göttinger Dissertation von R. Kern „Beiträge zu eine Charakteristik des Dichters Tiedge" (1895) S. 7. — S. 23: u. f.: anni futuri. — Über die Bearbeitung des „Kreuzes an der Ostsee" vgl. oben zum 2. Briefe. — Über Johann Ferdinand Koreff vgl. Goedeke[2] 6, 186. Er trat, in Hardenbergs Gefolge befindlich, G. 1810 nahe, vgl. Tageb. 5, 116. 380. — „Zu Fernows Todtenfeier" am 10. Januar 1809 dichtete W. bei seinem zweiten Aufenthalt in Weimar ein Lied, S. W. 1, 188 (falsch datirt vom April 1809). — „Müller" ist der spätere Kanzler Friedrich v. Müller.

7. Am 3. November 1808 verließ W. mit Sismondi Coppet (Dünßer S. 147); sein Aufenthalt in Paris dauerte nach unserm Briefe vom 9. November bis 6. December. — Das beifolgende

Sonett ist „Der Franzbrunnen", abgedruckt im Morgenblatt 1808 Nr. 300 und S. W. 1, 165; das auf einem besondern Octavblatt dem Briefe beiliegende Original hat folgende „Nachschrifft. Ew. Excellenz wissen, was Sie mir von dem günstigen Erfolg des Franzbrunnens auf Ihre Gesundheit schrieben. Möge Gott Sie, sein wohlgerathenes Ebenbild, seegnen! Bleiben Sie mir gewogen! Sie wissen es vielleicht Selbst nicht, wieviel Sie mir sind! Sollten Sie Sich (ich zitire vor dem Gedanken!) von mir abwenden, dann wäre ich für die Kunst auf immer vernichtet. W." — Das „Creutz", das sich G'n liebreich genähert hatte, ist der Orden der Ehrenlegion, den ihm Napoleon am 12. October 1808 nach der Audienz vom 2. October verlieh, vgl. Tageb. 3, 393. Napoleon, den W. hier „Deutschlands gröſseſten Lehrmeiſter" nennt, galt ihm noch 1806 als „Normaltyrann", vgl. Dünzer S. 87. — Bei seinem ersten Aufenthalt in Weimar wohnte W. im Schwan, wo auch Zelter abstieg. — Den Plan einer „ächtdeutschen Tragödie", „Cunegunde", faßte W. in Coppet am 22. October 1808, vgl. Dünzer S. 143; sie erschien erst 1815. Über seinen Aufenthalt bei Frau v. Staël, wo er mit W. Schlegel, Oehlenschläger und Sismondi zusammentraf, vgl. Dünzer S. 142 ff. und Lady Blennerhassett, Frau v. Staël 3, 246 ff. — Über den Alterthumsforscher Aubin Louis Millin (1759—1818) vgl. Nouvelle biographie générale 35, 537, über den Schriftsteller Jean Baptiste Antoine Suard (1733—1817) ebba. 44, 603, über den großen Schauspieler François Joseph Talma (1763—1826), den Goethe im October 1808 (Tageb. 3, 393) in Weimar sah, 44, 840, über den Naturforscher Bernhard Germain Etienne de Laville, Comte de Lacépède (1756 bis 1825) 28, 462. „Mad. Gerardo" steht im Original, vielleicht verschrieben für „Gerando", dann wäre die Gattin von Joseph Marie Baron de Gerando (1772—1842) geb. v. Rathsamhausen, gemeint, den G. öfters erwähnt. Über Jeanne Françoise Julie Adélaïde Bernard, Mad. Récamier (1777—1849) vgl. N.B.G. 41, 809 und Lady Blennerhassett a. a. O. 2, 292. — S. 30: Couston ist Druckfehler für Couſtou. Aus dieser Bildhauerfamilie haben sich bekannt gemacht Nicolas (1658—1733), Guillaume d. ältere (1678—1746) und Guillaume d. jüngere (1716—77); der erste wird hier gemeint sein. — Helmine v. Chézy, geb. v. Klencke, die Enkelin der Karschin, deren erste Ehe mit dem Baron v. Haſtfer 1801 getrennt war, lebte seitdem in Paris und vermählte sich 1805 wieder mit dem Orientalisten Antoine Léonard de Chézy. Das Archiv enthält von ihr 6 Briefe an G. aus den Jahren 1803/18. — Therese Emilie Henriette aus dem Winkel (1784—1867), die sich seit 1806 in Paris der Musik und Malerei widmete und Ende 1808 nach Deutschland zurückkehrte; am 8. Januar 1809 hörte G. sie spielen und declamiren (Tageb. 4, 3). — Antonio Canova (1757—1822) wurde 1802 von Napoleon nach Paris berufen. — Den Generaldirector der Pariser Museen, Baron Dominique Vivant de Denon (1747—1825), hatte G. 1790 in Venedig kennen gelernt; am Tage seiner Trauung (19. October 1806) war Denon bei ihm einquartiert.

8. W. wird in G's Tagebuch zuerst wieder am 21. December 1808 (3, 406) mit den Worten erwähnt: "Mittags W. zu Tische, der erst angekommen war", dann am 22. 24. und 31. December 1808, 20. und 30. Januar, 6. 12. 21. und 27. Februar 1809. G. brachte ihn, da W. v. Humboldt bei ihm wohnte, zuerst wieder im "Schwan" unter. Zu der großen Reboute vom 30. Januar 1809 dichtete W. das "Lied der heiligen drei Könige aus der Nibelungen Land", das einzeln und in den S. W. 1, 182 abgedruckt ist. In der 15. Strophe heißt es von G.:

Frau Siegelind, die Gute, mit Siegfrieds Kranz thut gahn;
Ihn selbst könnt ihr nicht schauen, den stärksten von allen Mann,
Tenn in der Tarnkappen hat er das Alles gethan.
Hei, was er großer Ehren zu dieser Welte gewann!

Sein Verhältniß zu G. war lange vor dieser Reboute getrübt. Caroline Herber schreibt schon am 28. December 1808 an Knebel: "Herr Hofrath Werner ist hier. Er soll recht gesund und wohl aussehen. Übrigens soll ihm Goethe nach Paris geschrieben haben, Weimar wäre ein gar besonderer Ort — zum zweitenmal müsse man nicht wiederkommen [vgl. oben S. 22]. Werner habe ihm geantwortet: er wolle es wagen. So ist er nun hier und soll eine große Veränderung in seiner Aufnahme finden." — Von einer heftigen Scene an G's Tisch am 31. December berichten Steffens (Was ich erlebte 6, 265), W. Grimm (Steig S. 31), Holtei (Vierzig Jahre 5, 60) und Riemer an Frommann (Heitmüller S. 140): "W. hat freylich eine derbe Lection bekommen, ob verdient oder unverdient, das will ich nicht untersuchen. Indeß wird sich die Sache wohl wieder machen; er wird nach wie vor bey uns essen, nur muß er keine Oblaten [d. h. den "Mond als Hostie"] offeriren";

vgl. auch „Das Frommannsche Haus" S. 53. Auch aus W's Sonett „Vollmond" vom 5. Januar 1809 spricht schon die Trauer über den Verlust von G's Gunst. Doch stellte sich das Verhältniß so weit wieder her, daß G. die in der Einleitung S. XXIX näher erörterten Anregungen zum „vierundzwanzigsten Februar" gab, den W. nun übersendet. Schon am 27. Februar 1809 meldet G's Tagebuch (4, 13): „Nach Tische W. mit einem Argument zu einer Tragödie"; in zehn Tagen war der Einakter vollendet, denn am 10. März heißt es: „Abends um 6 W's kleines Stück", dann am 14. März: „W. mit seiner Schweizer Tragödie". — Worauf sich der Eintrag vom 23. März: „Nach Tische W. abermals mit einem Schema zu einem Nachspiele" bezieht, ist ungewiß; vielleicht auf das angebliche Concurrenzstück, worin nach Hitzigs Angabe G. die Folgen des Segens, wie W. die des Fluches darstellen wollte; vgl. aber Pauline Gotters Brief an Schelling vom 12. Mai 1810 (Plitt 2, 208, auch 215). — G's Theilnahme: Werke 36, 58, Briefe 21, 217 und Tageb. 4, 60.

9. 10. Gegen Ende März 1809 zog W. in das Haus von Caroline Jagemann, wodurch es zu entschiedener Trennung von G. kam, der gerade in dem letzten Winter durch sie eine Krisis in der Theaterleitung durchlebt hatte, (vgl. Schriften der G.-G. 6, 312). W. wird in G's Tagebuch nach dem 23. März (vgl. zu Nr. 8) nicht wieder erwähnt; am 29. April ging dann G. nach Jena. — Am 23. April war „Abends großer Ball auf dem Stadthause". — W's Abreise erfolgte erst Anfang Juni, vgl. den 11. Brief. — Über die Aufführung des „vierundzwanzigsten Februars" (am 24. Februar 1810 mit „Jeri und Bätely"; zehnmal wiederholt bis zu G's Abgang, vgl. Burkhardt, Repertoire S. 118), vgl. den 10. Brief; kaum beachtet ist bisher der große Bericht F. Passows in Büschings und Kannegießers „Pantheon" 2 (1810), 178 ff., zu dem G. nach Büschings Brief vom 19. April 1810 aus W's Manuscript beisteuerte. — Das „neue Logis" bei der Jagemann bezog W. auf Wunsch des Herzogs, vgl. Dünter S. 159 f. Am 24. März schreibt Carl August an G. (Briefw. 1, 319): „Das Buch sur la littérature française habe ich mit hoffender Erlaubniß W'n auf etliche Tage geliehen."

11. Das Tagebuch verzeichnet (4, 34) am 4. Juni 1809 in Jena: „Bibliothekar Walch und W.... Abends mit Major v. Knebel zu Frommanns, wo W. und Gries, Dem. Seidler, Mad. Bohn und Dem. Wesselhöft. Las W. seine neue Ballade von den drey

Freyern vor" (S. W. 2, 102 als „Die drei Reiter. Ballade. Ein Ehestands=Lied" chronologisch falsch eingerückt). — W's Tagebuch sagt über die Trennung, denn er hat G. nicht wieder gesehen: „Rührender Abschied von ihm. In seinem großen, göttlichen Auge sagt eine stille Thräne und ein Händedruck ohne Worte Versöhnung. Ich frage ihn, ob ich ihm schreiben dürfe; er sagt: Das versteht sich!" — Über W's Aufenthalt in Rudolstadt vgl. Dünzer S. 166—169. In Gotha dichtete er zum 24. Juni 1809 ein Logenlied, das in den S. W. fehlt, vgl. Schnorrs Archiv 4, 115; in Frankfurt traf er am 17. Juni ein. — Auf die altdeutschen Gemälde in Köln und die Sammlungen von Boisserée und Bertram scheint also W. zuerst G. aufmerksam gemacht zu haben; 1810 erfolgte dann durch Reinhard die Bekanntschaft mit Boisserée, vgl. Hempel 26, 216 ff. und Schriften d. G.=G. 13, 362. Einige von W. geschilderte altdeutsche Bilder hat G. in der „Reise am Rhein, Main und Neckar" besprochen (Hempel 26, 328). — S. 43: Der „junge Schlosser" in Frankfurt ist Christian Heinrich; vgl. S. 323. — Über Gerning vgl. zum 5. Brief; sein Lehrgedicht in vier Gesängen „Die Heilquellen am Taunus", eine Nachahmung von Neubecks „Gesundbrunnen", erschien 1813. — Die durch ihre mimisch=plastischen Darstellungen berühmte Henriette Hendel=Schütz, frühere Frau des Berliner Arztes Meyer (vgl. Schriften 13, 339 und Goethe=Zelter 1, 448), hatte W. 1805 in Berlin kennen gelernt, nicht aber im October 1807 in Stuttgart wieder getroffen, wie Dünzer S. 105 behauptet (denn das Sonett S. W. 1, 142 „Form und Gehalt. An Henriette" ist nicht an sie gerichtet, wie W's Urschrift im Archiv beweist). Baggesen, Oehlenschläger und Voß sind in der „Blumenlese aus dem Stammbuche der... Henriette Hendel=Schütz" (1815) S. 12 ff., 15 ff. und 10 mit Gedichten vertreten. — Das Gedicht, zu dem sie W. begeisterte, „Die neue Pythia", steht im Morgenblatt 1809 Nr. 205 in einem Aufsatze „Pythia Hendel .. Mannheim, 7. August 1809" (wiederholt in jener „Blumenlese" S. 27—35, fehlt aber in den S. W.). Ein zweites Gedicht W's in der Blumenlese S. 35—38 ist mit Änderungen wiederholt als „An Henriette Händel. (Mannheim im Sommer 1809," in den S. W. 1, 195. Über die Jugendzeit der Hendel vgl. ADB. 11, 734 f. Ihr Lehrer war Prof. Joh. Jacob Engel (1741—1802), der spätere Director des Berliner Theaters. Sie scheint im November 1807 den Versuch zu einem Gastspiel in Weimar gemacht zu haben, wenigstens verzeichnet G's

Tagebuch am 14. November in Jena: „Abends Sendung durch die Weimarischen Boten. In der Nacht noch einen Expressen wegen des Auftretens der Madam Hendel (ol. Meyer)." Über ihr späteres Auftreten im Januar 1810 vgl. G's Tagebuch vom 22. bis 29. Januar und Knebels Briefwechsel mit seiner Schwester Henriette (Jena 1858) S. 406. — S. 48: August v. G. schreibt aus Heidelberg am 13. August 1809 seinem Vater: „Gestern kam W. hier an, wir haben einen sehr schönen Abend auf dem Schlosse verlebt, er empfiehlt sich Ihnen bestens."

12. Tagebuch (4, 66) vom 1. October 1809: „An Hrn. W., eingeschlossen an Hrn. Cotta nach Tübingen." — Die Vollendung der 1808 begonnenen „Wahlverwandtschaften" hatte W. im Frühjahr 1809 miterlebt; sie erschienen im October. — G. hatte den zweiten Besuch der Mad. de Staël in Weimar im Mai 1808 verfehlt, vgl. Schriften 13, 354 und Briefe 20, 67; den ersten Band von A. W. Schlegels Vorlesungen „Über dramatische Kunst und Litteratur" (1809—11) las er vom 29. August bis 9. September 1809 (Tageb. 4, 57—60), vgl. Schriften 13, 355. — Friedrich Haide war erst 1808 aus Wien nach Weimar zurückgekehrt (Pasqué, G's Theaterleitung 2, 123 und Schriften 13, 353).

13. Dieser Brief scheint sich mit Nr. 12 gekreuzt zu haben. W. kam um den 6. September 1809 in Coppet bei Mad. de Staël an. — Über die Aufführung des 24. Februars: Lady Blennerhassett, Frau v. Staël 3, 256 f. (wo jedoch die falsche Angabe, daß der Einakter „unter ihrem Dache" gedichtet sei) und Pauline Gotters Brief vom 17. Juni 1810 (Blitt 2, 215). In dem Buch De l'Allemagne ist W. ein besonderes Capitel gewidmet; zur Inhaltsangabe tritt das Urtheil, W. habe das Maß des Erlaubten überschritten und die hohen Aufgaben der Kunst einer Reihe von schauerlichen, zuweilen selbst gräßlichen Effecten geopfert. — Die von W. übersandten Zusatzverse sind so wenig erhalten wie das (nach S. 54) in Weimar zurückgelassene Manuscript. — W. trat seine Reise nach Italien am 1. November 1809 an, am 9. December fuhr er in Rom ein. — „Ach ich bin des Treibens müde": Wandrers Nachtlied. — Von den vielen dramatischen Plänen hat W. keinen ausgeführt. — W. v. Humboldt war seit 1802 preußischer Gesandter in Rom; Caroline v. H. lernte W. alsbald bei dem Prinzen Friedrich von Gotha kennen und verkehrte viel in ihrem Hause, am 30. Januar 1810 las er dort seinen „24. Februar" vor (Tünzer S. 182. 188). Die Rückreise nach

Deutschland trat W. erst am 22. Juli 1813 an, vgl. Schnorrs Archiv 6, 235. — Weber das „Kreuz an der Ostsee" noch die „Cunigunde" sind in Weimar gegeben worden. — Bruchstück aus dem Buch „De l'Allemagne" erhielt G. durch Reinhard im December 1811 (vgl. Briefwechsel S. 121 und Schriften 13, 355).

14. Zwischen Nr. 13 und 14 fallen G's Bemühungen um den „vierundzwanzigsten Februar", vgl. dazu seinen Brief an Franz Passow vom 23. März 1810 (21, 217) und Passows hsl. Briefe an G. von 18. und 21. März. Henriette v. Knebel schreibt an ihren Bruder am 28. Februar: „Daß der ‚vier und zwanzigste Februar' sich mit schwarzer Farbe in mein Gedächtniß eingedrückt und mir Mark und Gebein erschüttert hat, kann ich nicht läugnen. Die Leute haben aber auch so ganz vortrefflich gespielt, daß ich denke, es könne kein schlechtes Stück sein." — G's Brief vom 5. Mai, aus dem W. hier zwei Stellen citirt (S. 60) ist verloren, wird aber auch durch sein Tagebuch bestätigt (4, 115). Auch Knebels Beilage ist nicht erhalten, W's Antwort dagegen, ebenfalls vom 23. April 1811 datirt, gedruckt in Knebels Lit. Nachlaß 2, 501. — „Diospater" statt „Diespiter" auch in W's Brief an Knebel, a. a. O. S. 501. — „Zur Farbenlehre" 1810. — Über den Frankfurter Arzt Christian Heinrich Schlosser (1782—1829), den Sohn Hieronymus Peters, der schon als Jenenser Student G's Aufmerksamkeit erregte, vgl. Dünzer, Aus G's Freundeskreise S. 533 und Zwei Gelehrte S. 183. Von ihm enthält das Archiv eine Reihe werthvoller Briefe aus den Jahren 1808—24, vgl. S. 324 f. Wie er traten auch die Brüder Riepenhausen, Franz (1786—1831) und Johann (1788—1860), die 1810 eine „Geschichte der Malerei in Italien" schrieben, in Rom zum Katholicismus über. — „Keimt ein Glaube neu" aus der von W. oft citirten „Braut von Korinth"; W. spielt damit auf seinen am 19. April 1811, also vor vier Tagen, gethanen Übertritt an. Die Stelle über Ottilie in den Wahlverwandtschaften lautet (20, 374): „sie hatte sich in der Tiefe ihres Herzens nur unter der Bedingung des völligen Entsagens verziehen, und diese Bedingung war für alle Zukunft unerläßlich". Das Gedicht „Abschied von Rom", in dem er die Wirkung dieser Worte gleichfalls betont, steht S. W. 2, 83. Die diesem Briefe beigefügten Sonette sind eigenhändig vorhanden als „Römische Schärflein in Helios Gotteskasten": 1) Erleuchtung der Peterskuppe, S. W. 2, 31. 2) Vergangenheit Roms (nicht in

ben S. W., bei Tünzer, S. 185). 3) Die Büste, S. W. 2, 32. 4) Villa Pamphili, S. W. 2, 42. 5) Die Wahlverwandschaften, S. W. 2, 24. 6) Irrwischens Reisen durch Teutschland, die Schweiz, Frankreich und Italien nach Rom. (Rom ben 15ten Februar 1811.) S. W. 2, 43 (unter dem Titel „Betrachtung"). — W's „Generalbeichte" wird in die letzten Tage des März 1808 fallen, vgl. Tageb. 3, 324 f. — „Nichts Abgeschmackters find' ich auf der Welt, Als einen Teufel der verzweifelt" Faust I, V. 3372 f. „Trocknet nicht, trocknet nicht, Thränen der ewigen Liebe!": Wonne der Wehmuth.

Noch oft ist nach diesem letzten erhaltenen Blatt W's in G's Briefwechsel die Rede von ihm. So schreibt G. am 28. December 1811 an Knebel: „W's Büste ist hier glücklicher als in Mecklenburg angekommen. Sie ist sehr schön gearbeitet und nimmt sich recht gut aus. Im Ganzen ist viel Übereinstimmung; das Scheinheilige aber ist darin nicht zu verkennen." Die Rauch'sche Büste (vgl. Tünzer S. 199) hat W. in drei Sonetten, angeblich am 22. August 1810, besungen (S. W. 2, 92). Weitere Gedichte W's brachte Prinz Bernhard aus Italien mit, vgl. G's Tageb. (5, 32) vom 10. April 1813. Doch wich G. dem Convertiten aus. Christian Schlosser meldet aus Rom am 4. April 1812: „Ebenso empfiehlt sich Ihnen, mit der Ergebenheit die Sie an ihm kennen, W., der alle Tage lauterer und vortrefflicher wird. Er begleitet mich bis an die Gränze des diesseitigen Paradieses, kehrt aber dann nach Rom zurück" — und weiter [aus Frankfurt am 14. September 1813: „Der Einschlag bey diesem Briefe, und die damit folgende Gabe, sind von einem sehr wackern und wohlwollenden Freunde, der bey seiner Rückkehr aus der schönen Welt, einige Tage hier bey mir verweilt hat. Indem wir häufig des Besten gedachten welches der menschliche Geist aus eigener Entwicklung erzeugt hat, und Erinnerung und Sehnsucht zusammenthaten um so in dem Gefühle wenigstens jenem köstlichen Boden uns nahe zu bringen, konnten wir nicht unterlassen lebhaft zu recapituliren, was wir alles für unser besseres Streben, für unsere Wünsche, für das was man als gewonnenes Gut des Geistes in sich trägt, von früher Jugend, ja von Kindheit an, Ihnen schuldig geworden sind. Wir waren bei der Dürftigkeit über das was wir Ihnen wohl je da-

gegen anbieten könnten, wenigstens froh uns recht liebevoll=dank=
barer Herzen bewußt zu seyn". G. aber antwortet am 21. Sep=
tember 1813 (ungedruckt): „Was hingegen Wernern betrifft, so
könnte ich nicht sagen: dieß ist auch ein Sohn an dem ich
Wohlgefallen habe; ein böser Genius hat sein herrliches
Talent über die Grenzen hinaus geführt, innerhalb deren das
Ächte und Wahre ruht, er irret in dem Schattenreiche aus dem
keine Rückkehr zu hoffen ist". — Vermuthlich hat W. von diesem
Urtheil G's gehört und darauf ihm selbst geschrieben; seine S. W.
2, 97—100 enthalten unter der gemeinsamen Aufschrift „An
Helios (Gott gebe Segen!)" fünf Sonette mit dem Zusatz „alle
gemacht in dem Briefe, und zu demselben, den ich unterm 18. Ja=
nuar 1814 an G. schrieb." Brief und Hf. der Gedichte sind verloren. Doch schreibt G. am 13. Februar 1814 an Fritz Schlosser
(Frese S. 57): „Herrn W. sagen Sie gefälligst: sein Brief habe
mich zum Lachen gebracht, und in den besten Humor versetzt, des=
halb ich ihm vielen Dank weiß. Daß eine persönliche Zusammen=
kunft für uns jetzt nicht wohlthätig seyn könne, ist ein ganz richtiges
Gefühl, doch soll mirs, von ihm und seinen, ich hoffe glücklichen
Zuständen zu vernehmen immer angenehm seyn" — fast gleich=
zeitig sind die in der Einleitung S. XXXII citirten Spottverse ge=
dichtet.

Am 16. März 1814 schrieb G. an Knebel, daß W's schönes
Talent sich niemals von Schlacken reinigen werde, ja sich immer
von neuem mit dem vermische, was es abstoßen sollte. Am
3. August 1817 sendet G. an Knebel „Klage und Klatsch um
Wernern, geschrieben und gedruckt" (Briefwechsel 2, 227, Tageb.
6, 88).

Aus späterer Zeit enthält das Archiv noch einen Brief W's,
geschrieben am 16., 21. Mai und 17. Juni 1817 zu Camieniec
in Podolien und zu Brody in Galizien, der aber nicht, wie
Poppenberg glaubte, an G., sondern an den Minister C. W.
v. Fritsch gerichtet ist. Er preist darin Weimars politische
Bedeutung „in Betreff des neuen Repräsentativsystems": „es scheint
überhaupt als ob Gott das kleine Ländchen Weimar gnädigst
ausersehen hätte in würdigem Scherz und Ernst dem teutschen
Lande vorzuleuchten", dankt für die ihm vom Großherzog bewil=
ligte Pension, weist Verläumdungen seines Übertritts zurück und
fügt die Bitte hinzu: „Seine Hoheit und Weimarschen Gönner,

hauptsächlich den großen und großherzigen Göthe von Obigen mit dem Beyfügen zu benachrichtigen, daß ich Harfe und Leyer, von allem pseudo-mystischen Schmutze gereinigt durch Gottes Gnade noch offt in Teutschland zu spielen hoffe." — Mit einem zweiten Briefe des Archivs an Carl August (Wien 19. Februar 1820) überreicht er sein neuestes Product, „Die Mutter der Mallabäer", „dem erhabensten und kunstsinnigsten Schirmvogte der teutschen Musen"; G. erwähnt das Stück am 14. März 1820 (Tageb. 7, 147). — Ein vierter Brief W's an den Großherzog wird in G's Tageb. vom 30. December 1820 (7, 264) verzeichnet.

Im Nachlaß von C. W. v. Fritsch, jetzt im Besitz des Freiherrn v. Fritsch auf Seerhausen, befinden sich ferner: ein Brief W's an Carl August (Janow im russischen Podolien, 11. Februar 1817), worin er bittet, „dem Hochmeister der teutschen Musenkunst zu sagen, daß mein Herz, so lang es schlägt, ihm treu schlagen werde und daß ich, nachdem ich Gottlob die Braut von Corinth beyseite gesezzt habe, doch täglich veranlaßt bin mit einem ‚Gott sey mir Sünder gnädig' an sein Gedicht oder vielmehr weissagendes Gesicht vom ‚Zauberlehrling' zu denken!" Ebenda drei Briefe an Fritsch, datirt: Wien, 21. Februar 1818, Pinkafeld in Ungarn, 17. Juli 1818, und Wien, 9. December 1818.

Im Sommer 1822 bei seinem Aufenthalt in Böhmen hatte G. neue Gelegenheit sich mit W. zu beschäftigen. Schon am 19. Juli wurde mit Graf Sternberg u. a. in Marienbad „Werner besprochen, Redemtoristen, neuste Frömmeley in Preußen". Bei dem Besuche in Hartenberg, beim Grafen Auersperg, heißt es dann am 4. August 1822: „Nach Tafel Gespräch mit dem Grafen über die Ligoristischen Durchtriebenheiten, W's Rosenkranzpredigt.... Las Nachts genannte Narren=Sermon im Auszuge; aufgeführt im Januar des Hesperus von Dr. Hain, einem Augen- und Ohren Zeugen" (Tageb. 8, 223, ausführlicher 8, 287). Von einem andern „unschätzbaren Narrensonett" schreibt G. an Zelter am 8. August 1822. „W's letzte Lebenstage und Testament" (Wien 1823) endlich übersendet er dem Großherzog am 20. April 1823: „Im Fall es noch nicht zugekommen sein sollte, wird es gewiß interessiren."

Das letzte Wort über W. sprach G. 1828 in Kunst und Alterthum VI 2, 398 (Hempel 29, 777) in einem Aufsatze über die englischen Reviews: „W's Leben und Schriften scheinen sie mit dem

billigsten Ernst behandelt zu haben, aber wir gestehen gern, daß
uns der Muth fehlte jenen Complex von Vorzügen, Verirrungen,
Thorheiten, Talenten, Mißgriffen und Extravaganzen, Frömmlich=
keiten und Verwegenheiten, an denen wir mehrere Jahre, bey
redlich menschlicher Theilnahme, bitterlich gelitten, nochmals
historisch=kritisch gelassenen Schrittes zu verfolgen."

II. Adam Heinrich Müller.

Die erste Bekanntschaft Müllers mit G. vermittelte Friedrich
Genz. Er übersendet eigne Schriften und Müllers „Vorlesungen
über die deutsche Wissenschaft und Literatur" (Dresden 1806) am
20. April 1806 mit folgendem ungedruckten Briefe aus Dresden:
„Zwei unmittelbare Veranlaßungen führten mich zu dem gegen=
wärtigen Briefe. Die erste ist die beiliegende Schrift, die ich Ihnen,
im Nahmen des Verfassers, meines Freundes im höchsten Sinne des
Wortes, und in einem gewissen Sinne, in so fern der Kleinre,
wenn Jahre und Verhältnisse ihn begünstigen, den Größern er=
ziehen kan, meines Zöglinges, überreiche. Ich habe nicht nötig,
diese Vorlesungen mit einem langen Commentar zu begleiten.
Einem großen Geiste, wie der Ihrige kan das, was darin un=
leugbar groß, neu, tief, originell, und vortreflich ist, nicht ent=
gehen. Durch diesen jungen Mann (er ist noch nicht 27 Jahr alt)
hat mein, seit einigen Jahren nur in schwere, finstre, tief=ver=
wickelte, und obendrein ziemlich hoffnungslose Arbeiten versunkenes,
im Umgange mit mächtigen und gebildeten, aber persönlich schwachen,
frivolen, und leichtsinnigen Menschen, auch wol etwas verwelktes
Gemüth, einen neuen Ton, und, ich mögte sagen, einen neuen
Schwung erhalten, der mir jetzt gerade doppelt zu Statten kommt,
da es mir nothwendiger als je war, gegen den Druck der entsetz=
lichen Begebenheiten unsrer Tage, ein aufrichtendes Gegen=Gewicht
zu finden. Durch meine Veranstaltung sind diese Vorlesungen
realisirt worden; in allen diesen Beziehungen habe ich etwas von
väterlicher Zärtlichkeit für dieselben. Aber ich glaube, sie stehen
ihren Mann, auch ohne diese eigenthümliche Rücksichten. Ich er=
warte nicht, daß Sie mit allem darin zufrieden seyn werden.
Vieles kan ohnehin nur vollständig begriffen werden, wenn man
den wirklich außerordentlichen Geist, aus dem es hervorging, näher
kennt. Daß in diesem Kopfe, auf eine höchst originelle, und tief=

sinnige Weise, die dem Anschein nach entferntesten Ideen, und Ideen-Zweige in einander fließen, und Wissenschaft, Kunst, Religion, Gesellschaft, und Staat, auf eine Art, wie man es bisher selten gefunden, verschmolzen sind, werden Sie bald bemerken. Eben so wenig wird es Ihnen entgehen, wie sehr in ihm die eigentliche Denkkraft, und eine reiche und blühende Phantasie einander durchdrungen haben. Was er an verschiedenen Stellen zur Charakteristik einiger Ihrer großen Werke gesagt hat, scheint, mir wenigstens, zu dem Besten zu gehören, das in Teutschland je darüber ausgesprochen wurde. Ich wünsche Ihr Urteil, Ihr freimüthiges Urteil über diese Vorlesungen zu hören; teils. zur Befestigung oder Berichtigung des meinigen, teils zu meines Freundes Belehrung und Frucht. Daß er unabhängig genug ist, um jeden wahren Tadel vertragen zu können, wird Ihnen sein Vortrag zeigen." G. erhielt die Sendung am 25. April 1806 und dankte am 27. in einem verlornen Briefe (Tageb. 3, 126). Auch in den Tag= und Jahres=Heften von 1806 (35, 261) erwähnt er sie: „Ich las, ja studirte sie, jedoch mit getheilter Empfindung: denn wenn man wirklich darin einen vorzüglichen Geist erblickte, so ward man auch mancher unsichern Schritte gewahr, welche nach und nach folgerecht das beste Naturell auf falsche Wege führen mußten."

1. M. übersendet nunmehr durch den Landrath v. Haza die handschriftliche Fortsetzung seiner „Vorlesungen", deren zweite vermehrte und verbesserte Auflage 1807 erschien. G's Tagebuch verzeichnet am 8. August 1807 (3, 255): „Nach Tische Landrath von Haza, der mir ein Packet von Adam Müller brachte"; doch las G. schon vom 29. bis 31. Juli M's letzte Vorlesungen über das spanische Drama „im Manuscript" (von Gentz übermittelt?). Am 3. August bemerkte G. bei M's Lobe von Schlegels Übersetzung des Calderon: „Sie sei denn doch nur ein ausgestopfter Fasan gegen einen wirklichen, aber ein gut ausgestopfter" (Gespräche 2, 182). — Die gleichzeitig übersandten „zwei Werke eines Freundes" sind Kleists „Amphitryon" und „Der zerbrochene Krug".

2. Vgl. Tagebuch vom 28. August 1807 (3, 266). — Am 3. August heißt es: „Morgens war ich lange bey Gentz gewesen und hatte mit ihm erst einen politischen dann ästhetischen Discours geführt. Viel über Adam Müller und dessen Art zu denken und zu arbeiten." Vgl. Guglia, Goethe und Gentz, Wiener Zeitung 1898 Nr. 291/3. — Den „Amphitryon" hatte G. schon am 13. Juli

durch den russischen Legationssecretär v. Mohrenheim erhalten, vgl. Tageb. 3, 239, wo auch das berühmte Urtheil über das Amphitryon- motiv, vgl. G.-Jahrbuch 9, 94 und W. Ruland, Kleists Amphi- tryon, Berlin 1897. — Den „zerbrochenen Krug" las G. am 8., 9. und nochmals am 26. August (Tageb. 3, 255. 264). Der zum Richter Adam vollkommen passende Schauspieler war Heinrich Becker, vgl. Pasqué 2, 151; über seine Darstellung der Rolle: Brahm, Kleist S. 193.

3. Dieser Brief ist in G's Tagebuch nicht erwähnt. Müllers Äußerungen über den „Phöbus" (Dresden 1808) zeigen Anklänge an den Prospect, vgl. G.-Jahrbuch 9, 94. — Gotthilf Heinrich v. Schubert (1780—1860), mystischer Naturphilosoph, hatte heraus- gegeben „Ahndungen einer allgemeinen Geschichte des Lebens" (1808) und „Ansichten von der Nachtseite der Naturwissenschaft" (1806). Zum „Phöbus" steuerte er nur bei „Fragmente aus einer Vor- lesung" Stück 4. 5, Seite 67 f. G. hatte mit ihm in Carlsbad im Juli und August 1807 lebhaft verkehrt, vgl. Tageb. 3, 247—254; vier Briefe von ihm an G. (12. Mai 1806 bis 2. Dec. 1808) liegen im Archiv.

G's Antwort auf M's zweiten Brief ist verloren; nach dem Tagebuch (3, 312) ging sie am 1. Januar 1808 von Weimar ab. Rühle v. Lilienstern, der Gouverneur des Prinzen Bernhard von Weimar, schreibt am 11. Januar 1808 aus Dresden an Bertuch (G.-Jahrbuch 2, 411): „G. hat Müller geantwortet und versprochen, sobald es Zeit und Gesundheit erlauben, Beiträge zum Phoebus zu geben; Sie können uns sehr verbinden, wenn Sie ihm von Seiten Müllers, Kleist's und meiner darüber etwas Schmeichel- haftes sagen wollen . . . Zugleich schreibt er, daß die Rollen für den ‚Zerbrochenen Krug' ausgetheilt seien", und nochmals am 28. Januar: „Ihren Rath wegen des Phoebus werden meine Freunde befolgen. Wenn Sie Goethen zu Beiträgen irgend einer Art vermögen können, erzeigen Sie uns eine große Gefälligkeit. Es kann ihm ja nicht an alten Arbeiten fehlen, z. E. Fragmente aus der Achilleis u. dgl." Doch hat G. keinen Beitrag geliefert; er schreibt Anfang Mai an Knebel (Briefe 20, 59): „Mit den Dresdnern habe ich gleich gebrochen. Denn ob ich gleich Adam Müller sehr schätze und von Kleist kein gemeines Talent ist, so merkte ich doch nur allzu geschwind, daß ihr Phöbus in eine Art von Phöbus übergehen würde; und es ist ein probates Sprichwort, daß man nur nicht oft genug vor Augen hat: der erste Undank ist besser als der letzte." Dasselbe Wortspiel gebraucht Riemer an Frommann am 3. Februar 1808 (Heitmüller, Aus dem Goethehause S. 110). Ein Brief G's an Rühle vom 20. September 1808: Gaedertz, Bei Goethe zu Gaste (Leipzig 1899) S. 363.

Müllers Streitschrift „Etwas das Goethe gesagt hat, beleuchtet", (1817) ist G. nicht unbekannt geblieben; die Gegenschrift, „Krugs Broschüre gegen Adam Müller", las er am 18. December 1817 (Tageb. 6, 149). Am 30. August 1819 traf er wieder mit M. in Carlsbad zusammen (Tageb. 7, 87).

III. Heinrich von Kleist.

Kleist ist bei seinem Aufenthalt in Weimar und Oßmannstedt von November 1802 bis Februar 1803 (vgl. Seuffert in seiner Vierteljahrschrift 2, 304) auch mit Schiller — aber nicht in Jena, wie Wilbrandt S. 172 und Brahm S. 96 angeben — und G. bekannt geworden; in ihren Briefen und G's Tagebüchern wird er nicht erwähnt. Ohne Zweifel hat K. sich ihnen nicht zu erkennen gegeben, und G's bekannte Äußerung in der 1826 geschriebenen Anzeige von Tieck's „Dramaturgischen Blättern" (Hempel 28, 755): „Mir erregte dieser Dichter, bei dem reinsten Vorsatz einer aufrichtigen Theilnahme, immer Schauder und Abscheu, wie ein von der Natur schön intentionirter Körper, der von einer unheilbaren Krankheit ergriffen wäre" ist nicht mit Wilbrandt (S. 172) auf dieses erste und letzte persönliche Begegnen, sondern auf spätere litterarische Eindrücke zurückzuführen.

1. G's Carlsbader Beschäftigung mit „Amphitryon" und dem „Zerbrochnen Krug" ist oben besprochen. Nach der Rückkehr verzeichnet das Tagebuch am 20. October 1807: „Kam Herr von Müffling, mit demselben über die Dresdner litterarischen und philosophischen Verhältnisse: über Genz, Adam Müller, Schubert, von Kleist ıc.", dann am 18. November 1807 in Jena bei Frommanns „Vorlesung der zwey ersten Acte vom Dominicaner, welcher dem Herrn von Kleist zugeschrieben wird", fortgesetzt am 20. November (Tageb. 3, 287. 297 f. und Riemer, Mittheilungen 1, 407). — Über die biblische Wendung (Gebet Manasse) „Auf den Knieen meines Herzens" vgl. Deutsches Wörterbuch 5, 1424 und G.-Jahrbuch 9, 94. — Das erste Heft des „Phöbus" enthält auf S. 5—32 als

„Organisches Fragment aus dem Trauerspiel Penthesilea, von H. v. Kleist", 8 Scenen, fragmentarisch mit fortleitenden Bemerkungen. G. las sie nach Riemers Tagebuch (Teutsche Revue 11, October, S. 21) am 29. Januar 1808; sein Urtheil über die ganze Tragödie bei Falk, G. aus näherm persönlichen Umgange dargestellt (1836) S. 122. — Seine „gütigen Äußerungen" über den „Phöbus" (in dem verlornen zweiten Briefe an Müller) waren gewiß nur bilatorisch ausweichend (G.-Jahrbuch 9, 93).

2. Kleists Brief und der „Phöbus" sind in G's Tagebuche nicht erwähnt; doch wird der Eintrag vom 1. Februar 1808 (3, 316, vgl. auch Riemers Tagebuch, Teutsche Revue 11, 22) „Über die Herren, die mich als eine Puissance ansehen und bes —" darauf Bezug haben. G's Antwort ging erst am 3. Februar ab; am 4. „Leseprobe vom zerbrochnen Krug". Am 19., 20. und 25. Februar nahm G. mit Demoiselle Elsermann die Rolle der Eva durch und am 2. März ging das Lustspiel nach der einactigen Oper „Der Gefangene" als erstes Stück Kleists, das auf die Bretter kam, in Scene. Über den Mißerfolg vgl. Goethes Gespräche 8, 300 und Brahm, Kleist S. 193. G. selbst sagt in den Annalen von 1807 (36, 5): „Auf ein anderes, freilich in anderem Sinne problematisches Theaterstück hatte man gleichfalls ein Auge geworfen, es war der zerbrochene Krug, der gar mancherlei Bedenken erregte, und eine höchst ungünstige Aufnahme zu erleben hatte." Am 8. März heißt es in G's Tagebuch: „Abends Wolffs und Dem. Elsermann zum Thee. Masterabe aus dem zerbrochnen Krug." Vgl. auch Riemers Tagebuch, Teutsche Revue 11, 22 ff. — Ein Urtheil Carl Augusts im Briefwechsel mit G. 1, 317.

Spätere Beziehungen: Wilbrandt S. 302 und oben S. XXXVI.

IV. Clemens Brentano.

Clemens B. und Achim v. Arnim sind erst durch die reichen Mittheilungen R. Steigs (Achim v. Arnim und die ihm nahe standen, Band I, Stuttgart 1894) in das rechte Licht gerückt.

Clemens war in G's Hause schon als Jenenser Student im Sommer 1798 „wie durch Familienanrecht aufgenommen" (Steig S. 17). Seine Satire auf Kotzebue „Gustav Wasa" las G. Ende Juli in Jena (Briefe 15, 92).

1. Durch einen Druckfehler von 1801 statt von 1802 datirt. — Über die „Dramatische Preisaufgabe", die von G. und Schiller

gestellt und Anfang 1801 in den Propyläen III 2, 169 (Hempel 28, 671) abgedruckt war, vgl. Schriften der G.-G. 13, 337. 342. B. begann sein erst 1804 gedrucktes Lustspiel „Ponce de Leon" im Frühjahr 1801 am Rhein (Steig S. 22) und schickte es im Herbst 1801 unter dem Motto „Laff't es euch gefallen" ein.]
2. Über die dreizehn eingelaufenenen Concurrenzstücke, davon keines aufzuführen war, schreibt G. an W. Schlegel am 13. Mai 1802 (Schriften 13, 136. 346). Vgl. Tagebuch vom 17. October 1802.
3. Das undatirte Original (in Varnhagens Nachlaß m. 70 auf der Berliner Kgl. Bibliothek) gehört in die erste Hälfte des Februar 1809, denn von den in Sachen des „Wunderhorns" zwischen Arnim und Voß gewechselten Erklärungen erwähnt Brentano als letzte Vossens Erwiderung im Intelligenzblatt der ALZ. vom 11. Januar 1809, aber noch nicht Arnims Replik vom 15. Februar. Bettina — Clemens schreibt „Betine" — war seit October 1808 mit Savignys Familie in München (Steig S. 256); Arnim war vom 19. bis 24. December 1808 zum dritten Mal bei G. in Weimar zu Besuch, vgl. seinen 8. Brief. — Über die Geschichte des „Wunderhorns" vgl. unten zu Arnims 1. Briefe; der Verleger Johann Georg Zimmer in Heidelberg: J. G. Zimmer und die Romantiker, Frankfurt 1888. — Den Streit mit Johann Heinrich Voß über das „Wunderhorn" und die „Zeitung für Einsiedler" haben Hoffmann v. Fallersleben im Weimarischen Jahrbuch 2, 261, Herbst in seinem J. H. Voß II 2, 123, Pfaff in seiner Einleitung zur Trösteinsamkeit S. XXXII und Steig S. 150 urkundlich dargestellt. — G's „gütige Aufnahme des ersten Bandes" in der Jenaischen ALZ. von 1806 Nr. 18 f., vgl. zu Arnims 1. Briefe. — Vossens „truckene advocatische Anzeige des Wunderhorns" im Morgenblatt 1808 Nr. 283 und 284, in letzterer S. 1134 das „Lied der Romantiker an ihren Herrgott", die Parodie eines Liedes aus dem Porstischen Gesangbuch. — Arnims Antwort im Intelligenzblatt der ALZ. 1809 Nr. 3 vom 6. Januar, Vossens Erwiderung ebda. Nr. 4 vom 11. Januar. — Voß hatte im Morgenblatt das „Wunderhorn" als einen „zusammengeschaufelten Wust von muthwilliger Verfälschung, sogar mit untergeschobenem Machwerk" getadelt. — Die beiden letzten Bände des „Wunderhorns" von 1808 hat G. nicht öffentlich besprochen. — Über Bettinens Krankenpflege bei Ludwig Tieck, der im October 1808 mit seiner Schwester Bernhardi von Wien nach München kam, vgl. Caroline 2, 358. 360,

Plitt 2, 137 und Briefwechsel mit einem Kinde ² S. 217. — Savigny war mit seiner Frau im November 1807 bei Goethe gewesen. Auf der Rückreise von Landshut nach Berlin besuchte B. am 8. August 1809 G. in Jena (Tageb. 4, 50); er kann also nicht am 4. August (Steig S. 283) in Halle angekommen sein. Am 12. October 1809 schreibt B. an Zimmer (Goethes Gespräche 8, 308): „Auf meiner Reise hierher habe ich G. in Jena besucht und ein paar Stunden freundlich mit ihm geredet. Er hat von der unglücklichen ‚Einsiedlerzeitung‘ mit ungemeiner Achtung gesprochen; es sind seine Worte: daß nie ein so mannigfaltiges, reiches und geistreiches Zeitblatt geschrieben sei, und daß es ihm nebst vielen andern Freunden sehr leid sei, daß es durch Zufall, durch Zeitgeist und durch einige Ungeschicklichkeit in der Manier, die aber von mancher Originalität schwer zu trennen sei, nicht den vollkommenen Succeß gehabt, den es verdient, und daß er nicht zweifle, es werde noch einst sehr gern und mit Nutzen gelesen werden. — Von Arnim's „Wintergarten" aber sprach er mit ganz ungetheilter Achtung; er versicherte mich, daß er es für eines der am besten geschriebenen deutschen Bücher halte, und daß es ihn durchaus erfreut habe". Und nochmals Anfang 1810 an Görres (Görres-Briefe 2, 77, G's Gespräche 2, 276): „In Jena fand ich G. beim Mittagessen; ich trank ein Glas Wein mit ihm und er gab mir ein Stück Käse dazu. Er war sehr freundlich und sprach mit ungemeiner Hochachtung von der ‚Einsiedlerzeitung‘ und dem ‚Wintergarten‘; die Erzählung von der Engländerin [Mistris Lee, S. 195] nannte er ganz vortrefflich, aber die Nelsons-Romanzen [S. 241 71] schienen ihm, wie die meisten Arnim'schen Verse, unklar, ungesellig und zum Traum geneigt; er bediente sich dabei des Ausdrucks: ‚Wenn wir, die wir ihn kennen, lieben und hochschätzen, von dieser unangenehmen Empfindung gepeinigt werden, wie darf er sich betrüben, daß andere ihn aus solchem nicht kennen, lieben und hochschätzen lernen werden'".

4. Arnims dritter Sohn ist Friedmund, geb. 9. Februar 1814, gest. 24. Juli 1883. Sein Pathe, der Mediciner Johann Nepomuk Ringseis, war mit C. Brentano 1808 in Landshut befreundet geworden; seine Jugenderinnerungen sind zuletzt (Regensburg und Amberg 1886—92) besonders herausgegeben worden von Emilie R. Vgl. auch G's Briefwechsel mit einem Kinde ² S. 283. 317. Sein Stammbuch befindet sich im Archiv und enthält viele Einträge aus Berlin vom März und April 1815, darunter Gedichte

von Clemens B. („Wie du sollst in Schönheit wallen", 8. März 1815), Achim v. Arnim („Die blutgen Flügel schlägt der Vogel Greif", 22. März 1815), Bettina (ein Märchen, undatirt), von Arndt, Eichhorn, Savignys, Schenkendorf u. A. Sein Besuch in Weimar ist in G's Tagebuch nicht erwähnt; einen unbekannten Brief an ihn verzeichnet es am 1. Januar 1828. — Ein spätes Urtheil G's über B. bei Holtei, Vierzig Jahre 5, 58.

V. Ludwig Achim von Arnim.

Von Arnims Briefen an G. ist die wichtigere Hälfte (Nr. 1. 3—6. 8—10) vom Kanzler v. Müller nach beider Tode ungefordert an Bettina zurückgegeben (vgl. oben S. 287) und so in Varnhagens Nachlaß (m. 23) auf der Berliner Kgl. Bibliothek gelangt. Ebenda liegen die abweichenden, hier nicht berücksichtigten Concepte von Nr. 1 und 3, die Varnhagen in eigenhändigen Abschriften (m. 12) willkürlich mit den Originalen contaminirt hat. Seine Mahnung „Wer diese Briefe je zum Druck befördert, der erweise ihnen die Wohlthat häufiger Absätze und guter Interpunktionen" haben wir sparsam befolgt und die Orthographie normalisirt.

Arnim lernte als Student in Göttingen am 8. Juni 1801 G. kennen. Schon am 6. Juni Abends, bei G's Ankunft, hatte er, wie er an August Winkelmann schreibt, „ihm ein dreyfaches öffentliches Lebehoch) ausgerufen allen Verboten zum Trotz", dessen auch G. in den Annalen (35, 95) gedenkt. Am 8. Juni heißt es im Tagebuch: „Bey Kestner von Hannover und den Gebrüdern von Arnim"; sie begleiteten ihn zur Reitbahn (35, 96). A. selbst gedenkt der Stellen, die er mit ihm besuchte, in seinem 4. Briefe (oben S. 118).

Seinen ersten Besuch in Weimar machte A. im December 1805 auf der Rückreise von Heidelberg und Frankfurt, wo der erste Band des „Wunderhorns" eben beendet war, nach Berlin. G's Tagebuch versagt für diese Zeit, um so werthvoller sind A's Briefe an Clemens (Steig S. 152), die besonders über die gemeinsam in Jena verlebten Tage vom 15. bis 18. December wichtige Nachrichten enthalten. Am 16. December schreibt G. an Eichstädt (Briefe 19, 82): „Herr von Arnim, der Mitherausgeber des Wunderhorns, wünschte die Bibliothek zu sehen, vorzüglich aber den Codex alter deutscher Lieder. Da es so kalt ist und in der Bibliothek unangenehm für Wirth und Gäste, so vertrauen Sie mir vielleicht jenen Codex auf einige Tage an; Herr von Arnim soll' ihn auf meinem Zimmer durchsehen."

1. A. verließ Weimar wenige Tage vor Weihnachten 1805; von den Weihnachtstagen in Giebichenstein giebt er eine ähnliche Schilderung an Brentano (Steig S. 154). Die älteste Tochter Reichardts, Luise, war mit Compositionen am „Wunderhorn" betheiligt, vgl. Steig S. 183—185; die jüngere hieß Friederike. — Arnim hatte in Jena dem Prinzen Louis Ferdinand seine Dienste für den Krieg angeboten (Steig S. 153); vor der Nachgiebigkeit der preußischen Politik gegen Napoleon zerrann sein Entschluß rasch. — S. 86: Franz Ludwig Pfyffer von Wyher (1716—1802), schweizerischer Topograph und Verfertiger des berühmten Reliefs der Centralschweiz (noch jetzt in Luzern). — Johann Gottlieb Walter (1734—1818), Professor der Anatomie in Berlin; sein anatomisches Museum wurde 1803 vom Staate angekauft. — Karl Friedrich Wichmann (1775—1836), Bildhauer, Schüler Schadows; bedeutender ist sein Bruder Ludwig Wilhelm. — Johann Gottfried Schadows (1764—1850) Lutherstandbild wurde von der Mansfelder Litterarischen Gesellschaft in Eisleben ins Leben gerufen und am 31. October 1821 in Wittenberg enthüllt. Eine Büste von Copernikus war für die Walhalla bei Regensburg bestimmt. Die 1797 entstandene liegende Frauenfigur, später fälschlich als la nymphe Salmacis de Thorwaldsen bezeichnet, gelangte 1810 nach Straßburg und später nach Paris. — Josiah Wedgwood (1730—1795, von Arnim geschrieben: „Wedgwuth") ist der Begründer der neuern englischen Thonwaarenindustrie und Verbesserer des nach ihm benannten Steinguts. — Franz Ludwig Catel (1778—1856), Landschaftsmaler und Mitglied der Berliner Akademie seit 1806; über seinen Bruder, den Architekten Ludwig Friedrich, vgl. Schriften 13, 344. — Über Friedrich Bury, Goethes Hausgenossen in Rom, vgl. Schriften 5, XXVIII und 13, 332. Sein verschollenes Aquarellbild G's vom Juni und Juli 1800 behandelt Zarncke, Goethe-Bildnisse S. 26. — Der Landschaftsmaler „Genelly" ist Janus Genelli (1771—1813), Buonaventuras Vater. — Die Familie v. Penz oder Penz in Mecklenburg: ADB. 25, 362. — Alexander v. Humboldt kehrte im Herbst 1805 nach neunjähriger Abwesenheit nach Berlin zurück; als Mitglied der Akademie der Wissenschaften las er im Jahre 1806 eine Anzahl

von Abhandlungen, die den Grundstock der im nächsten Jahre ver=
öffentlichten „Ansichten der Natur" bildeten. — Fichtes Vorträge
„Die Anweisungen zum seligen Leben oder auch die Religions=
lehre" 1806: ADB. 6, 765. — Caroline Maximiliane Döbbelin
(1756—1828), die Tochter des Berliner Schauspieldirectors, war
von 1805—1812 durch ein Augenübel verhindert zu spielen; erst am
16. April 1812 trat sie wieder auf, feierte am 13. Juli ihr funfzig=
jähriges Jubiläum und zog sich 1815 ganz von der Bühne zurück,
vgl. Teichmanns Lit. Nachlaß S. 99. — Corneilles Cid in der Be=
arbeitung von Niemeyer wurde in Berlin zuerst am 3. Februar
1806 (Teichmann S. 352), in Weimar am 30. Januar 1806
(Burkhardt S. 112) aufgeführt. — Adolph Bergen ist Pseudonym
für Abraham Friedrich Blech (1762—1830), Prediger und Pro=
fessor in Danzig, vgl. Goedeke² 6, 451. Sein Trauerspiel „Heinrich
der Vierte, König von Frankreich" erschien 1802 in Königsberg. —
Reichardt war mit A. im Januar 1806 nach Berlin gereist (Steig
S. 154). — Sara v. Grotthuß: G.=Jahrbuch 14, 97; Madame
Levi und ihr Salon: Steig S. 122.

Eine Anzeige „von dem Wunderhorn des Knaben", dessen erster
Band ihm zugeeignet war, versprach G. schon am 16. November
1805 dem Redacteur der ALZ. Das Tagebuch von 1806 ver=
zeichnet Beschäftigung mit dem W. am 2., 9. bis 11. Januar;
Tags darauf ging die Recension an Eichstädt ab und erschien in
Nr. 18 und 19 der ALZ. vom 21. und 22. Januar 1806 (Hempel
29, 334). In seinem Briefe an Clemens vom 17. Februar 1806
(Steig S. 162) braucht A. ein ähnliches Bild wie hier: „G's Ur=
theil über das Wunderhorn habe ich mit einer eigenen Demuth
gelesen. . . . Er ist der einzige Feuerwurm in dieser Kimmerischen
Nacht der Gelehrsamkeit, und genauer betrachtet wird es ein hoher
Wandelstern." — Eine abfällige Kritik des Wunderhorns in Kotze=
bues „Freimüthigem" von 1806/7 kenne ich nicht. — Schon am
17. Februar 1806 schreibt A. an Brentano (Steig S. 163): „Ich
reise übermorgen nach Strelitz, meine Tante wiederzusehen, die ich
sehr verehre." — An denselben aus Weimar, 20. December 1805
(Steig S. 153): „Ein ander Mal mehr von G.; von seinem
Sohne habe ich Schrittschuh laufen gelernt." — Das „Viereck"
ist der jetzige Pariser Platz am Brandenburger Thor; dort
wohnte A's Großmutter, Caroline v. Labes, bis zu ihrem Tode
(20. März 1810).

2. Die „Sendung Arnims" verzeichnet G's Tagebuch am 9. März 1806 (3, 121); am folgenden Tage heißt es „Prof. Meyer Arnims Brief und bes. Mosaique", A. hat also seine Absicht, außer den „Eisengüssen" und dem „Löwenkopf" (S. 89. 96) auch von den „Arbeiten in gebrannten Erden" etwas zur Probe beizulegen, ausgeführt. Doch scheint sein Brief noch einige Zeit liegen geblieben zu sein; G. dankt gleich am Tage des Empfangs, der gleiche Briefanfang im Schreiben an Zelter vom 28. Februar 1811 (Briefe 22, 46). Aber auch G's Antwort ist erst später abgegangen, vgl. Tagebuch vom 20. März (3, 122): „Hrn. v. Arnim nach Berlin Stammbuchs Blättchen pp", vgl. darüber den folgenden Brief. — Augusts Reise nach Berlin unterblieb, vgl. G's Briefe 19, 112. 131. — Heinrich Oldenburg (1626—1678), früher bremischer Consul in London; vgl. Naturw. Schriften 4, 42.

3. G's Stammbuchblatt vom 9. März 1806 für Arnim lautete: Consiliis hominum pax non reparatur in orbe. Memoriae Goethe; über die Wirkung des Spruchs auf A. vgl. Steig, G. und die Br. Grimm S. 25. — Am 12. März schreibt A. aus Neustrelitz, am 22. April aus Karsdorf (Steig S. 163. 170), dem Gute seines Onkels, Graf Schlitz. — Der Sturz mit dem Pferde: Steig S. 174. — Die Prinzessin Caroline Luise von Sachsen-Weimar (1786—1816) vermählte sich am 1. Juli 1810 mit dem Erbprinzen von Mecklenburg-Schwerin. Ihr Bild von Ferdinand Jagemann (1780—1820). — Über den Erbprinzen Georg von Mecklenburg-Strelitz, den Bruder der Königin Luise von Preußen, vgl. „Zum 17. October 1866" (Neustrelitz). G. lernte ihn im August 1810 in Teplitz bei seiner Schwester, der Fürstin v. Solms, kennen (Tageb. 4, 150 ff.) und verdankte ihm am 28. August 1828 die Wanduhr aus dem väterlichen Hause (Strehlke 1, 434). Seine Schwestern Therese, Fürstin von Thurn und Taxis (1773—1839) und Friederike, Fürstin von Solms (1778—1851), spätere Königin von Hannover, waren 1790 bei der Krönung Leopolds II. Gäste der Frau Rath (Schriften 4, 383). — S. 104, Z. 10 v. u. statt „Pellwitz" lies „Polkwitz", Stadt im Regierungsbezirk Liegnitz, bei Glogau. Bei H. Weimann, „Kuriosa der berittenen Akademie der Künste und Wissenschaften", Crefeld 1828, 1, 162 steht eine „Deputation aus Polkwitz an die Düllener Akademie, den 1sten April". — Gedichte von Julie de Roquette geb. Penz aus Neubrandenburg, 2 Theile, 1802 (in der Neustrelitzer Bibliothek Nr. 13013, mir durch F. Sandvoß

M. d. K. nachgewiesen). — Die „Ungedruckten Briefe der Karschin" an seinen Großvater, Baron v. Labes, hat A. selbst in Gubitz' „Gesellschafter" 1819 S. 46 ff. abgedruckt und sich dadurch im „Bemerker" 1819 Nr. 10 eine Gegenerklärung von der Enkelin der Karschin zugezogen, vgl. Goedeke² 6, 135. Die Erzählung von dem Gastmahl auch bei Steig S. 170. — Arnims Oheim, Baron Hans v. Labes, verheirathet mit einer Tochter des Grafen Görtz-Schlitz, des Erziehers Carl Augusts, erwarb das Gut Karsdorf und nahm den Titel eines Grafen v. Schlitz an; über seine landwirthschaftlichen Verdienste vgl. Steig S. 170. — Über Andreas Gottlieb Masch (1724—1807), Hofprediger in Neustrelitz, vgl. Lisch, Mecklenburg. Jahrbücher 19, ATB. 20, 550. — S. 109 Z. 1: Arnim schreibt „Tollenzer" für „Tollenser" See. — Die „Elegie" von den Kindern des Phidias hat A. in den „Träumen" des „Wintergartens" (1809 S. 187) ausgeführt. — Über Karl Friedrich Grafen v. Hahn-Neuhaus, den sogenannten „Theatergrafen" (1782—1857) in Remplin, vgl. F.A. Meyer, Charakterzüge aus dem Leben des Grafen Karl Hahn, Neuhaus 1858. Sein Vater Friedrich (1742—1805), ein bedeutender Mathematiker und Astronom, erbaute 1790/3 auf seinem Gute Remplin eine Sternwarte, vgl. Lisch, Geschichte des Geschlechts Hahn 4, 255 und Mecklenburg. Jahrbücher 21, 80. — „Die Kreuzfahrer", von Kotzebue, mit Musik von Reichardt, Leipzig 1803; „Die beiden Klingsberg", von Kotzebue, Leipzig 1801. — „Weiberehre". Ein Sittengemählde des 13. Jahrh. in 5 Aufzügen, Wien 1793, von Friedrich Julius Wilhelm Ziegler (1759—1827), Consulent des Wiener Hoftheaters, vgl. Goedeke² 5, 291. — „Der Gefangene", Singspiel in einem Akt, nach Duval von Herclots. Musik von Della Maria, vgl. Teichmanns Lit. Nachlaß S. 413. — S. 114/5: Über A's weitere Reise nach Rostock, Warnemünde und Doberan vgl. Steig S. 180. — Ein Puppenspiel „Napoleon und Schinderhannes" fehlt in der Sammlung „Der Volkswitz der Deutschen über den gestürzten Bonaparte", 12 Bde, Stuttgart 1849/50. — Graf Karl Hahn war 1806 f. auch Director des Schweriner Theaters, dessen Truppe in den übrigen Mecklenburgischen Städten gastirte.

4. In G's Tagebuch nicht erwähnt; an Christiane schreibt G. aus Jena, 26. Juni 1806: „Mir ist diese Tage manches angenehme begegnet. Auch habe ich einen recht hübschen Brief von Herrn von Arnim" (Briefe 19, 146; die Note S. 504 „nicht

erhalten" ist also zu ändern). — A. reiste von Karsdorf wieder über Strelitz nach Berlin, von wo er am 14. Juni 1806 an Clemens schreibt; noch in demselben Monat ging er nach Giebichenstein, Ende Juli schreibt er aus Braunschweig, Mitte August aus Göttingen an Brentano. — Bernhard Friedrich Thibaut — Arnim schreibt „Thibeau" — (1775—1832) war seit 1805 ordentlicher Professor der Mathematik in Göttingen. — G's Brief „aus Jena" ist nicht bekannt. — Über Blumenbach vgl. oben S. 315; über A's erstes Zusammentreffen mit G. in Göttingen oben S. 334. — Georg Thyms „Thedel von Wallmoden" hat nach dem Magdeburger Druck von 1558 Paul Zimmermann in Braunes Neudrucken Nr. 72 herausgegeben. — Den Helmstedter Wundermann Gottfried Christoph Beireis (1730—1809) hatte G. im August 1805 auf seiner mit F. A. Wolf gemeinsam unternommenen Reise „in seinem Hamsterneste" kennen gelernt (Werke 35, 210 ff.); über den berühmten Diamanten vgl. S. 231. Sein Eintrag in August v. G's Stammbuch vom 17. August 1805: Deutsche Rundschau 68, 249. Von der B'schen Gemäldesammlung ist ein Auctionskatalog erschienen. A. hat in seiner „Gräfin Dolores" (vgl. unten zum 10. Briefe) Beireis als „Wunderdoctor" verwandt. — Der letzte Inspector der Gallerie von Salzdahlum, die 1807 von den Franzosen zerstreut wurde, war Johann Anton August Weitsch (1762—1841). — Über A's und Brentanos Freund August Winkelmann, den Neffen von Leisewitz (1752—1806), vgl. Steig im Euphorion 2, 318. Der zweite braunschweigische Freund ist Heyer (Steig, Arnim und Brentano S. 187). — Caroline v. Günderodes — A. schreibt „Günterode" — Tod am 26. Juli 1806) hatte Clemens im August an A. mit den Worten gemeldet: „Weißt Du, daß die Günterrode sich vor drei Wochen zu Winkel auf einem Gute der Serviere Abends am Rhein erstochen hat? Ich sende Dir hiebei einen Brief Bettinens, der vieles Schöne hiervon sagt" (Steig S. 190). Nähere Nachrichten über die Günderode erhielt G. am 11. August 1810 in Töplitz durch Bettina, vgl. zu ihrem 14. Briefe. — Die Rheinbundsakte vom 12. Juli 1806 wurde am 1. August dem Reichstage in Regensburg vorgelegt; am 6. August legte Franz II. die deutsche Kaiserkrone nieder. — A. kehrte nach der Schlacht bei Jena in die Heimath zurück (Steig S. 207); über die von ihm geplante patriotische Zeitung „Der Preuße, ein Volksblatt", vgl. ebda. S. 191. — Das „Gelegenheitsgedicht" von Brentano ist das „Lied von eines Studenten Ankunft in Heidelberg", als Beilage zu Nr. 5 der Badischen Wochenschrift am 27. Juli 1806 erschienen und von K. Bartsch 1882 neugedruckt.

5. G's Tagebuch verzeichnet erst am 21. April 1808 (3, 329): „Brief von Arnim. Zeitung für Einsiedler"; Christiane schreibt hausmütterlich mit Bezug auf Seite 126, Z. 17 an August: „Der Herr von Arnim hat dem Vater geschrieben, daß er so wohlfeil und gut speist" (G.-Jahrbuch 10, 6). — Am 24. Februar 1808 hatte G. an Bettina geschrieben: „Grüßen Sie Arnim vielmals und sagen ihm er möchte mir doch auch einmal wieder schreiben" (oben S. 165). Auch Clemens B. forderte A. auf, an G. zu schreiben (Steig S. 245. 247): „Ich bin versichert, daß Göthe Dich unterstützt, wenn Du ihn bittest. Das ist ja eben sein Unglück, daß er keine ordentlichen Leute hatte, mit denen er jugendlich bleiben konnte"; A. antwortet am 22. März: „An G. und an den Herzog von Gotha soll geschrieben werden, sobald die ersten Stücke heraus sind, an denen jetzt gesetzt wird" (Steig S. 250). — G. hat zu der Zeitung nichts beigetragen; die erste Nr. vom 1. April 1808 war ihm feinsinnig zugeeignet, indem A. seinen Stammbuchspruch (oben S. 337) „Consiliis hominum pax non reparatur in orbe" an den Schluß stellte; vgl. Steig, G. und die Br. Grimm S. 24. 29. — Sir Humphry Davy (1778—1829), englischer Chemiker und Physiker. — J. G. Zimmer: oben S. 332. — Voß, Über Gleims Briefsammlung und letzten Willen, 1807 und Körte, J. H. Voß. Ein pragmatisches Gegenwort, 1808: vgl. Herbst, Voß II 2, 159. — Über Ludwig Emil Grimms Thätigkeit an der Einsiedlerzeitung, deren 3. Stück vom 9. April seinen Nachstich des Sichemschen „Faust und Mephistoles" brachte, vgl. Steig, G. und die Br. Grimm S. 27. — Über A's Sammlung von Kupferstichen unten zum 8. Briefe. — Weise: Steig S. 230. — Friedrich Rottmann († 1817), Schlachten- und Genremaler, war Zeichenlehrer in Heidelberg. — Johann Georg Primavesi (geb. 1776 in Heidelberg): Hempel 26, 316. 29, 338.

6. Über die ersten Angriffe des „Morgenblatts" gegen die „Zeitung für Einsiedler" im Jahrgang 1808 Nr. 104—106 („Heidelberger Zeitschriften") vgl. Pfaffs Neudruck von „Arnims Tröst-Einsamkeit", 1883 S. XLVIII. — August v. G. studirte seit April 1808 in Heidelberg. — Brentano hatte seine zweite Frau, Auguste Busmann, mit der er seit dem 20. August 1807 unglücklich vermählt war, nach Allendorf in Hessen gebracht und langte in der letzten Aprilwoche in Heidelberg an (Steig S. 254).

7. G. hatte am 4. Mai und 22. Juni 1808 an Bettina über Arnims Zeitung geschrieben, vgl. oben S. 169 und 171. Das Blatt erschien bis Ende Juli regelmäßig und ging mit dem 30. August 1808 ein (Steig S. 256). Clemens verließ Heidelberg Ende Juni, Görres am 2. October (Steig S. 255. 257). — Über die aus dem Voßischen Kriege hervorgegangene Satire „Comoedia divina mit drey Vorreden von Peter Hammer, Jean Paul und dem Herausgeber" (Heidelberg 1808) vgl. Pfaffs Einleitung S. LXII. — Görres, Die teutschen Volksbücher, 1807; Schriftproben von Peter Hammer, 1808, vgl. Pfaff S. LX. — Savigny war als Professor nach Landshut berufen und reiste mit den Seinen, Bettina, Clemens und Frau am 10. September ab; Ende September langten sie in Landshut an (Steig S. 256). Über den Landshuter Kreis von jungen Leuten, die Brüder Ringseis, Löw, Aman, Loe, vgl. Pfaff S. LXXIV, Steig S. 261. — Das „Oldenburger Horn" auf dem Titel des zweiten Bandes vom Wunderhorn ist von Weise, der Titel des dritten Bandes von Ludwig Grimm gestochen (Steig, G. und die Brüder Grimm S. 21 f.). — Leske, Buchhändler in Darmstadt. — Über August v. G's Krankheit vgl. G.-Jahrbuch 10, 81. G's Mutter war am 13. September 1808 gestorben.

8. G. las am 31. October 1808 „Tröst-Einsamkeit. Wunderhorn und Verwandts"; am 13. November „Abends bey Mad. Schopenhauer. Aus dem Wunderhorn und der Hagenschen Liedersammlung vorgelesen" (Tageb. 3, 395 f. 399). Vgl. ferner das Tagebuch vom 19. Januar, 12. Februar, 18. bis 20., 22., 25. und 26. März 1809. Sein Brief vom 14. November 1808 „An Hrn. Baron von Arnim nach Heidelberg, Dank für die übersendeten Theile des Wunderhorns" (Tageb. 3, 399) ist bisher nicht bekannt geworden. An Clemens schreibt A. aus Cassel am 8. December: „Göthe hat mir sehr freundlich geschrieben" (Steig S. 269). Er hatte Heidelberg Mitte November verlassen, lag in Cassel längere Zeit krank und kehrte nun auf der Rückreise nach Berlin fünf Tage in Weimar ein. G's Tagebuch verzeichnet am 19. December (3, 406): „Mittags Herr von Arnim. Nachmittag und Abend die Arnimschen Kupfer" und Tags darauf „Mittags Herr von Arnim. Abends Thee, Kupfer des Herrn von Arnim und Liebes-

geschichte aus Aeneas Sylvius von demselben übersetzt und redigirt." Gemeint ist die Novelle "Eurhyalus und Lucretia", die in Arnims "Wintergarten" S. 7 ff. steht (Werke 1853 XI 5 ff.). G. las sie dort am 15. Mai 1809, das lateinische Original entlieh er am 20. Mai von der Jenenser Bibliothek (Tageb. 4, 29. 367). Über die Kupfer vgl. Steig S. 242 ff. und oben S. 127. — Stein hatte auf Napoleons Drängen am 24. November 1808 seine Entlassung erhalten; die preußische Städteordnung datirt vom 19. November 1808. — S. 138 "Possekel": "beh ben Hufschmieden, Stellmachern u. s. f. der Nahme eines großen schweren Hammers" (von bossen, pousser) Abelung 3, 812, Heinsius 3, 930, fehlt bei Grimm, Sanders und Heyne. — Daniel Friedrich Loos (1735—1819), Hofmedailleur und Mitglied der Akademie der bildenden Künste in Berlin. — Paul Erman (1764—1851), seit 1791 Professor der Physik an der allgemeinen Kriegsschule, 1809 an der Universität Berlin. — Über Friedrich Burh vgl. oben S. 335, über Schill zum 9. Briefe. — Über die Anfänge der Berliner Universität vgl. R. Köpke, Die Gründung der K. Friedrich-Wilhelm-Universität zu Berlin (1860). — Das "beigefügte Buch" ist "Der Wintergarten. Novellen von L. A. v. Arnim", Berlin 1809; zu den Quellen der einzelnen Erzählungen (Werdenberg S. 115, Schaffgotsch S. 54, Stuart S. 393, Clisson S. 279) vgl. A. Reichl, Über die Benützung älterer deutscher Literaturwerke in A's Wintergarten, Arnau 1889/90. — Die auf W. Grimm bezügliche Stelle des Briefs (S. 142) schon bei Steig, G. u. die Br. Grimm S. 37, vgl. unten S. 360. — G's Brief, der Bettina "sehr glücklich gemacht": unten S. 172.

9. Dieser Brief ist schon gedruckt bei Steig, G. u. die Br. Grimm S. 39. W. Grimm überreichte den Brief am 11. December 1809, vgl. unten S. 360. — Seine Recension des von Friedrich Heinrich v. d. Hagen 1807 herausgegebenen Nibelungenliedes in den "Heidelberger Jahrbüchern" und sein Aufsatz über die Entstehung der altdeutschen Poesie und ihr Verhältniß zu der nordischen in Daubs und Creuzers "Studien": Kleinere Schriften 1, 61—170. G. las die "Heidelberger Annalen" am 18. und 19. April 1808 (Tageb. 3, 328 f.). — Über Schill: Steig S. 277 ff., seine Waffenthaten feierte A. in einem Gedichte (Werke 23, 318); über den Herzog Friedrich Wilhelm von Braunschweig-Oels: Steig, G. u. die Br. Grimm S. 32. — Die erste Bühnenbearbeitung

des „Götz" ward am 22. September 1804 in Weimar aufgeführt; eine zweite, die das Werk in das vieraktige Ritterschauspiel „Adalbert von Weislingen" und das fünfaktige „Götz von Berlichingen" zerschnitt, nahm G. 1809 vor. — „Die Wahlverwandtschaften" erschienen im October 1809. — Über Clemens B's Besuch bei G. am 8. August 1809 vgl. oben S. 333.

10. Arnim übersendet „Armuth, Reichthum, Schuld und Buße der Gräfin Dolores", Berlin 1809, 2 Bde. G., seit dem 19. Mai 1810 in Carlsbad (Tageb. 4, 122), verzeichnet den Empfang nicht; bald nach seiner am 2. October erfolgten Rückkehr schreibt er jedoch an Reinhard über die Rücktendenz nach dem Mittelalter (7. October 1810): „Aber manchmal machen sie mir's doch zu toll. So muß ich mich z. B. zurückhalten, gegen Achim von Arnim, der mir seine Gräfinn Dolores zuschickte und den ich recht lieb habe, nicht grob zu werden. Wenn ich einen verlorenen Sohn hätte, so wollte ich lieber, er hätte sich von den Bordellen bis zum Schweinkoben verirrt, als daß er in den Narrenwust dieser letzten Tage sich verfinge: denn ich fürchte sehr, aus dieser Hölle ist keine Erlösung. Übrigens gebe ich mir alle Mühe, auch diese Epoche historisch, als schon vorübergegangen zu betrachten", vgl. Einleitung S. XI. — Über Bettinas Composition zur „Dolores" und ihr Pseudonym Beans beor (Beglückend werde ich beglückt) vgl. Goedeke ² 6, 85; über ihre Beziehungen zu Zelter oben S. 181. — A. und Clemens holten im Juni 1810 Savigny, der nach Berlin berufen war, aus Bukowan in Böhmen, dem Gute Christian Brentanos, ab; Savignys Familie und Bettina folgten, nachdem sie vom 9. bis 12. August Goethe in Teplitz besucht hatten. — Johann Christian Reil (1759—1813), Mediciner in Halle, auch W. Grimms Arzt, wurde als innerer Kliniker nach Berlin berufen, vgl. Steffens, J. C. Reil, eine Denkschrift. Halle 1815. — Zelters „Gesänge der Liedertafel. Erstes Bändchen", Berlin 1811, enthalten auf S. 96 „Rechenschaft von G. und Zelter" (im Einzeldruck schon 1810 erschienen) mit dem Refrain vom „Ächzen und Krächzen".

11. Die „einliegenden Reime" in A's „Schaubühne", 1. Band, Berlin 1813, wo an fünfter Stelle die Vertreibung der Spanier aus Wesel im Jahr 1629 als Schauspiel. — Die Schlacht von Lützen oder Großgörschen am 2. Mai 1813 war Napoleons erster Sieg über die verbündeten russisch-preußischen Streitkräfte. —

Durch kgl. Verordnung vom 17. Juli 1813 wurde der Landsturm in den Städten aufgehoben; mit dem 1. October 1813 übernahm A. die Redaction des von Niebuhr am 1. April 1813 begründeten "Preußischen Correspondenten" und führte sie bis zum 31. Januar 1814 (Steig S. 323). Die Anzeige von Arndts Schriften "Das preußische Volk und Heer im Jahr 1813" am 25. December 1813 "Der Rhein, Teutschlands Strom, aber nicht Teutschlands Gränze" (vgl. S. 151) am 28. Januar 1814. — A's erster Sohn, Johannes Freimund, dem die erste Ausgabe der Grimm'schen Märchen von 1812 zugeeignet ist, wurde im Mai 1812, der zweite, Siegmund, am 2. October 1813 geboren. — Übersiedelung der Familie nach Wiepersdorf im April 1814: Steig S. 326. 336. — Der Satz "Meine Frau grüst herzlich" ist später zwischengeschrieben.

12. G's Tagebuch verzeichnet am 22. Februar 1814 "Arnims Schauspiele" und Tags darauf die Antwort an "Arnim nach Berlin" (5, 97). Über die Aufführbarkeit der Stücke A's vgl. Werke 36, 88 und Walzels Einleitung S. XVIII. — Die Sprachpuristen bekämpfte G. schon seit längerer Zeit; so schreibt er an Riemer, Teplitz den 30. Juni 1813: "Ich bin, wie Sie wissen, in diesem Punkte weder eigensinnig noch allzu leicht gesinnt, allein das muß ich Ihnen gegenwärtig vertrauen, daß ich im Leben und Umgang, seit ich von Ihnen entfernt bin, mehr als einmal die Erfahrung gemacht habe, daß es eigentlich geistlose Menschen sind, welche auf die Sprachreinigung mit zu großem Eifer bringen." An A. fand G. keinen Mitkämpfer, wohl aber an Karl Ruckstuhl (1788—1831), dessen Bemühungen er in Kunst und Alterthum I 3, 39 vollen Beifall spendet, vgl. L. Hirzel in den "Quellen und Forschungen", Heft 17.

13. Tagebuch vom 29. Juni 1817 (6, 70): "Brief und Sendung von Arnim", enthaltend "Die Kronenwächter", Band 1, Berlin 1817; der zweite Theil wurde erst 1854 als Band 4 der Werke nach dem Manuscript gedruckt. — Über den Maler Philipp Otto Runge vgl. Schriften 13, 377 und Werke 49 [1], 40; von Friedrich Wilhelm Gubitz (1786—1870), dem Wiedererwecker des deutschen Holzschnitts und Herausgeber des "Gesellschafters", enthält das Archiv 3 Briefe an G. — Über den Maler Friedrich Overbeck (1789 bis 1869) hatte sich G. in Kunst und Alterthum I 2, 42 ("Neudeutsche religios-patriotische Kunst", W. 49 [1], 45) anerkennend ge-

äußert; derselbe Aufsatz polemisirt gegen Wackenroders (G. schreibt K. u. A. I) (2, 23. 28 „Wackenröder") „Herzensergießungen eines kunstliebenden Klosterbruders" (vgl. Schriften 13, 325) und „Phantasieen über die Kunst" (Werke 49 ¹, 33. 36). Der Schluß des zweiten Heftes von K. u. A. (S. 215) lautet: „Von dem kränklichen Klosterbruder ... rechnen wir kaum zwanzig Jahre und dieses Geschlecht sehen wir schon in dem höchsten Unsinn verloren. Zeugniß hievon ein zur Berliner Ausstellung eingesendetes, aber nicht aufgestelltes Gemälde, nach Dante: Lebensgroße Figur mit grüner Haut. Aus dem enthaupteten Halse sprützt ein Blutquell, die Hand des rechten, ausgestreckten Armes, hält den Kopf bey den Haaren, dieser, von innen glühend, dient als Laterne, wovon das Licht über die Figur ausgeht." — In demselben Hefte von K. u. A. (S. 63—132): Sanct Rochus-Fest zu Bingen. Am 16. August 1814. — G. kam erst am 26. Juli 1818 wieder nach Carlsbad (Schriften 13, 377); Arnim traf dort 1817 mit Frommanns und Steffens zusammen (Das Frommannsche Haus S. 38).

14. A. sendet „Doctor Faustus. Tragödie von Christoph Marlowe. Aus dem Englischen übersetzt von Wilhelm Müller. Mit einer Vorrede von A.", Berlin 1818. Der „Hofrath Müller, Bibliothekar in Dessau", der mit seiner Frau, Basedows Enkelin, vorsprach, wird in G's Tagebuch vom 24. August 1826 (10, 234) erwähnt; ein Begleitbrief vom 30. November 1820 zu seinen Gedichten liegt im Archiv. Vgl. auch G's Unterhaltungen mit dem Kanzler v. Müller ¹ S. 98. — „Dr. Faust von Marlowe" las G. am 11. Juni 1818 in Jena (Tageb. 6, 215) und rühmte ihn später lebhaft gegen H. Cr. Robinson. — In Berlin ist G. nur einmal, vom 15. bis 23. Mai 1778, gewesen.

15. „Die Gleichen. Schauspiel von A.", Berlin 1819, in G's Tagebuch nicht erwähnt. — Im Weinjahr 1811 erschien, wie am 26. Juni 1819, ein Komet. — G. war vom 26. August bis 29. September in Carlsbad (Tageb. 7, 86. 98).

16. G's Tagebuch vom 4. December 1820 (7, 255): „Herr von Arnim und Mahler Ruhl aus Cassel"; Annalen von 1820 (36, 185): „Dr. Küchelbecker von Petersburg, von Quandt und Gemahlin, von Arnim und Mahler Ruhl brachten durch die interessantesten Unterhaltungen große Mannichfaltigkeit in unsere geselligen Tage." — Ludwig Sigismund Ruhls „Drei singende Engel" werden in den Annalen von 1821 (36, 201) lobend er-

wähnt; über andere Kuhlsche Zeichnungen in Weimar vgl. G.=
Jahrbuch 6, 139.

Im Gespräch mit Varnhagen sagte G. am 8. Juli 1825
über A.: „Er ist wie ein Faß, wo der Böttcher vergessen hat,
die Reifen fest zu schlagen, da läuft's denn auf allen Seiten
heraus"; vgl. auch G's Gespräche 10, 101.

17. Das silberne Schaustück wurde vermuthlich durch Bettina
überbracht, deren Besuch in Weimar vom 27. August bis 11. Sep=
tember 1826 in G's Tagebuche erwähnt wird (10, 235—241).
Am 18. December 1827 sandte A. als „Weihnachtgabe. Bei=
trag zur Handschriftensammlung" 21 verschiedene Autographen
Friedrichs des Großen, Friedrich Wilhelms II., Karl Wilhelm
Ferdinands von Braunschweig u. s. w.; G. hat auf das Ver=
zeichniß geschrieben „Geschenck des Herren A. v. Arnim zu Weh=
nachten 1827" und den Empfang am 24. December im Tagebuch
bestätigt.

VI. Bettina von Arnim.

Ihre Briefe an G. hat Bettina gleich nach seinem Tode stür=
misch vom Kanzler v. Müller zurückverlangt (vgl. oben S. 282 ff.)
und auch zum größten Theil erhalten; nur ein Brief aus der
ersten Verbindung und die letzten Zuschriften nach 1824 sind in
G's Nachlaß verblieben. Wie sie die Briefe bei der Herausgabe
des „Briefwechsels mit einem Kinde" umarbeitete, zeigt unsere
Einleitung S. XLV. Die Litteratur verzeichnet Goedekes Grundriß ²
6, 84; es fehlt u. a. Düntzers scharfe Kritik in der Beilage zur Allg.
Zeitung 1865 Nr. 200 bis 202. — Bruchstücke, die der Kanzler
v. Müller aus B's Briefen abschrieb (sie decken sich zum Theil
mit dem Briefwechsel ⁸ S. 228 und 354), sind hier nicht mit=
getheilt, da der echte Briefwechsel sie entbehrlich machen wird.
B's Worte über das Äußere ihrer Briefe (Briefwechsel mit einem
Kinde ³ XXXI): „sie sind meistens von seiner Hand corrigirt,
sowohl Orthographie als auch hie und da Wortstellung, manches
ist mit Röthel unterstrichen, anderes wieder mit Bleistift, manches
ist eingeklammert, anderes ist durchstrichen" werden einzuschränken
sein auf die Blätter, die G. zur „Aristeia der Mutter" (Werke
29, 231 ff.) verwenden wollte und im Herbst 1831 mit Eckermann
leicht überarbeitete (Riemer, Mittheilungen 2, 726, unsere Briefe
S. 290). — B's Orthographie und Interpunction haben wir

ſchonend normaliſirt; ſie ſchreibt z. B. „zerſtreiend“, „Egermann“, „emfindet“, „Zeigen“ für Zeichen (S. 294 Z. 1. v. u. oder für „Zeugen“? vgl. S. 295, Z. 15), „einlaugt“ für eintaucht, Adjectiva groß und faſt Alles ohne Komma.

Bettinas erſter Beſuch fällt auf den 23. April 1807. Wieland empfahl ſie mit folgendem Billet (Original im Archiv, vgl. Brief= wechſel mit 'einem Kinde ³ S. 12): „Bettina Brentano, Sophiens Schweſter, Maximilianens Tochter, Sophien La Roches Enkelin wünſcht dich zu ſehen, l. Br. und giebt vor Sie fürchte ſich vor dir, und ein Zettelchen, das ich ihr mit gäbe, würde ein Talis= mann ſeyn, der ihr Muth gäbe. Wiewohl ich ziemlich gewiß bin, daß Sie nur ihren Spaß mit mir treibt, ſo muß ich doch thun was Sie haben will — und es ſoll mich wundern wenn dirs nicht eben ſo mit [lies: wie] mir geht. W. Den 23ſten April 1807.“ — G's Tagebuch vom 23. April (3, 206): „Mamſell Brentano.“ — Über ihren dreiſtündigen Beſuch vgl. Clemens Brentanos Brief an Arnim vom 17. Juli 1807 (Steig S. 218, abgekürzt). In einem ungedruckten Briefe an Conta (Strehlke 1, 113) aus Carls= bad, 30. Juni 1807, ſagt G. trotz lebhaften Dräuens von Gunda v. Savigny, Bettinas Schweſter, eine Reiſe nach Wien ab und ſetzt hinzu: „Haben Sie die Gefälligkeit dieſes der Frau von Sa= vigni mit meinen beſten Empfehlungen zu hinterbringen und Ihr zu verſichern, daß es mir unendlich leid thue, Sie, wie ich ſchon längſt gewünſcht, dießmal [nicht] perſönlich kennen zu lernen, um ſo mehr als ihre Schweſter Bettine mich vor kurzer Zeit in Weimar durch ihren Beſuch ſehr glücklich gemacht hat.“ Vgl. auch Schriften der G.=Geſellſchaft 4, 310.

1. Ein früheres „Briefelein“ B's an Chriſtiane überſandte Frau Rath am 19. Mai 1807 (Schriften 4, 312). — Dieſer erſte Brief an G. iſt im Carlsbader Tagebuch nicht erwähnt, im Briefwechſel mit einem Kinde ³ S. 71 auf den 15. Mai 1807 zurückdatirt. — Der von B. citirte Brief der Frau Rath vom 13. Juni 1807 lautet im Original (facſimilirt in der Sammlung hiſtoriſch berühmter Autographen, Stuttgart 1846, Erſte Serie Nr. 248): „Liebe — Liebe Tochter! Nenne mich ins künftige mit dem mir ſo theuren Nahmen Mutter — und du verdienſt ihn ſo ſehr, ſo ganz und gar — mein Sohn ſey dein inniggeliebter Bruder — dein Freund — der dich gewiß liebt und Stolz auf deine Freundſchaft iſt. Meine Schwieger Tochter hat mir ge=

schrieben wie sehr du Ihm gefallen hast" — im Briefwechsel ³ S. 8 geändert. — Über das Citat „Im Arm der Liebe ruht sich's wohl" vgl. oben S. 315 f. — Der Banquier v. Jordis in Cassel war B's Schwager.

Am 20. Juli 1807 (vgl. Tageb. 3, 243) muß G. im Briefe an seine Mutter B. erwähnt haben, wenn auch nicht in der Form wie im Briefwechsel ² S. 73; denn Frau Rath antwortet am 8. September (Schriften 4, 322): „Betine B. ist über die Er= laubniß dir zuweilen ein plättgen zu schicken zu dörfen entzückt — antworten solt du nicht — das begert Sie nicht — dazu wäre Sie zu gering — belästigen wolle Sie dich auch nicht — nur sehr selten." B. bestreitet das (Briefwechsel ² S. 74, angeblich am 25. Mai 1807).

2. Das undatirte Original im Archiv aus dem Nachlaß der Enkel Goethes. Der Brief ist bereits in Kühnes „Europa" 1850 Nr. 94 S. 750 als „Ein wirklicher Brief Bettina's. (Aus dem Goethe'schen Nachlaß)" veröffentlicht, aber bisher ganz unbeachtet geblieben. Ich habe den, auch der Schrift nach früher Zeit an= gehörigen, Brief nach Bettinas zweitem Besuche in Weimar (1. bis 10. November 1807) gesetzt, da nur auf diese Zeit die Erwäh= nung von Savignys Reise nach Frankfurt paßt, vgl. Brentanos Brief an Zimmer aus Cassel vom 29. November 1807 über ihren Besuch in Weimar: „Dort sind wir täglich bei Goethe und er bei uns gewesen, und haben uns gegenseitig lieb gehabt; sodann ist die ganze Karawane in drei Kutschen nach Kassel gefahren, von wo Savigny nächster Tage nach Frankfurt geht, den Winter dort zu bleiben." Der obige Brief fällt also eher in den Anfang December 1807. — Über den Besuch von Bettina und Melina B., denen Savignys und Clemens, dann Arnim und Reichardt folgten, vgl. G's Tagebuch vom 1. bis 10. November 1807 (3, 291—294). Am 11. November ging G. nach Jena, der Besuch nach Cassel, wo B. noch Weihnachten 1807 war (Schriften 4, 334). — B's Worte: „und wenn Dein Sinn wäre von Stein wie Dein Bildniß, so müßte ich doch rufen umarme mich, weißer Cararischer Stein" haben G's 4. Sonett „Das Mädchen spricht" veranlaßt; es ist am 6. December, also unmittelbar nach Empfang dieses Briefes gedichtet.

3. Tagebuch vom 3. Januar 1808 (3, 312): „Kam die Schachtel von Bettina Brentano mit den Weihnachtsgeschenken";

G's Antwort ist am 8. Januar verzeichnet, im Briefwechsel³ S. 100 vom 5. September 1807 datirt. Daß dies sein erster Brief an B. war, beweisen die Worte seiner Mutter vom 15. Januar 1808 (Schriften 4, 336): „B. ist vor Freude außer sich über deinen Brief, Sie brachte mir ihn im Triumph — auch über Herrn Riemers Verse — Weimar ist Ihr Himmel." — Riemer dankte in einem Sonett „Belehnt bin ich von Eurer Majestät" (vgl. Briefw. mit einem Kinde ³ S. 118). — „Die artigen Balgenden" wohl eine Gruppe von Amoretten. — „Meline" ist B's Schwester, spätere Frau v. Guaita in Frankfurt; sie überschickt am 25. December 1807 durch Frau Rath „inliegendes Käppgen" (Schriften 4, 334). — Über Joseph Ludwig Stoll (1778—1815), den Herausgeber des „Prometheus", vgl. oben S. 312. Der „blaue Umschlag" auch in G's 10. Sonett „Sie kann nicht reden". — „Schreiben Sie bald daß ich wieder was zu übersetzen habe": ein zwingender Beweis, daß G. wirklich Bettinasche Briefe zu Sonetten umgedichtet hat, vgl. Pniower im Anzeiger der Zeitschrift für deutsches Alterthum 42, 181.

4. Weber B's Sendung von Musikalien (vgl. Briefw. ³ S. 107) noch G's Antwort ist im Tagebuch verzeichnet; die letztere im Briefw. ³ S. 110 vom 2. Januar 1808 datirt. — Über G's kleine Hauscapelle vgl. Briefe 19, 378 und 20, 9. — Jomellis Confirma hoc deus wurde am 6. März 1808 zum erstenmal gesungen, am 7. April wiederholt (Tagebuch 3, 321. 327).

5. Tagebuch vom 1. April 1808 (3, 326): „Sendung von Frankfurt mit Druckschriften der Juden", vgl. Briefw. ³ S. 122. Frau Rath berichtet am 15. Januar 1808 ausführlich ihrem Sohn (Schriften 4, 337) über die bei Varrentrapp und Wenner erschienene „Neue Stättigkeit und Schutz-Ordnung der Franckfurther Judenschaft", datirt: Paris 30. November 1807, und die Gegenschriften. — G's Antwort: Tageb. 3, 326, Briefw. ³ S. 123 unverändert bis auf „Du" für „Sie". — Der „braunschweigische Judenheiland" ist Israel Jacobson (1768—1828), Hoffactor und Kammeragent, Gründer der Jacobsonschule in Seesen; dieser Förderer der Judenemancipation ging nach Einverleibung Braunschweigs in das Königreich Westphalen nach Kassel, wo er als Präsident an die Spitze eines jüdischen Consistoriums nach Art des Pariser Sanhedrins trat. Über seine Bittschrift an Napoleon vgl. Riemer, Mittheilungen 1, 439. — Joseph Franz Molitor (1779

bis 1860), war damals Vorstand des Frankfurter Philanthropins zur Hebung der Judenschaft. — Den Brief überbrachte August v. G., der am 4. April nach Frankfurt und Heidelberg abging (G.-Jahrbuch 10, 72). — B's „Berg-Burg-Kletter- und Schau- relationen" im Briefwechsel ¹ S. 122; über die phantastische Ab- spieglung in einer fata morgagna (dieselbe Schreibung auch Werke 22, 9. 364) vgl. Pniower a. a. O. — G. ging erst am 12. Mai 1808 nach Carlsbad ab (Tageb. 3, 334).

6. Tagebuch vom 19. April 1808 (3, 329): „Kam ein Kleid von Bettine Brentano an mit verschiedenen Flugschriften. Gegen- schrift gegen Jacobsen." B's Begleitbrief an Christiane vom 7. April: Briefw. ¹ S. 127. — G's Antwort: Tageb. 3, 329, Briefw. ¹ S. 128 fast unverändert. — „Der Finanzgeheimeräth- liche, Jacobinische Israels Sohn" ist der zu Nr. 5 erwähnte Israel Jacobson. — Beaumarchais' 4. Mémoire: Clavigo. — Einen eigenhändigen pädagogischen Aufsatz B's über die Er- ziehungsmethode Engelmanns in Frankfurt besitzt das Archiv als Geschenk H. Grimms. Er trägt die Aufschrift: „Hrn. Doctor Riemer unterthänigst zugeeichnet und zur Correctur der Geo- graphie [lies: Orthographie] überschickt. von Bettine Brentano." Riemer dankt am 13. April 1808 durch August v. G. (G.-Jahrbuch 10, 4) für die „geistreiche Recension", die er vollkommen unterschreibe.

7. Im Tagebuch (3, 332) am 3. Mai verzeichnet, im Briefw. ¹ S. 131 und 137 in zwei Briefe vom 4. Mai und 7. Juni um- gedichtet. — August ging am 22. April 1808 von Frankfurt nach Heidelberg ab (Schriften 4, 240); über das Fest, das der Fürst Primas von Dalberg ihm und seiner Großmutter gab, vgl. ebda.

8. G. langte am 15. Mai 1808 Abends in Carlsbad an (Tageb. 3, 335). Ein „Brief von Bettine Brentano" ist am 7. Juni im Tagebuch verzeichnet (3, 343); vermuthlich ist er im Briefw.¹ S. 132 und 137 ff. in mehrere Briefe vom 20. Mai, 16. und 25. Juni aufgelöst. G's Antwort im Tagebuch (3, 350) vom 22. Juni: „An meine Mutter, eingeschlossen darin an Demoi- selle Brentano"; Briefw. ¹ S. 180 vom 28. Juli 1808 datirt. Frau Rath an G., 1. Juli 1808 (Schriften 4, 347): „Deinen Lieben — freundlichen Brief an Betinen habe Ihr noch nicht können zustellen Sie fährt wie ein Irrwisch bald ins Reingau — bald anders woherum." — Wer ist der „liebenswürdige Dichter", dessen Portrait B. übersandt hatte (vgl. Briefwechsel ¹ S. 129)? — Johannis-

berg: Briefw.³ S. 137 (vom 16. Juni); im Kahn auf dem Rhein: S. 133 (vom 20. Mai). — Die neuen Nummern der „Zeitung für Einsiedler" las G. am 15. Juni (Tageb. 3, 347). Er blieb in Carlsbad und Franzensbrunn bis 12. September 1808 (Tageb. 3, 385). 9. Vgl. Tagebuch vom 20. Februar 1809 (4, 11); Briefw.³ S. 225 mit Zusätzen. — Von „Eidexen und Wassermäuschen" im Münchener Schloßhof spricht der Briefw.³ S. 228 (München, 5. Februar 1809); von den „Bergeshöhen" am Rhein S. 194. 201 ff. (8. und 17. August aus Schlangenbad). — B. an Christiane: Briefw.³ S. 216 (München, 8. Januar 1809); Christianes Danksagung: S. 224 (Weimar, 1. Februar 1809, mit Abweichungen vom Original, das in Wiepersdorf liegt). — Das Blättchen an B., das G. seiner Mutter schickte, ist Nr. 8. — Frau Rath starb am 13. September 1808; Christiane kam am 3. October in Erbschaftsangelegenheiten nach Frankfurt. — Wilhelm v. Humboldt war vom 25. December 1808 bis 7. Januar 1809 auf Urlaub von Rom in Weimar. Der „schlanke Architekt von Cassel" hieß Engelhard, vgl. Tagebuch vom 26. Januar 1809 (4, 7). — B. als Krankenpflegerin bei Tieck: oben S. 81.

10. Dazwischen im Briefw.³ S. 244 und 262 zwei erdichtete Briefe G's vom 17. Mai und 7. Juli 1809. — Tagebuch vom 10. September 1809 (4, 60): „Brief von Bettinen". — Clemens bei G. am 8. August: oben S. 333. — Der „Albrecht Dürer" ist eine Copie des Selbstporträts in der Münchener Pinakothek, vgl. Briefw.³ S. 258 (auch im Original vom 16. Juni batirt, vgl. Loeper S. XLVI); B. schreibt am 9. [!] September 1809 (Briefw.³ S. 274): „hast Du Albrecht Dürer's Bildniß, welches schon vor sechs Wochen von hier abging, erhalten? — wo nicht, so bitte ich, lasse doch in Weimar bei den Fuhrleuten nachfragen." — Die „Cöllner Vignette" (im Briefw.³ S. 269 reproducirt) ist von Carl Friedrich v. Rumohr (1785—1843), der auch auf S. 195 erwähnt wird. — „Franz Baaders Aufsätze" verzeichnet das Tagebuch am 10. September (4, 60); B. berichtet über ihn ebenfalls (angeblich) am 9. September (S. 272). — Über Matthias Kloß (1748—1821), Hofmaler in München, vgl. Naturwissensch. Schriften 4, 321 und G's Brief vom 19. October 1807 (19, 438); B. hatte an G. geschrieben (Briefw.³ S. 273): „am meisten klagte er, daß Du ihm auf einen bemüthigen, aufrichtigen Brief keine Antwort gegeben, ich aber tröstete ihn damit, daß Du mir auf einen bittenden,

liebenden Brief auch keine Antwort gegeben, und so war es gut." Vgl. ebda. S. 284 f. — Das angekündigte Büchlein sind die „Wahlverwandschaften"; vgl. Briefw.³ S. 277. 290.
11. Original im Archiv, wie Nr. 13 und 17 als Geschenk H. Grimms. — Briefw.³ S. 276 mit einem Zusatz über Carl August. — August v. G. lehrte schon am 26. September 1809 nach Weimar zurück (Tageb. 4, 88); über seine Rheinreise vgl. G.=Jahrbuch 10, 87.
12. Dazwischen im Briefw.³ S. 280 ein erdichteter Brief G's vom 7. October. — Tagebuch vom 3. November 1809 (4, 75); Briefw.³ S. 288 mit einem Zusatz über G's Besuch im Elephanten. — B. hatte ihr von Ludwig Grimm radirtes Portrait übersandt (vgl. Tageb. vom 5. November, 4, 76). Den Absatz darüber veröffentlichte zuerst H. Grimm bei Ersch und Gruber I 91, 308; im Original steht 3. 11 „treulich", nicht „traulich" wie Briefe 21, 129, 3. 12 „dem", nicht „den". B. hat auf dem Bilde Arnims „Wintergarten" im Schooße. — Psalmen von Marcello und Duette von Durante erwähnt B. am 19. October (Briefw.³ S. 283 f.). — Aus ihren Zuschriften vom October 1809 hat R. Steig nach dem Original ein Bruchstück citirt (G. und die Brüder Grimm, S. 50) und in der Deutschen Rundschau 72, 271 abgedruckt; wir haben das Fragment nicht in den Text aufgenommen, um die Reihe der G'schen Briefe nicht in einem vereinzelten Fall zu unterbrechen, lassen es aber hier folgen:

„Der alte Kapellmeister Winter ist keine interessante Erscheinung, alles was ich von ihm weiß will ich Dir sagen; er liebt die Franzosen und componirt fortwährend Märsche für sie, das bringt ihn ins Musikalische Feuer, alle Tage wenn ich zu ihm komme, spielt er mir einen Marsch, nichts ist ihm feurig genug; sie müssen fiegen, sagt er, da müssen Trompeten und Pauken drein wettern. alle Morgen um 6 Uhr besuche ich ihn da sitzt er in der Laube beim Kaffee, und zankt sich mit seiner Frau um die Haut auf der Milch; wenn ich komme muß ich den Streit schlichten, dann gehen wir zusammen auf den Taubenschlag, der Koloß und ich, da sitzt er gar zu gern gebückt, und ich bei ihm oft eine Stunde, eh ich ihn bewegen kann mit mir zum Klavier zu gehen, dann singen wir gewöhnlich biß gegen Mittag Psalmen. Dann komme ich nach Haus und koche mir einen Kalbfuß und Sagosuppe, denn ich bin jetzt ganz allein Herr im Hause, die andern sind aufs Land gezogen, ich sitze auf dem Herde auf einem Schemel und lese und dabei rühre ich zuweilen meine Suppe; ich bin ganz befriedigt in diesem Leben und mir beucht gar nicht daß ich diese Grenze erweitern dürfte; mein inneres Leben bist Du und mein äuseres, je schlichter es ist, je mehr entspricht es meinem geheimen Vertrag mit Dir. — Der Ludwig Grimm geht nach Tisch oft mit mir spazieren, ein Bettelkind bekömt ein Gröschel daß es stille steht, Grimm rabiert es gleich auf eine kleine Kupferplatte, zu Hause wird es geäzt, so hat er schon mehrere allerliebste kleine Bilder zusammen gebracht, ich werde Dir nächstens Abdrücke davon schicken; um 6 Uhr gehe ich mit Winter in die Musikproben, da sitze ich allein in der dunklen Kapelle und höre die über mir musiziren, komme ich nach Hauß da finde ich manchmal den Stadion, der sizt schon an meinem Tisch und liest die fremden journale und Depechen die er sich hat zu mir bringen lassen, er ist gar zu gut, so beweglich so lebhaft und so sanft; der erzehlte mir lezt von seinem Verzichten auf das Glück der Liebe zu gunsten seines Bruders der schöner gewesen sey wie er, und da sah er mich so traurig an; ich fragte: was ist das Glück der Liebe, ist es ein Kuß so will ich ihn Dir geben, schwarzer Friz. — er nahm meinen Kuß zwar an, aber die Liebe sey ein Abgrund ein unendliches sagte er —

Sonderbar; unendlich, macht mir so bange, ich will auch kein Ende, aber der Augenblick soll ewig währen; ich will mein Gesicht an Deiner Brust verbergen, ins Dunkel Deines Gewandes hüllen. — Gelübde thut man in zarter Jugend; ich hab meine Weisheitszähne noch nicht, ich thue Dir auch ein rasches Gelübde: wenn ich je einen Apfel esse mit goldner Schale und rothen Backen, schön rund ohne Makel, dann will ich ihn zu Deinem Gedächtniß verzehren, und wenn ich Wein trinke, rothen, in dem sich der Lichtstrahl feurig bricht der sey getrunken bis zum lezten Tropfen auf Dein feuriges Herz daß es nicht erkalte mir nicht erkalte. — O wende Dich nie von mir; Dich zu denken, mein zu wähnen ist mir einzige Lebensquelle, und wärst Du nicht als unerschöpflicher ewig erneuernder Zauber in mein Leben verwebt, was wär dann? —"

13. Original im Archiv. — Tagebuch vom 5. Februar 1810 (4. 94); im Briefw.³ S. 302 ganz verändert. Antwort auf die im Tagebuch nicht erwähnten Briefe B's vom 9. November 1809 bis 12. Januar 1810, Briefw.³ S. 290 bis 301.

14. Tagebuch vom 11. Mai 1810 (4, 117): „Dem. Brentano Landshut." Am 16. Mai ging G. von Jena ab und traf am 19. in Carlsbad ein (4, 119. 122). — B. und Savignys trafen mit G. in Teplitz zusammen, vgl. Tagebuch vom 9. bis 12. August 1810 (4, 146f.), besonders am 11. August: „Mit Bettinen im Park spazieren. Umständliche Erzählung von ihrem Verhältniß zu Fräulein Günderode. Charakter dieses merkwürdigen Mädchens und Tod." G. schreibt an Christiane an demselben Tage: „Vor allen Dingen muß ich dir ein Abentheuer erzählen. Ich war eben in ein neues Quartier gezogen und saß ganz ruhig auf meinem Zimmer. Da geht die Thüre auf und ein Frauenzimmer kommt herein. Ich dencke es hat sich jemand von unsern Mit=bewohnern verirrt; aber siehe es ist Bettine die auf mich zuge=sprungen kommt und die noch völlig ist wie wir sie gekannt haben. Sie geht mit Savignis nach Berlin und kommt mit diesen auf dem Wege von Prag her hier durch. Morgen gehen Sie wieder weg. Sie hat mir unendliches erzählt von alten und neuen Abend=theuern. Am Ende geht es denn doch wohl auf eine Heyrath mit Arnim aus." Und am 13. August: „Bettine ist gestern fort. Sie war wircklich hübscher und liebenswürdiger wie sonst. Aber gegen andre Menschen sehr unartig. Mit Arnim ists wohl gewiß." Riemer an Frommann, 12. August 1810 (Heitmüller S. 165): „Sie ist noch so klug und unklug wie sonst und gleich unbegreif=lich." — Poetische Ausschmückung dieses Zusammenseins im Briefw.³ S. 347. 540.

15. Die Blätter, die B. nach Teplitz mitbrachte, sind wie ihr letzter Brief im Briefw.³ S. 345 als verloren bezeichnet. — B. antwortet am 17. October (Briefw.³ S. 346): „Beschuldige mich nicht daß ich so viel mit mir fortgenommen habe, denn wahrlich ich fühle mich so verarmt, daß ich mich nach allen Seiten umsehe nach etwas an das ich mich halten kann; gieb mir etwas zu thun." — Den Schluß erklärt Steig (Goethes Briefe 21, 480) richtig: Dein nächster Brief wird wohl deine Verlobung mit Arnim enthalten und dann bist du für mich verloren.

16. G. kehrte am 2. October 1810 nach Weimar zurück (Tageb. 4, 157). — G. hat den Plan zu „Dichtung und Wahr=heit" nach Riemer schon am 28. August 1808 gefaßt, im October 1809 das erste Schema niedergeschrieben und am 22. Mai 1810 in Carlsbad wieder aufgenommen, vgl. Bächtold in den Werken 26, 345. Die eigentliche Ausarbeitung begann am 1. Februar

1811. Über B'ß Beihülfe vgl. Steig, Arnim u. Brentano S. 359 und Deutsche Rundschau 72, 271. Die „wunderbaren Auszüge aus einer Hauschronik", die zur „Aristeia der Mutter" verwendet wurden, sind jetzt in den Werken 29, 231 ff. abgedruckt.
17. Original im Archiv; Briefw.³ S. 354 unverändert. — B. hatte am 4. November 1810 (Briefw.³ S. 349) die ersten Berichte über G's Kindheit eingesandt.
18. Briefw.³ S. 379 mit größeren Zusätzen. Einen dort eingeschalteten Passus überliefert Kanzler v. Müller abschriftlich in folgender selbständiger Gestalt: „An Bettina. Bei Dir wäre sehr zu wünschen, was die Weltweisen als die wesentlichste Bedingung der Unsterblichkeit fordern, daß nämlich der ganze Mensch aus sich heraustreten müße ans Licht. Ich muß Dir doch aufs dringendste anempfehlen diesem guten Rath so viel wie möglich nachzukommen Goethe." Liegt hier ein echter Brief G's zu Grunde oder ist diese Stelle aus dem gedruckten Briefwechsel abgeschrieben? B's Antwort (Briefw.³ S. 381) beweist nichts. — G. war vom 9. bis 21. Januar 1811 in Jena (Tageb. 4, 177. 180). — B's Verlobung hatte im December 1810 stattgefunden. — Über Zelter: Briefw.³ S. 376. Z. schreibt Anfang März 1811 an G. (1, 438): „Bettine hat am Sonntage vor acht Tagen Hochzeit machen wollen. Da hatten beyde einige Kleinigkeiten zu besorgen vergessen; z. E. sich aufbieten zu lassen, eine Wohnung zu miethen, ein Bette anzuschaffen und dergleichen. Darüber muß nun die Sache, ich glaube gar bis nach Fasten, in statu quo bleiben." — Die Vorstellung des „Achille" von Ferdinando Paer fand am 28. November 1810 mit Antonio Brizzi in der Titelrolle statt, vgl. Burkhardt, Repertoire S. 77, G's Briefe 21, 383. 426.

Dieses ist der letzte erhaltene Brief G's; einen früheren an „Brentano, Berlin" verzeichnet die Kgl. Sächsische Postliste (im Archiv) als am 4. Januar 1811 abgegangen, ein Couvert mit dem Poststempel vom 17. Januar 1811 liegt in B's Nachlaß (Loeper S. XLVII). — Nach vorheriger Anmeldung bei Riemer (oben S. 275) kamen die seit dem 11. März 1811 Vermählten am 25. August 1811 in Weimar an (Tageb. 4, 229) und feierten G's Geburtstag mit; sie werden am 25. bis 30. August, 1. 2. 4. bis 8. September im Tagebuch genannt. Bald darauf (nach Riemer am 13. September) erfolgte der Zusammenstoß B's mit Christiane auf der Ausstellung. Den ersten Klatsch darüber bringt O. L. B. Wolffs „Büchlein von Goethe" 1832, S. 33 f.; Riemers Mittheilungen 1, 33. 36 sind noch von B. Suphan in der Teutschen Litteraturzeitung 1893, Sp. 112 bestritten worden. G. selbst in den Annalen von 1811 (36, 71): oben S. XLII. Auf einen vergeblichen Vermittlungsversuch der Frau v. Stein scheinen G's Worte vom 28. November 1811 an sie zu deuten: da er „sich selbst" b. h. seine Lebensbeschreibung anbiete, „so werde ich ja wohl, wegen jenes Briefchens einigen Aufschub erhalten bis ich mit freyem und frohem Muthe der Abwesenden wieder gedenken kann" (Briefe an Frau v. Stein ³ 2, 451). Charlotte v. Schiller schreibt an die Erbprinzessin Caroline v. Mecklenburg=Schwerin (Urlichs 1, 597) am 19. September über B.: „Sie liebt den Meister auf eine rührende Weise, aber denken Sie nur, daß ihr die dicke Hälfte das Haus verboten, de but en blanc eine Zänkerei in der Ausstellung angefangen und ihr gesagt hat, sie würde sie nicht mehr sehen u. s. w. Die Bettina ist eigentlich blos des Meisters wegen hier, freute sich auf ihn, sehnte sich ihn zu sehen, und seit diesem Vorfall nimmt er auch keine Notiz von ihr. Sie hat ihm vorgestern geschrieben, gesagt, sie wolle der Frau ihr Betragen ganz vergessen, er würde ihr immer lieb bleiben, und er antwortet nicht, kommt nicht!" Riemers factische Mittheilungen werden weiter bestätigt durch Pauline Gotters Bericht vom 23. October 1811 an Schelling (Plitt 2, 267), der am 13. November darauf eingeht. — Fortwirkenden Groll bezeugen G's Worte an Christiane aus Teplitz, 5. August 1812 (Briefe 23, 51): „Von Arnims nehme ich nicht die mindeste Notiz, ich bin sehr froh daß ich die Tollhäusler los bin." Spott A's an Clemens B. am 24. Juli aus Teplitz (Steig S. 302): oben S. XV. Über den Aufenthalt der Arnims und Brentanos in Teplitz vgl. Werner, G. und die Gräfin O'Donell, S. 197.

Eine directe Verbindung mit G., abgesehen von gelegentlichen Grüßen, nahm B. laut Briefw.³ S. 386 am 1. August 1817 wieder auf; im Tagebuch nichts darüber. Nach dem Briefw.³ S. 503 ff. war B. im August 1818 in Weimar, G. aber vom 16. Juli bis 17. September in Carlsbad (Tageb. 6, 229. 243). Einen Besuch B's im November 1821 (G's Gespräche 4, 135) erwähnt das Tagebuch gleichfalls nicht. Daß dagegen der im Briefw.³ S. 389/92 abgedruckte Brief von 1821/2 wirklich geschrieben ist, beweist August v. G's „Verzeichniß der angekommenen Briefe seit dem 16. Juni 1822", das er für seinen in Marienbad weilenden Vater führte. Ein undatirter Brief von B. ist dort als „am 4. Juli 1822 in Weimar angekommen" aufgeführt (ebenso Briefw.³ S. 392). Am 19. Januar

1824 verzeichnet das Tagebuch (9, 169): „Ferner von Berlin Brief und Zeichnung von Bettinen"; es ist der im Briefw.³ S. 392 bis 400 abgedruckte vom 31. December 1823 bis 11. Januar 1824, der letzte bisher bekannte.

In demselben Jahre und in Bezug auf den diesem Briefe beigelegten Entwurf zu ihrem Goethedenkmal (vgl. darüber G. an Staatsrath Schultz, 3. Juli 1824) besuchte B. zweimal auf der Hin- und Rückreise nach Schlangenbad und Frankfurt den milder denkenden Dichter. Das Tagebuch verzeichnet am 26. Juli 1824 (9, 248): „Frau von Arnim Zeichnungen vorweisend" und Tags darauf „Abend Frau von Arnim"; B. führte den Entwurf zu ihrem Goethedenkmal (jetzt im Weimarer Museum) mit, über das H. Grimms Einleitung zum Briefwechsel³ S. XIV, XXII und Beiträge zur deutschen Culturgeschichte, 1897, S. 163 ff. zu vergleichen ist. Im Briefw.³ S. 544 wird die Vorführung auf den 5. September verlegt. Am 29. September 1824 heißt es im Tagebuch (9, 275): „Die Arnimsche Gruppe ausgepackt und durch Feuchtigkeit des Mooses gesprengt gefunden"; am 19. und 20. October folgt dann B's zweiter, nicht letzter, Besuch (Tageb. 9, 284 f.), über den sie selbst ausführlich an ihre Nichte Sophie Brentano berichtet, vgl. H. Grimms Beiträge S. 136 ff. Biedermann hat die bamals geführten Gespräche in seinen Nachträgen (10, 124 ff.) irrthümlich vom 28. und 29. September 1824 batirt. — G's Urtheil vom 26. Januar 1825, dem Kanzler v. Müller gegenüber (Burkhardt S. 98, fehlt in der 2. Auflage): oben S. XLIII.

19. Als Privatdruck zu H. Grimms 70. Geburtstag von B. Suphan veröffentlicht. — Constantin Schinas, Historiker und Politiker, Gemahl Bettinas v. Savigny, wird in G's Tagebuch am 1. und 9. October 1825 (10, 108 f.) erwähnt. — Das Empfehlungsschreiben muß etwa am 10. Juni geschrieben sein, denn der Brief Ludwig Grimms, den B. am Tage zuvor erhalten, ist vom 6. Juni batirt (Steig, G. u. die Brüder Grimm S. 191). — Die Landschaft von Karl Friedrich Schinkel (1781—1841) ist „die Blüthe Griechenlands", gestochen von Witthöft. — G's „weißes Gewand von weicher Wolle" erscheint in B's Briefen öfters.

Im Jahre 1826 folgte ein weiterer Besuch Bettinas; sie wird am 27., 28. und 30. August, 3., 6. bis 11. September im Tagebuch erwähnt (Tageb. 10, 235—241). Am 3. September wurden „Viele Brentanoische Abenteuer", am 6. „Frühere Frankfurter Geschichten" erzählt, am 11. portraitirte B.

20. Der empfohlene Maler Julius Hübner war mit seinem Collegen Ferdinand Theobor Hildebrandt (1804—74) am 30. October 1826 bei G. (Tageb. 10, 263). Der letztere hatte eine Empfehlung von Alfred Nicolovius vom 22. October mit (Tageb. 10, 348). — Über das große Ölgemälde G's von Heinrich Kolbe, das sich seit 1831 auf der Jenaer Bibliothek befindet, vgl. Zarncke, Goethebildnisse S. 43. Goethe schreibt darüber am 15. September 1826 an J. H. Meyer (Riemer, Briefe von und an G., S. 127): „Die vorläufige Beschreibung davon konnte mir kein rechtes Zutrauen einflößen. Nun ist es da, und ich für meine Person finde es nicht erfreulich; Andere sehen es wenigstens zweifelnd an und mögen sich nicht gern darüber äußern ... Es bleibt daher nur einige Tage hier auf der Bibliothek aufgestellt. Ich mag Sie darauf nicht einladen; Sie würden dagegen vielleicht gerechter als ich, aber doch nicht erbaut seyn." Vgl. auch G's Tagebuch vom 14. und 15. September 1826 (10, 243). Günstiger urtheilte Zelter, der es noch auf der Staffelei sah (3, 363). — S. 190: Nicolovius berichtet über die Ausstellung und das Portrait am 8. October 1826 (ungedruckt). Vgl. auch Müllers unbatirten Brief bei Frese, Goethe-Briefe aus Fritz Schlossers Nachlaß, S. 122. — Die Aufträge an den Berliner Geh. Oberfinanzrath Peter Christian Wilhelm Beuth (1781—1853) hatte G., wie die Grüße an Zelter, Rauch und Schinkel, ihr mündlich ertheilt; sie betrafen wohl das von ihm geleitete Gewerbeinstitut, nach dessen Muster G. im J. 1829 eine Gewerkschule in Weimar begründete (vgl. G. und Maria Paulowna, Weimar 1898, S. 86). — Christian Daniel Rauch (1777—1857) vollendete 1829 seine sitzende Statue des Königs Maximilian I. von Bayern, die 1835 in Erzguß aufgestellt wurde. — Über „Charos. Zeichnung von Leybold" vgl. Kunst und Alterthum V 3, 7—10. — Wilhelm v. Schadow (1789 bis 1862) wurde 1826 Director der Düsseldorfer Kunstakademie; es folgten ihm dorthin außer Hübner auch seine übrigen Berliner Schüler, Th. Hildebrandt, C. Sohn und Lessing.

21. Adresse: „Sr Excelenz. Des Herrn Geheimenrath und Staatsministers von Goethe in Weimar." — Der Überbringer war laut Nachschrift ein Mediciner Namens Necher; G's Tagebuch verzeichnet am 13. Mai 1828: „Dr. Necher Sr. K. H. Infant v. Spanien, Herzog von Lucca Leibarzt und Hofrath; ein entschiedener Hamannianer [lies: Hahnemannianer], welcher mir das bekannte Credo umständlich mit vollkommenster Überzeugung

vortrug." — Ludwig I. bestieg den Thron am 12. October 1825; zum Andenken an seine Vermählung (12. October 1810) mit der Prinzessin Therese von Sachsen-Hildburghausen wird alljährlich das volksthümliche „Octoberfest" auf der Theresienwiese veranstaltet. B's Basrelief wird auch in Nr. 23 erwähnt.

22. Dieses von Müller mit „1830" datirte und wie Nr. 23 in Weimar geschriebene Billet ist von mir in den Anfang August gesetzt, da G's Tagebuch am Sonnabend den 7. August 1830 den lakonischen Eintrag hat: „Fr. v. Arnims Zudringlichkeit abgewiesen."

23. Adresse: „Des Herrn Geheim R: v. Goethe Excelenz. Dahier so gleich abzugeben" — also in Weimar geschrieben. Nach ihrem Briefe an Müller vom 21. August 1832 reiste B. damals nach Brückenau.

Auch nach dieser letzten Zurückweisung hörten die Beziehungen nicht ganz auf; zumal B's Schwester, Kunegunde v. Savigny, führte sie fort. G's Tagebuch verzeichnet am 4. September 1831: „Abends Frau von Savigni, ... Sohn von Frau v. S., ein junger Guaita", und am 12. Februar 1832: „Mittag Frau v. Savigny, Frau von Barbeleben, Doris Zelter. Sehr lebhaftes Gespräch. Theilnehmung an frühern Zeiten."

Und fast die letzten Aufzeichnungen G's beschäftigen sich mit B's ältestem Sohne, Johannes Freimund v. Arnim (geboren 1812), der über Weimar nach Paris reiste; er wird vom 10. bis 14. März 1832 als täglicher Mittagsgast in G's Tagebuche genannt und das Letzte, was G. schrieb, waren einige Zeilen in sein Stammbuch. Seine Mutter gab ihm einen Begleitbrief an G. mit, der „Aus dem Nachlaß Varnhagens von Ense. Briefe von Stägemann, Metternich, Heine und Bettina v. Arnim", 1865, S. 294 abgedruckt, aber vielleicht nicht an seine Adresse gelangt ist; denn B. sagt selbst (oben S. 280) im April 1832, sie habe „grade in 6 Jahren nicht an ihn geschrieben". Er möge daher nur in den Anmerkungen folgen; an der Spitze steht eine Vignette von Rumohr (vgl. oben S. 174):

„Berlin, den 8. März 1832

Alte Zeiten lehren wieder, du siehst's an der Vignette, sie ist auch von Rumohr's Hand an meinem Schreibtisch gemacht, wie die vor zwanzig Jahren, unter die ich die Ergießungen eines von den ersten Strahlen der Maisonne eröffneten Herzens schrieb.

Wahrlich heute wie damals sauge ich noch aus dir alle Energie des Lebens, wie damals mäßigt, kräftigt der Gesang beiner Lieder meine geistigen Regungen, besonders bei meinen unmündigen Versuchen in der Kunst, wenn ich sie nach der Natur zu kopiren strebe, und mir das ewige Spiel, das ununterbrochene Well' auf Welle hinwallen des Lebensstromes die Sinne verwirrt. Dann geh ich zum Koncentriren meiner Gedanken an's Klavier, und komponire irgend eins deiner Lieder, dessen Rhythmus dem meiner Empfindung entspricht; und wenn ich durch die langen endlosen Strassen Berlins gehe, dann finge ich sie bei dem Gerassel der Wagen, und schreite somit im leichteren Talt dahin auch durch das geistige Leben, wie der gewöhnliche Haufe der Menschen; und somit führen mich die geistigen duftenden Regungen deiner Jugend wahrscheinlich bis zu meinem Grab, bis daß denn die irdischen Blumen über die geistigen die Decke ausbreiten mögen.

Alle Menschen, die mich näher kennen, haben mich lieb; kennst du denn mich gar nicht mehr? —

Wenn du wüßtest, wie sehr weh du mir thust; in mein Leben kann ich hereinsehen wie in's klare Wellenspiel, aber in die Arme, die mich einzig mit Liebe umfaßt haben, darf ich mich nicht denken; die Wahrheit, die einzige, die den Werth ihrer Verwirklichung in sich trägt, ist aufgehoben von dir selbst, der doch Athem ihrem Leben eingehaucht.

Vergesse, vergesse und umfasse mich neu in diesem Kinde, was dir die gewagten Zeilen mit unbefangenem Vertrauen darbietet; es will Deutschland nicht verlassen, ohne von deinem Anblick gesegnet zu sein. Bettine."

VII. Jacob und Wilhelm Grimm.

R. Steigs Darstellung „Goethe und die Brüder Grimm", Berlin 1892, liegt zu Grunde; die Anmerkungen beschränken sich auf das Unerläßliche. Die Briefe der Brüder bis auf Nr. 8 schon im G.-Jahrbuch 9, 20—44.

1. Wilhelms erster Besuch in Weimar fällt in die Tage vom 11. bis 25. December 1809; Arnim gab ihm seinen Brief vom 19. November 1809 (oben S. 143) als Empfehlung mit. — Jacobs nicht erhaltenes Gesuch um Benutzung der beiden altdeutschen Weimarer Handschriften befürwortete G. am 18. Januar bei C. G. v. Voigt. Die Brüder verwertheten die Handschriften in der Schrift „Über den altdeutschen Meistergesang" 1811 und in den „Altdeutschen Wäldern" 1815 II, 135.

2. Das Bruchstück einer Romanze stammt aus dem schwedischen Volksliede von Hilla Lilla, in Rosegartens „Blumen" (Berlin 1801) S. 129—136; vgl. G's Werke 36, 388. — Für 1801 hat W. Grimm verschrieben 1808.

3. Begleitbrief zu den „Altdänischen Heldenliedern, Balladen und Märchen übersetzt von W. C. Grimm", Heidelberg 1811. Einen Theil des Mf. hatte Wilhelm ihm im December 1809 vorgelegt, G. blieb aber zurückhaltend, vgl. Steig S. 58. — Der Freiherr Hans v. Hammerstein auf Equord vertrat das Königreich Westfalen am dänischen Hofe, wo er auf Herausgabe der Hff. des Isländers Arnas Magnaeus drang; die seit 1765 unbenutzt liegende Textconstitution der jüngeren Snorra-Edda stammte von Johannes Olavius, die Ausgabe von P. Resenius erschien 1665. — Der „wunderliche Fußreisende Runen-Antiquar" Arndt ist Martin Friedrich Arendt aus Altona, über den Steig S. 45 und Riemers Mittheilungen 1, 412 zu vergleichen sind. — Das beigelegte erste Eddalied war das „Lied Sigurdurs mit Brynhildurs Weissagung"; es ging beim Auspacken verloren und wurde von Arnim im August 1811 durch ein neues ersetzt. — Die beiden noch im Goethehause vorhandenen Bilder Ludwig Grimms sind Nachstiche von Cranachs Luther und Melanchthon.

4. G. erhielt die Sendung in Jena am 9. Juli 1811 (Tageb. 4, 218) und beschäftigte sich nach seiner Rückkehr (27. Juli) am 3. und 4. August damit (4, 225). Wilhelm fühlte sich durch G's Brief enttäuscht und schrieb am 12. December 1812 an Görres: „Göthe hat mir durch seinen Secretär sehr höflich mit einigen ihm nachgeschlagenen, inwendig kupfernen Perioden danken lassen, was mir nicht zulieb gewesen; so viel ich weiß, fürchtet er sich bei dem Wunderhorn zu viel gesagt zu haben, so daß man ihn eines zu großen Antheils an dergleichen Dingen beschuldigen könnte."

5. Wilhelms zweiter Besuch in Weimar am 19. Juni 1816 ist in G's Tagebuch (5, 243) mit den Worten verzeichnet: „Bibliothekar Grimm, mit Nachricht von Arnims". Über ihr Gespräch vgl. Steig S. 104 ff. G's Wunsch beim Abschied, die Bücher der Brüder, an denen er immer Antheil genommen, vollständig zu besitzen, erfüllte Wilhelm mit diesem Briefe; sie kamen jedoch erst am 27. August in Tennstedt in seine Hände (Tageb. 5, 266). — Das „Lied vom Hildebrand" (Cassel 1812) las Goethe am 28. bis 30. August, die übrigen Grimmschen Schriften erst am 23. 24. 27.

30. October und 3. November 1816 (Tageb. 5, 280—282). Die "Kinder- und Hausmärchen" (Berlin 1812—15) übersendet G. am 21. November 1816 an Frau v. Stein für eine Mecklenburgische Freundin, um sie dadurch in den Stand zu setzen "auf viele Jahre die kleine Nachkommenschaft glücklich zu machen". Von seinem Interesse für die deutschen Märchen sprechen ferner ungedruckte Notizen zu Büschings ihm im Sommer 1812 übersandten "Volkssagen, Mährchen und Legenden": "Büsching aufmerksam zu machen auf 1) den Gokel, wo der Herr zuletzt selbst gehen muß, 2) der.... den seine Mutter ausschickt nach Butter, und der unterwegs die Ritzen der aufgeborstenen Erde damit zustreicht. — Art Margites [vgl. Schriften 13, 188. 359 und Dünter in der Zs. für deutsche Philologie 31, 552]. 3) NB. Eulenspiegel ist der Gegensatz zwischen Figürlicher Redensart und gemeiner Prosa. 4) Riese der Abends nach Hause kommt und immer Menschenfleisch riecht. 5) Riese: dessen Ohrenschmalz und Schmeer aus der Nase viele Zentner, und dessen Barthaare viele Fuder Heu betragen. 6) Lied: wie das Bürgersche von der Lenore: worin "Der Mond scheint helle Die Todten reiten schnelle" vorkommt [vgl. E. Schmidt, Charakteristiken S. 219 ff.]." Sind diese G'schen Beiträge wirklich durch Riemer, der das geschrieben hat, an Büsching mitgetheilt? — Der Hinweis auf die kluge Bauerntochter, die wie Aslauga, Sigurds und Brynhilds Tochter, königlich geboren in niedriger Verborgenheit lebt, bezieht sich auf II, Nr. 8. Daß G. auch die zweite Auflage der "Märchen" las, ergiebt sich aus Hempel 29, 775. — Aus den "Teutschen Sagen" (Berlin 1816—18) hob Grimm die "Frau Holla" hervor, weil G. 1813 im "getreuen Eckart" dieselbe thüringische Sage bearbeitet hatte, 1815 in den Werken 1, 210 zuerst erschienen; Nr. 7 der Sagen handelt von "Frau Holla und dem treuen Eckart", Nr. 21 "Gerolbseck" und Nr. 23 "Friedrich Rothbart auf dem Kyffhäuser" von der Unsterblichkeit der an verborgenem Ort schlafenden Helden, Nr. 29 dagegen (die Sage vom Scherfenberger und dem Zwerg) paßt nicht in den Zusammenhang und scheint verschrieben zu sein. — Die "Lieder der alten Edda" erschienen 1815 in Berlin, ein 2. und 3. Theil blieb aus. — "Der arme Heinrich von Hartmann von der Aue" (Berlin 1815) war G. schon in Büschings 1810 erschienener Ausgabe bekannt geworden; in den Tag- und Jahres-Heften von 1811 (36, 72) gestand er, daß ihm das an und für sich betrachtet höchst schätzens-

werthe Gedicht physisch-ästhetischen Schmerz brachte. — „Das Nibelungenlied ins Neudeutsche übertragen von A. Zeune", Berlin 1814. — „Altdeutsche Wälder" I: Kassel 1813, II. III: Frankfurt 1815 f. Das altdeutsche Gedicht 1, 35 „von zwein Kaufmann" hatte mit dem neugriechischen Volksliede das Motiv gemeinsam, wie ein treues, tugendsames Weib durch die Hingebung einer Magd vor Schmach bewahrt bleibt. — Unter Boisserées Gemälden war eine braune oder schwarzbraune Mutter Gottes, die G. (Hempel 26, 321) „die trifteste aller Erscheinungen" nannte; Wilhelm machte (Altd. Wälder 2, 193) zu Konrads von Würzburg „goldener Schmiede" auf das Hohe Lied als Quelle und auf andere schwarze Madonnen aufmerksam. Den 3. Band der „Wälder" übersandte Wilhelm mit dem 8. Briefe. — Christian Heinrich Müllers Ausgabe der Nibelungen erschien 1782, v. b. Hagens und Büschings „Sammlung altdeutscher Gedichte" 1807, Benedes Ausgabe von Boners „Edelstein" 1816. — Ludwig Grimm hatte G. am 5. September 1815 in Frankfurt seine Zeichnungen vorgelegt (Tageb. 5, 180 und S. Boisserée 1, 274); auch in Heidelberg bezeigte Goethe sich liebreich gegen ihn (Steig S. 99). Im Juli 1816 ging Ludwig mit Georg Brentano, dem jüngsten der Brüder, auf zwei Monate nach Italien, vgl. Herman Grimm bei Ersch und Gruber I 91, 309.

6. G. erhielt diese Übersicht am 14. August 1816 in Tennstedt, wo er seit dem 24. Juli weilte, nachdem am 20. Juli seine Reise ins „Mutterland" vielleicht übereilt aufgegeben war (Werke 36, 112). Die Bücher kamen am 27. August nach (Tageb. 5, 266). Inzwischen hatte G. am 21. August durch Vermittlung des Canzlers v. Müller den Entwurf Savignys zur Bildung einer Gesellschaft für deutsche Geschichte vom Freiherrn vom Stein erhalten, vgl. Steig S. 132. Diesen von Pertz im Leben Steins VI 2, 101 abgedruckten „Berliner Plan für Deutsche Geschichte, im Sommer 1816", dessen § 14 die altdeutsche Litteratur behandelte, übersandte G. am 29. August an W. Grimm mit unserm Briefe, der bereits am 23. bis auf die Nachschrift geschrieben war (bei Steig ist S. 134 Z. 19 zu lesen „August" statt „Juli", S. 135 Z. 12 „23." statt „27."). Das abweichende Concept ist bei Steig S. 258 gedruckt.

7. Wilhelms Antwort ist nach Steig S. 138 gemeinsam mit Jacob festgestellt; am 30. September (Tageb. 5, 274) erfolgte der „Vortrag an Serenissimum über eine zu organisirende Gesell-

schaft für deutsche Geschichte und Literatur", vgl. Steig S. 154 ff. — Über Nikolaus Kindlinger vgl. ADB. 15, 769. Der Name des Dombechanten Crux in Hörter ist richtig geschrieben; über den Director des Casseler Archivs Kopp vgl. ADB. 16, 690. — Joh. Dietrich v. Steinen, Versuch einer westphälischen Geschichte, 4 Theile, Lemgo 1748—60. — Die altsächsische Evangelien-Harmonie ist der Heliand, den Schmeller 1830 zuerst herausgab. — Rasks Bearbeitung von Others und Wulfstans Reise erschien 1816, Thorkelins Ausgabe des Beowulf: De Danorum rebus gestis sec. III et IV in Kopenhagen 1815, Rasks angelsächsische Grammatik 1817. — Den beigelegten „Plan zu einer Gesellschaft für altdeutsche Literatur", abgedruckt im G.-Jahrbuch 9, 34 und bei Steig S. 146, haben wir hier nicht wiederholt. — Über Hammerstein vgl. den 3. Brief; die Stelle aus seinem Briefe vom 7. Januar 1816 ist etwas verändert (Steig S. 259). — G's Brief an Stein über die Deutsche Gesellschaft und über den Plan, Grimm für dieses Unternehmen zu gewinnen, ist nicht vom 6. September, wie auch Steig S. 137. 259 angiebt, sondern vom 6. November 1816 datirt, vgl. Tageb. 5, 283 und das Concept im Archiv.

8. Fehlt G.-Jahrbuch 9, 32; zuerst bei Steig S. 127. — Altdeutsche Wälder, Bd. 3, übersandt, vgl. den 4. Brief.

9. Vgl. zu Nr. 5. — „Radirte Blätter nach der Natur gezeichnet von L. E. Grimm": Kunst u. Alterthum IV 3, 54 brachte eine freundliche Anzeige von J. H. Meyer. G. hatte 1823 zwei schwere Krankheiten zu bestehn (im November: Schriften 13, 380; noch gefährlicher die im Februar: Tageb. 9, 346 ff.). Er dankte für die vielfach erzeigte Theilnahme in Kunst und Alterthum IV 2, 186 („Dankbare Gegenwart"). Vgl. auch Fouqués 5. Brief.

10. G. gab 1823 in Kunst und Alterthum IV 1 54. 168 „Neugriechisch-epirotische Heldenlieder" und „Das Sträuschen. Altböhmisch" (vgl. jetzt Hauffen, Götting. gel. Anzeigen 1899) heraus und hatte schon zu Herders „Volksliedern" (1778 I, 309) den „Klaggesang von der edlen Frauen des Asan Aga. Morlackisch" beigesteuert. — Der Überbringer des Briefs, Wuk Stephanowitsch Karadschitsch (1787—1864), hatte bereits 1814 den 1. Band seines Volksliederbuchs G'n mit der Widmung: „Dem Größten Deutschen sendet nebst dem Original des Klaggesangs von der edlen Frauen des Helden Hassan-Aga auch die erste Lieferung Serbischer Volks-

lieber ein Slave" zugesandt (vgl. G.-Jahrbuch 12, 65). Inzwischen war 1814 seine serbische Grammatik und 1818 sein serbisch=deutsch= lateinisches Wörterbuch erschienen. Jetzt wanderte Wuk mit einer neuen Ausgabe seiner Volkslieder nach Leipzig, wo Breitkopf und Härtel den Verlag übernahmen. Der bereits erschienene 3. Band war seinem Gönner, dem Fürsten Milosch Obrenowitsch gewidmet, der 1824 erscheinende 1. Band durfte, wohl durch G's Befürwortung, der Erbgroßherzogin Maria Paulowna mit einer russischen Zu= schrift zugeeignet werden. — Die beigefügte Übersetzungsprobe Jacobs war das Gedicht „Die Erbschaftstheilung", vgl. Nr. 11.

11. Wuks Besuch wird im Tagebuch nicht erwähnt; doch ist es eine sehr ansprechende Vermuthung Steigs (vgl. Tageb. 9, 383), daß die Lücke am 12. October 1823 („Abends Mr. Sterling und ..."), durch Wuks Namen auszufüllen sei, denn zwei Tage darauf folgen die „Abschriften der serbischen Lieder durch John." Am 8. November sandte Wuk aus Leipzig eine „wörtliche Über= setzung von einigen serbischen Volksliedern" mit einem Begleit= brief, der zum Theil im Tageb. 9, 388 abgedruckt ist; G. ver= zeichnet die „interessanten Lieder" am 10. November, die wohl gleichzeitig übersandte Grimmsche Anzeige des 3. Bandes von Wuks Liedern am 13. November. Wuks serbische Grammatik (1814) und Wörterbuch (1818) gelangten am 8. December 1823 in G's Hand, der am 20. December dankte. — Jacobs Über= setzung des Liedes „Die Erbschaftstheilung" wurde in Kunst und Alterthum IV 3, 66 mit der Unterschrift „Grimm" abgedruckt; das Heft schickte G. am 25. Februar 1824 an „Herrn Bibliothekar Grimm" nach Cassel (Steig S. 170 Z. 2 v. u. falsch „Januar"). Der Abdruck zeigt eine eigenartige Änderung der Verse 71 f., vgl. Steig S. 171 f.

12. G's Tagebuch (9, 179) verzeichnet am 15. Februar 1824: „Wuk Stephanowitsch brachte die zwey ersten Bände seiner serbi= schen Lieder und einen Brief von Professor Vater" (vom 12. Fe= bruar 1824). — Die Übersetzung des Liedes „von der Erbauung Scutari's" hat G. mit einigen Änderungen in Kunst und Alter= thum V 2, 24, abgedruckt. Zu dem Gedicht vgl. jetzt Reinhold Köhlers Aufsätze 1894 S. 39. Das große Gedicht vom Tod des Kralewitsch Marko, am 8. November 1823 von Wuk übersandt, ab= gedruckt in K. u. A. V 1, 84, wurde im Morgenblatt 1824 Nr. 169 und danach von Kurz G. selbst zugesprochen, dagegen vgl. Hempel

3, 371. — Die Verdeutschung der serbischen Grammatik von Wuk durch J. Grimm war im Mai 1824 vollendet; voran ging eine Vorrede Jacobs, dann folgte von dem Hallenser Linguisten Vater eine Zergliederung des umfangreichsten Heldenliedes. — Zur Anzeige von Ludwigs „radirten Blättern" vgl. den 9., zu den Bildnissen göttingischer Professoren den 14. Brief. 13. G. übersendet mit diesem Brief das erste Heft des 5. Bandes von Kunst und Alterthum, Wuks Übersetzung vom Tod des Kralewitsch Marko enthaltend. — Über G's Beziehungen zu Therese v. Jakob in Halle vgl. ihren von Steig im G.-Jahrb. 12, 33—77 herausgegebenen Briefwechsel. 14. Die von Jacob in Nr. 12 angekündigten „Bildnisse Göttinger Professoren" von Ludwig waren inzwischen vollendet. Eine wohlwollende Anzeige, nach Weizsäcker und Harnack von J. H. Meyer, nach Steig von G. selbst, erschien in K. u. A. V 2, 187. Das Tagebuch (9, 300) verzeichnet am 25. November 1824: „Von Kassel: Göttinger Professoren und Färöer Lieder mitgetheilt von Grimm dem Jüngeren" und weiter „An Serenissimum, Promemoria über verschiedenes; mit den Kupfern der Professoren von Göttingen." Steigs Vermuthung (S. 190), daß im Briefwechsel mit Carl August 2, 250 „des Grimmschen Wercks" zu ergänzen sei, ist nach Ausweis des von Ende November 1824 zu datirenden Originals richtig; dagegen beziehen sich die am 12. November 1823 an Abele Schopenhauer geliehenen „kleinen Radirungen" auf die „Radirten Blätter". — Wilhelms Anzeige der Färöischen Lieder in den Göttingischen Gel. Anzeigen 1824 Nr. 143, jetzt in den Kl. Schriften 2, 338 ff. Die beiliegende Übersetzung eines der eigenthümlichsten Stücke war die von „Lokes Sang", nach Wilhelms Hf. abgedruckt bei Steig S. 203. — „Dämesage", Dämisaga = Volkssage, vgl. Steig S. 202. — Am 26. November 1824 heißt es im Tagebuch (9, 300): „Abends Professor Riemer. Mit demselben den Abschluß der serbischen Gedichte. Ferner das nordische Lied, übersetzt von Wilhelm Grimm, gelesen."

VIII. **Friedrich und Caroline be la Motte Fouqué.**

Herangezogen ist „Göthe und Einer seiner Bewundrer. Ein Stück Lebensgeschichte", Berlin 1840, und M. Kochs Einleitung zu Spemanns Nationallitteratur Bd. 146.

Als Leutnant im Aschersleber Kürassierregiment, dessen Chef früher Carl August war, war Fouqué im Januar 1802 auf vierzehntägigen Urlaub nach Weimar geritten, bei Hofe eingeführt und am 29. Januar bei einer Reboute von Amalie v. Imhof Goethe vorgestellt; am 1. Februar traf er ihn an der Hoftafel wieder und am 3. Februar wurde er nach einer Aufführung von Turandot zu einer „Picknicksgesellschaft" bei G. geladen, ohne mit ihm in das ersehnte Gespräch über seine Dichtungen zu kommen. G's Tagebuch nennt ihn nicht.

Die „Dramatischen Spiele von Pellegrin. Hsg. von A. W. Schlegel" (1804) erwähnt G. flüchtig an Eichstädt, 12. December 1804 (17, 225) mit dem Zusatz: „Doch haben wir dergleichen noch viel zu erwarten."

Über F's 1811 erschienene „Undine" urtheilte G. noch am 3. October 1828 (2, 14) im Gespräch mit Eckermann: „Wollen Sie von F. eine gute Meinung bekommen, so lesen Sie seine „Undine", die wirklich allerliebst ist. Freilich war es ein guter Stoff, und man kann nicht einmal sagen, daß der Dichter alles daraus gemacht hätte, was darinnen lag; aber doch, die „Undine" ist gut und wird Ihnen gefallen." Vgl. auch Holtei, Vierzig Jahre 5, 60. — Die französische Übersetzung Ondine las G. am 30. und 31. August 1818 (Tageb. 6, 239). — Über F's „Zauberring" (1813) vgl. Unterhaltungen mit dem Kanzler v. Müller (Burkhardt² S. 15).

Zum zweiten Mal kam F. Ende October 1813 nach Weimar. Er erzählt selbst (S. 19): „Die für das rechte Rhein=Ufer siegreich entscheidende Leipziger Schlacht hatte uns bei Verfolgung des Feindes in die Nähe von Weimar geführt. Ich nahm Urlaub zu einem Ritt hinein, um meinem Dichterheros meine Verehrung zu bezeigen." G's Tagebuch nennt ihn nicht; nach Erwähnung der österreichischen Einquartierung in G's Hause (Fouqué S. 20) muß es in den Tagen vom 23. bis 26. October (Tageb. 5, 80) gewesen sein. — „Im Spätherbst kam ich kränkelnd vom Heere zurück", erzählt F. weiter (S. 24). „In Weimar gedachte ich einen Rasttag oder zweie zu halten. Als ich am Abende meiner Ankunft zu G. ging, fand ich Herrn von Müller bei ihm, den jetzigen Kanzler." G's Tagebuch verzeichnet am 1. December 1813 (5, 86): „Geh. R R. v. Müller. Hr. v. La Motte Fouquee" und am 3. December: „Bey Mad. Schopenhauer. La Motte Fouqué." Über die Gespräche bei beiden Gelegenheiten und bei einem im Tagebuch nicht erwähnten Abschiedsbesuche vgl. Fouqué S. 24—33 und G's Gespräche 3, 108. 110. 116.

1. F. wird während seines zweiten Aufenthalts in Weimar an seine Frau, Caroline geb. v. Briest (1773—1831) berichtet haben, daß G. ihre litterarischen Versuche kannte. In „Göthe und Einer seiner Bewundrer" S. 22 erzählt F. von seinem Empfang: „Nun folgten ehrende Worte, vollkommen dichterisch anerkennende für mich, und auch für meine seither verewigte Gattin... und am Schluß der holden Rede fügte er hinzu: ‚Während meines letztern Bade-Aufenthaltes in Karlsbad waren Sie Beide mit Ihren Dichtungen mir gar liebe Gefährten.' Was ich ihm antwortete, hieß etwa so: ‚Ich hoffe, Eure Excellenz sieht klar in mich herein, und sieht demzufolge, was ich nicht aussprechen kann. Aber es ist ein Gipfelpunkt meines Lebens.'" Zu F's Worten vgl. den 6. Brief. — Das Tagebuch (4, 298) bestätigt, daß G. am 28. und 29. Juni 1812 in Carlsbad Carolinens „Magie der Natur, eine Revolutionsgeschichte" (Berlin 1812) las. — Ihr „kleiner Roman" ist wohl „Feodora" (Leipzig 1814).

2. Das Datum nach dem Tagebuch 5, 90: „Baroneffe de la Motte Fouqué Nennhausen." — Der erste Absatz gleichlautend in einem Briefe an Ih. Seebeck vom 3. Januar 1814. — „Laffen Sie nur" (S. 236, Z. 6 v. u.) ist Druckfehler für „Laffen Sie uns".

„Fouqué Schauspiele" verzeichnet das Tagebuch (5, 94) am 27. Januar 1814; gemeint sind „Dramatische Dichtungen für Deutsche. Mit Musik" (1813). Vgl. G's Annalen von 1814 (36, 88): „Indem man sich nun nach etwas Neuem, Fremdem und zugleich Bedeutendem umsah, glaubte man aus den Schauspielen Fouqués, Arnims und anderer Humoristen einigen Vortheil ziehen zu können, und durch theatermäßige Bearbeitung ihrer, öfters sehr glücklichen und bis auf einen gewissen Grad günstigen Gegenstände sie bühnengerecht zu machen: ein Unternehmen, welches jedoch nicht durchzuführen war, so wenig als bei den früheren Arbeiten von Tieck und Brentano." Vgl. auch Hempel 27, 481.

3. Die übersandte Dichtung ist „Corona. Ein Rittergedicht in drei Büchern" (1814). Die „Sendung Fouqués" kam laut Tagebuch (5, 137) am 3. November 1814 in G's Hände. — Die „Geschichte Gottfriedens von Berlichingen mit der eisernen Hand. Dramatifirt" erschien erst 1833 in den Nachgelassenen Werken

2, 1—230; doch dachte G. schon im Mai 1822 daran, den Urgötz und die Theaterbearbeitung in die Werke aufzunehmen, vgl. 39, 410.

Über die Gründe von G's Schweigen reflectirt F. selbst S. 33 f.: „Basirte ja doch sich der Mythos meines Gedichtes auf Christenthum und Ritterthum, zwei Grundanklänge, welche dem Meister ... wie etwas Veraltetes, Verlebtes, ja vielleicht sogar — wenigstens vom Ritterthum gilt es gewiß — Barbarisches erschienen."

F's durch Krug v. Nidda übermittelte „Jugendgedichte" (1816) las G. in Tennstedt am 29. und 30. Juli 1816 (Tageb. 5, 259). — In F's „Taschenbuch der Sagen und Legenden", gemeinsam mit Amalie v. Helvig in 2 Bänden 1812 und 1817 herausgegeben, fand Zelter „ein triftes Wesen und nichts als die reine Hülse. Man schläft ein dabei und hat schlechte Träume" (Briefwechsel 2, 293).

4. Carolinens warmen Glückwunsch zu seinem 70. Geburtstag hat G. mit den übrigen Briefen, Gedichten und Festschriften zu einem Fascikel „Auf den achtundzwanzigsten August 1819 bezüglich" vereinigt, vgl. Tageb. 7, 293. Darin liegt auch F's handschriftliches Gedicht „Zu Goethes 70. Geburtstag" („Wandelnd im heimischen Wald, wie wandelte frey mir die Seele"), in die Gedichte nicht aufgenommen. G's „Italiänische Reise" war als zweite Abtheilung von „Aus meinem Leben" 1816 f. erschienen.

5. Über G's Erkrankung im Februar 1823 vgl. Tageb. 9, 17. 346 und oben S. 364. — F's Gedicht „Zur Genesungsfeier S. Excellenz des Herrn Geheimenrath von Goethe" liegt handschriftlich mit andern Gedichten vereinigt in einer Mappe mit der Aufschrift „Gedichte zu G's Wiedergenesung 1823", vgl. Tageb. 9, 350; gedruckt unter dem Titel „Bei Göthe's Genesung" in Schalls und Holteis „Teutschen Blättern für Poesie, Litteratur, Kunst und Theater", 21. April 1823, Nr. 62. — Der Minister Otto Carl Friedrich v. Voß starb am 30. Januar, der Feldmarschall Friedrich Heinrich Ferdinand Emil Graf Kleist v. Nollendorf am 17. Februar 1823. F's Gedichte auf ihren Tod wurden (nach G. Herzfeld's gütiger Mittheilung) in der Berliner Haude- und Spenerschen Zeitung vom 6. und 18. Februar 1823 abgedruckt, fehlen aber in seinen „Gedichten". — Briefe Ottiliens an F. sind nicht bekannt.

G. G. übersandte laut Tagebuch (10, 66) am 11. Juni 1825 die Weygandsche Jubiläumsausgabe des „Werther" mit dem Gedicht „Noch einmal wagst du, vielbeweinter Schatten", vgl. Werke 19, 338. Nach F's eigner Erzählung (S. 35) trug das Exemplar die Widmung „Herrn... zur Erneuerung freundlich-theilnehmenden Andenkens. Goethe." — Die beikommende kleine Dichtung ist „Sophie Ariele. Eine Novelle" (1825). „Erdmann und Fiammetta. Novelle" erschien ebenfalls 1825. — Johann Heinrich Jung-Stilling, G's Straßburger Jugendfreund, starb am 2. April 1817; vgl. „Briefe an Friedrich Baron de la Motte Fouqué" 1848 S. 166 ff.

7. G's Tagebuch vom 23. März 1826 (10, 175) erwähnt: „Brief von Herrn von Fouqué. Abends denselben mit Dr. Eckermann besprochen"; die am 25. März (10, 176) unter anderen Sendungen nach Berlin verzeichnete Antwort „Herrn Major und Ritter Fouqué, dahin" ist nicht erhalten und merkwürdiger Weise auch von F. in seinen Erinnerungen nicht erwähnt. Vielleicht hat Eckermann in G's Namen geantwortet; denn dieser war mit Heinrich Stieglitz, dessen Brief F. gleichzeitig übersendet, befreundet und hatte ihn im Herbst 1823 bei G. eingeführt, vgl. Burkhardt im Euphorion 2, 336. Das Archiv besitzt von Stieglitz 7 Briefe an G. von 1823—1830, ein Gedicht zum 28. August 1826 und einen Brief an Zelter (?) vom 25. August 1829; den in unserm Briefe besprochenen Gegenstand behandeln sie so wenig wie der Briefwechsel zwischen Eckermann und Stieglitz, den F. Tewes zur Herausgabe vorbereitet (vgl. Frankfurter Zeitung 1899 Nr. 229) und mir gütigst mitgetheilt hat. Wie es scheint, hatte Stieglitz F. ersucht zu vermitteln, daß G. das Richteramt bei einem Dichterwettspiel, der poetischen Ausführung einer Glosse, übernähme. G. hat vermuthlich den „Oberrichterspruch" abgelehnt. — Bald darauf, zu G's 77. Geburtstag, schrieb die Berliner Mittwochsgesellschaft eine neue Preisbewerbung aus, bei der Zelter das Richteramt hatte, Stieglitz und Houwald den Sieg errangen; vgl. G's Tagebuch vom 5. 7. 18. 22. October 1826 und Briefwechsel mit Zelter 4, 227. 229. Zu dem von Stieglitz, Veit und Werder herausgegebenen Berliner Musen-Almanach für 1830 f. hat G. beigetragen, vgl. Hitzel S. 105. 107.

8. F. übersendet den letzten Band seiner Gedichte, die von 1816—27 in fünf Bänden bei Cotta erschienen, unter dem Titel „Gedichte aus dem Mannesalter"; darin S. 185—198 „Schillers Todtenfeier. Ein Prolog von Bernhardi und Pellegrin", bereits als Einzeldruck 1806 in Berlin erschienen (wiederholt in Fouqués Ausgewählten Werken, Halle 1841, 12, 88—101). F. hatte ein Zueignungs-Sonett an G. beigefügt, das aus Versehen und ohne

Überschrift an den Schluß gerieth. Er selbst erzählt (S. 18), G. sei schon bei dem ersten Erscheinen höchst unzufrieden über das Ganze gewesen, es gleich bei Lesung der ersten Zeilen des Prologs über die Seite werfend, weil er die paar Blätter für eine Spötterei angesehn habe wider den großen Todten.

V. F. war am 12. Februar 1777 geboren. — „Der Sängerkrieg auf der Wartburg, Ein Dichterspiel in drei Abentheuern mit Vorspiel" (1828) ist Carl Augusts Enkelin, der Prinzeß Marie gewidmet, die am 26. Mai 1827 dem Prinzen Carl von Preußen vermählt worden war. — Die beiden preußischen Prinzen Wilhelm, der spätere Kaiser, und Carl besuchten G. am 12. November 1826 (Tageb. 10, 267). Das Kürassierregiment Herzog von Weimar, dessen Chef Carl August war, erwähnt G. in der „Campagne in Frankreich" und in der „Belagerung von Mainz" häufig, vgl. Werke 33, 7. 13. 16 ff.

10. F. übersendet seine „militairische Biographie": Ernst Friedrich Wilhelm Philipp von Rüchel, Königl. Preuß. General der Infanterie (1828); von G. am 9. November 1828 gelesen. — Gegen den Vorwurf, G. sei nicht im Stande einen Helden zu schildern, hatte F. (wie er in „Göthe und Einer seiner Bewundrer" S. 37 selbst erzählt) ihn schon in der Zeitung für die elegante Welt 1822 Nr. 213 vertheidigt. — Der nun von der Erde entschwundene Heros ist der Großherzog Carl August, der am 14. Juni 1828 auf der Rückreise von Potsdam in Grabitz bei Torgau starb; sein Bild in einem größern Werke bewahren zu helfen, hat F. nicht ausgeführt. — Der Name „Bechtolsheim" hatte für G. einen guten Klang; mit Julie v. B., geb. v. Keller, Frau des Vicepräsidenten in Eisenach, hatte er seit seiner Ankunft in Weimar intim verkehrt, vgl. Briefe an Frau v. Stein³ 1, 481; über Emil v. B. vgl. Fouqués Leben S. 119.

G's Schweigen entmuthigte F. endlich. Am 19. Juni 1829 schreibt er an den Kanzler v. Müller gelegentlich einer Einladung zur Mitarbeit an den „Berlinischen Blättern für Deutsche Frauen": „Ich gedachte Anfangs, dem DichterVater und DichterMeister κατ᾽ ἐξοχήν ein Exemplar meines Unternehmens zu senden, um seinen Schutz dafür bittend oder doch um einen günstigen Blick darauf. Seit geraumer Zeit aber ist er meinen wiederholten Zuschriften so ganz verstummt, daß er mir den Muth zu solchen Schritten, wo nicht gänzlich gebrochen, doch einstweilen ausnehmend niedergeschlagen hat. Und doch würde er vielleicht einige Freude an solch einer Sendung finden können, namentlich an dem, was meine Frau in den dort gedruckten Abendllnterhaltungen am Kaminfeuer über seine und Schillers Briefe gesprochen hat. Aber ein Echo=los bleibendes Anrufen hat doch in der That allzuviel Schmerzliches; ja es stachelt endlich die eigne Brust mit den erfolglos rückprallenden Pfeilen blutig wund. Daß mein innig bewunderndes und liebevolles Gefühl für den Heros dabei nicht leidet, sondern sich noch, will's Gott, auf mannigfache Weise kund geben soll, versteht sich übrigens von selbst." — Das von F. (S. 40) abgedruckte Gedicht „An den Meister" (Alter Kaiser, alter Kaiser) liegt unter den „Eingegangenen Briefen" vom Mai 1825.

IX. Adelbert von Chamisso.

Chamissos Brief begleitet den „Musenalmanach auf das Jahr 1804. Hsg. von L. A. v. Chamisso und K. A. Varnhagen", Leipzig 1804. — C. war seit dem 29. Januar 1801 Leutnant im Infanterie=regiment von Götze, das in Berlin stand, vgl. Hitzig 1. 11; die Entstehungsgeschichte des Almanachs ebda. S. 22. — In C's Nach=laß befinden sich, wie mir E. F. Koßmann gütigst mittheilt, die Concepte für Begleitschreiben zum Almanach an Carl August, G. und Schiller; eine Antwort ist nur von Carl August vorhanden. G's Tagebuch erwähnt die Sendung nicht; Schillers Kalender am 29. September 1803, doch fehlt der Begleitbrief im Archiv und auch Schiller scheint geschwiegen zu haben.

X. Karl Immermann.

Die beste Übersicht der Beziehungen J's zu G. hat bisher K. Jahn in „Immermanns Merlin" (Palaestra III), Berlin 1899, S. 31 ff. 120 ff. gegeben.

1. Der handschriftlich übersandte „Dramatische Versuch" ist nicht „Das Thal von Ronceval", wie Heitmüller (G's Tageb. 8, 348) vermuthet, sondern der „Edwin". Das Zueignungsgedicht an G. in 26 Stanzen wurde mit abgedruckt, vgl. den 3. Brief.

2. Concept von Johns Hand, ohne Adresse, aber sicher an J.; das Tagebuch verzeichnet am 25. Juli 1821 (8, 82): „An Herrn

Immermann nach Münster eine Tragödie". — Z. 3 lautete zuerst
„um Ihnen über das hiebey zurückkommende Trauerspiel". — Tags
darauf reiste G. nach Marienbad ab.

3. J. übersendet nunmehr gedruckt den „Edwin" in den
„Trauerspielen", Hamm und Münster 1822, S. 155—304, zugleich
mit dem „Thal von Roncevalˮ und „Petrarca". Die „Zueignung an
Göthe" steht auf S. 157—166. — Die „Pseudo-Wanderjahre" zielen
auf Pustkuchens Fälschung „W. Meisters Wanderjahre", Queblin=
burg und Leipzig, 1821—1828, gegen die J. im Jahr 1822 seine
Satire „Ein ganz frisch schön Trauer-Spiel von Pater Brey, dem
falschen Propheten in der zweiten Potenz. Ans Licht gezogen
durch K. J. *Ictum.* Münster, Gedruckt in diesem Jahr" und 1823
den „Brief an einen Freund über die falschen Wanderjahre Wilhelm Meisters und ihre Beilagen" richtete. Die „Recension der
Pseudo-Wanderjahre" erwähnt G's Tagebuch am 24. September
1823 (9, 120).

4. G's Bücher-Vermehrungsliste (Tageb. 8, 321) verzeichnet
im Juni 1822 „Immermann, Papierfenster eines Eremiten. Hamm
1822. 8º." Das Geschenk kam am 29. Juni, während G's Marien=
bader Reise (16. Juni bis 29. August), in Weimar an; sein Sohn
August theilte ihm am 27. Juli 1822 als Excerpt aus J's Briefe
mit: „Immermann. Sendet ein Buch betitelt ‚P. e. E.' und bittet
wegen dieser Dreustigkeit um Nachsicht." — Einen Absatz aus diesem
Briefe (S. 257) hat der Kanzler v. Müller [in seinem Beitrage
„Immermann in Weimar" zu Freiligraths Erinnerungsbüchlein
(1842, S. 140) mitgetheilt.

Auch diesen Brief ließ G. unbeantwortet. Ein günstigeres
Urtheil über J. führte Zelter herbei, der am 24. October 1823 aus
Amsterdam schreibt (Briefwechsel 3, 353, hier nach dem Original):
„In Münster habe den jungen J. kennen lernen, von dem ich
drey Trauerspiele gelesen habe. Eins davon hat mir vorzüglich
geschienen. Ein viertes Trauerspiel und einen Band Gedichte hat
er mir verehrt, womit ich weniger zufrieden. Sein Talent scheint
mir noch zu abhängig; seine Liebe ist nicht ganz fein, und er wäre
alt genug etwas Eigenes zu leisten. Seine Person und sein Wesen
haben mir wohlgethan, und da er die guten Muster kennt, wollen
wir ihn geduldig erwarten. Zwey seiner Gedichte habe hier in
Musik gesetzt; ich merke wohl er will sich gehn lassen, aber das
geht nicht so. Ein Gedanke ist kein Gedanke; ein Männchen will

ein Weibchen haben, wenn etwas dabey herauskommen soll. Das wollen wir ihm jedoch nicht verrathen, vielleicht merkt er's alleine und dann ist geholfen."

Dieser Bericht und weitere mündliche Äußerungen scheinen G. wohlwollender gestimmt zu haben; wenigstens sprach er sich in Zelters Gegenwart am 1. December 1823 in einem Gespräch mit Eckermann (1, 98) lobend über J's Talent aus. „Wir wollen sehen", sagte er, „wie er sich entwickelt; ob er sich bequemen mag, seinen Geschmack zu reinigen und hinsichtlich der Form die anerkannt besten Muster zur Richtschnur zu nehmen. Sein originelles Streben hat zwar sein Gutes, allein es führt gar zu leicht in die Irre". Und gegen den Kanzler v. Müller bemerkte er am 6. Juni 1824 (Burkhardt² S. 152): „Ich lasse J. gewähren und kann ihn mir nicht recht konstruiren. Wie kann ich über ein erst Werdendes, Problematisches urtheilen? habe ich nicht mit meinem eigenen Werden genug zu thun? Und Sie wissen, daß ich ein fortwährend Werdendes statuire."

Dagegen heißt es am 11. Juli 1827 im Tagebuch (11, 83): „Mittag Dr. Eckermann. Las derselbe Immermanns Rezensionen in der Berliner Literaturschrift. Unterhaltung über diesen philosophisch-phantastischen Unfug. Fuhr mit mir spazieren. Wollte nachher weiter lesen, ward aber ungeduldig über den breiten hohen Wortschwall.... In von der Hagen Tausend und einen Tag, das Märchen von Turandot; tröstend über den Kleistischen Unfug, und alles verwandte Unheil. Wie wohlthätig ist die Erscheinung einer gesunden Natur nach den Gespenstern dieser Kranken." Ein ähnliches Gespräch führte G. am 16. Juli 1827 mit dem Kanzler v. Müller (Burkhardt³ S. 196): „Dann sprachen wir von Immermanns Recension der Kleist'schen Schriften, die er sehr tadelte. Die Herren schaffen und künsteln sich neue Theorien, um ihre Mittelmäßigkeit für bedeutend ausgeben zu können. Wir wollen sie gewähren lassen, unsern Weg still fortgehen und nach einigen Jahrhunderten noch von uns reden lassen." Diese Urtheile beziehen sich auf J's Besprechung von Arnims „Landhausleben" und Heines „Reisebildern" in den Berliner „Jahrbüchern für wissenschaftliche Kritik" 1827 Nr. 95—98.

Ebenso ablehnend verhielt sich G. gegen J's Lustspiel „Die Schule der Frommen" (1829); es heißt im Tagebuch am 10. November 1828 „ein trauriges Gelese".

Nochmals tritt J. in einem Briefe auf, den am 4. März 1829 der „Kunst=Verein für die Rheinlande und Westphalen in Düsseldorf" an G. erließ. Der Vorstand, dem Schadow, Immermann, Jacobi, Kortum, Fallenstein u. A. angehörten, überreicht ihm, da sich „eine besondere erfreuliche Aufmerksamkeit, welche G. seiner Heimath am Main und dem Nachbargebiete im Gebiete der schönen bildenden Kunst schenkte, deutlich erkennen lasse", das Statut des von ihnen gestifteten Kunst=Vereins mit dem Wunsche, daß G. „den Verein durch gütige Theilnahme und gewogentliche Förderung zu ehren, Sich durch den Inhalt der mitgetheilten Urkunden bewogen fühlen möchte". Das scheint nicht erfolgt zu sein. — Endlich hat J., wie Tieck, als Theaterdirektor in Düsseldorf einen „Epilog zu Göthe's Todtenfeier" gedichtet, den Porth nach der Aufführung des „Clavigo" sprach; gedruckt: Düsseldorf 1832.

Persönlich hat J. den Dichter nie gesehen. Beim Entwerfen seines Reiseplans von Dresden im Sommer 1831 schreibt er seinem Bruder Ferdinand (Jahn S. 121): „Abgesaust spätestens den 3. September. Bis Weimar Frau v. L(ützow) gebracht. Dort bleibe ich 1 oder 2 Tage, wenn G. mich als Mensch aufnimmt. Nimmt er mich aber entweder a) gar nicht oder b) grob, oder c) sonst ekelhaft auf, so wird rein, raus, rutsch, durchgesaust." Der Besuch wurde nicht ausgeführt; erst im Herbst 1837 und im September 1838 besuchte J. Weimar. Seine Eindrücke legte er in Tagebuchblättern nieder, die zuerst Freiligrath 1842 in seinen „Blättern der Erinnerung an J." S. 157—170 veröffentlicht hat; sie klingen aus in die Worte beim Betreten von G's Zimmern: „Hierher sollte man junge Leute führen, damit sie den Eindruck eines soliden, redlich verwandten Daseins gewinnen. Hier soll man sie drei Gelübde ablegen lassen, das des Fleißes, der Wahrhaftigkeit, der Consequenz."

XI. August Graf v. Platen.

Den zweiten Band der Platenschen Tagebücher konnte ich durch die Güte des Herrn Dr. L. v. Scheffler in den Aushängebogen benutzen.

1. P's Briefe an G. sind sämmtlich Begleitschreiben zu übersandten Dichtungen und zwar der erste zu den „Ghaselen", Erlangen 1821. In seinem Tagebuch (ed. Laubmann u. Scheffler 2, 453)

erwähnt P. am 10. April 1821 den „kurzen Brief" an G. mit kleinen Abweichungen. G's Bücher-Vermehrungsliste verzeichnet (Tageb. 8, 310) die „Ghaselen", die mit einem Gedicht „An Göthe" (Dein Name steh zu jeder Frist Statt eines heiligen Symboles Auf allem, was mein eigen ist) schließen, am 14. April 1821 als vom Verfasser verehrt; G's Tagebuch erwähnt sie nicht und eine Antwort blieb aus. Doch erfuhr P. bei seinem Besuche in Jena am 16. October 1821 (Tageb. 2, 493) von Knebel, daß G. seine Ghaselen gelobt habe; seinen Besuch bei G. mit Gruber Tags darauf (vgl. G's Tageb. 8, 125) beschreibt P. ausführlich in seinem Tagebuch (2, 494), wo er resümirt: „Bei der Feierlichkeit, die er verbreitet, konnte das Gespräch nicht erheblich werden, und nach einiger Zeit entließ er uns wieder". — Am 6. Januar 1822 heißt es dann in seinem Tagebuch (2, 508): „Ich fand einen Brief von Gruber [vom 27. December], worin er mir mittheilt, daß G. in seinem neuesten Heft von „Kunst und Alterthum', das noch nicht erschienen, das Gruber aber bei Weſſelhöft in der Buchdruckerei gesehen, sich sehr günstig über meine Ghaselen äußert." G's kurze Besprechung erschien in Kunst und Alterthum III 3, 175.

Seine „Vermischten Schriften" (Erlangen 1822) hat P. ebenfalls an G. übersandt, wie es scheint ohne Begleitschreiben. Sein Tagebuch (2, 517) vom 20. April 1822 bemerkt zum Empfang von 12 Velinexemplaren die Sendung an Rückert und an G. „mit der schon erwähnten Gloſſe", d. h. dem Spruch (S. 167):

Wem dieß Büchlein will gefallen?
Wem sein letzter Vers gehört?
Großer Hatem, dir vor Allen,
Dem es ew'ge Liebe schwört.

Den Empfang bestätigt G's Tagebuch und Büchervermehrungsliste (8, 190. 319). Am 21. October 1822 heißt es in P's Tagebuch (2, 559) aus Altdorf: „Vorgestern abend wurde noch ein Prolog an G. gedichtet, der meinem Werkchen vorgedruckt; er ist in Stanzen mit weiblichen Reimen und bis auf den Eingang, der Hafis mit G. in Verbindung setzen soll, vollendet. Ich glaube, daß es Aufsehen machen wird, da es eine Art Apotheose Goethes ist." Gedruckt in der Urania für 1824, S. 343, vgl. Redlichs Ausgabe 1, 64.

2. Die Übersendung seiner „Neuen Ghaselen", Erlangen 1823, an G. verzeichnet P. selbst am 13. October 1823 (2, 593): „Drei

Velinexemplare schickte ich an G., Tieck und Jean Paul, überall nur mit ein paar Zeilen begleitet." Dem Empfang (vgl. G's Tageb. 9, 142) folgten die Gespräche mit Eckermann am 21. und 24. November (1, 95f.); G. „freute sich über die Vollendung dieser Gedichte, und daß unsere neueste Litteratur doch manches Tüchtige hervorbringe". Ein Fragment einer eigenhändigen Besprechung G's findet A. Fresenius unter Notizen vom December 1823: „Ein geistreicher Humorist als quasipoet, der der Fülle seines Wissens und Empfindens gedenckend, sich in Tropen auszusprechen genöthigt fühlt." Eckermanns Anzeige: Kunst und Alterthum IV 3, 159, wo auch Tiecks „Verlobung" besprochen wurde.

3. Der Brief begleitet das Manuscript des „Gläsernen Pantoffels", der (Tageb. 2, 593) in den Tagen vom 15. bis 19. October 1823 in Ansbach entstanden war. Eine Abschrift schickte er an Knebel nach Jena; am 23. December aber heißt es (2, 597): „Knebel hat mir das Manuscript mit dem tollsten Briefe wieder zurückgesandt, worin er zuerst seine ganze Galle über meine Ghaselen ausgießt und dann auf das Stück übergeht, von dem er, wie er sagt, gar nicht reden mag. Er nennt meinen Apoll einen Kasperle und meine Musen Dienstmädchen und dergleichen Impertinenzen mehr. Da ich ihm nicht antworten wollte und mir doch Luft machen mußte, so entstand ein Gedicht, das ich ‚Klagen eines Ramlerianers' überschrieb." — Knebels Brief vom 10. December 1823 ist in München erhalten; es heißt darin (nach gütiger Mittheilung L. v. Schefflers): „Wie erfreute ich mich vor einiger Zeit, als ich die geistigen Blüten eines edlen poetischen Landmannes in Ihnen hervorsprießen sah! Noch waren seine Schritte ungewiß, aber sein Urteil, hoffte ich, würde ihn bald die unrichtigen Wege ausspüren lassen. Das Beispiel eines großen Mannes hatte ihn verführt, aber obgleich ich nicht alles an ihm loben will, so war es doch auf eine ganz andere Art, daß er seine östlichen Gedichte producirte; auch wollte er sie nicht zum Modell aufstellen, da er wohl wissen konnte, zu welchen Abwegen unser nachahmendes Geschlecht dadurch könnte verleitet werden, sondern er wollte nur seine poetische Kraft einen Versuch machen lassen, was einer auf bloße Sinnlichkeit sich gründenden Dichtkunst abzugewinnen sein möchte.... Sollte die göttliche Muse, die uns zum Himmel erhebt, zu nichts besserem einzuladen wissen, als zu einer solchen ·Wollust? Von der beigefügten Komödie mag ich nicht reden. Sie

scheint mir eine unglückliche Geburt zu sein. Welcher Zusammenhang, welcher Ton! Wortspiele machen die Dichtung fast ganz allein aus, und der König spricht wie der Narr. Soll etwa Kasperle Apoll werden? oder die Dienstmädchen die Musen?" — Die beiden „komischen" Gedichte: „Klagen eines Ramlerianers bei Durchlesung des gläsernen Pantoffels" und die famose „Antwort an den Ramlerianer" ließ der Dichter als „historischen Anhang" seinen Schauspielen (Erlangen 1824 S. 171) beidrucken, vgl. Redlich 1, 447. In G's Unterhaltungen mit dem Kanzler v. Müller (Burkhardt ² S. 143) vom 22. März 1824 ist die irrthümliche Wiedergabe: „Erlanger Freunde haben auf die bittere Knebelsche Kritik contra Graf P. ein Spottgedicht verfertigt." Das „Litanei-Gedicht aus der Abendzeitung" ist in Knebels Briefe nicht erwähnt. — Über die Entstehung, Vorlesung und Verschickung des gläsernen Pantoffels vgl. P's Tagebücher 2, 593 ff. Im Druck folgt S. 163 „Zueignung des vorhergehenden Drama's an Schelling."

4. G's Tagebuch verzeichnet am 19. März 1824: „Empfing ... Brief und heroische Comödie von Graf P.; beachtete letztere näher"; ferner am folgenden Tage: „Auch las ich den Anfang von Graf P's Schauspiel: Der gläserne Pantoffel" und endlich am 27. März 1824: „An Graf P., die Absendung des Trauerspiels, Erlangen." — Das Original von G's Brief ist in P's Nachlaß nicht erhalten. — Über die Anzeige der Neuen Ghaselen in K. u. A. IV 3, 159 vgl. zum 2. Brief. — P. notirt am 15. April 1824 (2, 611): „In ‚Kunst und Alterthum' findet sich eine sehr günstige Anzeige meiner Neuen Ghaselen, von denen ich noch hundertfünfzig Exemplare übrig behalten und sie Heydern in Kommission gegeben habe. Von Goethe habe ich auch einen sehr freundlichen Brief erhalten. Ich sandte ihm den ‚Gläsernen Pantoffel' zu; er schickte mir ihn zurück und bat mich, ihm denselben gedruckt wiederzuschicken, da ich ihn wolle drucken lassen. Gegenwärtig sei er mit einem naturwissenschaftlichen Heft beschäftigt, und erst in einiger Zeit versammelten sich wieder die lieben Gebildeten um ihn, mit denen er dergleichen heitere Produkte mehr zu genießen als zu beurtheilen pflege." — Das naturwissenschaftliche Heft war „Zur Naturwissenschaft überhaupt. Von Goethe." II. Band, 2. Heft. 1824.

5. P. übersendet nunmehr den Druck der „Schauspiele von August Graf von Platen-Hallermünde. Erstes Bändchen. Erlangen, Heyder 1824" und notirt dazu am 27. Juni (2, 623): „Gestern

schickte ich Exemplare an G. und Jean Paul mit ziemlich langen Briefen, worin ich auch meines neuesten Werkes erwähnte, das übrigens in den letzten Tagen nicht vorwärts geschritten ist." G's Tagebuch meldet den Empfang der Sendung am 1. Juli 1824; weiter heißt es (9, 237 f.): „Herr Canzler von Müller. Mit demselben die Erlanger Unart. Berathung beßhalb. Andere Eröffnungen" — was sich ohne Zweifel auf P's nun gedruckte Gedichte gegen Knebel bezieht. — Der 1. Band der Schauspiele enthält neben dem „gläsernen Pantoffel" noch „Berengar. Eine Comödie in einem Akt. 1824." Das neue fünfaktige Lustspiel „Der Schatz des Rhampsinit" erschien erst in den „Schauspielen", Stuttgart 1828.

6. Begleitschreiben zu den „Sonetten aus Venedig", Erlangen 1825. G. las sie am 24. und 27. Februar 1825 und fand sie „lobenswürdig" (Tageb. 10, 23). — Über die Münchener Aufführung vom „Schatz des Rhampsinit" vgl. P's Tageb. 2, 737 ff. 752. 761. Dieser Brief ist aus dem Nürnberger Arrest geschrieben.

7. Der undatirte Brief begleitet ein „eben erschienenes lyrisches Gedicht", d. h. die „Ode. An König Ludwig", Erlangen 1825, 4°. Man könnte, da weder P's Tagebuch (2, 788) noch G's eine Übersendung der Ode erwähnt, auch an die Ode „An Goethe" (Ode 15) denken, die zuerst im Morgenblatt 1827 Nr. 273 erschien, und demgemäß den Brief ins Jahr 1827 setzen. Dem widerspricht aber P's Angabe, daß er für seine neuern dramatischen Arbeiten noch keinen Verleger gefunden habe; vgl. sein Tagebuch vom 11. November 1825 und 3. Januar 1826 (2, 788 f.). — Die „gewisse Hauptstadt Deutschlands" ist Berlin. — Über Karl Ernst Schubarth (1796—1861) und seine Beziehungen zu G. vgl. Hettner in der Deutschen Rundschau, October 1875, S. 23 ff. — „Ja, eure Reden, die so blinkend sind": Faust I Vers 554.

8. Die neueste Komödie ist „Die verhängnißvolle Gabel", Stuttgart 1826. P. verzeichnet am 19. Juli 1826 (2, 795): „Ich habe an G., Tieck, Umbreit, Grimm, Nees und andere Exemplare von meiner Komödie geschickt." — Das Lustspiel, das den Wettstreit von Pan und Apollo zum Gegenstand hatte, ist nicht zur Ausarbeitung gekommen. — S. 269 3. 16 ließ „größerer" statt „größerem". Briefe Ernst's v. Houwald (1778—1845), dessen Trauerspiele bis 1826 erschienen, an G. existiren nicht. — In Kunst und Alterthum V 2, 8 heißt es in G's Aufsatze „Ältere Gemälde. Neuere Restaurationen in Venedig, betrachtet 1791": „Unter

ben vielen Bildern des Johann Bellin und seiner Vorgänger ist
keines historisch, und selbst die Geschichten sind wieder zu der
alten Vorstellung zurückgeführt; da ist allenfalls ein Heiliger der
prebigt, und so viele Gläubige die zuhören." —

Seine „Schauspiele" und „Gedichte", Stuttgart 1828, ließ P.
durch seinen Freund, den Grafen Friedrich v. Fugger=Hoheneck,
überreichen. Der kurze förmliche Begleitbrief (Augsburg 28. Mai
1828) meldet P's Bitte: „Der Verfasser wünscht sehr, Euer Exc.
selbst einmal aus Italien zu schreiben, wenn ihm dazu die gütige
Erlaubniß ertheilt würde. Zugleich bittet er, die Gedichte zu
durchlesen, die Schauspiele aber liegen zu lassen; er sendet sie
blos aus alter Gewohnheit, und seinem Vorsatze gemäß, Euer Exc.
nichts des Seinigen vorzuenthalten."

Das letzte ausführliche Urtheil G's steht in den Gesprächen mit
Eckermann am 11. Februar 1831 (2, 261), wo es heißt, in P. fänden
sich fast alle Haupterfordernisse eines guten Poeten: „Einbildungs=
kraft, Erfindung, Geist, Productivität besitzt er im hohen Grade;
auch findet sich bey ihm eine vollkommene technische Ausbildung,
und ein Studium und ein Ernst wie bey wenigen Andern; allein
ihn hindert seine unselige polemische Richtung. Daß
er in der großen Umgebung von Neapel und Rom die Erbärm=
lichkeiten der deutschen Litteratur nicht vergessen kann, ist einem
so hohen Talent gar nicht zu verzeihen. Der romantische
Ödipus trägt Spuren daß, besonders was das Technische be=
trifft, grade P. der Mann war, um die beste deutsche Tragödie
zu schreiben; allein, nachdem er in gedachtem Stück die tragischen
Motive parodistisch gebraucht hat, wie will er jetzt noch in allem
Ernst eine Tragödie machen!... P. hat Ursache, zur Ehre der
deutschen Litteratur, von einer so unerfreulichen Bahn für immer
abzulenken."

XII. Heinrich Heine.

Von H's Briefen wurde der zweite von Bratranek im G.=
Jahrbuch 5, 132 unter den „Nachträgen zu G.=Correspondenzen"
abgedruckt; den übersehenen ersten brachte die Frankfurter und
Vossische Zeitung am 4. Mai 1886 (vgl. G.=Jahrbuch 8, 283).

1. G's Bücher=Vermehrungsliste führt erst im Februar 1822
(Tagebuch 8, 317) als „vom Verfasser verehrt" auf: „H. Heine,

Gedichte. Berl. 1822", das Tagebuch schweigt. — Über H's Studien in Bonn bei W. Schlegel, Herbst 1819—20, vgl. Strodtmann, H's Leben und Werke ² 1, 74 und Elster, H's sämtliche Werke 7, 13.

2. Im Mai 1823 wurden die "Tragödien nebst einem lyrischen Intermezzo von Heine. Berlin 1823. vom Verfasser" in die Bücherliste (Tageb. 9, 326) eingetragen, im Tagebuch nicht erwähnt. — H's Besuch wird am 2. October 1824 (9, 277) mit den lakonischen Worten gebucht: "Heine von Göttingen." Dieser einzigen Zusammenkunft der Beiden hat sich die Sage bemächtigt; H's Bruder erzählt in seinen windigen "Erinnerungen", H. habe auf G's Frage: "Womit beschäftigen Sie sich jetzt?" geantwortet: "Mit einem Faust", und G. darauf kurz abgebrochen. H. selbst schreibt erst am 1. Juli 1825 an Moses Moser (Briefe, Leipzig 1862, S. 142): "Daß ich Dir von G. Nichts geschrieben, und wie ich ihn in Weimar gesprochen, und wie er mir recht viel Freundliches und Herablassendes gesagt, daran hast du Nichts verloren. Er ist nur noch das Gebäude, worin einst Herrliches geblüht, und nur Das war's, was mich am meisten an ihm interessirte. Er hat ein wehmüthiges Gefühl in mir erregt, und er ist mir lieber geworden, seit ich ihn bemitleide. Im Grunde aber sind ich und G. zwei Naturen, die sich in ihrer Heterogenität abstoßen müssen." Später hat H. in der "Romantischen Schule (Strodtmann 6, 100) seine Eindrücke anders dargestellt.

Seine "Reisebilder. Erster Theil", Hamburg 1826, überreichte H. mit folgender eigenhändiger Widmung, die mir E. Ruland gütigst nachwies: "Sr. Excellenz d. Herrn Geheimrath v. Göthe übersendet dieses Buch, als ein Zeichen der höchsten Verehrung und Liebe der Verfasser".

G. äußert sich, abgesehen von der Immermannschen Recension der "Reisebilder" (oben S. 374), am 14. März 1830 Eckermann gegenüber (3, 315) in der allgemeinen Abrechnung über seine Widersacher: "Und wenn noch die bornirte Masse höhere Menschen verfolgte! Nein, ein Begabter und ein Talent verfolgt das andere. Platen ärgert Heine, und Heine Platen, und jeder sucht den andern schlecht und verhaßt zu machen, da doch zu einem friedlichen Hinleben und Hinwirken die Welt groß und weit genug ist, und jeder schon an seinem eigenen Talent einen Feind hat, der ihm hinlänglich zu schaffen macht!"

XIII. Joseph von Eichendorff.

Als Hallenser Student sah Eichendorff im Juli 1805 G. in den Vorlesungen des Phrenologen Gall. Er schreibt am 8. und 15. Juli 1805 in sein Tagebuch (vgl. H. A. Krüger, Der junge Eichendorff, Oppeln 1898, S. 50): "H. v. Goethe ... besuchte täglich das Schädelkollegium (von 6—8 abends), wodurch wir in den Stand gesetzt wurden, die Physiognomie des großen Mannes und die Art seines Umganges, die wir nach geendigter Vorlesung beobachten konnten, unserer Seele einzuprägen." Auch in Lauchstädt sah er ihn am 3. August 1805 in der Vorstellung des "Götz" (ebda. S. 60). — Daß G. den ersten Roman E's "Ahnung und Gegenwart", hsg. von Fouqué (Nürnberg 1815) kannte, beweisen die Noten und Abhandlungen zum Westöstlichen Divan (7, 83). Die dort als Beweis, daß die neueste Mystik sich schon selbst parodire, angeführten Verse

Mir will ewiger Durst nur frommen

Nach dem Durste

stammen, wie Loeper in Schnorrs Archiv 3, 490 nachwies, aus dem 12. Capitel des 2. Buches. — Das übersandte Trauerspiel "Der letzte Held von Marienburg" (Königsberg 1830) wird in G's Tagebüchern nicht erwähnt. Der Wiederherstellung der Ordensritterburg hatte G. schon länger seine Aufmerksamkeit zugewandt, veranlaßt durch Joh. Gustav Gottlieb Büsching (1783—1829), der sein Werk "Das Schloß der deutschen Ritter zu Marienburg" mit 7 Kupfern (Berlin 1823) ihm am 25. Juni 1822 ankündigte und am 14. Februar 1823 übersandte. G. dankte am 6. April 1823 (Vogel, Goethe in amtlichen Verhältnissen, S. 215) und besprach es in Kunst und Alterthum IV 3, 139, indem er zugleich einen Auszug aus Büschings, gleichfalls im Archiv liegenden, Briefe vom 19. October 1823 hinzufügte. E. hat 1844 selbst über "Die Wiederherstellung des Schlosses der deutschen Ordensritter zu Marienburg" geschrieben. — Chamissos und Schwabs "Deutscher Musenalmanach für 1833", S. 73 enthält von ihm ein Tafellied zu G's Geburtstag 1831: "Der alte Held".

Anhang.

1. Achim und Bettina von Arnim an Riemer.

Der erste Brief ist von Schröer in der Chronik des Wiener Goethe-Vereins 7, 35 abgedruckt; die folgenden drei Nummern liegen (aus S. Hirzels, dann H. Grimms Besitz) im Archiv.

1. Über B's Zusammentreffen mit G. und Riemer in Teplitz, 9. bis 12. August 1810: oben S. 354. — Riemer hat den Auftrag ausgerichtet, denn A. schreibt an Clemens, 14. September 1811 aus Weimar (Steig S. 288): „Riemer hatte uns eine allerliebste Wohnung am Park gemiethet." Vgl. auch Heitmüller, Aus dem Goethehause S. 189 f. — Voß besuchte im Juli 1811 seinen jüngsten Sohn Abraham in Rudolstadt und fuhr von da nach Jena hinüber. In G's Tagebuch wird er am 23. und 24. Juli (4, 222) erwähnt; doch klagte er über G's „ministerielles Air", vgl. Herbst, Voß II 2, 141. — Georg Ludwig Walch (1785—1838), seit 1808 Docent in Jena, ging 1811 als Lehrer am Grauen Kloster nach Berlin.

2. 3. A. schreibt am 14. September 1811 aus Weimar an Clemens (Steig S. 289): „Bald gehts zur Weinlese"; doch zögerte sich die Abreise noch hin. Am 21. September war A. mit Goethe nach dem Fourierbuche an der herzoglichen Tafel. — Da Riemer auf zwei Briefe schwieg, wandte sich A. am 9. December 1811 an Charlotte v. Schiller (Urlichs 1, 598) mit der Bitte, „ihn mit freundlichem Gruß von mir an eine Antwort zu erinnern und im Fall er meine Briefe durch irgend einen Zufall, entweder weil er verreist gewesen oder durch den Zorn der Hausfurie nicht erhalten hat, ihm den Inhalt derselben, wie ich Ihnen denselben erzählt, mitzutheilen".

4. A. und Bettina verließen Frankfurt im Januar 1812, blieben einige Tage in Cassel bei Grimms und trafen über Weimar am 4. Februar wieder in Berlin ein (Steig S. 297 f.). Bettina's

Billet auf der Durchreise an G. ist verloren. — Daß sie das Türksche Selbstportrait (vgl. oben S. 351) „dem Göthe abgeholt haben", berichtet A. am 5. März an Clemens (Steig S. 299); es befindet sich jetzt in H. Grimms Besitz. — Über den Maler Epp sagt G. in der Reise am Rhein, Main und Neckar (Hempel 26, 333): „Sein Name ist noch allen Denjenigen werth, die ihn gekannt, besonders aber den Liebhabern, welche Kopien alter Werke von ihm besitzen, die er mit Treue und Fleiß aufs Redlichste verfertigt hat."

II. Bettina von Arnim und Kanzler von Müller.

Die Briefe B's liegen im Müllerschen Archiv (Fascikel 14), Müllers Antwort (Nr. 2) in Varnhagens Nachlaß auf der Berliner Kgl. Bibliothek.

1. B's „Tagebuch zu G's Briefwechsel mit einem Kinde"[3] S. 539: „Heute Morgen hab ich einen Brief vom Kanzler Müller erhalten, der folgendes über G. schrieb: Er starb den seligsten Tod, selbst bewußt, heiter, ohne Todesahnung bis zum letzten Hauch, ganz schmerzlos. Es war ein allmählig sanftes Sinken und Verlöschen der Lebensflamme, ohne Kampf. Licht war seine letzte Forderung. eine halbe Stunde vor dem Ende befahl er: ‚Die Fensterladen auf damit mehr Licht eindringe'." — Daß B. „grabe in 6 Jahren" nicht an G. geschrieben, ist nach S. 196 unrichtig. Der Brief, den sie am 22. März 1832 begonnen haben will: Briefw.[2] S. 518 ff., untermischt mit Zuschriften „An meinen Freund" (den Fürsten Pückler-Muskau?). Letzterer ist wohl der mit diesem Brief Beschenkte, wie ihm auch der „Briefwechsel" gewidmet ist. — Daß G. versprochen, B. ihre Briefe zurückzugeben, ist glaubhaft, da er dasselbe mit den Briefen von Marianne Willemer wirklich that, vgl. Creizenach[2] S. VII. 304. 322.

2. Daß weder M. noch ein Anderer B's Briefe gelesen, ist unrichtig, vgl. zu Nr. 5. — Über Gräfin Caroline v. Egloffstein († 1869 in Marienrode) vgl. Strehlke 1, 155. — B's ältester Sohn, Johannes Freimund, war im März 1832 in Weimar, vgl. oben S. 359.

3. Über B's Goethe-Monument vgl. oben S. 357. Ausgeführt wurde es von Steinhäuser.

4. Vgl. „G. in seiner practischen Wirksamkeit. Eine Vorlesung in der Academie gemeinnütziger Wissenschaften zu Erfurt

am 12. September 1832 von Fr. v. Müller", Weimar 1832. — Arnims Briefe an G. zurückgegeben: oben S. 334. — G's Beschäftigung mit B's Berichten aus seiner Jugendzeit: oben S. 346. — „Vor ungefähr 5 Jahren war ich 4 Wochen in Weimar" bezieht sich auf B's Besuch vom 27. August bis 11. September 1826 (oben S. 357); Briefe aus diesen Tagen sind nicht erhalten und im Tagebuch nicht erwähnt.

5. Eckermann schreibt an den Kanzler v. Müller, 1. December 1832 (ungedruckt): „Auf Ihren Wunsch, verehrter Herr Geheimerath, sende ich die letzten Arnimschen Briefe, 9 Seiten, damit die liebende Seele befriedigt werde. Eine Abschrift davon zurück zu behalten wäre aber durchaus nöthig denn die Briefe enthalten stellenweis zu Goethes Jugendgeschichte und zur Geschichte seiner Mutter, unschätzbare Data. Man müßte freylich den Inhalt sondern und in eine andere Form gießen, doch dieß wird sich finden wenn ich erst daran komme, es ist vorläufig genug wenn uns eine Abschrift der ganzen Briefe bleibt wie sie sind."

6. B. dankt in der Vorrede zum „Briefwechsel" S. XXXI dem Kanzler v. Müller für die Rücklieferung ihrer Briefe: „es sind jetzt achtzehn Monate, daß ich sie in Händen habe; er schrieb mir damals: ‚So kehre denn dieser unberührte Schatz von Liebe und Treue zu der reichen Quelle zurück von der er ausgeströmt! Aber eins möchte ich mir zum Lohn meiner gemessnen Vollziehung Ihres Wunsches und Willens, wie meiner Enthaltsamkeit doch von Ihrer Freundschaft ausbitten. — Schenken Sie mir irgend ein Blatt aus dieser ohne Zweifel lebenswärmsten Correspondenz."' — Albert Knapps Nachruf „Auf Goethe's Hingang" erschien in der „Christoterpe", Elberfeld 1832; dagegen „Stanzen auf Stanzen. Wider H. A. Knapp, die Verdammung G's betreffend von Chr. Wurm", Nürnberg 1835.

7. „Rahel. Ein Buch des Andenkens für ihre Freunde", Berlin 1833, als Manuscript gedruckt; wiederholt 1834. — B's Briefwechsel mit Frau Rath: Briefw." S. 3—70 und „Ilius Pamphilius und die Ambrosia" (1848) 2, 206. Ein facsimilirter Brief: oben S. 347. — Der Schluß des Briefes erinnert an die Vorrede zum Briefw." S. XXX: „Dies Buch ist für die Guten und nicht für die Bösen."

8. Die „Gipsmedaille" von G's Vater ist das Biscuitrelief von J. P. Melchior vom Jahre 1779, das in den „Schätzen des

G.'„National-Museums" (1887) Bl. 31 reprobucirt ist. — Gräfin Emilie v. Spiegel war Oberhofmeisterin der Großherzogin Maria Paulowna. — G. und Ranke: G.-Tagebuch 8, 234. 9, 74. 105 und Tagebuch vom 15. März 1829: „Ich las nachher Prof. Ranke serbische Revolutionen ein verdienstliches Büchlein, das ich soeben von Perthes erhalten hatte." Über Rankes Studienreise von 1837 bis 1839 für seine „Deutsche Geschichte im Zeitalter der Reformation" vgl. ADB. 27, 257.

9. G's Haus am Frauenplan wurde schon im Jahre 1832 theilweise vermiethet. Der im Jahre 1842 reiflich erwogene Plan, G's Haus und Sammlungen durch den deutschen Bundestag als National-Stiftung zu erwerben, scheiterte.

10. Goethe's correspondence with a child. For his monument. Berlin, 1838. Eine Widmung an die Königin Victoria ist nicht erfolgt. — Über G's Stellung zu den Engländern in Weimar sagt B. ähnlich im Vorwort zu The diary of a child p. IX: So many of them came in the spring of their age to this little hospitable spot of Germany's classic soil and were received by Goethe with the kindest condescendence for their scientifical and social interest. — Die russische Übersetzung des „Briefwechsels mit einem Kinde" fehlt bei Goedeke² 6, 84.

Register.*

Abendzeitung II, 261.
Abraham a Sancta Clara II, 199.
Ackermann, Jacob Fidelis 242.
Aeschylus 2. 165.
Agrippina II, 32.
Akademie der bildenden Künste, Münchener 251—255. 259—261. 263.
Akademie der bildenden Künste, Wiener 198.
Akademie der Wissenschaften, Berliner II, 91.
Alexis, Willibald 307.
Alton, Johann Wilh. Eduard d' 186.
Anhalt-Dessau, Luise Fürstin von II, 10.
Annalen der neuen Nationalschaubühne zu Berlin 122.
Annalen, Mecklenburgische, für Landwirthschaft II, 108.
Archenholz, Johann Wilhelm v. 9.
Archiv der Zeit, Berliner 92.
Arendt, Martin Friedr. II, 203. 205.
Aretino, Pietro 73. 76 f. 81. 91.
Ariost 12. 51. II, 193.
Aristophanes 61.
Aristoteles 177.
Arndt, Ernst Moritz II, 151.
Arria II, 45.

Arnim, Achim v. II, 78—80. 82—158. 165. 169. 171. 177. 275—279. 287.
—, Bettina v. II, 78. 81 f. 125. 131. 143. 146. 149. 157. 159—197. 275—304.
—, Freimund v. II, 283.
—, Friedmund v. II, 82.
—, Siegmund v. II, 149.
Athenäum 18—20. 23—25. 30 f. 34 f. 41. 47—49. 51. 55. 57 f. 62. 75. 92. 127. 146. 148.

Baader, Franz II, 174.
Baggesen, Jens II, 44.
Bayern, Ludwig I., König von 262. 264. 269. 271. II, 17 f. 195. 197.
—, Maximilian I., König von 237. II, 190 f.
—, Therese, Königin von 272. II, 196.
Bazin 180.
Beaumarchais II, 168.
Bechtolsheim II, 251.
Beck, Sängerin II, 45.
—, Luise II, 45.
Becker, Heinrich II, 69.
Beer, Michael 182.
Beireis, G. C. II, 120—122.

*) Das Register bezieht sich auf den Text beider Bände und den Anhang zu Band II.

Bellin, Giovanni II, 270 f.
Benecke, Georg Friedrich II, 212.
Berg, C. F. v. 23. 26. 124. 128.
Bergen, Adolph siehe Blech, A. F.
Berlichingen, Götz v. II, 238.
Bernadotte, Carl, Kronprinz von Schweden 181.
Bernauer, Agnes II, 56.
Bernhardi, J. C. A. Ferdinand 90. 111. 118. 148 f. 171 f. II, 248.
Bernhardi, Sophie 127 f.
Bertram, Joh. Baptist II, 41.
Beuth, Peter Christ. Wilh. II, 190.
Bewick, Thomas 36 f.
Beyme, Carl Friedrich v. 144.
Bibel II, 22.
Bibliothek d. sch. Wissenschaften 41.
Bibliothèque des romans 76. 80. 90.
Björn Halvorson II, 221.
Blech, Abraham Friedrich II, 92 f.
Blumenbach, Joh. Fr. II, 11 f. 118.
Boas II, 188.
Böhmer, Auguste 94. 97. 99 f. 102. 210.
Böttiger, Carl August 125.
Boisserée, Sulpiz 193. 200. II, 41.
Boner, Ulrich II, 212.
Borghese II, 32.
Brabeck, Baron v. 96.
Braun, Dr. II, 296 f.
Braunschweig=Oels, Friedrich Wilhelm von II, 144.
Breitkopf & Härtel II, 226.
Brentano, Clemens II, 76—82. 94. 124—128. 130 f. 145 f. 174.
—, Auguste II, 130.
—, Franz II, 277—279. 284.
—, George II, 214.
Briest, Caroline v. siehe Fouqué.

Brinkmann, Gustav v. 17 f.
Brizzi, Antonio II, 182.
Buch der Liebe 59. 62. 76. 78.
Bürger, G. A. 8.
Büsching, Joh. Gust. Gottl. II, 212.
Bury, Friedrich 73 f. 77. 105 f. 119. II, 90. 140.
Bußmann, Auguste II, 130.
Calderon 137—140. 142. 155. 163. 172. 175 f. 178. 182. 193. 233 f. II, 75.
Camesina'sche Buchhandlung 196.
Camoens 150.
Canitz, Major v. 287.
Canova, Antonio II, 31 f.
Casparson, J. W. C. G. 109.
Cassandra II, 45.
Castelli, Bernard 289.
Catel, Ludw. Friedr. 127. 129. II, 90.
—, Franz II, 89 f.
Cellini, Benvenuto 225.
Cervantes 50. 57. 78. 85. 90 f. 93.
Chamisso, Adelbert v. II, 259.
Charon II, 193.
Charpentier, J. F. W. v. 209.
Chézy, Helmine v. II, 30.
Chladni, E. F. F. 206.
Cleopatra II, 45.
Clisson II, 141.
Coburi, Pasqualina II, 21.
Collin, Heinrich v. 126. 162.
Comoedia divina II, 131.
Conradin von Schwaben II, 56.
Constant, Benjamin II, 52.
Copernikus 177. II, 88.
Corneille II, 92.
Correspondent, Hamburgischer 81.
—, Preußischer II, 148 f.

Cotta 41. 77. 95. 97. 307. II, 11.
14. 25. 48. 57.
Cottonianische Bibliothek II, 221.
Couſtou, Nicolas II, 30.
Cranach, Lukas 262. II, 88.
Creuzer, G. F. II, 144.
Cromwell 61.
Crux, Domdechant II, 217.
Cunegunde, Kaiſerin II, 28.
Cuvier 192.

Dalberg, K. Th. A. M. v. II, 12.
41. 166. 169.
—, W. H. v. 156.
Damalyne 297—300.
Dante 47. 182. 220. II, 153 f.
Daub, Carl II, 144.
Davy, Sir Humphry II, 126.
De Gerando, J. M. de II, 29.
Dejanira II, 30.
Denon, D. W. de II, 32.
Devrient, Carl 309.
Deycks, Ferdinand 308.
Diderot 40—42.
Dietrich von Merſeburg II, 108.
Diodat II, 262.
Dobrowsky II, 226.
Dobeley 60.
Döbbelin, Caroline M. II, 92.
Dürer, Albrecht II, 41 f. 45. 174—178. 278.
Durante II, 178.

Eckardtſtein II, 89.
Eckermann II, 245 f. 286. 290. 296.
Edda II, 202—206. 209 f. 232.
Egloffſtein, Caroline v. II, 283. 286. 297.
Ehrhardt II, 6.

Eichendorff, Joseph v. II, 274.
Eichſtädt, H. K. A. 158—160. 164 f. 172 f. 175.
Einſiedel, F. H. v. 71. 232.
Eisfeld, Carl II, 8.
Engel, J. J. II, 46.
Engelhard, Architekt II, 173.
England, Victoria Königin v. II, 302.
Epimetheus II, 11.
Epp, Maler II, 278.
Erlanger Zeitung 164.
Erman, Paul II, 139.
Ernſt, Ludwig Emanuel 24.
Eſchenmayer, A. K. A. 164. 214.
Evangelienharmonie(Heliand)II,221.
Eybenberg, M. v. 23. 26—28. 34.
Eyck, Gebrüder van II, 42. 122.

Fauſt II, 45. 93. 155.
Fernow, Carl Ludwig II, 24.
Fichte, J. G. 84. 118. 121. 150. 215. 217. 241. II, 91 f.
Findenſtein, Gräfin H. 310.
Fiorillo, J. D. 12. 21. 27. 39. 41. 49.
Fiſcher 13.
Fleck, J. F. F. 46. 103 f. 134. 161.
Fleck, Mad. 103.
Fleiſcher, Friedrich II, 217.
Fouqué, Caroline II, 233—236. 238—240. 242.
—, Friedrich II, 233. 236—239. 241—252.
Franckenberg, S. F. L. v. 20.
Frankreich, Heinrich IV. von II, 92. 118.
Freimüthige, Der II, 94. 130.
Friedrich II., Kaiſer II, 56.
Fritſch, Jakob Friedrich, Freih. v. 20.
—, Conſtanze, Gräfin v. 268. 271.
Fröhlich, Heinrich 49.

Frommann 227. 249. 296. II, 6.
 24. 39.
Füßli, J. H. II, 17.
Fund, R. W. F. v. 11.

Gall, F. J. II, 149.
Gareis, Franz 31.
Garrick, David 156.
Garve, Christian 75. 83.
Genast, Anton 306.
—, Eduard 306. 308.
Genelli, Buonaventura II, 90.
—, Hans Christian 126. 131.
—, Janus II, 90.
Gentz, Friedrich v. II, 68.
Gérardo, Mad. II, 29.
Gerning, J. J. v. II, 12. 43.
Geryon II, 42.
Geßner, Heinrich II, 17.
—, Salomon 1.
Görres, Joseph v. II, 126. 131—133.
Göschen, G. J. 13.
Goethe, Johann Wolfgang v.
 Achilleis 74—76. 246.
 Alexis und Dora 5f. 67.
 Almanach, Beiträge zum 5. 25.
  95—97. 101. 104.
 Anatomie, Über vergleichende
  219.
 Ausstellung 153.
 Balladen 3. 7.
 Belagerung von Mainz II, 250f.
 Böhmisches Volkslied II, 225.
 Braut von Corinth 6f. 188.
  II, 61f.
 Büste von F. Tieck 118.
 Campagne in Frankreich II, 250f.
 Cellini, Benvenuto 225.
 Chinese in Rom, Der 72.
 Goethe, Johann Wolfgang v.
 Dichtung und Wahrheit 259.
  265. II, 149. 180—182. 237.
 Diderots Versuch über die Mah=
  lerei 40—42.
 Egmont 103. 106. II, 39f. 240.
 Elegieen, Römische 59f. 63f.
  66—68. 72.
 Epigramme, Venetianische 66.
  68—72.
 Episteln 71f. 74.
 Farbenlehre 59. 177f. 205—207.
  215f. 218. 285—287. II, 60f.
  65.
 Faust 74—76. 246. 309. 311.
  II, 11. 31. 45. 63. 82. 268.
 Geschichte des Weimarischen
  Theaters 300f.
 Götz von Berlichingen II, 2.
  144. 238.
 Gott und die Bajadere, Der 7.
 Griechische Volkslieder II, 225.
 Gutachten über ein Monument
  97. 100. 102.
 Hauskapelle II, 165. 182.
 Hebräische Studien 265.
 Helena 74—76.
 Hermann und Dorothea 14f.
 Holzschnitt, Über den 34—36.
 Iphigenie II, 2.
 Italiänische Reise 267. II, 240.
 Jahreszeiten, Die 74.
 Jenaische Allg. Literaturzeitung
  143. 154. 157f.
 Jeri und Bätely 103.
 Klaggesang der edlen Frauen
  des Asan Aga II, 225.
 Krankheiten 96. 99. 212—214.
  302f. II, 225. 241.

Goethe, Johann Wolfgang v.
Kunst und Alterthum 304 f.
II, 225. 227. 229. 232. 260.
263. 270.
Mahomet 73. 75. 80. 85.
Margites 188 f.
Metamorphose der Pflanzen
68—70.
Monument von Bettina v. Arnim II, 285. 288. 297. 299.
301—303.
Nachtlied, Wanderers II, 55.
Natürliche Tochter II, 2.
Naturwissenschaft, Zur II, 263.
Orden der Ehrenlegion II, 25.
Paläophron und Neoterpe 98.
101.
Pandoras Wiederkunft 173.
194. II, 11.
Pausias, Der neue 5 f.
Portrait von Bury II, 90.
Portrait von H. Kolbe II, 189 f.
Preisaufgabe, Theatralische 98.
101. 117. 120. 122. 124. 127.
132. 135 f. II, 76 f.
Prometheus 2. 173. 194. II, 11.
Propyläen 34 f. 39—42. 45 f.
52. 58. 60. 96. 98. 253. II, 76.
Pseudo-Wanderjahre II, 256.
Recensionen 175. 304 f. II, 78
—80. 94. 96. 229. 260.
Rechenschaft II, 147.
Reinecke Fuchs 72. 74. 77.
Reise am Rhein, Main und
Neckar II, 153 f.
Romeo und Julie, Bühnenbearbeitung von 198.
Sammler und die Seinigen,
Der 52.

Goethe, Johann Wolfgang v.
Schriften, Neue 105.
Schweizer Reise 4. 14.
Serbische Volkslieder II, 227.
Simon Portius 215. 218.
Sonette 73. II, 163 f.
Sprachreinigung, Über II, 151.
Tancred 103.
Tasso II, 2.
Theophrast 215. 218.
Tod II, 280 f. 284.
Über bildende Kunst und Poesie
der Indier 185 f.
Volkslieder II, 225. 227.
Wahlverwandtschaften II, 49.
62. 144 f. 175.
Weissagungen des Bakis 69 f.
Werke 173 f. 246. 261.
Werthers Leiden II, 243 f.
Wilhelm Meisters Lehrjahre 30.
38. 105. II, 15. 46. 112.
Wilhelm Meisters Wanderjahre
II, 256.
Wonne der Wehmuth II, 63 f.
Zauberlehrling, Der 22. 188.
Goethe, August v. 299. 301 f. 304.
307. II, 5. 14. 48. 58. 65. 94.
96. 117. 128 f. 135. 149. 163.
166—169. 171. 176. 278.
—, Christiane v. II, 5. 24. 26. 37.
47 f. 58. 65. 164. 167 f. 172 f.
176. 178. 182. 277. 279.
—, Johann Caspar II, 298—300.
—, Katharina Elisabeth 4. II, 12.
136. 159 f. 164. 169. 172. 180.
290. 295. 297.
—, Ottilie v. 299. 301 f. 304. 307.
II, 187. 242. 247. 282 f. 286.
289. 298—300.

Göße, v. II, 253.
Gore 47 f.
Gotter, F. W. 16—18.
Gotter, Pauline 16. 256. 259. 261. 265. 271.
Gottfried von Straßburg 62.
Gozzi 1. 224.
Graff, Joh. Jacob 221.
Grimm, Jacob II, 144. 198—232.
—, Ludwig II, 127. 134. 176 f. 186 f. 204 f. 214. 224 f. 229. 231.
—, Wilh. II, 142—144. 198—232.
Grotthuß, Sara v. II, 93.
Grüneisen, Carl 307.
Guaita, Melina v. II, 164.
Guarini 55.
Gubitz, F. W. II, 152.
Günderode, Caroline v. II, 123. 130.
Günther v. Schwarzburg II, 56.
Guerike, Otto v. II, 122.

Härtel II, 226.
Hagen, F. H. v. d. II, 144. 212.
Hahn, Friedrich Graf v. II, 113.
—, Carl Graf v. II, 113 f. 116.
Haide, Friedrich 173. II, 50.
Haldorson, Björn II, 221.
Hammerstein, Freih. Hans v. II, 202. 222.
Hardenberg, Friedrich v. 11 f. 19. 33. 52. 129.
Harduin II, 28.
Hartmann von Aue II, 210.
Hastfer, Helmine v. II, 30.
Haugwitz, Frl. v. 128.
Hawkins, Sir John 299.
Haza, v. II, 70.
Hegel, G. W. F. 218. 221 f.
Heine, Heinrich II, 272 f.

Heinrich II., Kaiser II, 27 f.
Helbig 306.
Helfenstein, Graf II, 17.
Heliand II, 221.
Hellwig 308.
Hendel=Schütz, Henriette 104. 118. 124. 126. II, 44—48. 50 f. 57.
Hering siehe Alexis, W.
Herkules 130. II, 19.
Hermann, Gottfried 172.
Hermesianax 187.
Hero II, 81.
Herodot II, 265.
Herschel, Sir William 216.
Herzlieb, Minna II, 6.
Hessen, Erbprinzessin von II, 140.
Heyer II, 123.
Heyne, C. G. II, 12.
Heywood 60.
Hildebrandslied II, 206 f.
Hirt, A. L. 31. 35. 42. 106. 119.
Hirzel, Heinrich II, 17.
Hitzig, Julius Eduard II, 10.
Hoffmann, Joseph 262 f.
Hohenstaufen II, 56.
Holla, Frau II, 209.
Homer 64.
Horaz II, 46.
Horen (siehe Schiller) 41. II, 70.
Hornwunder (Arnim) II, 131.
Houwald, Ernst v. II, 270.
Hübner, Emil II, 188 f. 192 f.
Hülsen, August Ludwig 113. 188.
Hufeland, Christian Wilhelm 164.
—, Gottl. 38. 82. 84. 86. 89. 231. 233.
Humboldt, Alexander v. II, 91.
—, Caroline v. II, 56.
—, Wilh. v. 193. II, 141. 146 f. 173.
Hummel, Maler 105.

Iffland, A. W. 23. 27. 29. 32 f. 37 f. 40. 46. 50. 61 f. 90. 103. 108. 115. 117. 121. 123. 126. 130. 132. 161—163. 165. 168.
—, Frau 46.
Immermann, Carl II, 254—258.
Isis II, 45.
Itzig siehe Hitzig.

Jacobi, F. H. 197. 199 f. 247. 249.
Jacobson, Israel II, 166. 168.
Jagemann, Ferdinand II, 100.
—, H. Caroline F., 122. 221. II, 66.
Jahrbücher der Preußischen Monarchie 29. 40.
Jakob, Therese v. II, 230.
Jephtha II, 23.
John, Ring 60.
Jomelli, Niccolo II, 165. 167.
Jordis, v. II, 161.
Journal de Paris 9.
Jung-Stilling, J. H. II, 16. 244 f.

Kalkreuth, Graf 128.
Karschin, A. L. II, 106.
Kielmeyer 242.
Kindlinger, Nicolaus II, 217.
Kirms, Franz 123 f.
Kleist, Heinrich v. II, 67—69. 71—75.
Kleist v. Nollendorf, Graf II, 241.
Klopstock 14.
Kloß, Matthias II, 174 f.
Knapp, Albert II, 295.
Knebel, C. L. v. 38. 44—47. 50 f. 54—56. II, 6. 24. 59. 64. 260—262.
Koch siehe Roose.

Kochel, Münzmeister 303 f.
Körte, Wilhelm II, 127.
Kolbe, Heinrich II, 189 f. 192.
Kopitar II, 226.
Kopp, Archivar II, 217.
Koreff, J. F. II, 23.
Rosegarten, G. L. II, 199.
Kotzebue, A. v. 46. 55. 58. 92. 99. 115. 117. 126. 144. II, 113.
Kretschmann, Maler II, 90.
Kühn, Sophie v. 12.
Kunstfreunde, Weimarische 251. 254.
Kunth, G. J. C. II, 7.

Lacépède, L. G. E. Comte de II, 29. 32.
Lambert, J. H. 286.
Langer, Joh. Peter v. 255. 260.
—, Robert v. 255.
Lanzelot 62.
Laokoon 31. II, 31.
La Roche II, 284.
Laurentius, Sanct II, 12.
Leander II, 81.
Le Brun, Mad. 119.
Leonardo da Vinci 12.
Leste II, 135.
Lessing 127. II, 270.
Leucothea II, 31.
Levi, Madame II, 93.
Lichtenstein, Freih. v. 116.
Lilly 60.
Literatur-Zeitung, Allg. Jenaische 12 f. 24. 36. 57 f. 82 f. 85—87. 143—145. 147 f. 151 f. 154. 157—159. 164 f. 171—174. 234—236. 241 f. 250—252. 254. 262. 276—279. II, 2. 94.
Locrine 61.
Lober, Justus Christian 108.

Loos, T. F. II, 138.
Lorrain, Claude II, 90.
Lucca, Herzog v. II, 196.
Lucrez 44—47. 50. 54—57.
Lukas von Leyden II, 41.
Luther, Martin II, 47. 88. 204.

Magdalena II, 32.
Mahabòh 7.
Mahlmann, S. A. II, 6.
Mahomet 73. 75. 80. 85.
Malbrough siehe Marlborough.
Mampe II, 152.
Manfred v. Hohenstaufen II, 56.
Mannlich, J. C. v. 263.
Marcelli II, 178.
Marco II, 229.
Marcus, A. F. 96.
Margaretha II, 41.
Maria, Mutter II, 16f. 45. 211.
Marlowe 60. II, 155.
Masch, A. G. II, 108—110.
Mattausch, Franz 134.
Matthisson, F. v. 63. 75. II, 10.
Maurocordatos II, 183.
Maximilian, Kaiser II, 42.
Mayer, Joh. Tobias 286.
Medea II, 48.
Medicis II, 30.
Mellish, Joseph Carl 18.
Merkel, Garlieb 57.
Merope 104.
Metternich, Fürst v. 196. 198.
Meyer, Joh. Heinrich 3f. 24. 27. 31. 38f. 41—43. 46. 49. 52f. 63. 66. 73f. 77. 97. 100. 102. 112. 119. 187. 191. 196. 250. 252. 255 f. 258. 260. II, 24. 48.

Meyer, Marianne (= M. v. Eybenberg) 23. 26—28. 34.
Meyer, Madame siehe Hendel-Schütz.
Michaelis 81.
Michelangelo 12. 57. II, 154.
Millin, Aubin Louis II, 29.
Milosch, Fürst II, 226.
Minnefinger 80.
Möller, Johannes 312.
Mohammed II., Sultan II, 56.
Molitor, Joseph Franz II, 166. 168.
Monalbeschi II, 56.
Morgenblatt für gebildete Stände II, 25. 45. 126. 128. 130.
Moses II, 6.
Mozart 18.
Müchler, Carl Friedrich 151.
Müller, Adam Heinrich v. 197. II, 67—71. 73.
—, Christoph Heinrich II, 212.
—, Friedrich v., Kanzler, II, 21. 190. 279—304.
—, Johannes v. 172. II, 12.
—, Karl Wilhelm 55.
—, Peter Erasmus II, 221.
—, Wilhelm II, 155.
—, Sohn des Kupferstechers 257. 260f.
Myller, C. H. siehe Müller.

Napoleon II, 25. 89—91. 116. 121.
—, Seine Mutter Lätitia II, 32.
Nationalkonvent II, 138.
Neapel, Johanna, Königin von II, 56.
Necher II, 193f. 196.
Nees v. Esenbeck 183.
Neubeck, B. W. 12—14.
Nibelungenlied II, 13. 144. 203. 210.
Nicolai, Friedrich 22. 58. II, 17. 268.

Nicolovius, Alfred II, 190.
Niebuhr, B. G. II, 148.
Niemeyer II, 92.
Niethammer, J. I. 212.
Novalis siehe Hardenberg.
Nuys, Frau v. 53 f.

Oehlenschläger, Adam II, 44.
Oels siehe Braunschweig=Oels.
Oesterreich, Maria Ludovica Kaiserin von 199.
Oldcastle 61.
Oldenburg, Heinrich II, 95.
Oranje, Wilhelm v. 109 f.
Orpheus 22.
Ossian II, 210.
Other II, 221.
Overbeck, Friedrich II, 153.

Paetus II, 45.
Paer, Ferdinando II, 182.
Pallas von Velletri II, 16. 31.
Pan II, 269.
Pandora II, 11.
Parny, Vicomte de 53. 55.
Paulus, H. E. G. 84. 240 f.
Penz, Baron v. II, 91.
Perugino, Pietro 191.
Pestalozzi, J. H. II, 168.
Petrarca 14. 55. 182.
Pfuel, F. v. 197.
Pfyffer v. Wyher, F. L. II, 86.
Phädra 174.
Pharao 14.
Phidias II, 110.
Phoebus (hsg. von Adam Müller und H. v. Kleist) II, 70—74.
Platen, August Graf v. II, 259—271.
Plato 42. 92. 177. 227 f. II, 63.

Plauen, Heinrich v. II, 274.
Plinius II, 21.
Podmanitzky, Baron v. 228.
Polyphem 262 f.
Portius, Simon 218.
Potocki, Johann II, 109. 111.
Pourtales, v. 119.
Preußen, Carl Prinz von II, 249.
—, Friedrich II., König von II, 89 f. 106. 147.
—, Friedrich Wilhelm III., König von 29 f. 34. 36. II, 85. 89 f. 152.
—, Luise, Königin von II, 51. 111.
—, Prinzen u. Prinzessinnen II, 152. 184.
Primavesi, J. G. II, 128.
Prometheus (hsg. von Stoll und Seckendorff) II, 7. 11. 71.
Properz 38. 44. 46.
Pückler=Muskau, Hermann Fürst v. II, 282.
Puritan, The 61.
Pustkuchen, J. F. W. II, 256.
Pygmalion II, 45.

Quandt, Joh. Gottlob v. 310.

Racine 174.
Rahel siehe Varnhagen.
Rambohr, F. W. B. 41.
Ranke, Leopold v. II, 299.
Raphael 46. 49. II, 31 f. 42. 45.
Rasl II, 221.
Rauch, C. D. II, 157. 190.
Récamier, Madame II, 29. 32.
Reichardt, J. F. 113. 115. 130. II, 12. 84. 93.
Reichenbach, Gräfin v. 13.
Reil, J. C. II, 146.

Reimer, G. A. 140. 142.
Reinhard, Charlotte Henriette 246f.
Reinhold, Carl Leonhard 217.
Rellstab II, 109.
Resenius II, 202.
Rettich, Julie 309.
Retzer, J. F. Edler v. 94. 110. 122.
Rhampsinit II, 265. 267.
Riemer, F. W. 196. II, 5. 7. 14. 21. 32. 48. 53. 66. 163f. 182. 275—279.
Riepenhausen, Gebrüder II, 60.
Ringseis, Joh. Nepomuk II, 82.
Rizio II, 56.
Rochus, Sanct II, 154.
Roederer, Pierre Louis 2f.
Rötsch, J. C. II, 7.
Roose, geb. Koch, Madame 116.
Roquette, Julie be II, 105f.
Rosalie, Die heilige II, 139.
Rosamunde II, 56.
Rottmann, Friedrich II, 128.
Rüchel, E. F. W. P. v. II, 251.
Ruhl, Ludwig Sigismund II, 158.
Rumohr, Carl Fr. v. II, 174. 195.
Runge, Phil. Otto 284—287. II, 152.
Ruprecht II, 6.
Ruth II, 188.

Sachs, Hans 210. 212.
Sachsen-Weimar, Carl August, Großherzog von 18. 30. 51. 55. 78. 82f. 85. 104. 131. 136. 225. 229f. 233. II, 3. 5. 16. 48. 58. 66. 250f. 298. 303f.
—, Carl Friedrich, Großherzog von II, 5. 66. 140. 299f.
—, Caroline Luise, Prinzessin von II, 4. 100.
Sachsen-Weimar, Luise, Großherzogin von II, 48. 66.
—, Marie, Prinzessin von II, 249.
—, Maria Paulowna, Großherzogin von II, 66. 226. 302f.
Saemundar Edda II, 203. 205.
Saint-Cir, General II, 86.
Sander, Conrector II, 46.
Saul II, 23.
Savigny, F. C. v. II, 82. 133. 146. 163. 216. 283. 291.
—, Kunigunde v. II, 82.
Schadow, J. G. 100. 118. 128. 220f. II, 87f. 111.
—, Wilhelm v. II, 193.
Schaffgotsch, Graf II, 141.
Scharbt, Sophie v. 175. 180. II, 6. 24. 48. 58. 66.
Schelling, F. W. J. v. 58f. 63. 66f. 69. 81—83. 87. 135. 139. 153. 155f. 164. 171. 201—273. 277. 279. II, 262. 266. 270.
—, Carl Eberhard 242.
—, Pauline v. 256. 259. 261. 265. 271.
Schelver, F. J. 229f. 248.
Schenk, Joh. Heinrich v. 246.
Schill, Ferdinand v. II, 140. 144.
Schiller 1—3. 5. 8. 10f. 21. 25. 27. 29. 32—34. 41. 45f. 50. 75. 78. 81. 85. 88. 90. 95—97. 103—105. 107f. 127. 130. 154. 217. 219. 291f. 308. II, 18. 50. 70. 85. 92. 248.
Schinderhannes II, 116.
Schinkel, E. F. II, 139. 152. 155. 184—186. 190.
Schlegel, August Wilhelm 1—187. 197. 203. 205. 210—212. 219f.

226—234. 276. II, 50—52. 54. 58. 272.
Schlegel, Carol. 3—7. 14—18. 20. 27. 33. 40f. 49. 68. 70—72. 74. 77. 79. 94. 99. 101f. 112. 201 —203. 222. 224—229. 231—233.
—, Dorothea 114f.
—, Friedrich L. 3f. 12. 15. 18f. 21f. 24. 26. 28. 30. 33. 35. 48—50. 56f. 60f. 65. 75. 79f. 83. 92—94. 99. 114f. 118. 127. 129. 131—135. 144. 149f. 152f. 160. 187—200. 220f. 227.
Schleiermacher, F. E. D. 75. 148f. 159. 171.
Schlitz, Graf v. II, 100. 106—108.
Schlosser, Chr. Heinr. II, 43. 60.
—, Johann Friedrich Heinrich 265.
Schmidt, Johann Adam 243.
—, Prediger II, 109.
Schopenhauer, Johanna 306. II, 6. 24. 48. 58. 66.
Schoppe, Maler II, 153f.
Schröder, Friedrich Ludwig 161.
Schubarth, Karl Ernst II, 268.
Schubert, Gotthilf Heinr. v. II, 71.
—, Henriette II, 142.
Schüler II, 46.
Schütz, C. G. 57. 82—86. 88. 144. 227. 230.
—, Christian Wilhelm v. 111. 226.
Schwarzburg, Günther von II, 56.
Schweden, Carl Bernadotte, Kronprinz von 181.
—, Christine, Königin von II, 56.
Scinas II, 183f. 187.
Scotes, Pietro 223.
Sebastian, Don II, 74.
Seckendorff, F. C. L. v. 98. 173.

Seydelmann, J. C. 31.
Shakespeare 12. 15. 17f. 23. 32. 37. 47. 50f. 55. 60f. 65. 78. 82. 87. 92. 104f. 139. 146. 153—157. 161—163. 165—170. 178. 182. 198. 223—225. 290. 298—300. 302. II, 11. 155.
Sichem II, 127.
Simon Portius 218.
Sintenis, C. F. II, 10f.
Slawrensky II, 92.
Solly II, 152.
Solms, Friederike, Fürstin von II, 101. 111.
Sorel, Agnes II, 198.
Spiegel, Frau v. II, 298.
Spinoza 215—218.
Sponholz II, 109.
Staël, A. L. G. de 173. 175. 179. 231f. II, 19. 29. 50—52. 54. 58.
Stauffacher, W. II, 18.
Steffens, Henrich 151. 155. 158. 164. 171. 274—289. II, 295f.
—, Johanna 277. 279. 286. 288.
Stein, Fritz v. 287f.
—, H. F. C. Freih. vom II, 137. 141.
Steinen, J. D. v. II, 219.
Steubert, v. II, 281.
Stieglitz, Heinrich II, 245f.
Stiernold, Freih. v. II, 223.
Stolberg, F. L. Graf v. 165.
Stoll, Joseph Ludwig 173. II, 164.
Stuart, M. 90. 103. 107. II, 20f. 56.
Stuart, Carl II, 141.
Stutwer, Joh. Georg II, 20.
Suard, J. B. A. II, 29.

Talma, F. J. II, 29.
Tancred 109.

Taxis, Therese, Fürstin von II, 101.
Tell II, 18. 50.
Teller, Madame 221.
Theokrit 47.
Theophrast 215. 218.
Theseus 260.
Thibaut, B. J. II, 117.
Thietmar v. Merseburg II, 108.
Thile, Prediger II, 137.
Thorbeck 302.
Thorkelin II, 221.
Thorwaldsen II, 285.
Thürheim, J. C. Graf v. 236f. 240.
Tian siehe Günderode, Caroline.
Tieck, Amalie, geb. Alberti 292. 310.
—, Dorothea 310.
—, Friedrich 110f. 113. 116—118.
  124. 126—128. 130f. 133. 135
  —137. 139. 169f. 172. 294.
  297. II, 157.
—, Ludwig 21. 24—26. 43. 45. 52. 56.
  61. 65f. 68f. 71. 78—81. 86f. 90.
  92. 95f. 97f. 101. 104. 111f. 118.
  128. 131. 290—312. II, 81. 173.
Liebge, C. A. II, 21.
Tischbein, J. H. W. 96.
Tolstoi, Gräfin 105.
Tressan, Graf 62. 76. 80.
Tristan 59. 62. 79f. 82. 85. 88. 92.

Ulpen, H. W. F. II, 13. 161.
Ulfilas II, 221.
Ulrich, Caroline II, 167.
Ulysses 262f.
Unger, J. F. 16. 24. 29. 35f. 39f.
  64. 104f.
Unzelmann-Bethmann, F. A. 27.
  29. 49f. 102f. 106—112. 116f.
  123—125. 134. 161. 219.

Ursula, Sanct II, 42.
Usteri, J. M. II, 17.

Vancouver, George 66f. 207.
Varilles II, 92f.
Varnhagen v. Ense, Carl August
  II, 273. 291. 297.
—, Rahel II, 273. 297.
Vater II, 230.
Verlohren, Heinr. Ludwig II, 180.
Vermehren, Joh. Bernh. 220f. 224.
Vieweg, H. F. 41. 42.
Virginia II, 45.
Visconti, E. L. 191.
Voß, Heinrich 221.
—, Frau 221.
Voigt, C. G. v. L. 51. 55. 82. 104.
Voltaire 55.
Voß, J. H. 47. 75. 125. 147f.
  II, 14. 44. 79—81. 126f. 131f.
  276.
—, J. H. der Jüngere II, 14.
—, Gräfin v. 124. 128.
—, O. R. F. v. II, 241.
Vut siehe Wut.

W. R. F. 251. 254.
Wackenroder, W. H. 43. 291. II, 153.
Wächter, G. F. E. 239.
Wälder, Altdeutsche II, 210f. 224.
Wagner, J. M. v. 235—237. 263f.
  266f.
Wakefield, The Pinner of 60.
Walch, G. L. II, 276.
Walbersee, Graf Franz v. II, 10.
Wallmoden, Thebel v. II, 120.
Walpole, Horace 39f. 48. 50f.
  72. 74.
Walter, Joh. Gottlieb II, 87.

Walther, Philipp Franz v. 272 f.
Weber, Carl Maria v. 255.
Wedgwood, Joslah II, 89.
Weise, Maler II, 127. 134.
Weißer, Carl Gottlob 262. 264.
Weitsch, J. A. A. II, 122.
Werdenberg II, 141.
Werner, F. L. Zacharias II, 1—66.
Wichmann, C. F. II, 87.
Wieland 83. II, 24. 82.
Wilmanns, F. 192 f.
Winckelmann, Joh. Joach. II, 31. 270.
Winkelmann, August II, 123.
Winkel, T. C. H. aus dem II, 80.
Woge, Zeichner II, 109.
Wohlgemuth, Michael II, 122.
Wolf, F. A. 193. 280. II, 273.

Wolff (Strelitz) II, 111.
Wolters, Maler II, 90.
Wuk Stephanowitsch Karabschitsch II, 225—230.
Wulfstan II, 221.

Ypfilanti II, 183.

Zeitung, Allgemeine 215.
Zelter 22. 26. 142. 188. II, 146 f. 181. 190.
Zeune, August II, 210.
Zeuner, Fräulein v. II, 51.
Ziegesar, A. F. C. v. II, 24.
Ziegler II, 113.
Zimmer, J. G. II, 79—81. 126.
Zimmermann, Dr. II, 135.

www.ingramcontent.com/pod-product-compliance
Lightning Source LLC
Chambersburg PA
CBHW021232300426
44111CB00007B/513